Susanne Krieg (AKA FRAU_ELBVILLE)

HAMBURG FOTOGRAFIEREN

Von St. Pauli über die Sternschanze bis zur Speicherstadt. Mit QR-Codes für über 100 Fotolocations.

2., aktualisierte Auflage

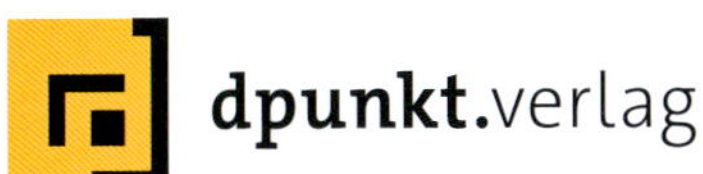

Susanne Krieg (AKA FRAU_ELBVILLE)

Lektorat: Boris Karnikowski
Lektoratsassistenz: Anja Weimer
Copy-Editing: Petra Kienle, Fürstenfeldbruck
Satz: Anna Diechtierow, Birgit Bäuerlein
Herstellung: Stefanie Weidner
Umschlaggestaltung: Anna Diechtierow
Druck und Bindung: mediaprint solutions GmbH, 33100 Paderborn

Bibliografische Information der Deutschen Nationalbibliothek
Die Deutsche Nationalbibliothek verzeichnet diese Publikation in der Deutschen Nationalbibliografie; detaillierte bibliografische Daten sind im Internet über *http://dnb.d-nb.de* abrufbar.

ISBN:

Print	978-3-86490-893-4
PDF	978-3-96910-664-8
ePub	978-3-96910-665-5
mobi	978-3-96910-666-2

Wieblinger Weg 17
69123 Heidelberg

Hinweis: Der Umwelt zuliebe verzichten wir auf die Einschweißfolie.

Schreiben Sie uns:
Falls Sie Anregungen, Wünsche und Kommentare haben, lassen Sie es uns wissen: *hallo@dpunkt.de*.

5 4 3 2 1 0

Hamburg fotografieren

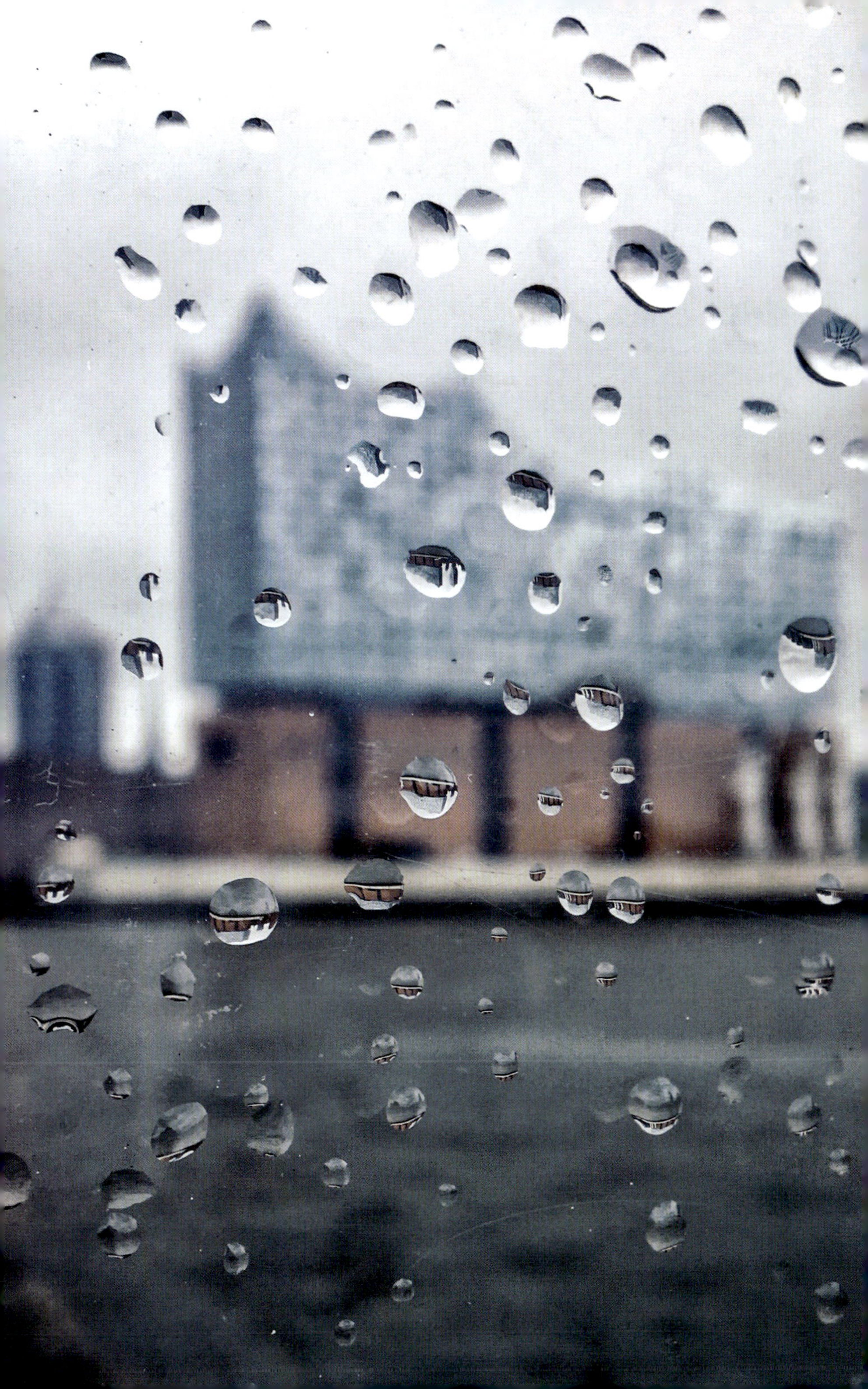

INHALTSVERZEICHNIS

Einleitung

Moin Moin! Hamburg hat viele Gesichter. Jedes ist auf seine Weise fotogen. Und selbst wenn man schon so lange in der Elbmetropole lebt wie ich – inzwischen sind es über zwanzig Jahre – entdeckt man immer noch neue Ecken und Kanten an ihr.

In diesem Fotoscout stelle ich sechs markante Gesichter der Stadt vor. Auf den hier zusammengestellten Touren lotse ich Sie zu den jeweils besten Fotospots – darunter nicht nur Klassiker wie Hafen, Michel und Elbphilharmonie, die ja durchaus zu Hamburg gehören wie die Elbsegler auf den Köpfen der Kapitäne. Doch ein mindestens ebenso wichtiges Anliegen ist mir, diese Klassiker auch aus neuen Blickwinkeln zu zeigen und auf all die fotogenen Orte und Ecken aufmerksam zu machen, die häufig übersehen werden, auch weil sie oftmals etwas versteckt liegen und nicht mal einheimischen Insidern bekannt sind. Viele der von mir ausgewählten Motive erzählen zudem interessante Geschichten über die Stadt, sodass meine Touren am Ende nicht nur ein Bild von ihr wiedergeben, sondern immer auch etwas darüber aussagen, was Hamburg in seinem Kern ausmacht.

Dabei verstehe ich dieses Buch als eine ganz persönliche Auswahl und weniger als Rundumschlag mit Vollständigkeitsanspruch. Idealerweise funktionieren die Touren wie Initialzündungen und sollen immer auch den eigenen Entdeckermodus anregen. Ich hoffe sogar sehr, dass jeder, sobald er unterwegs ist, am Wegesrand noch viele weitere Motive aufspürt, die mir selbst bisher entgangen sind. Über weitere Hinweise von Ihnen würde ich mich natürlich freuen (bitte an *elbville@hamburg-companion.com*)! Wem werden Sie auf

meinen Touren also begegnen, wem ins Antlitz schauen?

Da hätten wir zum einen die Hafenkante (Tour 1 ab Seite 16), eine weltoffene Grande Dame, 800 Jahre alt, die immer noch in jedem, der sie aufsucht, das Fernweh wachruft. Leicht verliebt ins eigene Spiegelbild, hat sie sich hier und dort einem Facelift unterzogen. Und so vermischen sich heute maritime Nostalgie, Elbstrand und historische Schiffe mit modern geschwungenen Promenaden und abstrakten Containergebirgen.

In direkter Nachbarschaft: die HafenCity (Tour 4 ab Seite 130). Stiehlt den anderen gern

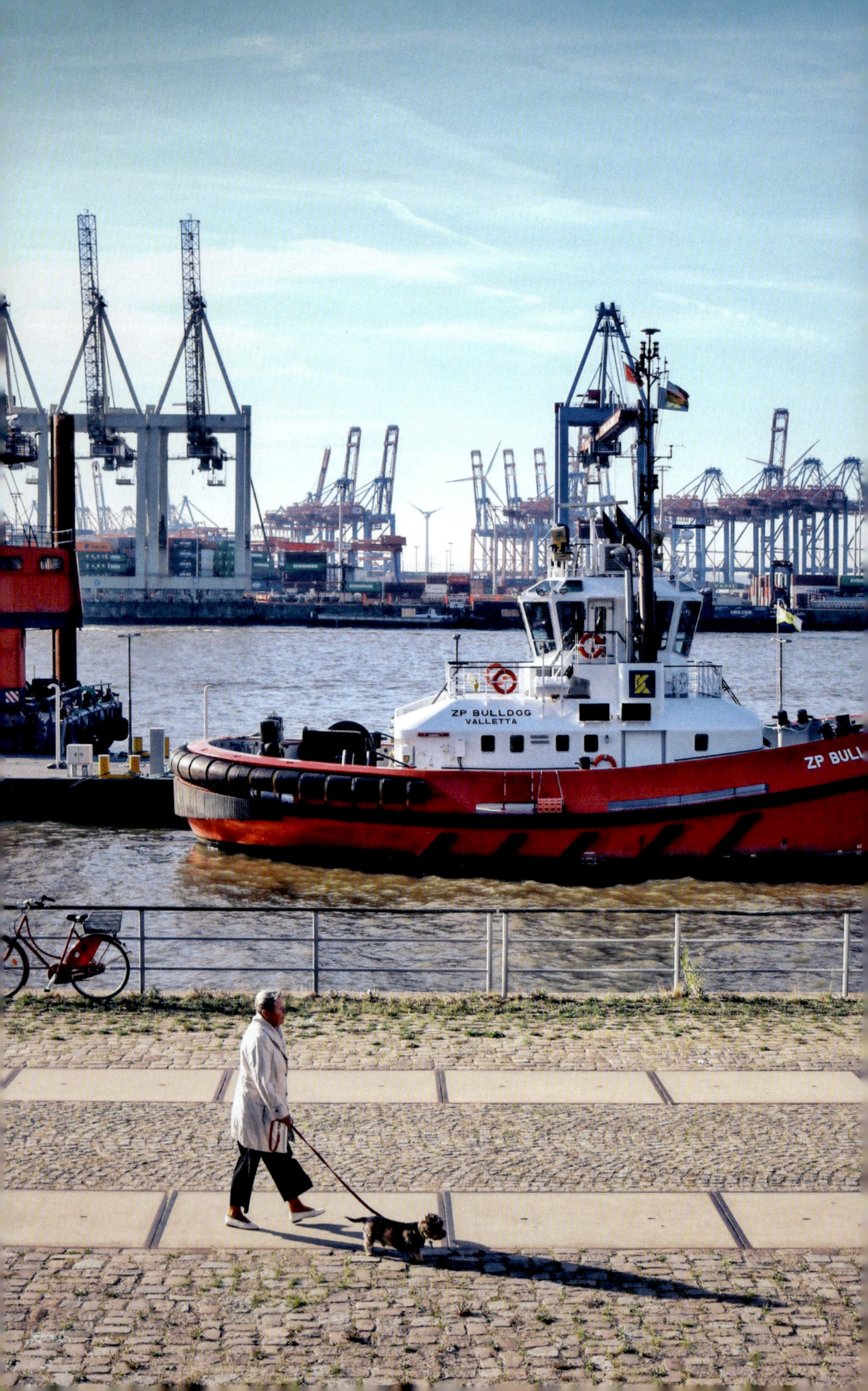
ZP BULLDOG
VALLETTA
ZP BULL

die Show. Ein mondänes Model, ein vorlautes Küken, gerade mal zwanzig Jahre jung (und noch längst nicht ausgewachsen). Doch schon jetzt eine durchgestylte Perfektionistin und Hoffnungsträgerin aus Glas und Stahl, bekrönt von der Elbphilharmonie, jenem wellenförmigen Glitzerstein, der permanent zu rufen scheint: »Hier spielt die Musik!«

Die Innenstadt (Tour 5 ab Seite 162) ist das Herz der Elbmetropole und wenn man so will, auch ihre gute Stube. Vornehmer Alabasterteint, kupferfarbenes Haupt, schick zurechtgemacht, so als würde es gleich zum sonntäglichen Brunch in den Ruderclub an der Alster gehen. Trotz aller Noblesse ist diese Lady dabei immer auch für eine Überraschung gut.

Dann der Urban Jungle von Hamburg (Tour 6 ab Seite 194): vertreten durch einen Punk mit Faible für Street Art, Nebenjob: Guerilla-Gärtner, wohnt in einer Altbau-WG der Sternschanze oder des Gängeviertels, hat aber die Gewächshäuser von »Planten un Blomen« zu seinem Zweitwohnsitz erklärt.

Und St. Pauli (Tour 2 ab Seite 62)? Eine Legende. Verschmiertes Make-up, Reibeisenstimme, über und über tätowiert. Die männliche Variante hätte noch eine Boxernase und dafür ein paar Zähne weniger. Ehrlich und schroff ist diese Type aus dem Rotlichtviertel, dennoch absolut liebenswert, selbst am helllichten Tag, nach durchzechter Nacht und wenig Schlaf.

Der Letzte im Bunde: ein traditionsbewusster Pfeffersack, seitengescheitelt, korrekt, zuvorkommend, kaffeesüchtig. Nur abends etwas Roibuschtee beim Blick auf die Elbe. Seine Waren stapelt er in der Speicherstadt, einer Welt aus Backstein und dunkelgrünen Fleeten. Gearbeitet wird am Stehpult im angrenzenden Kontorhausviertel, mit Zwickel auf der Nase und »spitzer« Feder in der Hand (beides lernen Sie in Tour 3 ab Seite 94 kennen).

Wie heißt es doch so schön? Das Gesicht ist das Spiegelbild der Seele. Und die Gesichter Hamburgs lassen es erahnen: Diese Stadt ist ein vielschichtiger, überaus menschlicher Kosmos, der viel zu erzählen und vorzuzeigen hat. Er wartet nur darauf, von Ihnen und Ihrer Kamera erobert zu werden!

Zum Fotoscout

Die Fototouren in diesem Buch erschließen sechs Bereiche der Stadt, in denen vor allem immer wieder Architektur und Street-Fotografie zum Tragen kommen.

So steckt Hamburg beispielsweise voller interessanter Fassaden, ob alt und ehrwürdig, mondän oder aus dem für die Stadt so typischen wie prägenden Backsteinstil gemacht, ob aus Stahl und Glas oder mit kunstvoller Street Art versehen. Ich liebe die vielfältigen Bauten dieser Stadt und harre für ein Foto vor besonders schönen Exemplaren auch schon mal etwas länger aus, etwa in der Hoffnung, dass eine auffällige Person vorbeiläuft, um dem Bild zusätzlich einen interessanten Farbtupfer durch eine rote Mütze oder einen grünen Mantel zu verleihen. Ein wiederkehrendes Motiv auf meinen Fassadenfotos ist außerdem mein rotes Fahrrad, für das ich auf meinem Instagram-Account *frau_elbville* sogar einen eigenen Hashtag kreiert habe (*#elbvillebikelove*).

Es lohnt sich aber auch, nach schönen Autos Ausschau zu halten, vor allem nach Schlitten aus den 60ern und 70ern, von denen recht viele durch Hamburgs Straßen kurven. Auch sie machen sich hervorragend auf Fotos, wenn sie vor einem aufwendigen Altbau oder einem Graffiti-Kunstwerk parken. Insbesondere St. Pauli ist dabei ein echtes El Dorado für Oldtimer-Fans wie mich.

Die meisten Fassadenfotos bearbeite ich übrigens mit speziellen Smartphone-Apps, die es mir zum Beispiel im Handumdrehen ermöglichen, stürzende Linien zu begradigen, d. h. vertikale und horizontale Korrekturen vorzunehmen (mehr dazu im letzten Kapitel »Wie Sie Ihre Smartphone-Fotos auf das nächste Level heben« ab Seite 226).

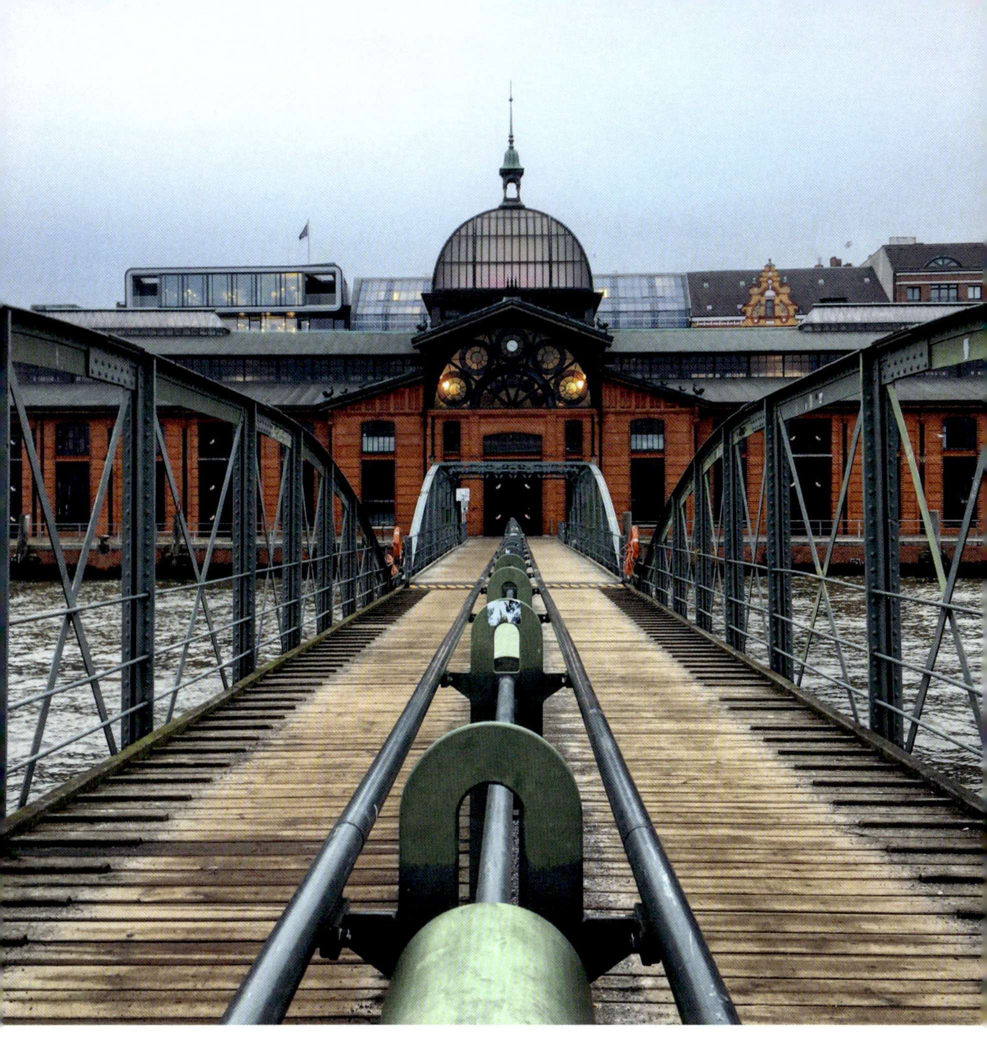

Architektonisch interessant dürften jedoch nicht nur Hamburgs Gebäude von außen sein. Auch im Inneren verbergen sich häufig wahre Schätze – und ich werde Ihnen helfen, sie zu finden. Mich persönlich ziehen dabei immer wieder Hamburgs zahlreiche, prächtige Treppenhäuser in den Bann, auf die ich manchmal rein zufällig stoße und die es in fast allen sechs Touren zu sehen gibt. Häufig machen sie das Herzstück jener großen Kontorhäuser aus, von denen viele zum Weltkulturerbe erhoben worden sind. Man muss sich allerdings darauf einstellen, dass die meisten von ihnen nur wochentags zugänglich sind, da sie immer noch größtenteils von

Unternehmen als Bürofläche genutzt werden. Am Wochenende ist hier Schicht im Schacht. Sind sie aber offen, sollte man immer mit Rücksicht auf den dortigen Betrieb fotografieren. Gibt es einen Empfang, gehört es sich, zu fragen, ob man fotografieren darf. Doch keine Angst, abgewiesen worden bin ich eigentlich noch nie.

Wer es grün mag, kommt in dieser Stadt ebenfalls auf seine Kosten: Hamburg hat immerhin den Ruf, die grünste Millionenstadt der nördlichen Hemisphäre zu sein. Vor allem wegen der vielen großzügig angelegten Parks, zu denen sich überall kleinere Stadtteilparks und diverse Grünflächen gesellen. In eine der größten grünen Oasen der Stadt (Planten un Blomen) führt ab Seite 194 etwa auch die Tour Nr. 6, Urban Jungle (wobei der Titel hier zweideutig ist und neben dem grünen auch das alternative Hamburg meint). Zwar geht es hier nur zu Beginn der Tour in den oben erwähnten Park, aber diejenigen, die gerne Makroaufnahmen von Pflanzen machen, können sich hier natürlich gerade im Frühling oder im Herbst gern etwas länger austoben.

Und weil Hamburg zu allererst eine Stadt des Wassers ist, bietet die Elbmetropole natürlich auch viele Gelegenheiten für maritim angehauchte Fotografie, bei der man die Hafenatmosphäre herrlich in Szene setzen kann. Dabei versprüht der Hafen vielerorts einen eigentümlich tollen, industriellen Charme, für den vor allem die Container, Kräne und Tanker verantwortlich sind.

Dass sich das Fotografieren in Hamburg auch bei Schietwetter lohnen kann, wenn dunkle Wolken am Himmel für Drama sorgen und sich in Pfützen die Umgebung spiegelt, möchte ich in diesem Fotoscout ebenfalls beweisen.

Der Morgen ist die von mir präferierte Zeit zum Fotografieren. Nirgendwo ist die Lichtstimmung dann schöner als im Hafen, wo die Möwen kreischen und das Leben gerade erst erwacht. Aber auch in der Speicherstadt werfen die Gebäude an Sonnentagen gerade des Morgens interessante Schatten über die Fleete und alles ist eine Nummer ruhiger und leerer als am Abend, wenn sich auf manchen Brücken Trauben von Fotografen mit schwerer Ausrüstung positionieren und alle nur das eine wollen: Backsteinbauten und Fleete zur magischen blauen Stunde festhalten.

QR-CODES HELFEN IHNEN BEIM NAVIGIEREN

Damit Sie möglichst schnell zu den beschriebenen Orten gelangen, haben ich Ihnen zu jeder Location einen QR-Code an den Seitenrand gesetzt. Wenn Sie den mit Ihrer Smartphone-Kamera scannen, öffnet sich Google Maps und Sie können sofort dorthin navigieren (probieren Sie aus, ob Ihre Smartphone-Kamera den Code direkt liest oder ob Sie eine QR-Code-Reader-App benötigen).

WAS KOMMT IN DIE FOTOTASCHE?

Für Stadttouren ist diese Frage schnell beantwortet: Optimal ist eine Kamera (irgendeine!) mit einem Zoom, der von einem starken Weitwinkel bis zu einem leichten Tele reicht. Wenn Sie in der Dämmerung oder sogar nachts fotografieren möchten, werden Sie wegen der längeren Belichtungszeiten außerdem ein Stativ und einen Fernauslöser benötigen. Die Liste ließe sich beliebig verlängern, abhängig von dem, was Sie vorhaben. Aber mein Tipp: schleppen Sie lieber kein schweres Zubehör wie Teleobjektive mit – die nachfolgenden Touren sind bis zu sieben Kilometer lang. Kommen Sie stattdessen gezielt zu einem bestimmten Ort zurück, wenn Sie wissen, was Sie dort mit welcher Ausrüstung fotografieren wollen.

Oder machen Sie es wie ich: Fotografieren Sie mit der Kamera Ihres Smartphones. Der Großteil der Bilder in diesem Buch ist so entstanden. Smartphone-Objektive sind starke Weitwinkel und damit ideal geeignet für das Fotografieren in der Stadt. Im Zweifel müssen Sie etwas näher ran, um Ihr Motiv bildfüllend abzubilden – aber das hat noch keinem Foto geschadet.

Was auch noch in Ihre Tasche sollte: ein Regenschutz für Sie und ggf. für Ihre Kamera sowie ein paar kleine Tücher zum Abtrocknen. Bei starkem Wind kann sich in Ufernähe Gischt auf Ihrem Objektiv niederschlagen – mit ein paar optischen Reinigungstüchern ist diese schnell beseitigt.

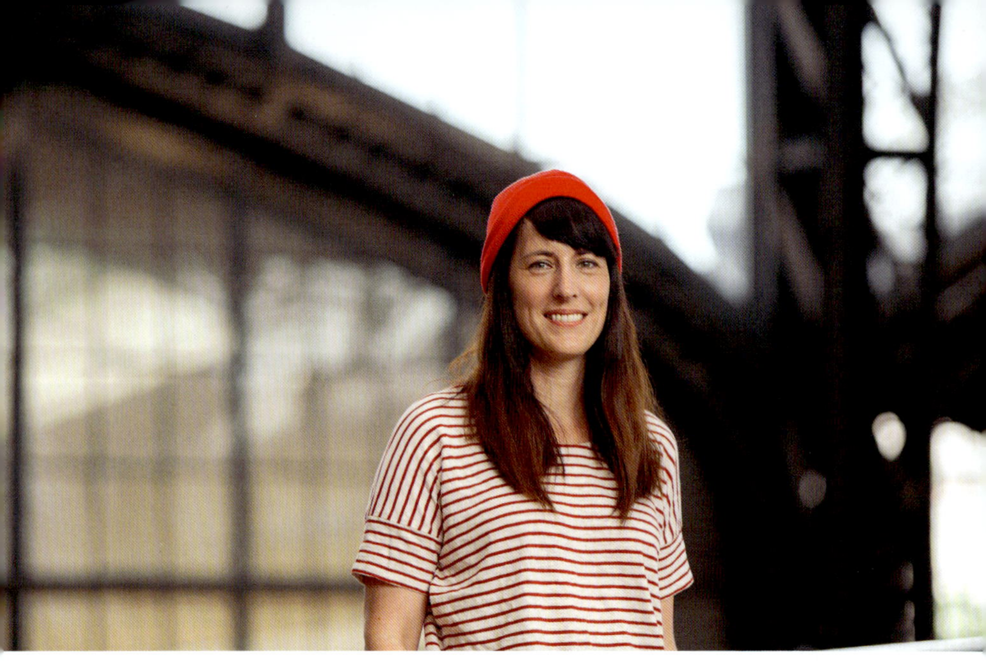

Über Susanne Krieg

Alles nahm seinen Lauf mit einem Instagram-Account, den ich mir 2016 zulegte. Mein erstes Foto als »frau_elbville« (wie ich mich auf der Plattform nenne) schoss ich von ganz oben aus dem Turm der Hamburger St. Petri-Kirche (auf den es übrigens auch innerhalb der Tour Nr. 5, Ins Herz der Stadt, ab Seite 162 gehen wird). Ich legte noch schnell einen Instagram-Filter über das Bild – und abgeschickt war mein erster Post. Gut drei Jahre und 23.000 Follower später jage und sammele ich immer noch Bilder aus meiner Stadt, um sie mehrmals die Woche zu teilen – allerdings ohne Instagram-Filter, dafür mit gleichbleibendem Enthusiasmus. Irgendwie hat sich das Ganze verselbständigt. Inzwischen betreibe ich noch dazu einen Blog, in dem ich die Geschichten hinter den Orten, die ich fotografiere, erzähle. Ich produziere Guides und eigene Postkarten und gehe mit Gruppen oder Unternehmen auf Foto-Walk durch die Stadt.

Wenn möglich, nehme ich mir mindestens ein Mal die Woche Zeit, meist früh morgens, um mit dem Rad gezielt Hamburger Ecken aufzusuchen, die ich ablichten möchte. Bis heute tue ich das immer noch meist mit meinem iPhone, weil es so schön handlich und unauffällig ist.

Meine Bilder bearbeite ich mit speziellen Editing-Apps direkt auf dem Smartphone (dazu im letzten Kapitel ab Seite 227 mehr), manche noch vor Ort bei einer Tasse Kaffee, bevor ich nach Hause fahre und mich an meinen Schreibtisch setze. Nicht zuletzt besagt ja auch eine alte Fotografenweisheit, dass die beste Kamera immer jene ist, die man gerade dabeihat.

Auf meinen Streifzügen entdecke ich immer noch neue Orte, die mir vorher nie aufgefallen sind. Oder ich beobachte, wie sich altbekannte Ecken im Laufe der Jahreszeiten verändern. Dabei hatte ich mir früher immer eingebildet, ich würde Hamburg kennen wie meine Regenmanteltasche. Stichwort »Regenmantel«: Ich habe inzwischen gelernt, das hamburgische Wetter zu nehmen, wie es kommt. Und ich kann dem Schietwetter nun einiges abgewinnen, vor allem auf fotografischer Ebene! Vielleicht ist auch deshalb mein gelber Regenmantel auf Instagram so etwas wie mein Markenzeichen geworden, neben dem roten Hollandrad, auf dem ich meist unterwegs bin.

Aus einem Hobby vor der täglichen Arbeit ist also längst eine Passion geworden – für meine Stadt, für ihre Geschichte. Und natürlich für die Fotografie, auch wenn ich lange annahm, dass diese eigentlich gar nicht so mein Ding sei. Von Haus aus bin ich nämlich Journalistin, Spezialdisziplin Text. Über zehn Jahre habe ich in der Redaktion des Magazins GEO im Verlag Gruner + Jahr am Baumwall gearbeitet. In dieser Zeit bin ich viel in der Welt herumgekommen, um für das Magazin Reportagen aufzuschreiben. Fast immer hatte ich dabei eine Fotografin oder einen Fotografen an meiner Seite. Auf diesen Recherchen herrschte strikte Arbeitsteilung. Und mir wäre damals nie in den Sinn gekommen, ich könne auch Fotos machen. Dafür musste ich erst einen Instagram-Account einrichten, in den Besitz eines iPhones kommen und lernen, die Welt vor meiner eigenen Haustür zu entdecken ... Inzwischen sind meine Fotos übrigens auch im GEO SPECIAL Hamburg erschienen!

In diesem Sinne: Ich freue mich, dass ich Ihnen in den folgenden Kapiteln meine Lieblingsorte zeigen, Fototipps geben, urbane Anekdoten zum Besten geben und Ihnen meinen Heimathafen näherbringen darf! Viel Spaß beim Entdecken und Fotografieren!

Fun Facts: Hamburg in Zahlen

Die Metropole an der Elbe besteht aus 7 Bezirken und 104 Stadtteilen. 1,8 Millionen Menschen leben hier. In 514.000 von insgesamt 974.000 Haushalten wohnen Singles.

Ob allein oder nicht – was viele Hamburger eint, ist der Stolz auf ihr neues Konzerthaus in der HafenCity. Schon 2016, im ersten Jahr nach Eröffnung, haben es mehr Menschen besucht als Schloss Neuschwanstein: Über 4,5 Millionen pilgerten nämlich auf die Plaza und genossen die Aussicht.

Überragend auch ein neues Großprojekt, das für 2016 geplant ist: Der »Elbtower« in der HafenCity soll mit 245 Metern Höhe die beiden bisher höchsten Gebäude der Stadt, das Mahnmal Nikolai (siehe Seite 116, 147 Meter) und die Hauptkirche St. Petri (siehe Seite 182, 132 Meter), übertrumpfen.

Weitere Rekorde: Der 1877 eröffnete Ohlsdorfer Friedhof ist mit 391 Hektar und 36.000 Bäumen der größte Parkfriedhof der Welt.

Die Hamburger gehen außerdem nicht nur über sieben, sondern gleich über

2.500 Brücken

– mehr als in jeder anderen europäischen Stadt.

Zudem leben hier mehr Superreiche als in anderen deutschen Städten: Momentan werden 42.000 Millionäre gezählt und

18 Milliardäre.

Auf der Sonnenseite steht überraschenderweise auch das Wetter, das besser ist als sein Ruf: Jährlich fallen in Hamburg 738 Liter Niederschlag pro Meter vom Himmel – in München sind es immerhin 930.

Und nirgendwo auf der Welt wird außerdem mehr Kaffee importiert, verarbeitet und re-exportiert wie an der Elbe.

Über 1 Million Tonnen

der braunen Bohnen werden jährlich in Hamburg umgeschlagen. Na, darauf erst mal einen Kaffee!

VON DER HAFEN-KANTE BIS ZUM ELBSANDSTRAND

TOUR 1

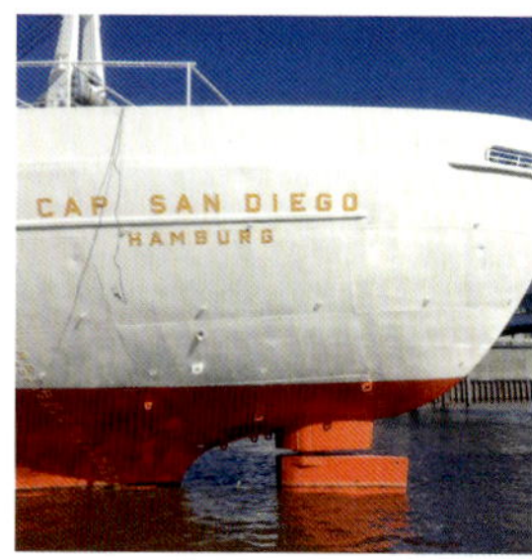

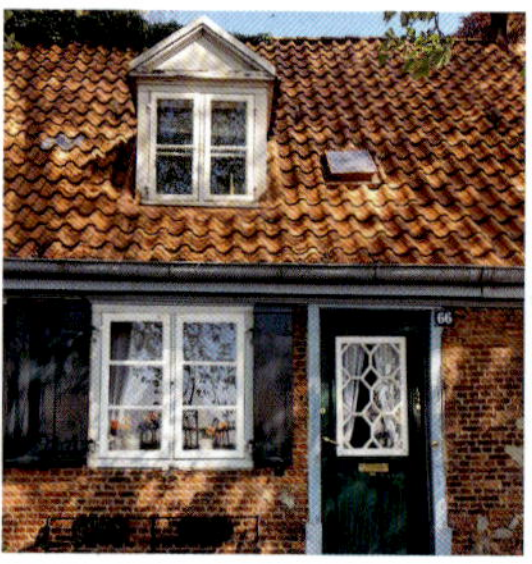

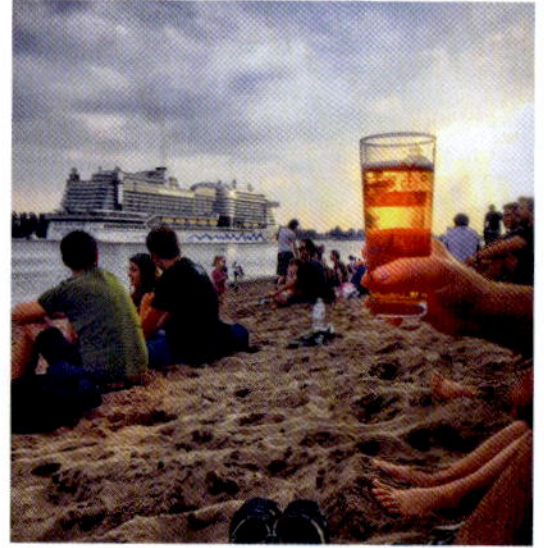

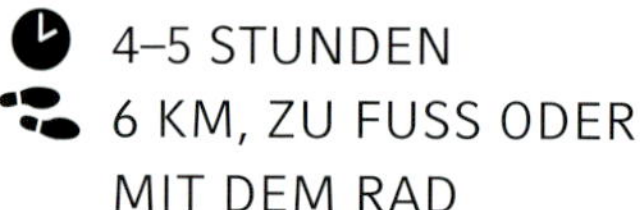

4–5 STUNDEN
6 KM, ZU FUSS ODER MIT DEM RAD

FOTOGRAFIE-GENRES:
Architektur, Street-Fotografie

DER RICHTIGE ZEITPUNKT:
Diese Fototour können Sie zu jeder Tageszeit machen. Auch muss das Wetter nicht unbedingt gut sein. Ein paar Wolken können den Motiven auf dieser Tour durchaus einen Touch von Dramatik verleihen. Ein bedeckter Himmel macht das Licht und damit die Kontraste weich. Auch Nebelschwaden haben an der Hafenkante ihren Charme. Ist das Wetter grandios und noch dazu Wochenende, könnte es sogar sehr schnell sehr voll werden. Und an ein Bierchen am Elbstrand ist dann fast nicht mehr zu denken (außer man mag das Bad in der Menge) – schließlich soll die Tour ja mit diesem Szenario enden.

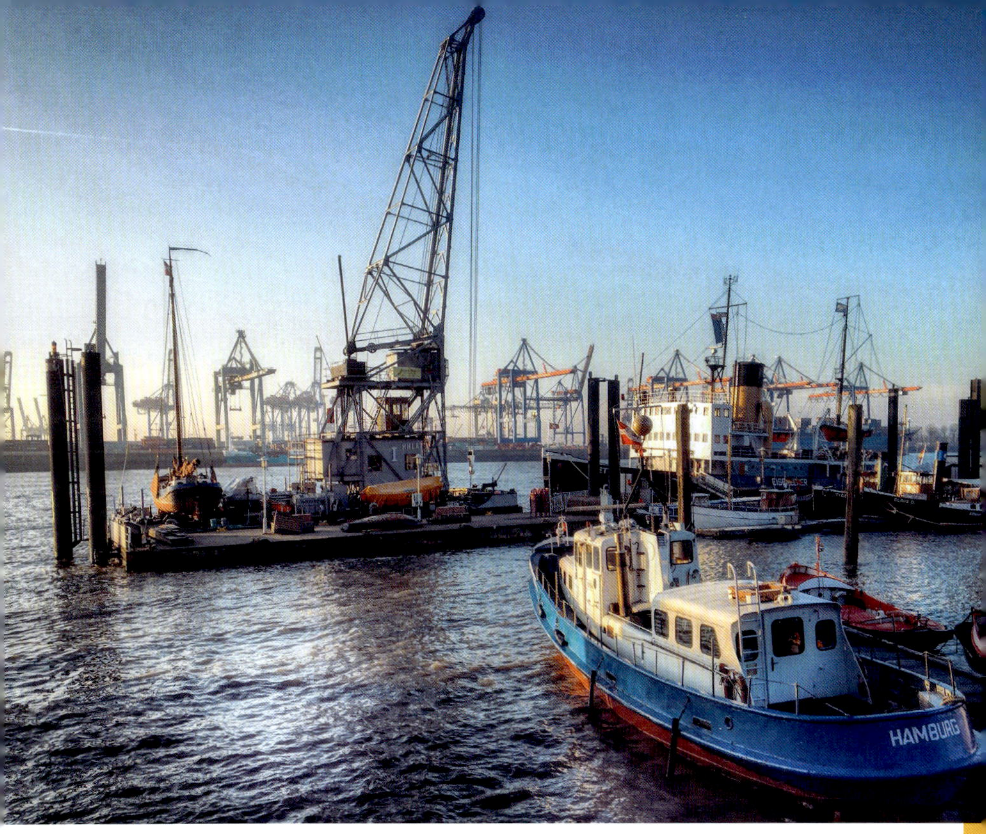

Die Stadt am Wasser

Wo man am ehesten ein Gefühl für Hamburg bekommt? Am Wasser! Dort, wo die Wellen ans Ufer platschen und die Möwen kreischen, wo gewaltige Containerschiffe und Schlepper die Sicht kreuzen, die Kräne in der Dämmerung leuchten und ewig das Fischbrötchen lockt. Die Hafenkante verkörpert Hamburg wie kein anderer Ort. Mal kommt sie dabei modern, mal urig, dann wieder mondän daher, und so gibt es am Ufer der Elbe auch eine Menge tolle Fotospots zu entdecken, manche von ihnen offensichtliche Klassiker, andere nur mit Insider-Wissen zu finden. Maritime Nostalgie, architektonische Extravaganz, Giraffen aus Stahl, eine Mini-Hafenrundfahrt und urige Seemannskneipen … Der Hafen ruft!

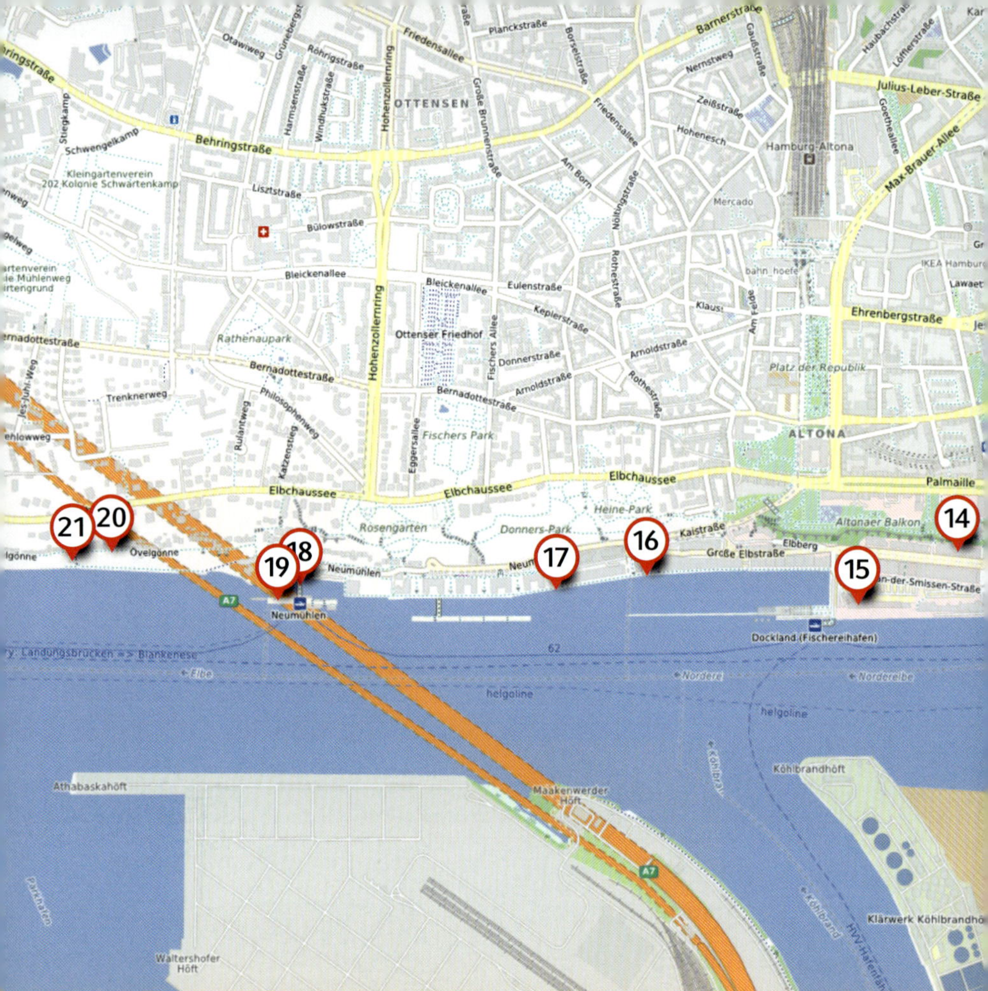

1 DAS VIADUKT

2 ENTLANG DER ELBPROMENADE

3 ÜBERSEEBRÜCKE

4 NOCH EIN BLICK AUF DIE ELPHI

5 DIE CAP SAN DIEGO

6 RICKMER RICKMERS

7 BRÜCKE 10

8 DER BLICK VOM STINTFANG

9 RITT MIT DER HVV-FÄHRE 62

10 FISCHMARKT

11 DAS FENSTER

12 HOLZHAFEN

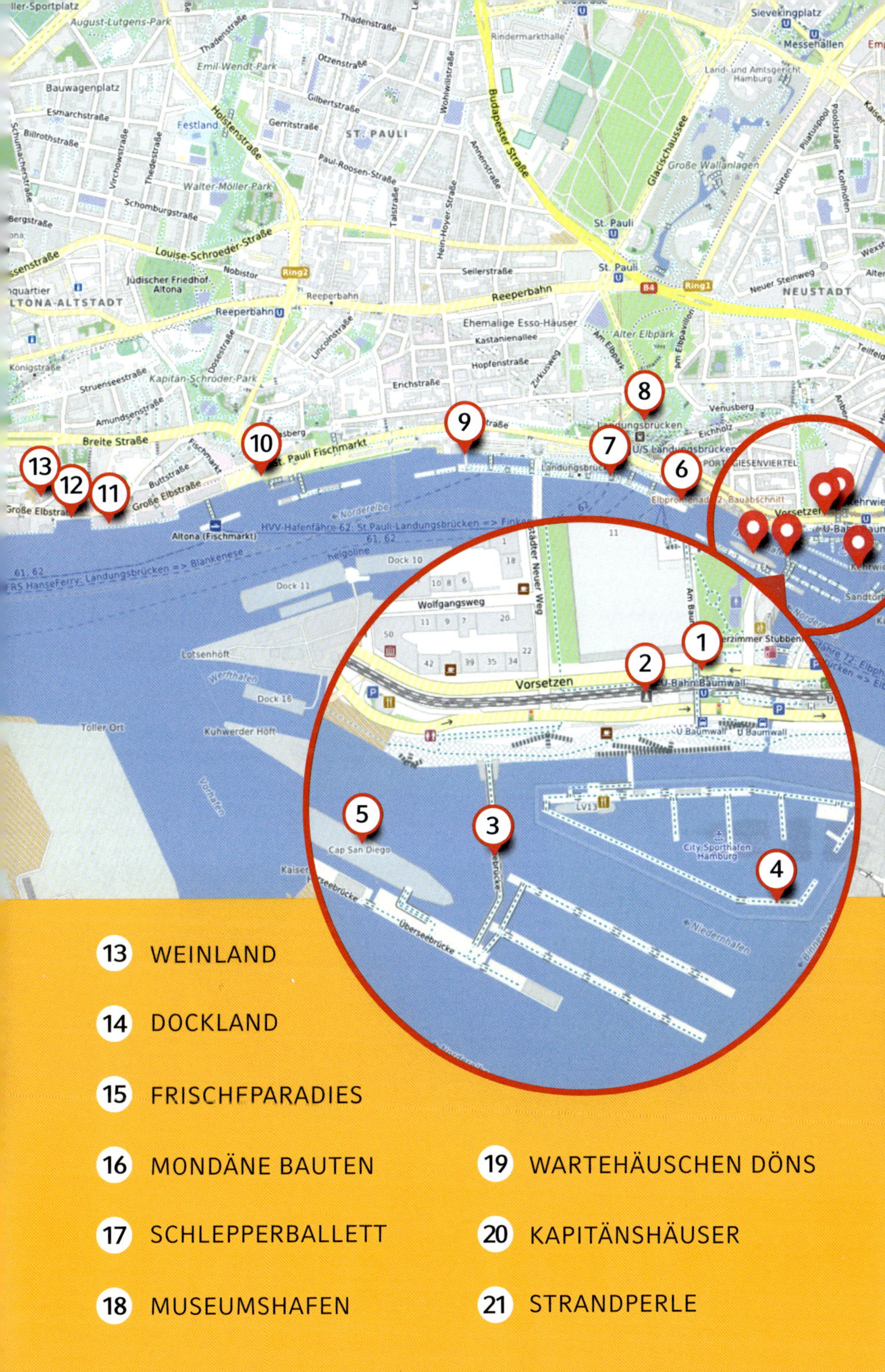

13 WEINLAND

14 DOCKLAND

15 FRISCHFPARADIES

16 MONDÄNE BAUTEN

17 SCHLEPPERBALLETT

18 MUSEUMSHAFEN

19 WARTEHÄUSCHEN DÖNS

20 KAPITÄNSHÄUSER

21 STRANDPERLE

1 DAS VIADUKT

Ausgangspunkt der Route ist der U-Bahnhof »Baumwall«. Seit Dezember 2016 trägt er den Namenszusatz »Elbphilharmonie«. Von hier ist es tatsächlich nur ein Katzensprung hinüber zu Hamburgs neuestem Prachtbau. Allerdings bleibt ein Besuch des Konzerthauses heute erst einmal außen vor. Dafür spielt es in der HafenCity-Tour eine umso größere Rolle (ab Seite 130).

Wenn Sie am hinteren Ausgang der U-Bahn-Station einen Blick nach oben werfen, entfaltet sich ein imposanter Anblick aus der Froschperspektive: Das geschwungene Viadukt, über das seit über hundert Jahren Bahnen am Hafen entlang rauschen, gehört zu einem der wohl beeindruckendsten Kulturdenkmäler der Stadt. Erbaut 1912, erinnert das stählerne Konstrukt an alte Ansichten von New York. Links neben der Stahltrasse verläuft die »Elbpromenade«, über die man bis zu den Landungsbrücken laufen kann.

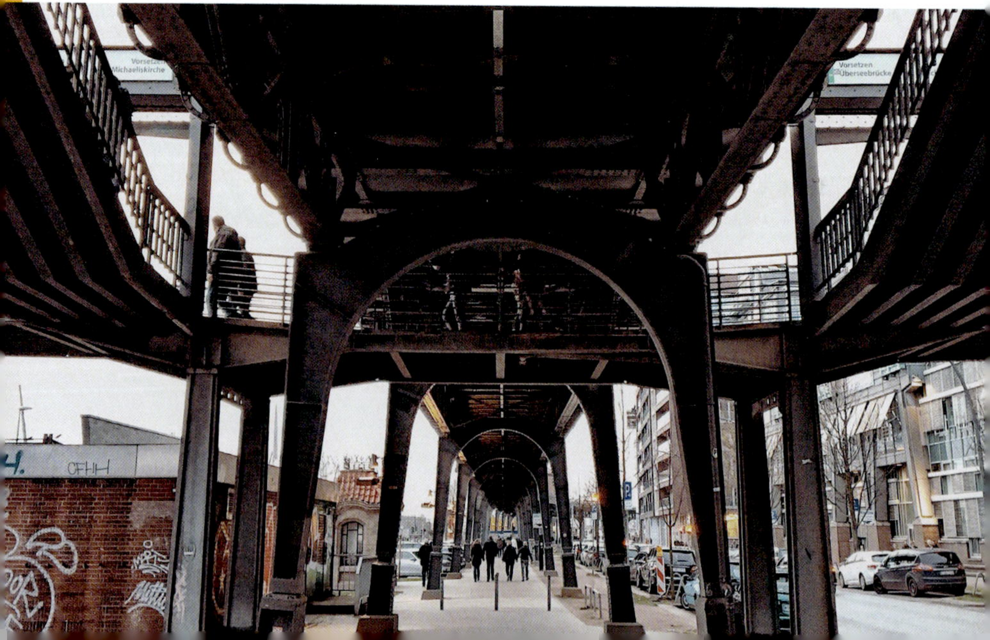

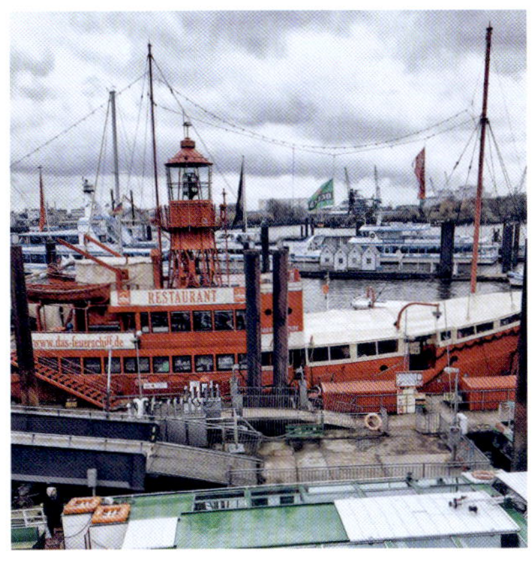

2 ENTLANG DER ELBPROMENADE

Die Elbpromenade verbindet mit ihrer Länge von 625 Metern den Baumwall mit den Landungsbrücken und ist einer der letzten Entwürfe der irak-stämmigen Stararchitektin Zaha Hadid, kurz bevor sie 2016 im Alter von nur 65 Jahren starb. Das Millionenprojekt soll die Stadt nun noch besser vor Hochwasser schützen. Dafür sorgen 570 Pfähle und 4.500 Tonnen Betonstahl, die mit bis zu 8,90 Meter Höhe die über die Ufer tretende Elbe abwehren sollen. Bevor es die Stufen hinaufgeht, hier ein kleiner Tipp für ein besonders schönes, minimalistisches Fotomotiv: Etwa auf Höhe des sogenannten »Siel-Einsteigehäuschens« schauen Sie links die Stufen hinauf, bis Sie die Zipfel der am Ufer gegenüber emporragenden Elbphilharmonie erblicken. Auf mich wirkt Hamburgs mondänes Konzerthaus aus dieser Perspektive so, als sei es etwas schüchtern und wolle sich unter einer gerafften Bettdecke verstecken. Auch das Siel-Einsteigehäuschen birgt eine interessante Geschichte und ist, eingerahmt von den Stahlträgern des Bahn-Viadukts, ebenfalls ein Foto wert: Es wurde zu Beginn des

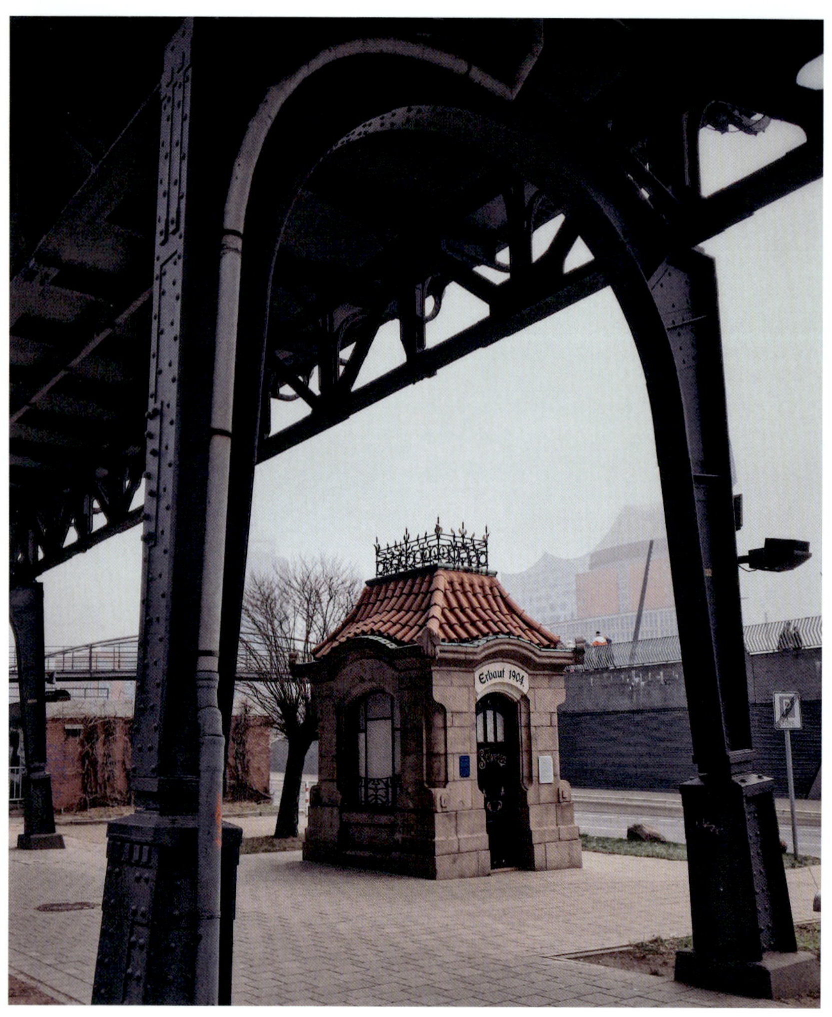

19. Jahrhunderts als private Umkleidekabine für Kaiser Wilhelm II. gebaut, der auf einem seiner Besuche das Sielsystem Hamburgs, damals das modernste Europas, besichtigen wollte. Hierfür sollte er sich in dem Häuschen einen Kittel überstreifen, über einen unterirdischen Eingang einen Kahn besteigen und durch die Abwasserkanäle schippern. Offenbar ist es jedoch nie zur kaiserlichen Unterweltstour gekommen. Leider ist das Innere des Gebäudes nur einmal im Jahr, zum Tag des Denkmals, zu besichtigen.

3 ÜBERSEEBRÜCKE

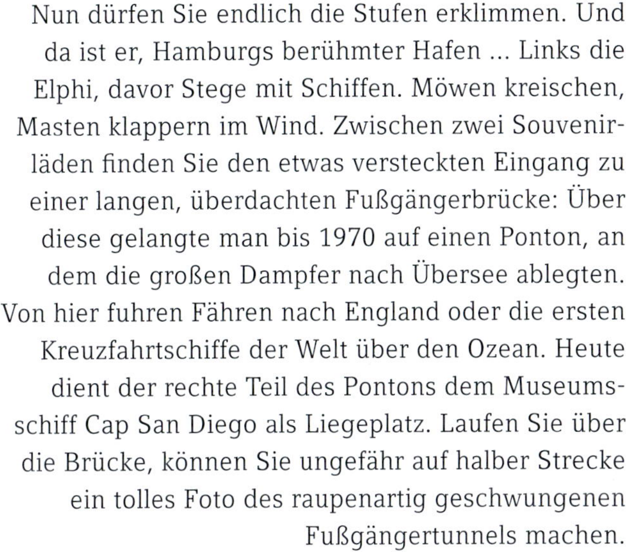

Nun dürfen Sie endlich die Stufen erklimmen. Und da ist er, Hamburgs berühmter Hafen ... Links die Elphi, davor Stege mit Schiffen. Möwen kreischen, Masten klappern im Wind. Zwischen zwei Souvenirläden finden Sie den etwas versteckten Eingang zu einer langen, überdachten Fußgängerbrücke: Über diese gelangte man bis 1970 auf einen Ponton, an dem die großen Dampfer nach Übersee ablegten. Von hier fuhren Fähren nach England oder die ersten Kreuzfahrtschiffe der Welt über den Ozean. Heute dient der rechte Teil des Pontons dem Museumsschiff Cap San Diego als Liegeplatz. Laufen Sie über die Brücke, können Sie ungefähr auf halber Strecke ein tolles Foto des raupenartig geschwungenen Fußgängertunnels machen.

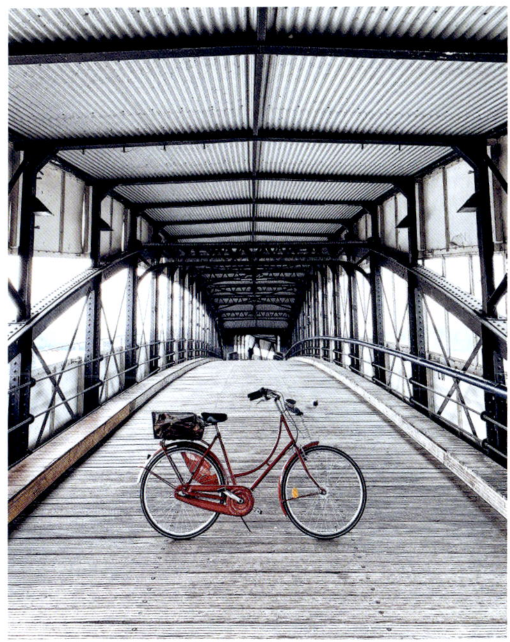

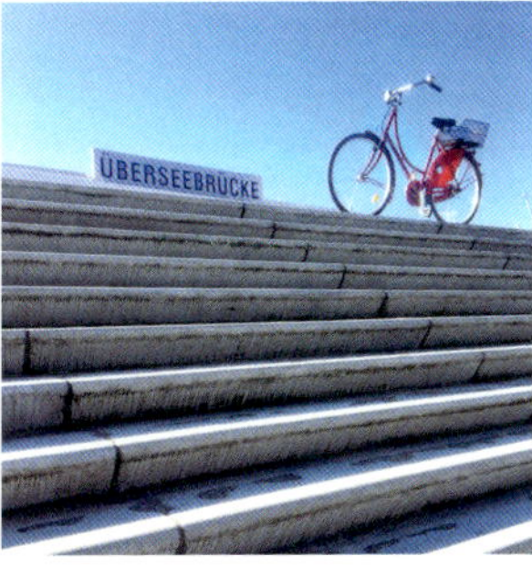

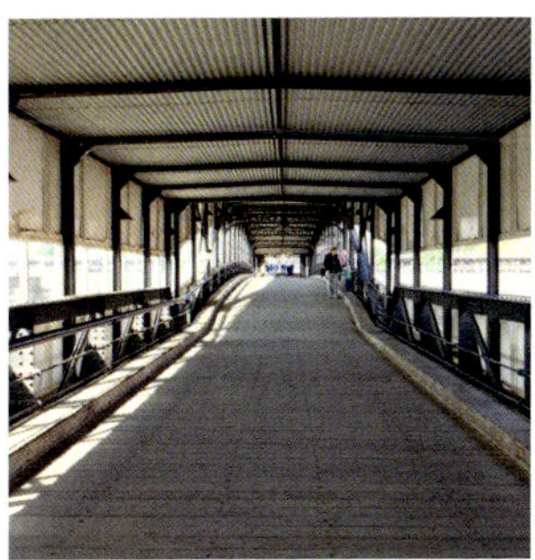

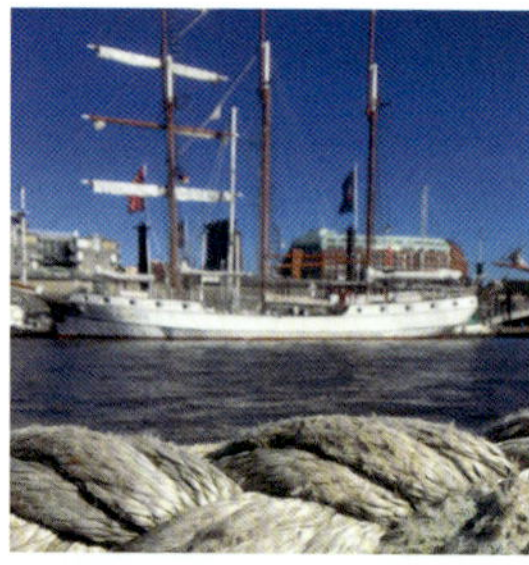

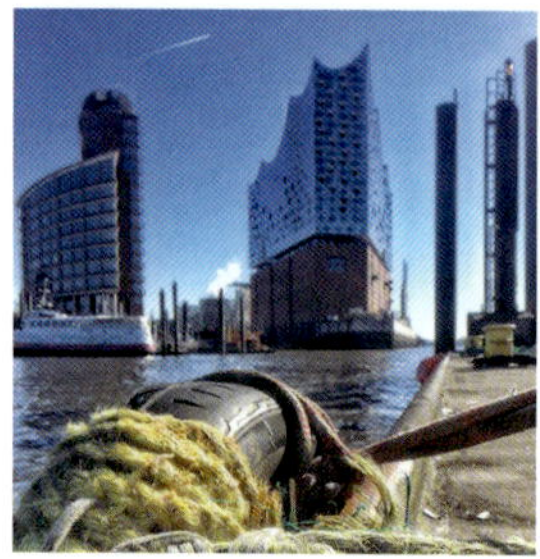

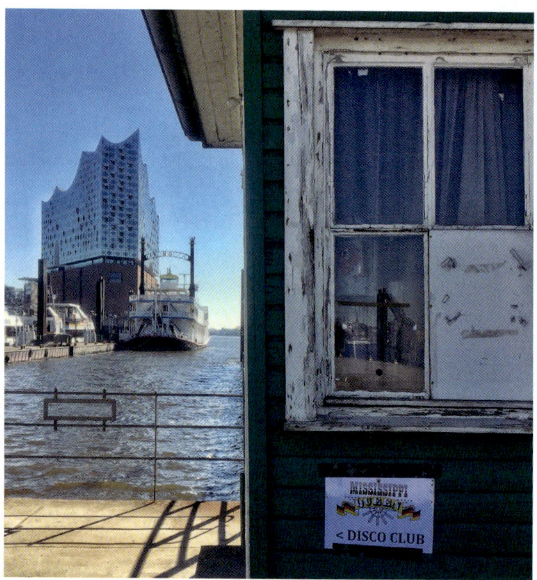

4 NOCH EIN BLICK AUF DIE ELPHI

Bereit für einen weiteren Geheimtipp, was besondere Perspektiven angeht? Dann halten Sie sich nun am Ausgang der Brücke vor dem grünen Holzhaus mit dem Rettungsring links. Laufen Sie bis ans Ende des ersten Stegs, vorbei an Barkassen, Schaufeldampfern und anderen Hafenrundfahrtsschiffen, die hier so lange vor sich hinschlummern, bis sie für ihren nächsten Einsatz an die Landungsbrücken fahren. Mit etwas Glück sind die meisten Schiffe nun jedoch ausgeschwärmt und Sie haben vom »Niedernhafen« aus eine tolle Sicht auf Hamburgs unbestrittene Königin, die Elbphilharmonie, die gegenüber an der Spitze des Großen Grasbrooks thront.

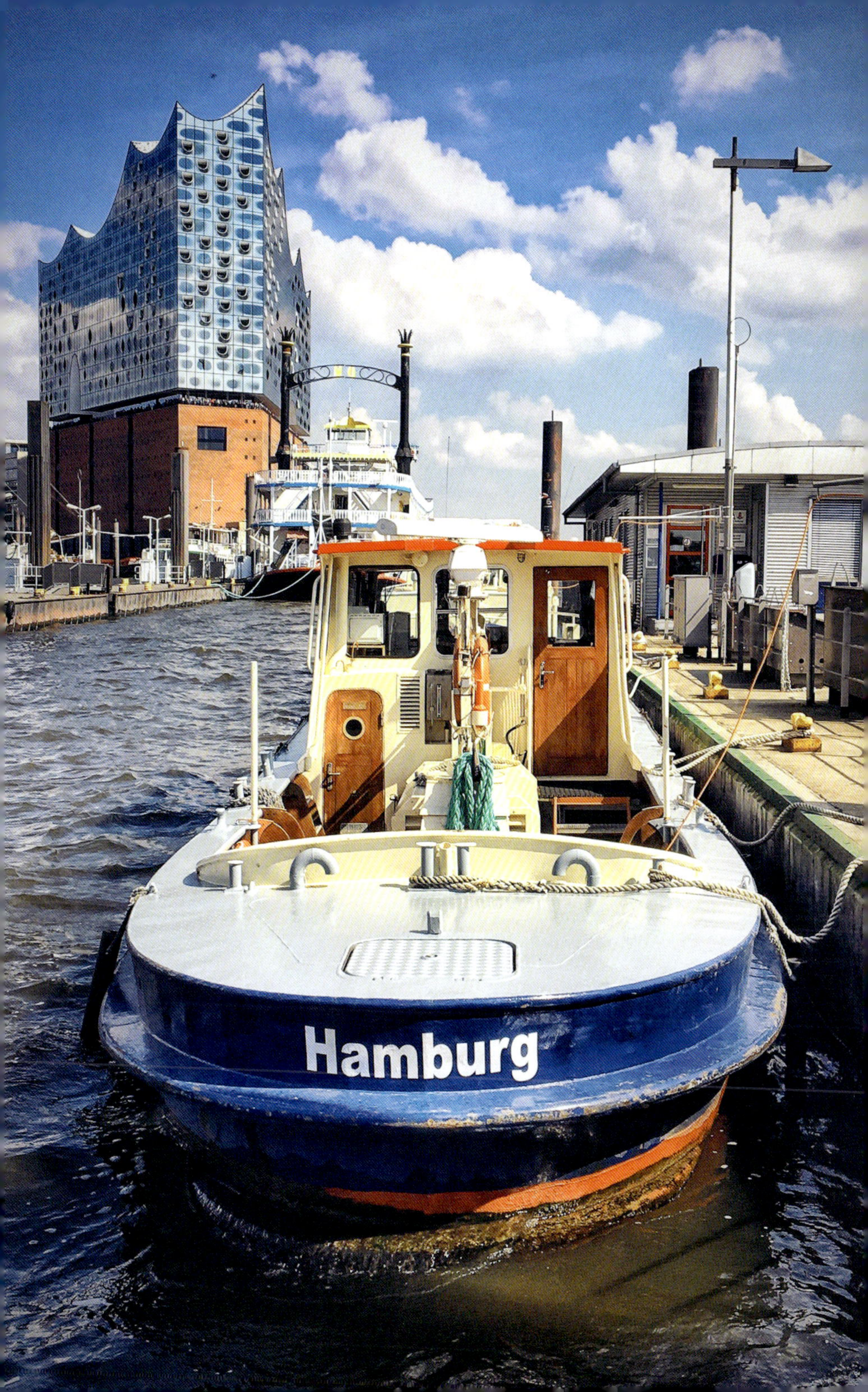
Hamburg

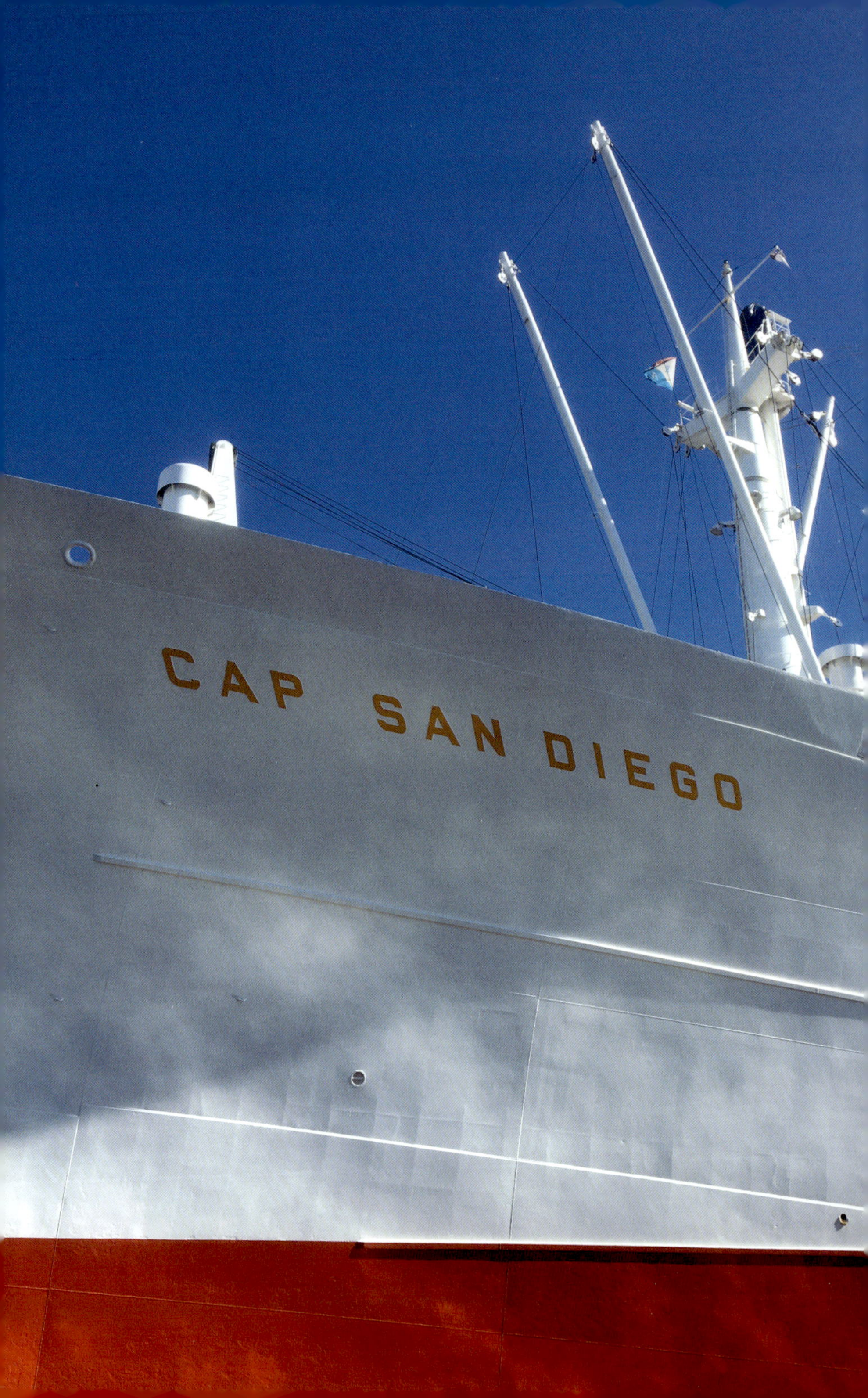

CAP SAN DIEGO

5 DIE CAP SAN DIEGO

www.capsandiego.de/auf-der-elbe.html

Zurück geht es über die Cap San Diego, den »weißen Schwan des Südatlantiks«, wie das Schiff gern genannt wird. Ab 1962 war dieser Frachter für die Hamburg-Südamerikanische Dampfschifffahrtgesellschaft auf dem Ozean unterwegs, bis ihm die neuen, revolutionären Containerschiffe den Rang abliefen und die Seeschifffahrt radikal veränderten. Zum Glück wurde die Cap San Diego vor dem Ende in einem chinesischen Hochofen bewahrt. Bis heute wird sie nun von ehrenamtlichen Seemännern im Ruhestand liebevoll in Schuss gehalten. Wenn Sie etwas mehr Zeit mitbringen, empfehle ich Ihnen, das markante, vom Hamburger Schiffsarchitekten Cäsar Pinnau entworfene Schiff auch von innen zu besichtigen und zu fotografieren. Die Kabinen und Salons im plüschigen Sixties-Stil würden jedem Wes-Anderson-Film alle Ehre machen. Auf der Cap San Diego kann man übrigens nicht nur auf Zeitreise gehen, sondern auch in erstaunlich geräumigen Passagierkabinen übernachten. Allerdings muss man hier mindestens ein Jahr im Voraus buchen, denn die wenigen Gästezimmer sind sehr beliebt.

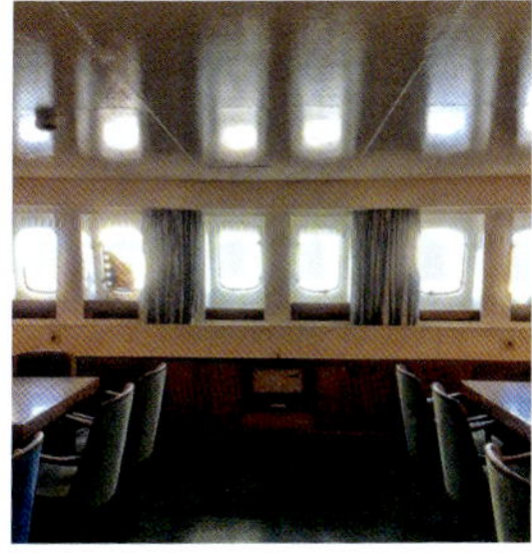

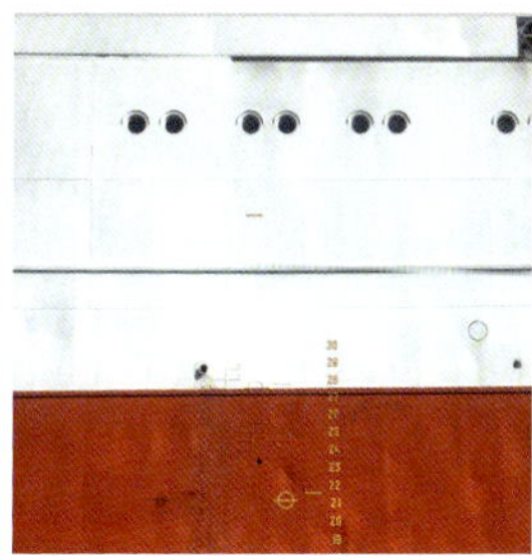

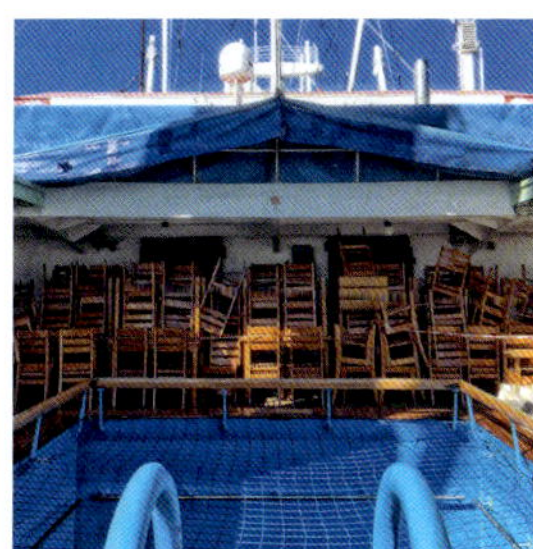

6 RICKMER RICKMERS

www.rickmer-rickmers.de

Und wo wir schon mal bei Hamburgs berühmten Schiffen sind: Auch an der Rickmer Rickmers führt auf unserem Spaziergang zu den Landungsbrücken natürlich kein Weg vorbei! Rostig, mit gekappten Masten, zog ein Schlepper den Dreimaster in den 1980er-Jahren in den Hamburger Hafen – nachdem er jahrzehntelang allerhand Güter wie Reis aus Birma, Kohle nach Asien oder Salpeter von Chile nach Europa transportiert und ab 1924 der portugiesischen Marine als Schulschiff gedient hatte. Wieder klopften Dutzende Hamburger Freiwillige Rost, schraubten, malten. Und so ist auch die Rickmer Rickmers seit 1987 als Museumsschiff zu besichtigen. Was sich hinter dem Namen verbirgt? Ein kleiner Junge im Matrosenanzug. Als Gallionsfigur ist er am Bug zu sehen, der damals vierjährige Enkel des Reeders Rickmer Clasen Rickmers, der das Schiff Ende des 19. Jahrhunderts in Bremen vom Stapel laufen ließ.

Fun Fact: Das Schiff mit dem flaschengrünen Rumpf ist offizielle Schiffspost-Stelle mit eigenem Sonderstempel. Postkarten aus Hamburg also nach Möglichkeit unbedingt hier einwerfen.

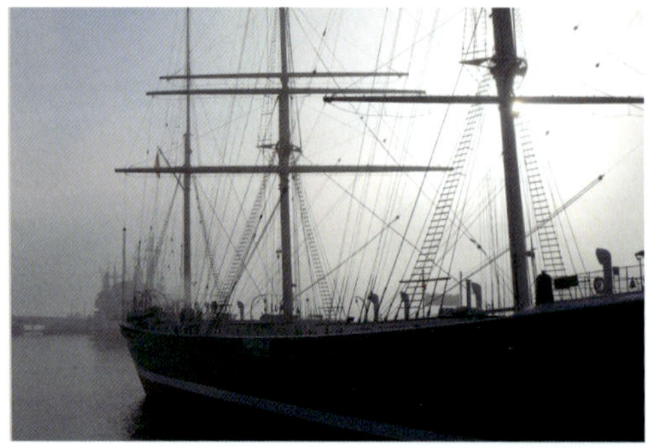

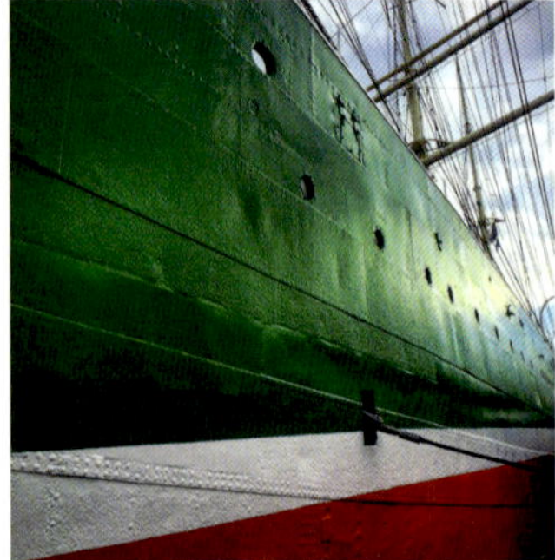

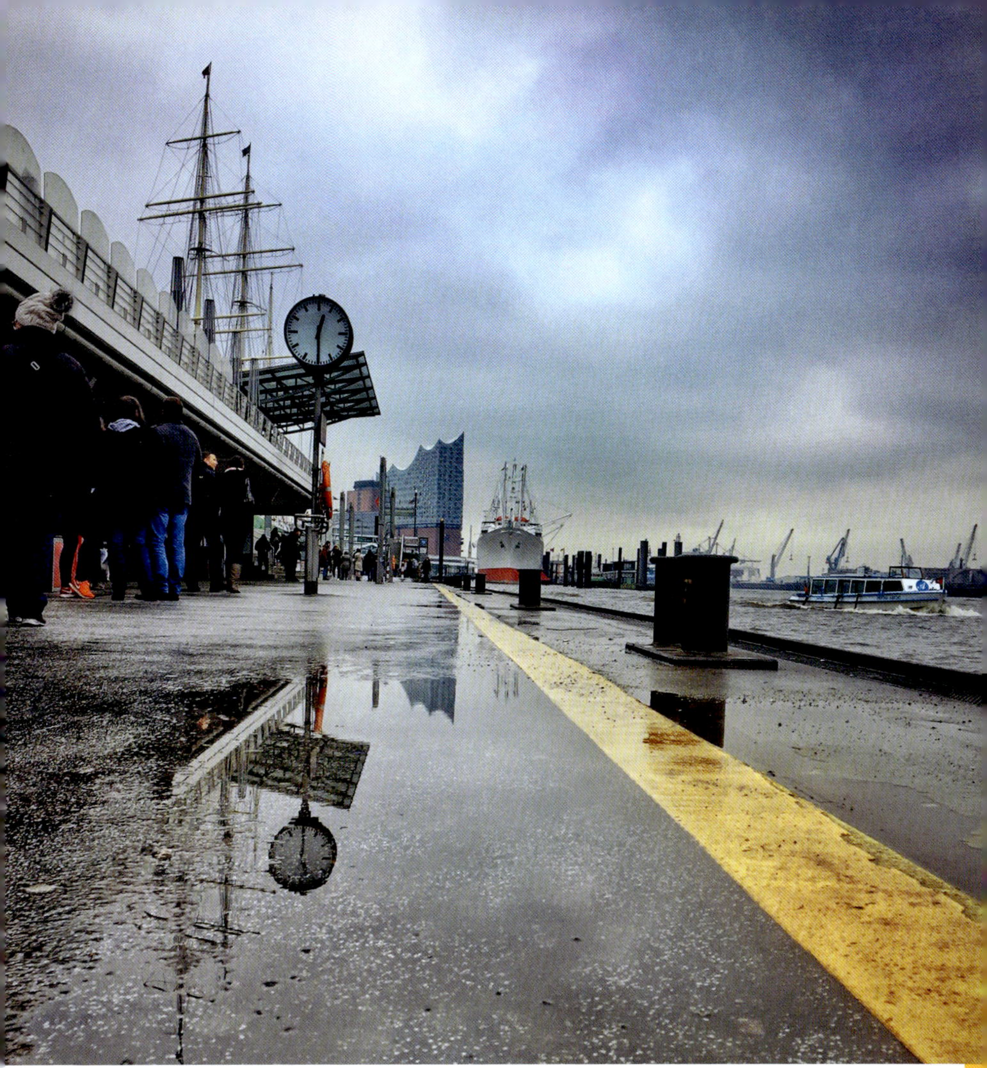

7 BRÜCKE 10

»Fofftein!« So rufen es die Vorarbeiter im Hafen, wenn es Zeit für eine Pause ist. Eine kleine Zwischenmahlzeit haben Sie sich nun auch verdient. Für diese laufen Sie bitte über die Pontons links der Elbpromenade, vorbei an Kioskbuden und Souvenirshops, zum anderen Ende der Landungsbrücken – einen Bereich, den ich tatsächlich gern bei schlechtem Wetter aufsuche, da er dann besonders reizvoll für Fotoaufnahmen ist: wenig Trubel,

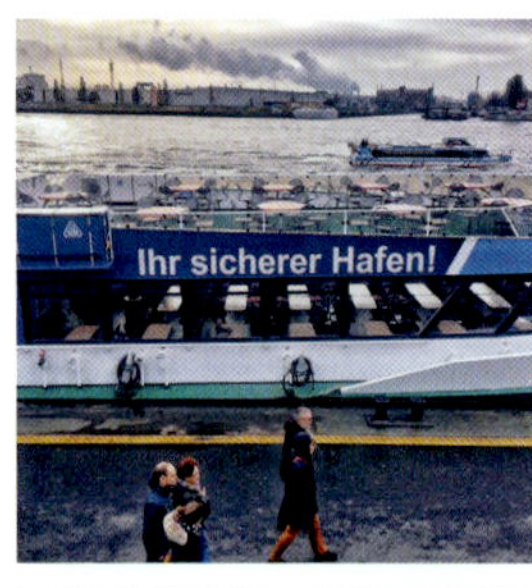

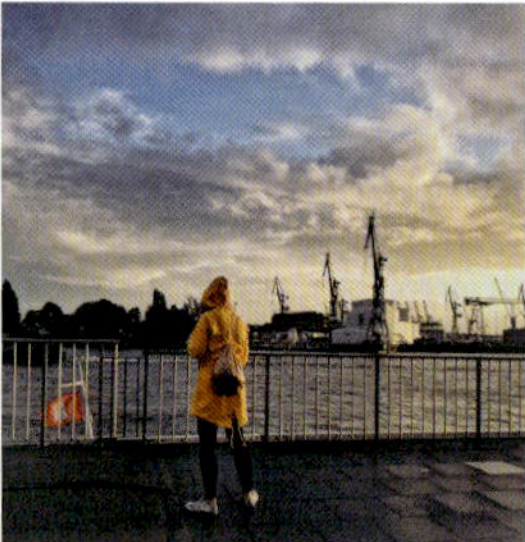
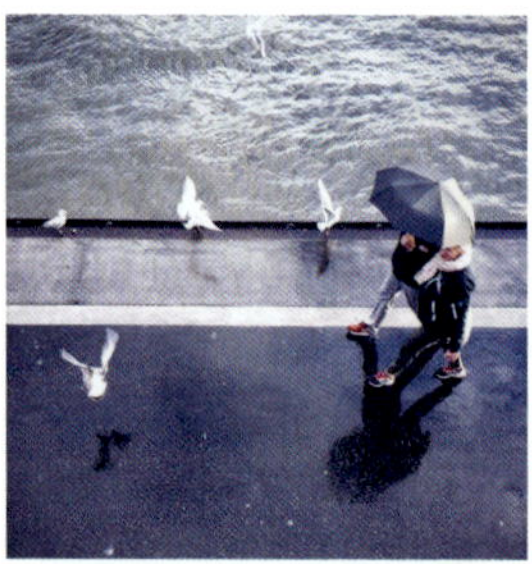
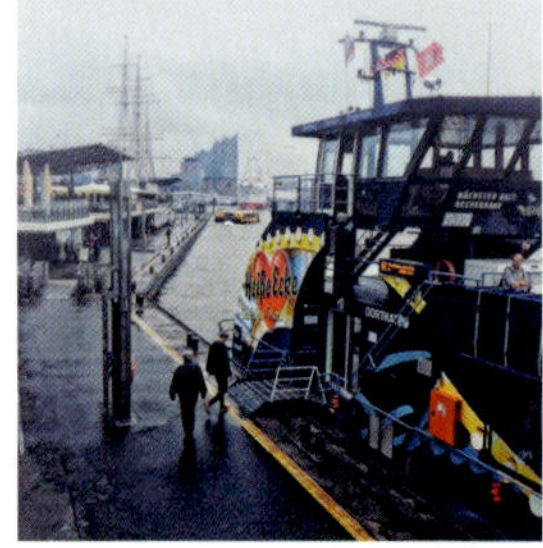
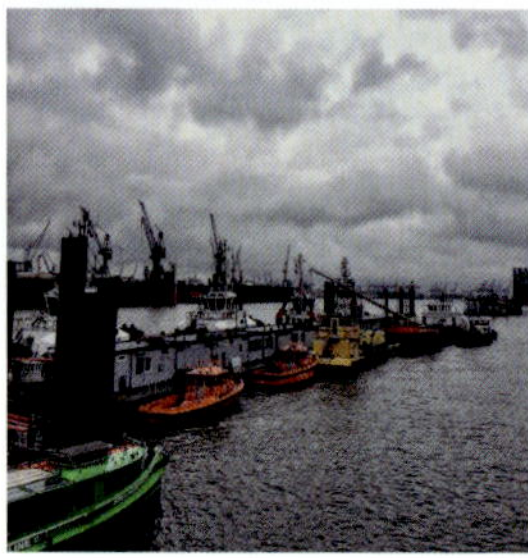
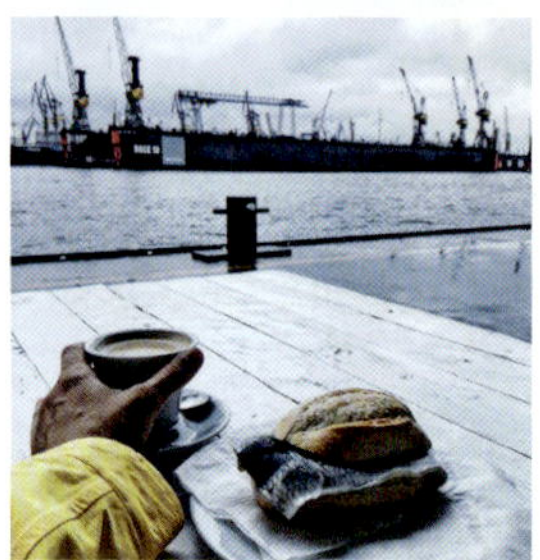

dramatischer Himmel, Pfützen, in denen sich Schiffe spiegeln (siehe auch Exkurs »#Puddlegram« auf Seite 31)! Hier zeigt sich das Hamburger Schietwetter von seiner schönsten Seite. Angestanden für die leckersten Fischbrötchen der Welt! Die gibt es nämlich an der »Brücke 10«. Krabben, Bismarckheringe, Matjesburger – für diese Köstlichkeiten lohnt sich das Schlangestehen – denn, ja, leider ist die »Brücke 10« gut besucht. Dafür wird zum Snack jedoch ein prächtiges Panorama serviert: das Trockendock am anderen Elbufer, dahinter Dutzende Giraffen aus Stahl, davor Schlepper und Fähren, manchmal rauscht ein Containerriese vorbei. Mehr Hamburg auf einem Foto geht nicht. PS: Wer nun einen Abstecher zum Alten Elbtunnel hinter der »Brücke 10« erwartet, den muss ich erst einmal vertrösten und auf die Tour St. Pauli bei Tag (ab Seite 62) verweisen.

#PUDDLEGRAM

Nicht wenige foto-affine Hamburger haben ein Hobby: Pfützen fotografieren und sie auf Instagram posten. Dafür gibt es in dieser Stadt aufgrund der Wetterverhältnisse schließlich auch viel Gelegenheit. Ein »Puddlegram« ist die Kunst, eine Pfütze (englisch: »puddle«) und ihre Spiegelung in Szene zu setzen! Und Hamburg im Regen ist ein Traum für Pfützenfotografie. Der Hamburger Instagrammer Kay Palapies (*@nordisch_by_nature_*) widmet sogar weite Strecken seines Accounts dem Pfützenfoto. Vor allem die Landungsbrücken haben es ihm angetan. Durch das Anlegen der Hafenfähren werde immer wieder Wasser auf die Brücken gespült, erklärt Kay auf dem *Blog Hamburg Ahoi*, sodass man dort sogar bei schönem Wetter Pfützen findet. Seitdem ich dieses Phänomen auf Instagram auch für mich entdeckt habe und selbst bekennender Pfützenfan geworden bin, denke ich bei Regen automatisch: »Na und? Wenigstens kann ich jetzt draußen schöne Puddlegrams schießen!«

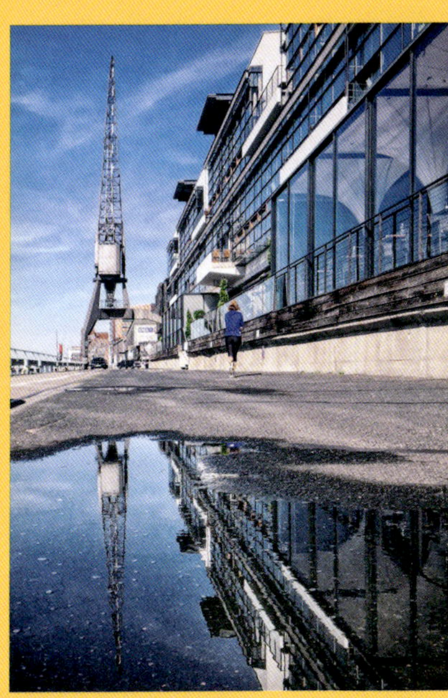

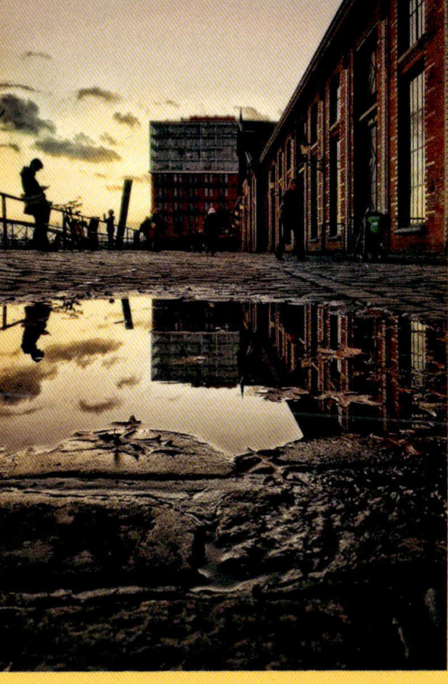

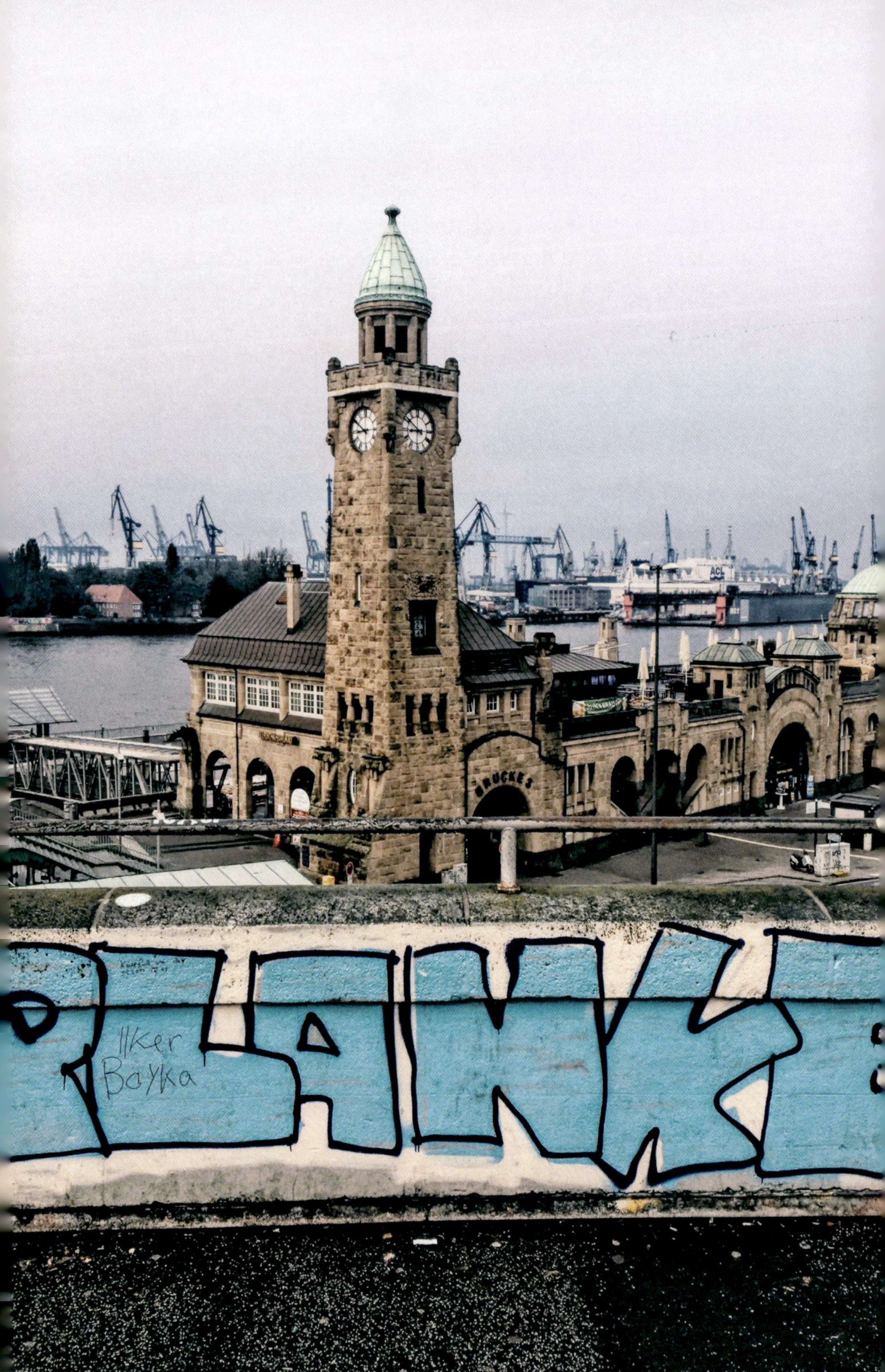
Ilker
Bayka

8 DER BLICK VOM STINTFANG

Auf dem sogenannten »Stintfang«, einem Hügel oberhalb der S- und U-Bahn-Station »Landungsbrücken«, thront eine Jugendherberge mit dem exklusivsten Blick über den Hafen. Und diesen sollten Sie keinesfalls auslassen. Nehmen Sie den Seitenausgang, der links aus der Bahnstation die Treppe hinaufführt. Am Ende der Stufen gelangen Sie auf die Aussichtsplattform. Besonders empfehlenswert für diesen Ort ist natürlich die blaue Stunde: Man kann ein Bier genießen und derweil die herrlichsten Sonnenuntergänge mit Blick auf Landungsbrücken, Kräne und Schiffe per Langzeitbelichtung einfangen.

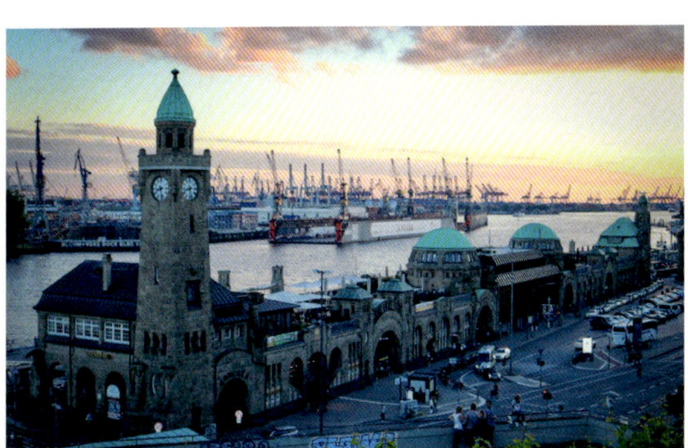

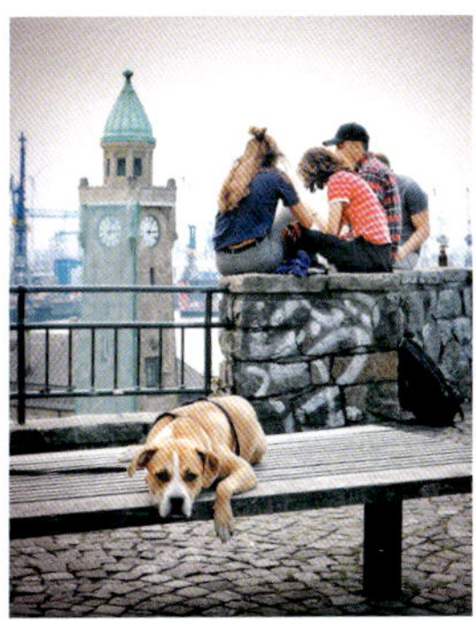

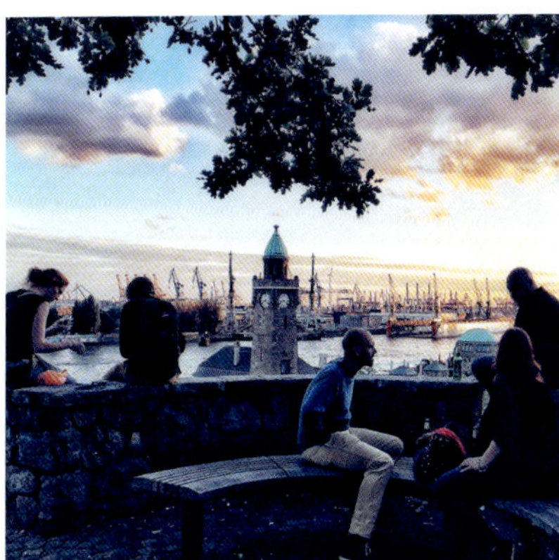

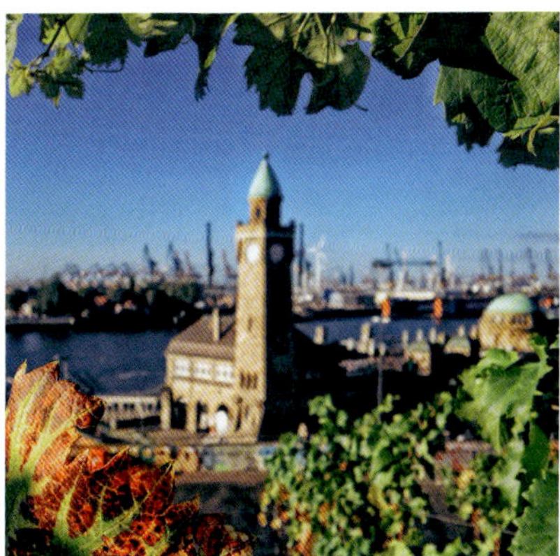

9 RITT MIT DER HVV-FÄHRE 62

Seid ihr seefest, Kameraden? Dann zurück zur Rickmer Rickmers! Am Automaten ziehen Sie sich ein HVV-Ticket und springen auf die Linienfähre 62 (Richtung Finkenwerder). Es gibt Menschen, die behaupten, die Fähren des öffentlichen Nahverkehrs, die in Hamburg den gleichen Status wie Busse besitzen, sähen so hässlich aus wie Bügeleisen. Gut, Schönheiten sind sie wirklich nicht. Trotzdem ist es großartig, bei Sonne, Wind und Regen auf diesen Schiffen für wenig Geld durch den Hafen zu gondeln. »Teufelsbrück«, »Elbphilharmonie«, »Ernst-August-Schleuse« und »Argentinienbrücke« heißen die Stationen, die sie anfahren. Und mit einer HVV-Tageskarte (ca. 6,30 Euro) können Sie sogar verschiedene Linien nach Herzenslust miteinander kombinieren und sich eine ganz individuelle Hafenrundfahrt zusammenstellen (*www.hadag.de/hafenfaehren.html*). Heute schippern Sie jedoch nur kurz bis zum nächsten Halt. Und das ist der Fischmarkt von Altona. Bei stärkerem Wellengang sollten Sie versuchen, sich unten im Bug ins Schiff zu setzen. Wenn die Fähre durch den Hafen auf und ab stampft, schwappt die Gischt gegen die Frontscheiben, durch die man dann interessante Fotos schießen kann.

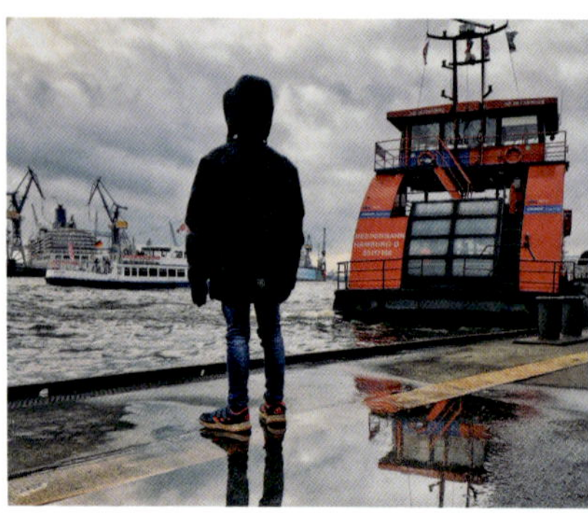

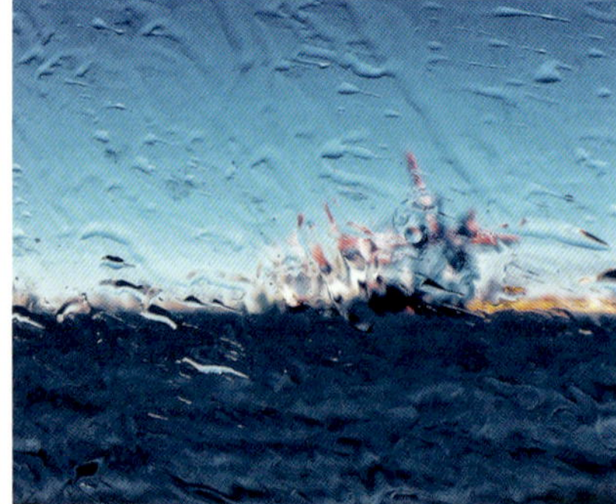

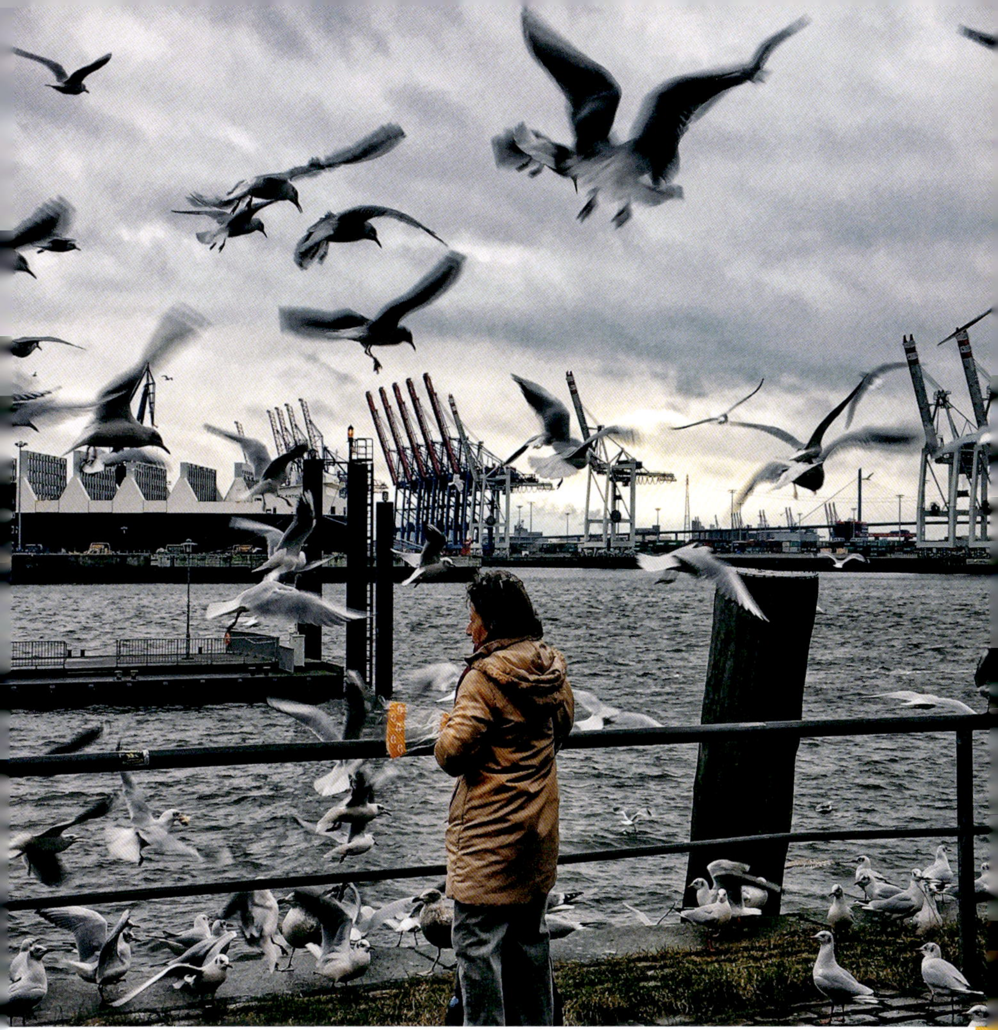

10 FISCHMARKT

www.fischauktionshalle.com/fischmarkt

Fertig machen zum Landgang! Auf dem Altonaer Fischmarkt, an dem die Große Elbstraße ihren Lauf nimmt, gibt's Aale von Aale-Dieter, Bananen von Bananenfred, Schokolade vom Schokoladenkönig, Ramsch und jede Menge Sprüche. »Iss'n Aal, dann wirst du zur Rakete!« So oder so ähnlich tönt es aber nur sonntags an den Ständen, zwischen 5 und 9:30 Uhr (im Winter erst ab 7 Uhr morgens). Denn dann ist Zeit für Altonas berühmten

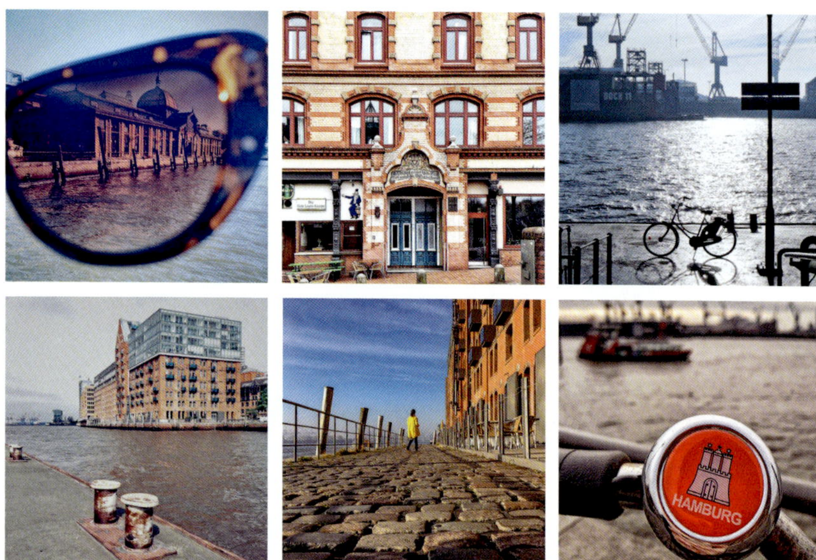

Wochenmarkt, der jedes Mal rund 70.000 Besucher anlockt, viele von ihnen Nachtschwärmer, die auf einen Hering mit Absacker hierherströmen. Was genau Sie erwartet, wenn Sie von der Fähre steigen? Ein toller Blick vom Ponton. Rechts ragt dunstig und klein die Elbphilharmonie aus dem Hintergrund, davor wölbt sich ein U-Boot (U-343, heute ebenfalls ein Museum) aus dem Wasser. Geradeaus die altehrwürdige Fischauktionshalle, Ende des 19. Jahrhunderts in Form einer dreischiffigen Basilika erbaut, links von Ihnen imposante Speicher, in denen sich heute Wohnungen, Büros und das Restaurant La Vela befinden. Ob Möwen, Kräne oder Wolkenbrüche – auch an diesem Ort finden Sie großartige Fotomotive. Besonders am Morgen kann man am Fähranleger schöne Fotos im Gegenlicht machen. Und hier noch echtes Insiderwissen: Einen schönen seitlichen Blick über den Fischmarkt hat man übrigens aus dem Treppenhaus im dritten und vierten Stock des Shoppingkomplexes »Stilwerk«. Die Brücke im Vordergrund ist leider nur bei Hochwasser begehbar.

11 DAS FENSTER

Nun laufen Sie links die Große Elbstraße entlang, die für mich zu den schönsten Straßen Hamburgs zählt. Die Elbe begleitet Sie hier auf Schritt und Tritt. Früher war die Straße als Schmuddelecke verschrien. Heute vermischen sich hier urtpypische Hamburger Institutionen und moderne Architektur. Zu Letzterem zählt auch ein geheimes Fenster, das inzwischen zu einer echten Ikone auf Instagram geworden ist. Die tolle Glaswand gehört dabei zu einem Bürokomplex direkt an der Altonaer Hafenkante, das allerdings nur werktags geöffnet ist.

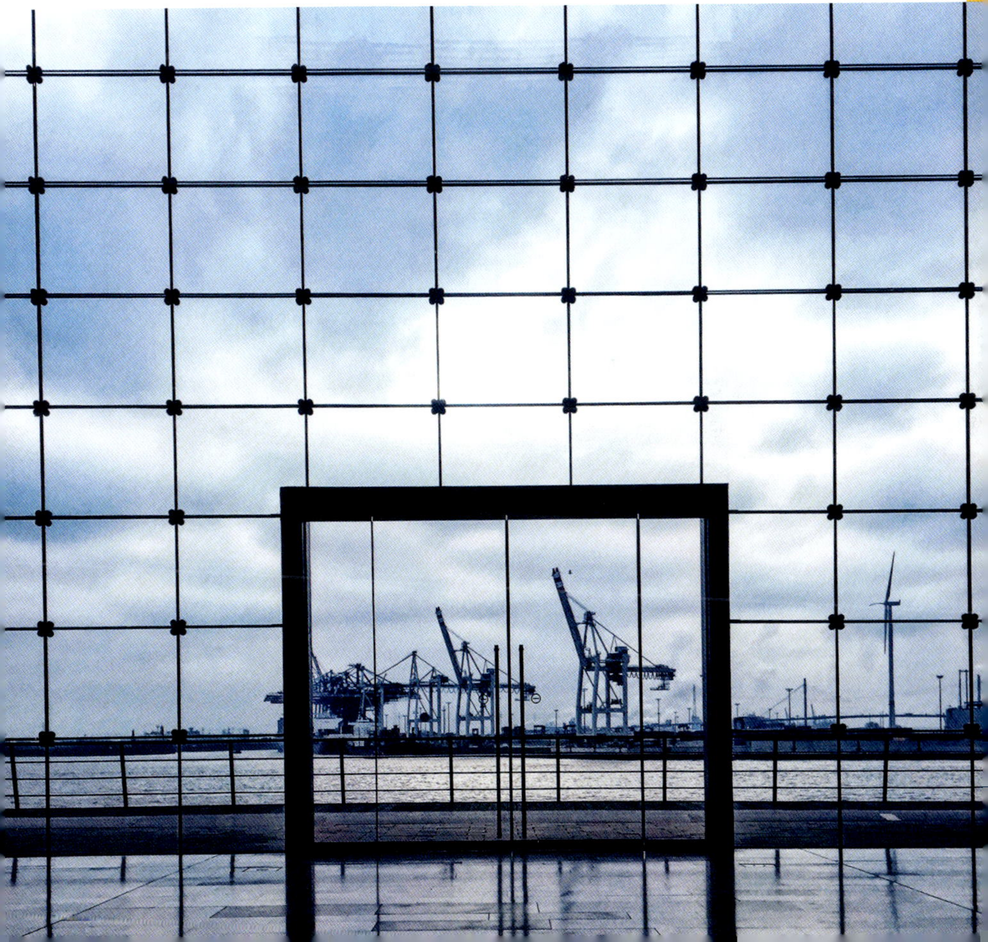

Ebenfalls im Gebäude: eine Bankfiliale (durch die ich das Fenster überhaupt erst entdeckt habe). Und gegenüber: der »Schellfischposten« sowie die »Haifischbar«, zwei legendäre Seemannskneipen. Die erste ist vor allem bekannt für Ina Müllers liebenswert schräge Late-Night-Talkshow im Ersten, in der das Publikum die prominenten Tresen-Gäste mit Bierdeckel-Fragen löchern darf und draußen vor dem offenen Fenster ein freundlicher Shanty-Chor für das musikalische Begleitprogramm sorgt. Eine weitere Institution in der Nähe: Das »Hafenklang«, ein Liveclub, in dem sich schon in den 1970ern Indie- und Punk-Bands das Mikrofon in die Hand gaben und Udo Lindenberg oder die Einstürzenden Neubauten ihre ersten Tonträger aufnahmen.

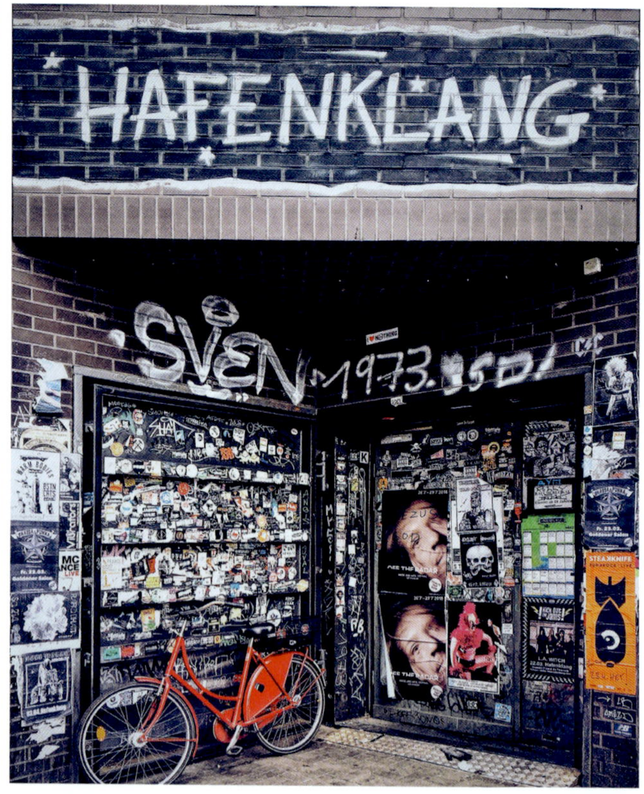

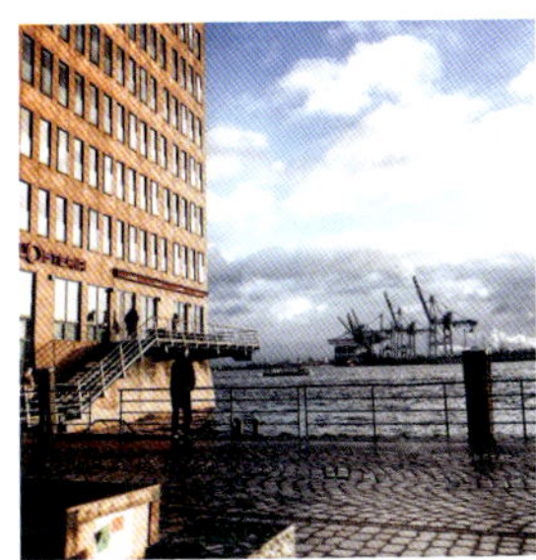
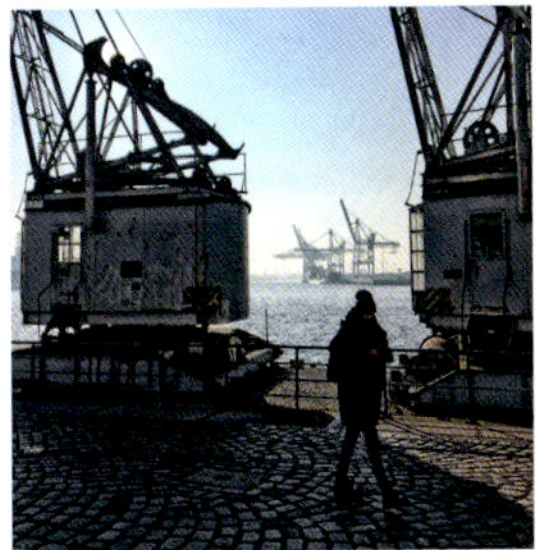
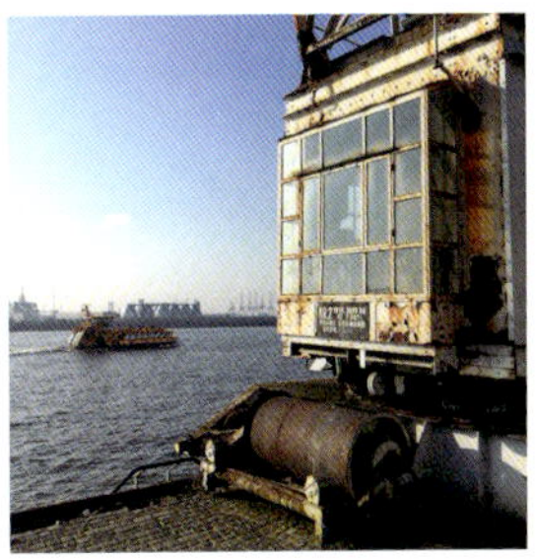

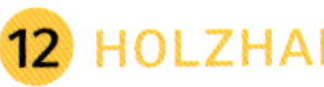

12 HOLZHAFEN

Der Holzhafen beginnt vor der »Haifischbar« und erstreckt sich bis zum sogenannten »Kristall-Tower«, einem modernen Hochhaus aus Glas mit 20 Stockwerken und Wohnungen, die sich nur Millionäre leisten können. Von oben sollen die Bewohner einen Blick bis ins Alte Land haben, dem größten zusammenhängenden Obstanbaugebiet Deutschlands, das sich auf der anderen Seite der Elbe erstreckt. Sie dürfen zudem mit Deutschlands höchstem Außenaufzug in ihre Lofts fahren. Wie zwei kleine Davids gegen Goliath wirken dagegen die alten Rollwippdrehkräne an der Kaimauer vor dem Tower. Rost nagt an den vor 30 Jahren noch aktiven Technik-Denkmälern. Aber gerade diese Patina macht sie zu interessanten Fotoobjekten, die ich beim Besuch dieser Gegend so gut wie jedes Mal ablichte. Besonders schön: Der Morgen, der den Frühaufsteher oft mit den schönsten Lichtverhältnissen belohnt und den industriellen Charme der Großen Elbstraße herrlich in Szene setzt.

Wenn sich im Hintergrund dann auch noch ein großer Pott vorbeischiebt und die Sonnenstrahlen golden durch die Fenster der Führerkabine leuchten, schlägt das Fotografenherz höher.

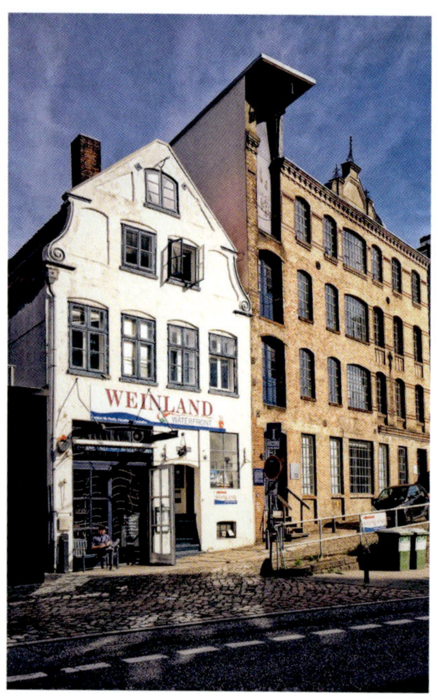

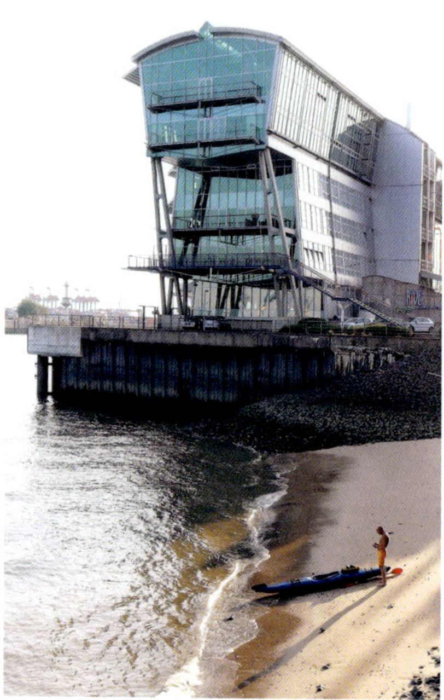

13 WEINLAND

Blicken Sie nun am Kristall-Tower auf die andere Straßenseite hinüber, sehen Sie ein hübsches, weißes Speichergebäude: Es ist das älteste noch erhaltene Haus von Altona, jenem Stadtbezirk, zu dem der Holzhafen zählt. Erbaut wurde das Haus im Jahr 1755. Heute kann man dort Wein kaufen und Events feiern. Das Fabrikgebäude aus gelbem Klinker direkt nebenan wurde 1899 errichtet und beherbergte lange Zeit die Firma Groth & Degenhardt, eine Maschinenfabrik mit Schiffsreparaturbetrieb. In jüngster Zeit hingegen hatte in diesem Haus der Schauspieler Jan Fedder seine Wohnung als Polizist Dirk Matthies in der ARD-Serie »Großstadtrevier«. Gehen Sie nun links am Kristall-Tower vorbei in Richtung Cruise Terminal. Tipp: Auf das Geländer achten! Bei Sonne wirft es interessante Schatten.

14 DOCKLAND

Auf Höhe des Cruise-Terminals thront das mondäne »Dockland«, ein Bürogebäude mit schiffsähnlichem »Bug«. Wenn ich die Treppen zum Panoramadeck mit den jeweils 140 Stufen sehe, muss ich immer an die Trainingsszene aus »Rocky« denken. Aber der Aufstieg lohnt sich. Man muss dafür auch garantiert nicht wie Rocky fünf rohe Eier zum Frühstück verschlingen! Von oben haben Sie jedenfalls einen großartigen Blick über die Elbe. Das von den Architekten »Bothe Richter Therani« entworfene Gebäude in Form eines Parallelogramms ist ein sehr beliebtes Fotomotiv, weshalb es gefühlt auch eine Million Aufnahmen davon gibt. Suchen Sie es einfach mal auf Instagram unter dem Hashtag *#dockland* … Wer an der Hafenkante unterwegs ist, für den scheint einfach kein Weg daran vorbeizuführen. Und selbst in kalten Winternächten stehen hier Fotografen mit schweren Kameras und Stativen Spalier, um das begehrte Objekt mithilfe aufwendiger Langzeitbelichtungen festzuhalten.

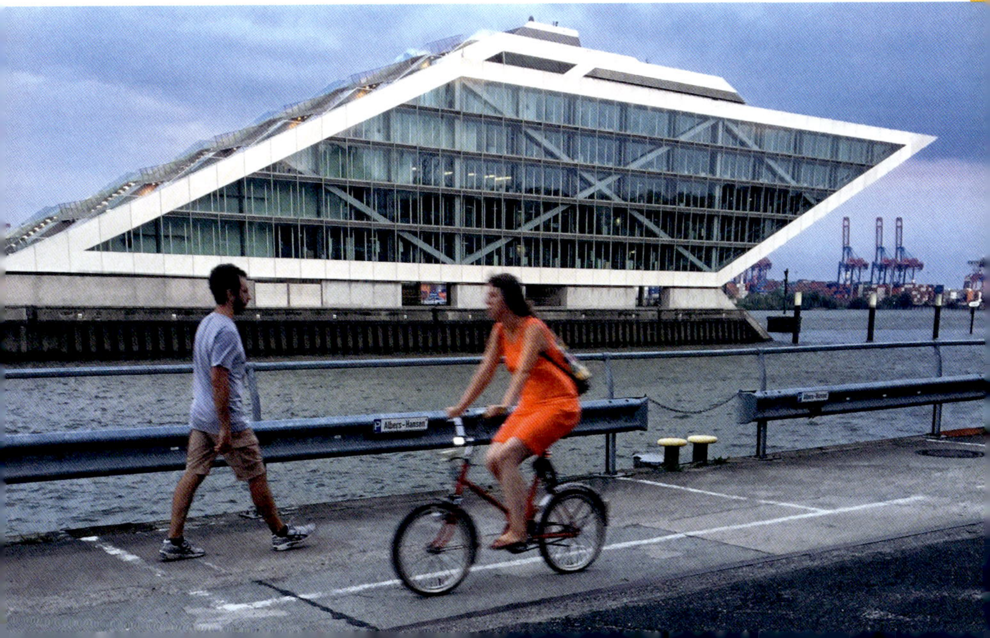

15 FRISCHEPARADIES

Zurück auf der Großen Elbstraße sollten Sie auch kurz einen Abstecher ins »Frischeparadies« machen. Manchmal gehe ich, zugegeben, nur zum Leutegucken in diesen Elite-Supermarkt der Elbvororte. Aber bitte fotografieren Sie diese nicht einfach, auch wenn der Finger am Auslöser jucken mag, angesichts der fast schon klischeehaft wirkenden Damen mit Perlenketten und Föhnwellen, die am Bistrotisch sitzen und gelangweilt Champagner schlürfen, während die Männer in Steppjacken und Budapestern auf Beutejagd durch die begehbaren Kühlschränke laufen. Kennen Sie unser Bisonfleisch? Haben Sie unsere essbaren Blumen schon probiert? Die Fischtheke im Frischeparadies ist dabei wohl die schönste der Stadt. Der Grund hierfür: die handgemalten blau-weißen Fliesen der Berliner Künstlerin Annelie Somborn, die 40 verschiedene Fischarten und Meerestiere zeigen. Bitte einmal verstohlen die Smartphone-Kamera zücken und das Kunstwerk im Delfter Stil festhalten (ohne natürlich die Kunden zu nerven). Und: Macht ja nix, wenn's am Ende geldmäßig nur für ein Franzbrötchen gereicht hat …

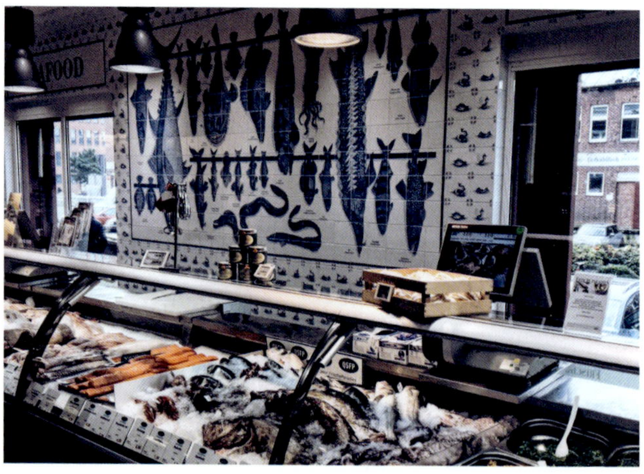

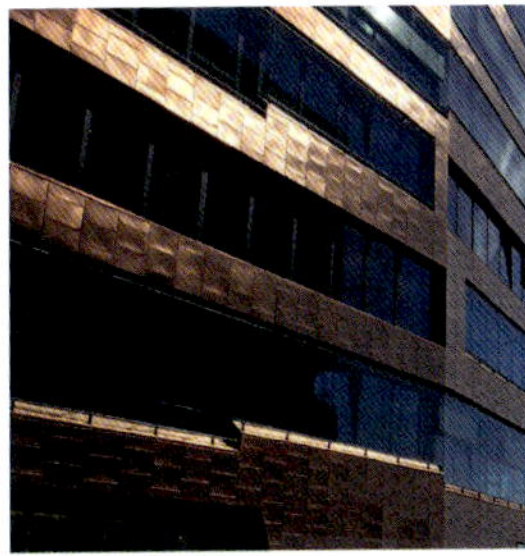

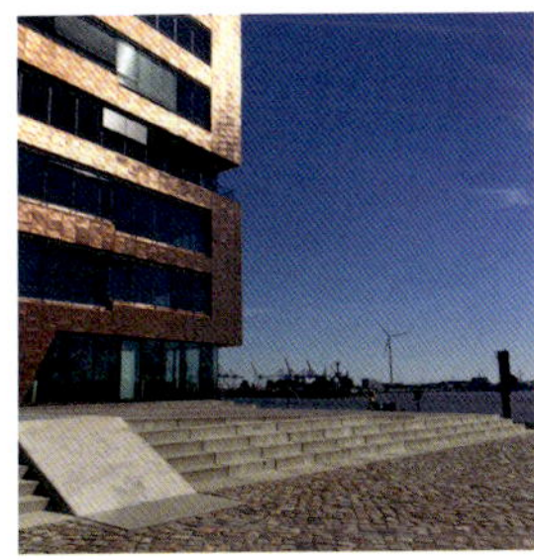

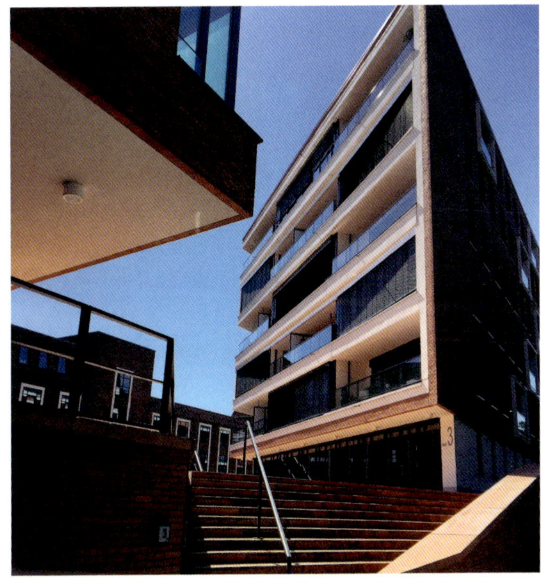

 16 MONDÄNE BAUTEN

Wo die Große Elbstraße nach einer Rechtskurve auf die Straße »Neumühlen« mündet, beginnt ein Abschnitt der Hamburger Elbuferpromenade, der gern als architektonische »Haute Couture« bezeichnet wird. Gegenüber am Athabaska-Kai werden rund um die Uhr Containerriesen beim Be- und Entladen in Szene gesetzt – was nicht nur den Menschen in den futuristisch anmutenden Bürotürmen willkommene Ablenkung sein dürfte. Auf diesem Catwalk aus Stahl und Glas stechen vor allem die »Columbia Twins« hervor. Wenn die beiden identischen Gebäude von der Sonne beschienen werden, beginnt ihre kupferfarbene Fassade magisch zu leuchten. Zu ihren Füßen: langgezogene Sitzblockstufen, von denen man linkerhand auch das Dockland sieht. Auf ihnen lässt es sich bei gutem Wetter stundenlang aushalten, um das Treiben auf der Elbe zu fotografieren.

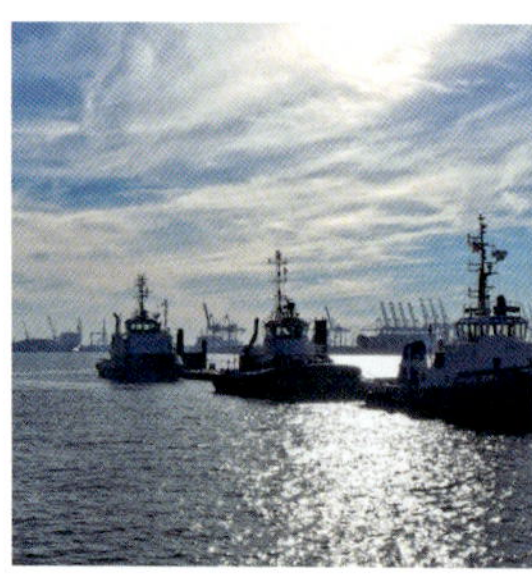

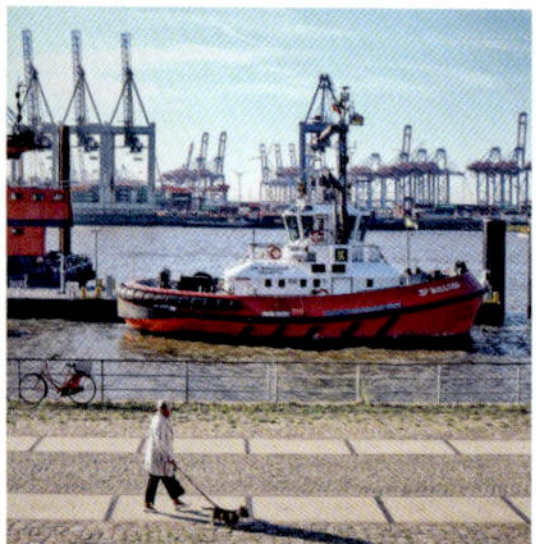

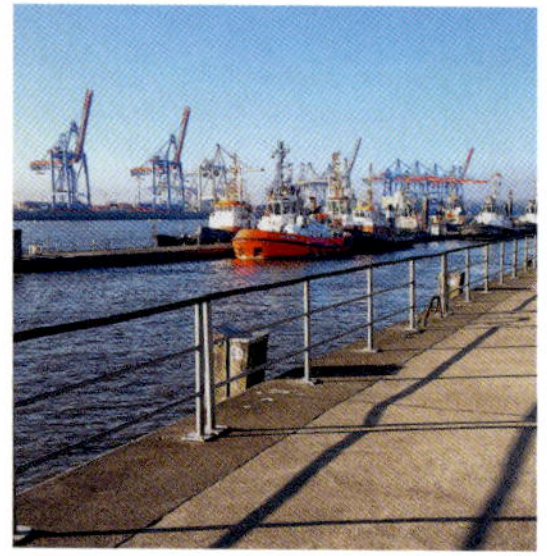

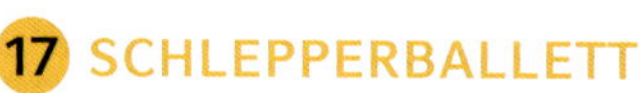

17 SCHLEPPERBALLETT

Wenn Sie nun, mit den Columbia Twins im Rücken, auf der Elbuferpromenade nach rechts laufen, sehen Sie sie am Anleger zum Einsatz bereit stehen: die Hamburger Schlepper. Rechts die roten der holländischen Reederei Kotug. Links die Schiffe der Hamburger Arbeitsgemeinschaft (ARGE) mit schwarzen und blauen Bäuchen. Ohne sie würde kaum ein Container- oder Kreuzfahrtschiff in Hamburgs Hafen gelangen, geschweige denn wieder hinaus. Drücken, bugsieren, lenken und bremsen – dabei wirken die Schlepper wie eine Armee aus Ameisen mit Leinen aus Stahl. Besonders gut zur Geltung kommen die kleinen in Reih und Glied vertäuten Parkhilfen, wenn Sie sie im Gegenlicht fotografieren, was an dieser Stelle vor allem morgens gelingt. Übrigens sind die kompakten Kraftpakete auch das Highlight beim Hafengeburtstag: Jedes Jahr führen sie dann ein bereits legendäres Schlepperballett auf, bei dem sie zur Freude Hunderttausender Besucher synchron im Walzertakt über die Elbe schunkeln und schaukeln.

18 MUSEUMSHAFEN

www.museumshafen-oevelgoenne.de

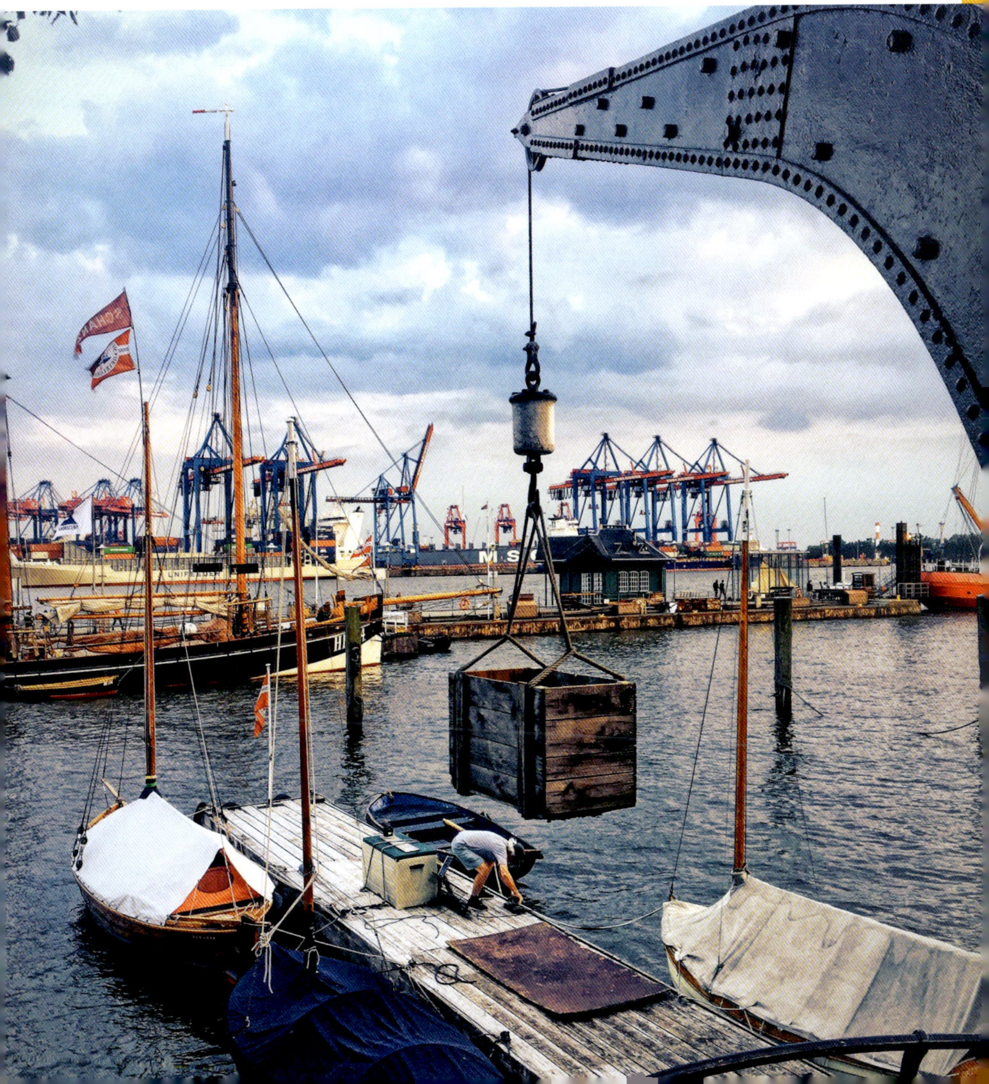

Ein Stück weiter unten gelangen Sie nun an den Museumshafen von Övelgönne, wo ein Verein seit vier Jahrzehnten alte Eisbrecher, Dampfer und Barkassen restauriert (wie Sie merken, ist das Restaurieren alter Schiffe des Hamburgers liebstes Hobby!). Hier kann

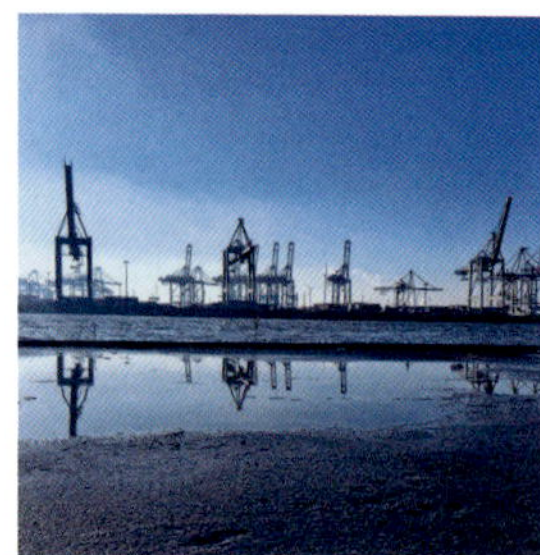

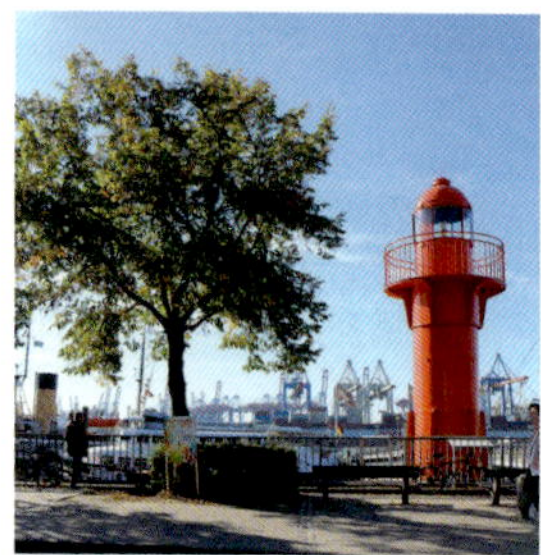

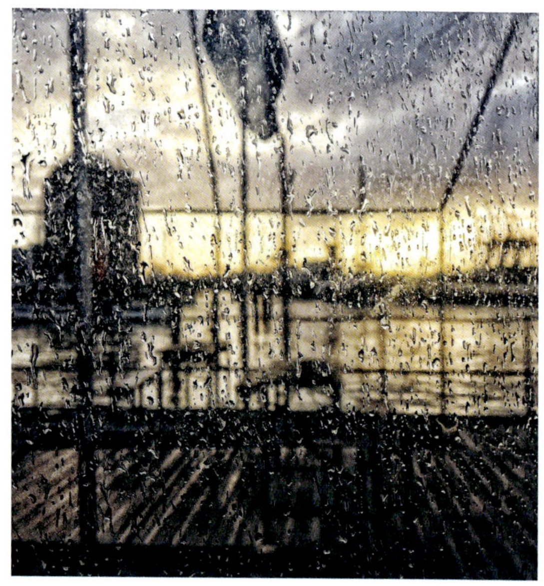

man sich jedenfalls wunderbar durch die Industriegeschichte des 19. und 20. Jahrhunderts fotografieren, Abteilung Hafen und Schiffstechnik – eine Überdosis maritimer Nostalgie. Und wer an Sturmfluttagen Punsch auf der alten Elbfähre »D.E.S. Bergedorf« trinkt, kann schon mal Zeuge davon werden, wie auf dem gegenübergelegenen Parkplatz nach und nach die fahrlässig stehengelassenen Autos in den Fluten versinken ... Besonderes Schmuckstück vor Ort ist das Leuchtfeuer der Elbinsel Pagensand, das hier 2015 ein neues Zuhause fand – herbeigeschleppt vom Museumskran Karl Friedrich Steen, der seit 1986 ebenfalls zu den maritimen Rentnern neben der exklusiven Seniorenresidenz Augustinum gehört.

19 WARTEHÄUSCHEN DÖNS

Am Ponton von Neumühlen fällt ein wunderschönes grünes Holzhaus mit weißen Sprossenfenstern ins Auge: das »Wartehäuschen Döns«. Der Begriff »Döns« kommt aus dem Dänischen und bedeutet »beheizbarer Aufenthaltsraum«, im Grunde ist die »Döns« also so etwas wie die gute Stube im Bauernhaus. Neben der Küche war die Döns früher der einzige beheizbare Raum im Haus – hier saß die Familie beisammen. Das Haus mit dem Schindeldach im Museumshafen ist dabei ein Nachbau der historischen Wartehäuschen, wie sie um 1900 überall im Hamburger Hafen als Wetterschutz gestanden haben. Ich drücke mir oft an den Sprossenfenstern die Nase platt, weil ich so entzückt bin vom Häuschen und seinem Inneren: Es gibt sogar einen kleinen Bollerofen. Man kann das Häuschen für kleine Feiern mit bis zu vierzig Personen mieten (einen Belegungsplan finden Sie unter der Webadresse *www.museumshafen-oevelgoenne.de/index.php/Doens.html*). Irgendwann, so schwöre ich mir, werde auch ich dort eine Party steigen lassen.

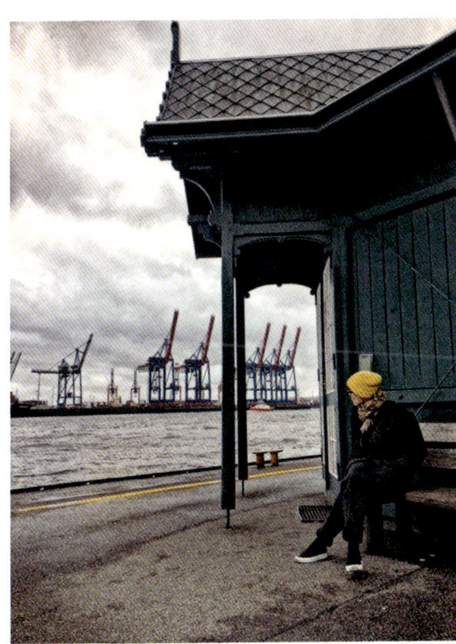

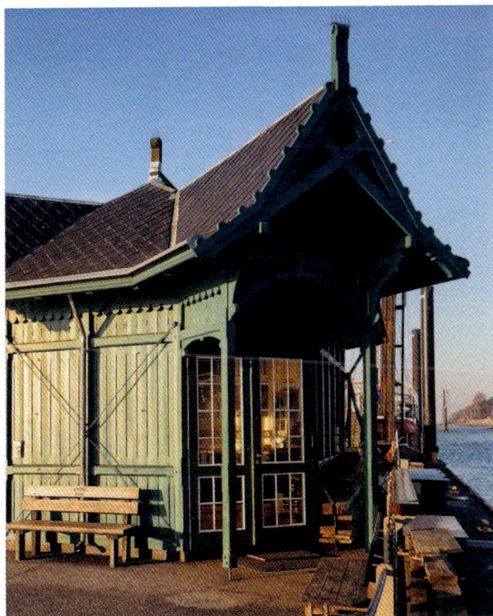

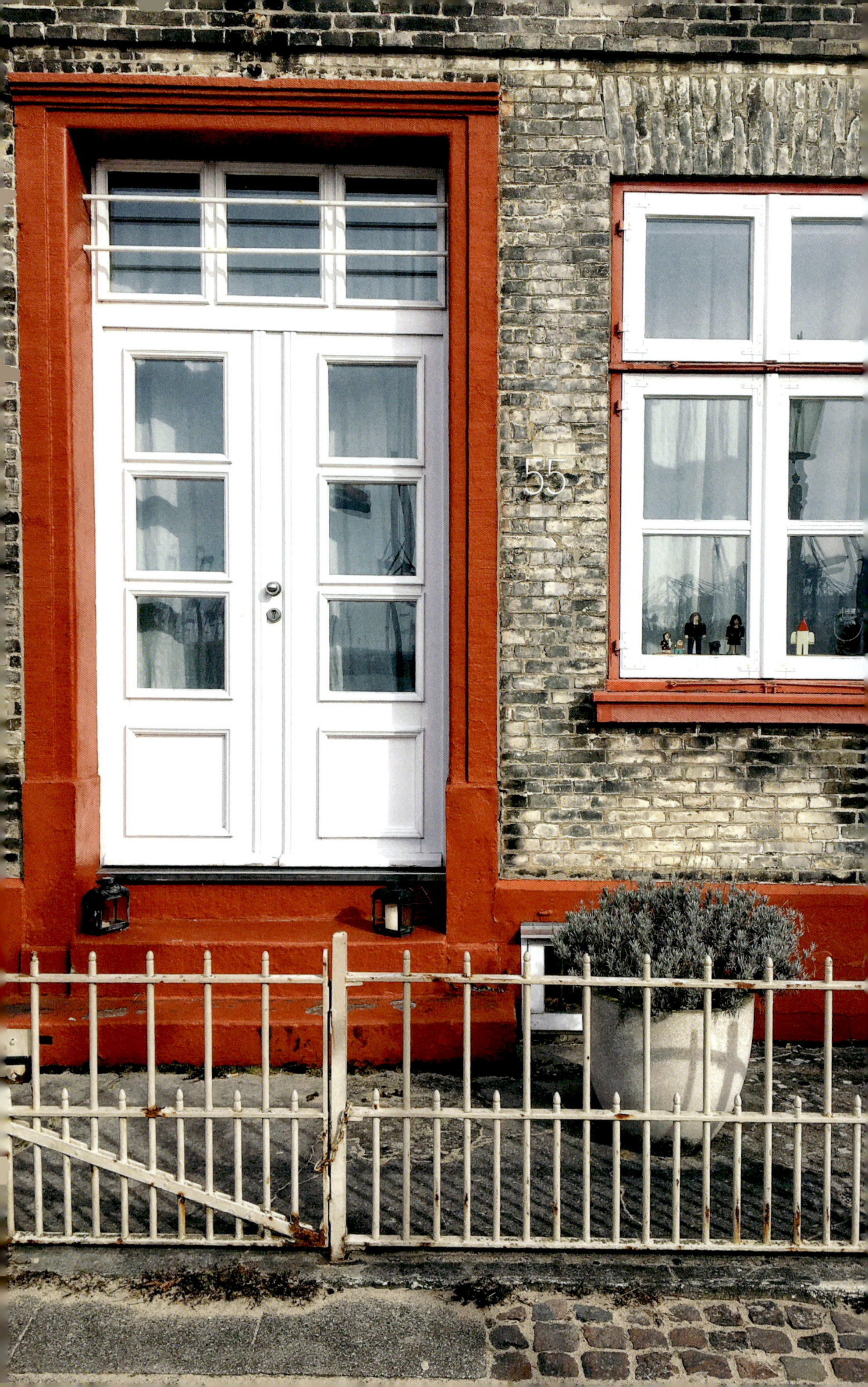
55

20 KAPITÄNSHÄUSER

Ihr nächstes Ziel ist der Kapitänsweg, der oberhalb des Elbstrands verläuft, auf den Sie am Ende des Museumshafens treffen. Rechts die alten, an den Geesthang geklebten Fischer-, Lotsen- und Kapitänshäuser. Hier sind die kleinsten Häuser fast immer die hübschesten: Schöner Wohnen am Elbstrand.

Zur anderen Seite des Wegs hin befinden sich die dazugehörigen Gärten, die an den Strand grenzen. Fotogen natürlich auch der Ausblick: Hinter Ligusterhecken und Obstbäumen ragen die Containerkräne des Burchardkais empor. Hin und wieder träume ich davon, in einem der Häuschen zu wohnen, im Grunde würde mir schon eines der Gartenhäuser mit Elbblick genügen. Halten Sie unbedingt nach kleinen Porzellanhunden auf Fenstersimsen Ausschau. In Övelgönne haben sie eine lange Tradition und sollen einst von englischen Matrosen mitgebracht worden sein, die die Hunde Prostituierten in London abgekauft haben sollen. Auch in England hatten die Hunde im Fenster gestanden. Schauten sie dabei nach draußen, war frei, schauten sie nach drinnen, war ein Freier da. Es heißt, die Seemannsfrauen von Hamburg hätten diese Signale übernommen und mit den Hunden geheime Botschaften an Liebhaber übermittelt. War der Ehemann auf See, sollen die Hunde auf die Elbe geguckt haben. War er zu Hause, drehten die Hunde dem Fluss den Rücken zu.

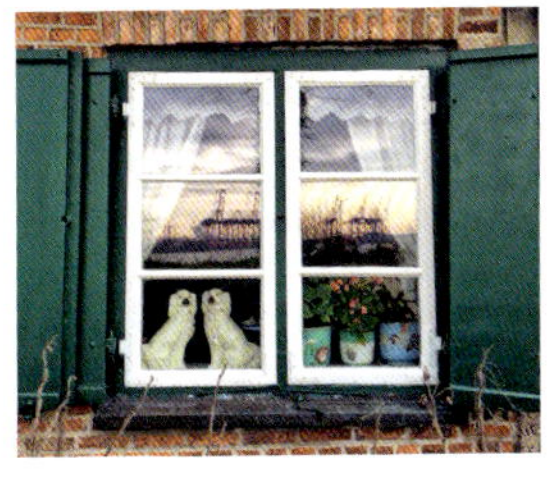

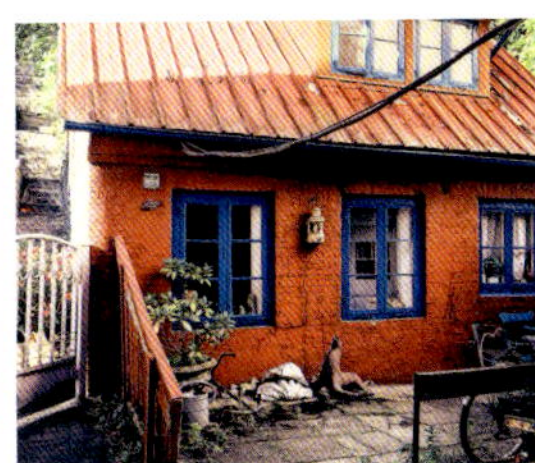

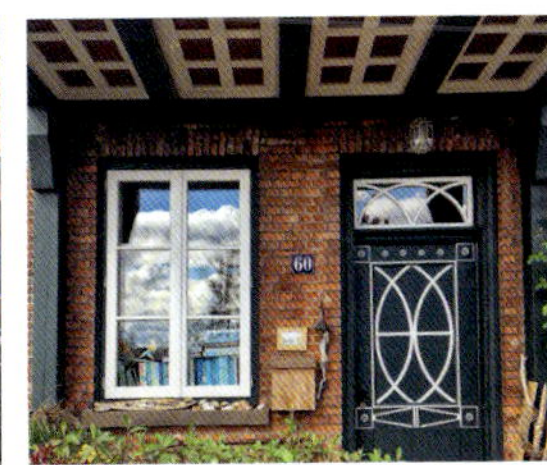

21 STRANDPERLE

Theoretisch könnten Sie nun stundenlang an der Elbe in Richtung Nordsee wandern, 100 Kilometer weit. Doch ich prophezeie Ihnen, dass Sie so oder so nur bis zur »Strandperle« kommen werden, dem legendären Bretter-Kiosk am Wasser, in dem man bei Bockwurst und Bier den Kreuzfahrtreisenden auf den Pötten zuwinken und sich selbst dabei wie im Urlaub fühlen kann. Bitte, Tisch suchen und Platz nehmen – falls Sie noch einen finden. Sonst einfach in den Sand setzen. Für mich gehört die Strandperle zu den wenigen Orten der Stadt, die selbst im überfüllten Zustand halbwegs zu ertragen sind. Schauen Sie nur: Die Lichter des Hafens leuchten schon. Auf der anderen Elbseite wird ein Containerschiff unter Flutlicht entladen – und das ist noch einmal ganz großes Kino am Ende unserer Tour. Ach so, ich will ja nicht stören, aber vergessen Sie nicht das abrundende Schlussfoto!

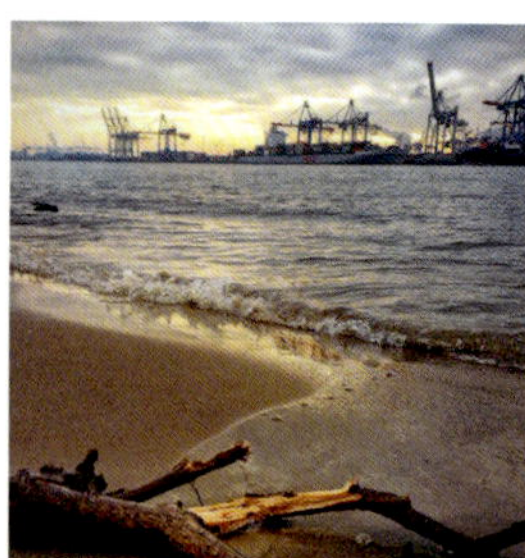

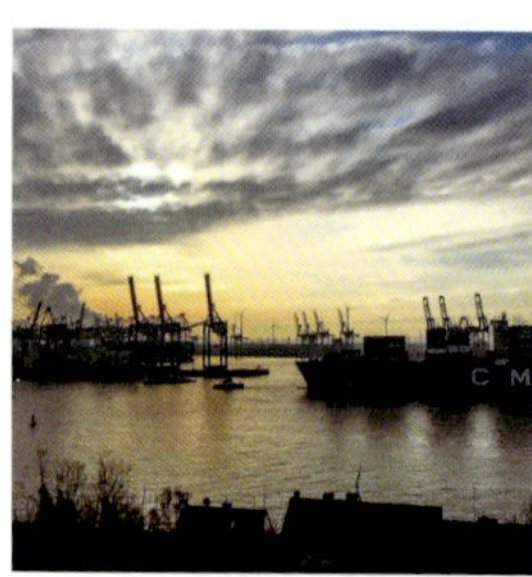

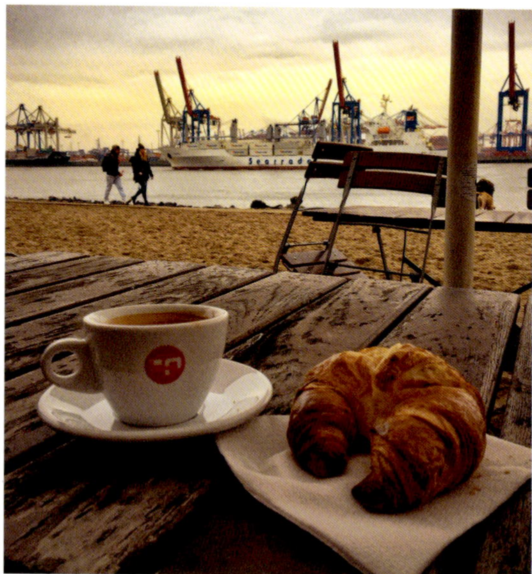

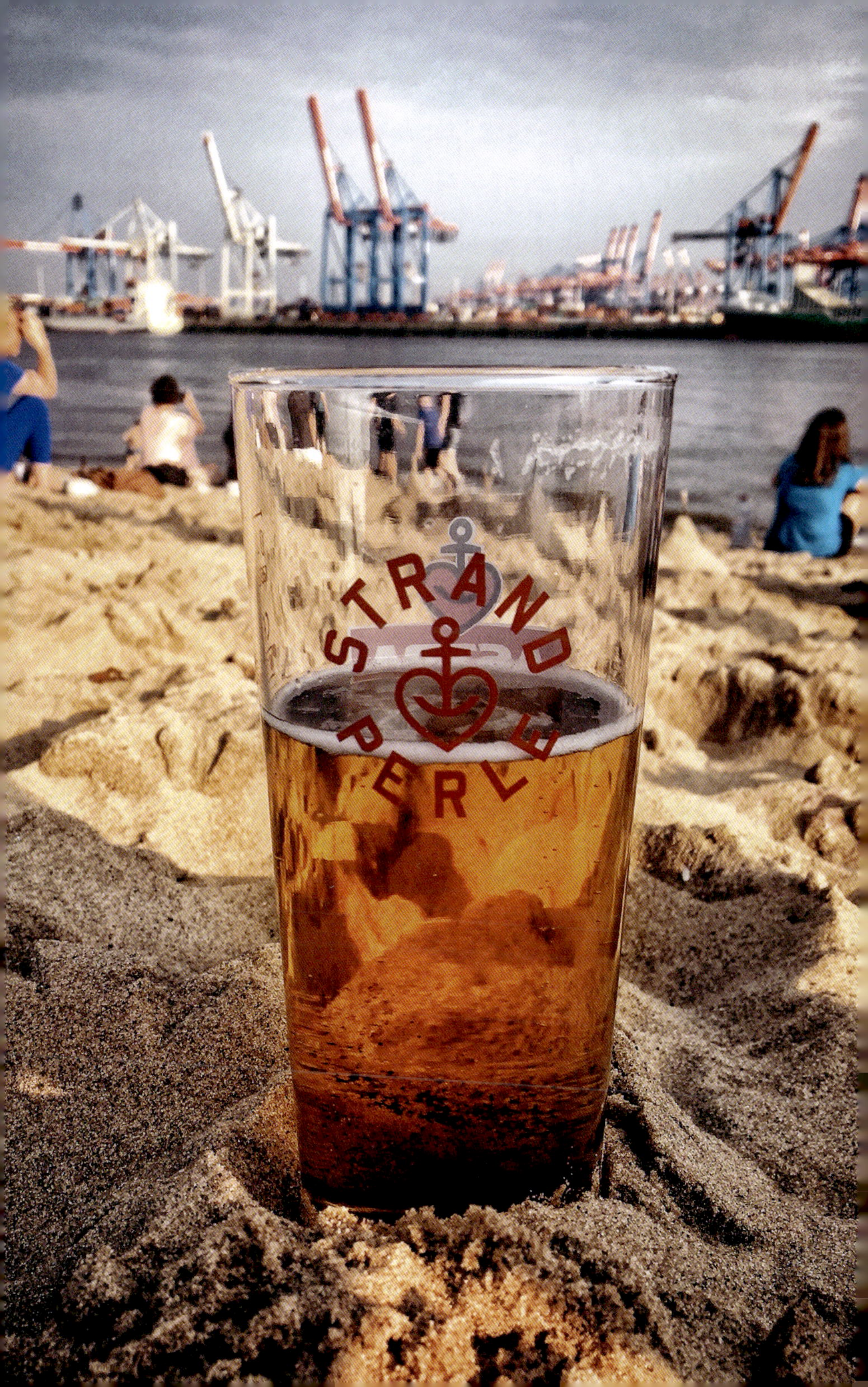
STRAND
PERLE

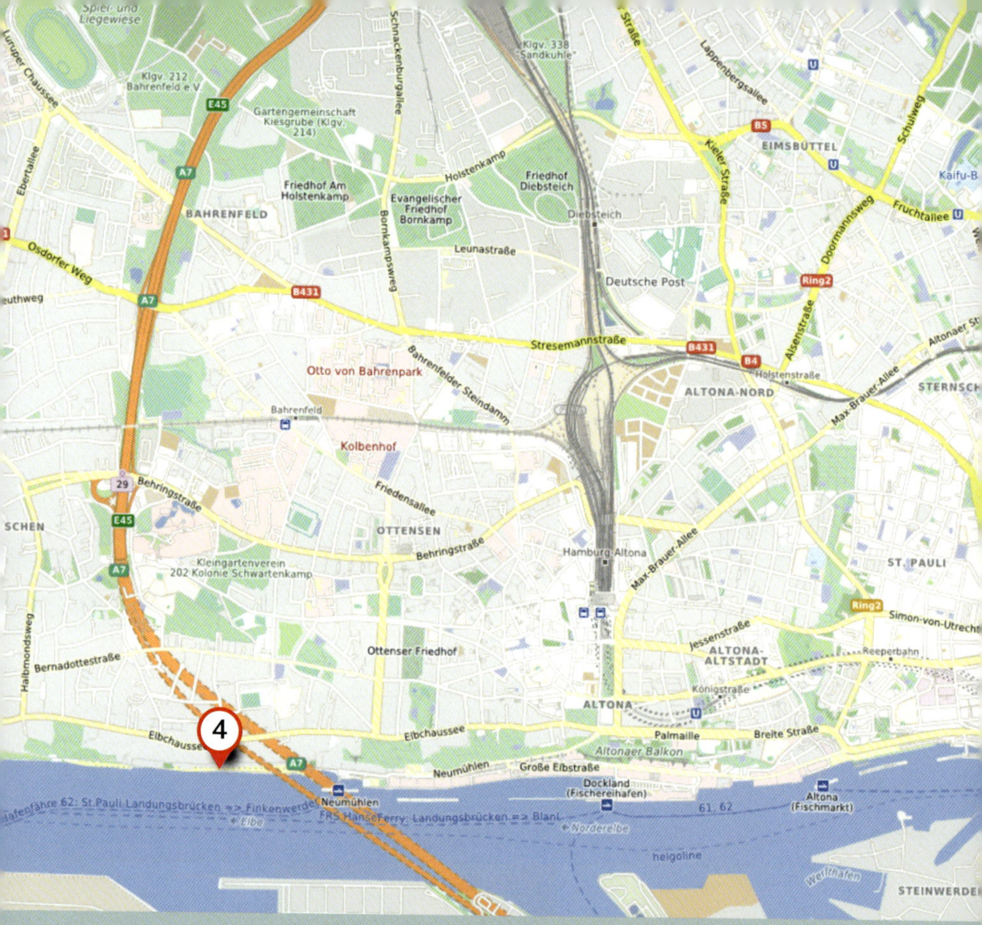

TIPPS FÜR DEN PERFEKTEN DURCHBLICK

Fenster und Architektur mit viel Glas können tolle Fotomotive hergeben, wie auch schon die »geheime« Glasfront in der Großen Elbstraße (siehe Tour »Von der Hafenkante bis zum Elbsandstrand« ab Seite 16) beweist. Fenster geben dem Blick nach draußen einen Rahmen und bei meinen Streifzügen durch die Stadt sind mir immer wieder besonders schöne Exemplare aufgefallen. An dieser Stelle möchte ich darum sechs weitere Highlights für den perfekten Durchblick mit Ihnen teilen und verraten, wo genau Sie diese finden!

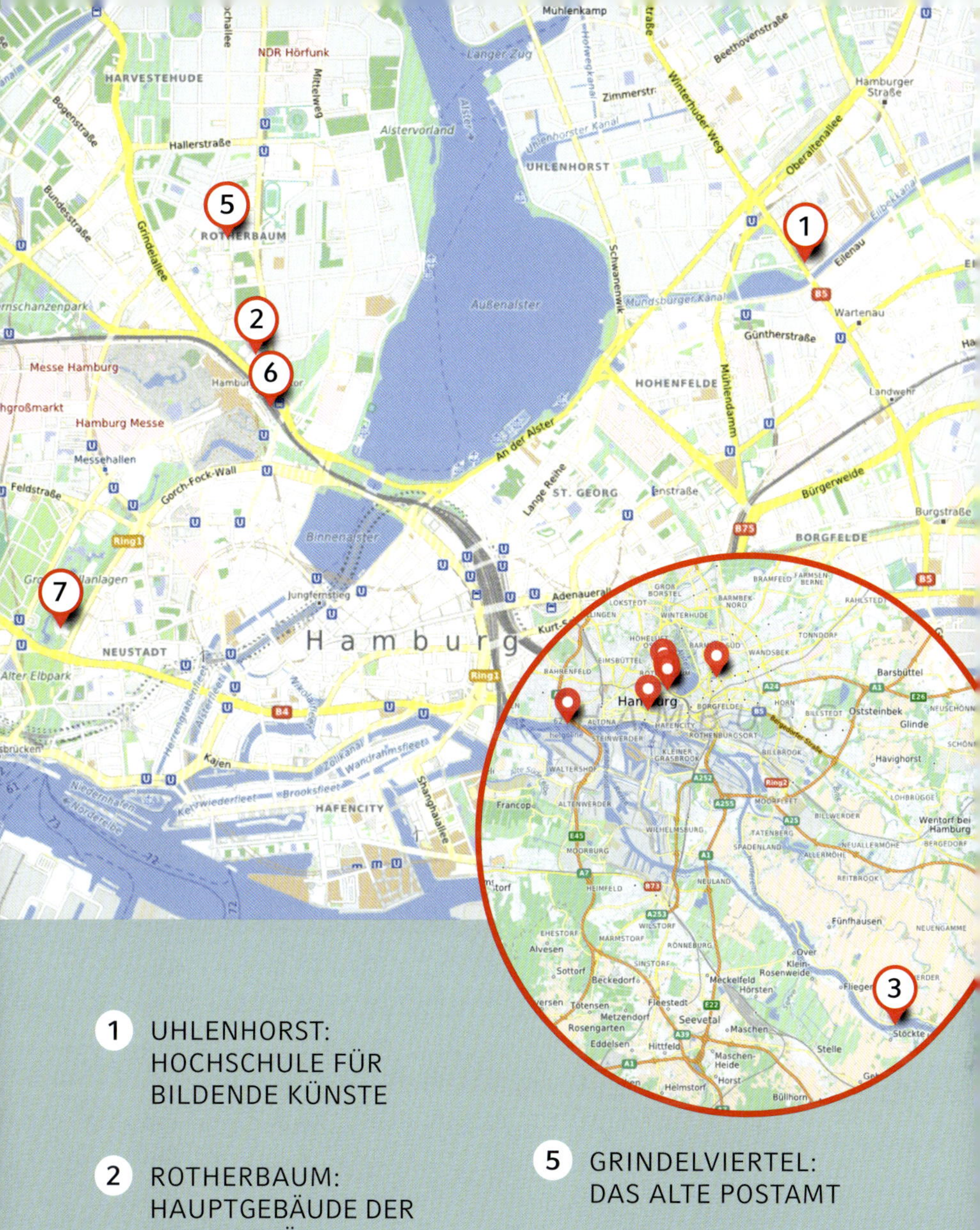

1 UHLENHORST: HOCHSCHULE FÜR BILDENDE KÜNSTE

2 ROTHERBAUM: HAUPTGEBÄUDE DER UNIVERSITÄT

3 KIRCHWERDER: ZOLLENSPIEKER FÄHRHAUS

4 ÖVELGÖNNE: DAS OBERDECK

5 GRINDELVIERTEL: DAS ALTE POSTAMT

6 DAMMTOR: DER BAHNHOF

7 NEUSTADT: MUSEUM FÜR HAMBURGISCHE GESCHICHTE

1 UHLENHORST: HOCHSCHULE FÜR BILDENDE KÜNSTE

Wer Jugendstil liebt, dessen Herz wird garantiert höherschlagen, wenn er vor diesem gläsernen Prachtexemplar in Hamburgs Hochschule für bildende Künste steht (hier im Bild außerdem die Neon-Installation »Pray for Paradise« von Tizian Baldinger). Der Bau im Stadtteil Uhlenhorst wurde zwischen 1911 und 1913 von Fritz Schuhmacher, seinerzeit Oberbaudirektor der Stadt, entworfen. Die sieben Meter hohe Glaskunst in der Eingangshalle der HFBK ließ Schuhmacher dabei von Carl Otto Czeschka anfertigen. Dieser österreichische Grafiker und Maler gilt heute als einer der wichtigsten Gestalter der Wiener Werkstätten.

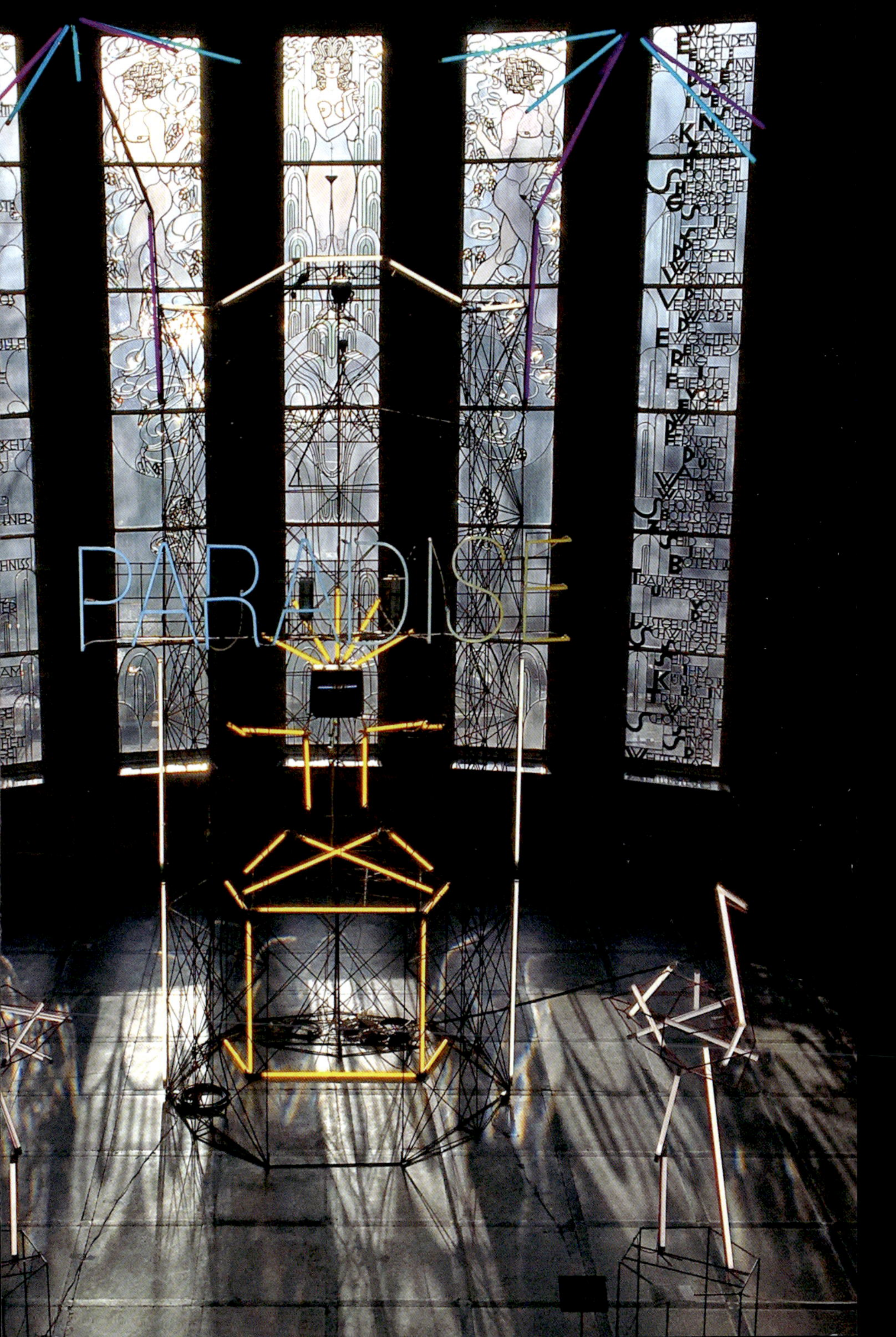
PARADISE

2 ROTHERBAUM: HAUPTGEBÄUDE DER UNIVERSITÄT

Bäume der Erkenntnis: Zu finden sind sie im Flügelbau West neben dem Hauptgebäude der Universität Hamburg in der Edmund-Siemers-Allee. Der Bau, dessen Front und Dach aus Glas sind, beherbergt die Seminarräume der Kunsthistoriker und Juristen.

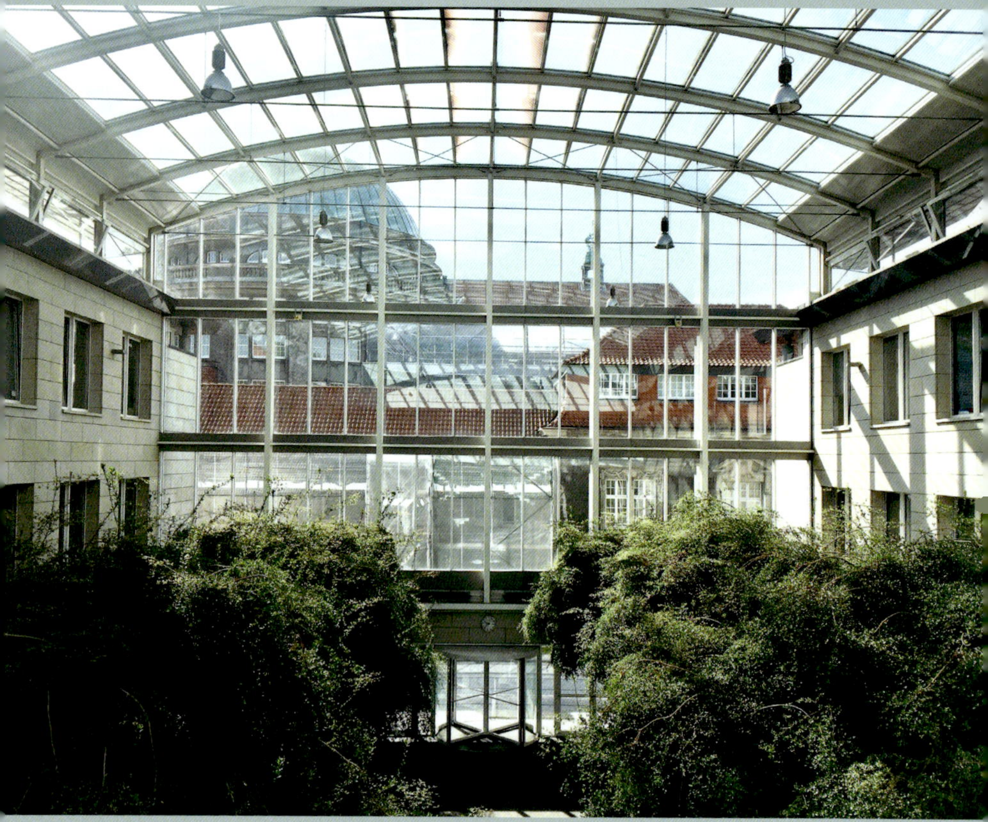

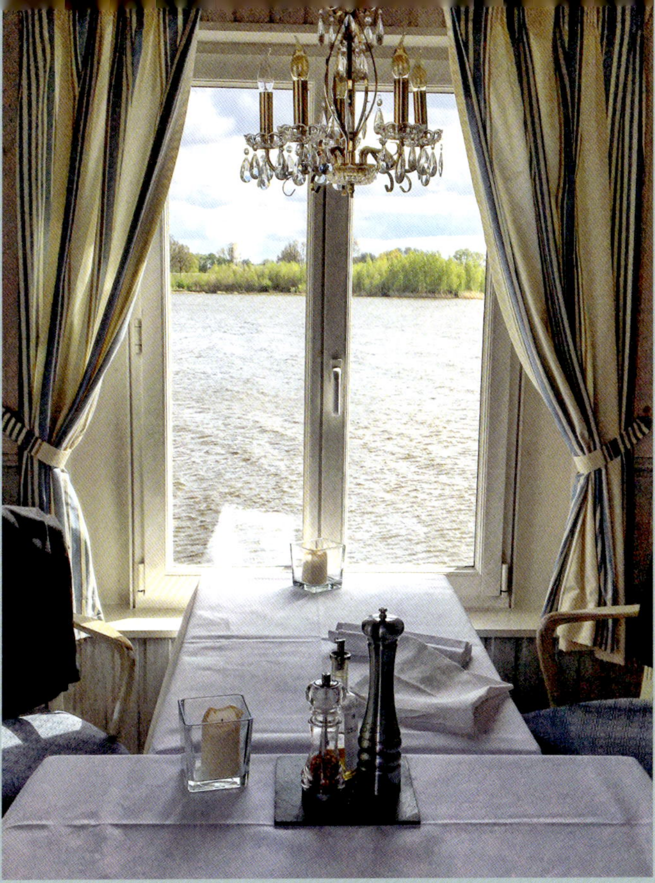

3 KIRCHWERDER: ZOLLENSPIEKER FÄHRHAUS

Knapp eine Stunde benötigt der »Stint-Express«, wie sich der HVV-Bus 120 nennt, um vom Hauptbahnhof nach Kirchwerder zu gelangen, in den äußersten Südosten von Hamburg. Hier spuckt er Sie direkt vor dem Zollenspieker Fährhaus aus, einem alten Restaurant, in dem Ihnen zur Saison Stint serviert wird (der Stint ist ein in der Elbe laichender kleiner Meerfisch). Mit etwas Glück ergattern Sie vielleicht den Tisch im Pegelhäuschen, von dem es heißt, es sei das kleinste Restaurant der Welt – als Mini-Dependance des Fährhauses thront es auf Stelzen über dem Wasser und ist der perfekte Ort für ein Dinner for Two – sowie ein Foto mit Durchblick und Kronleuchter!

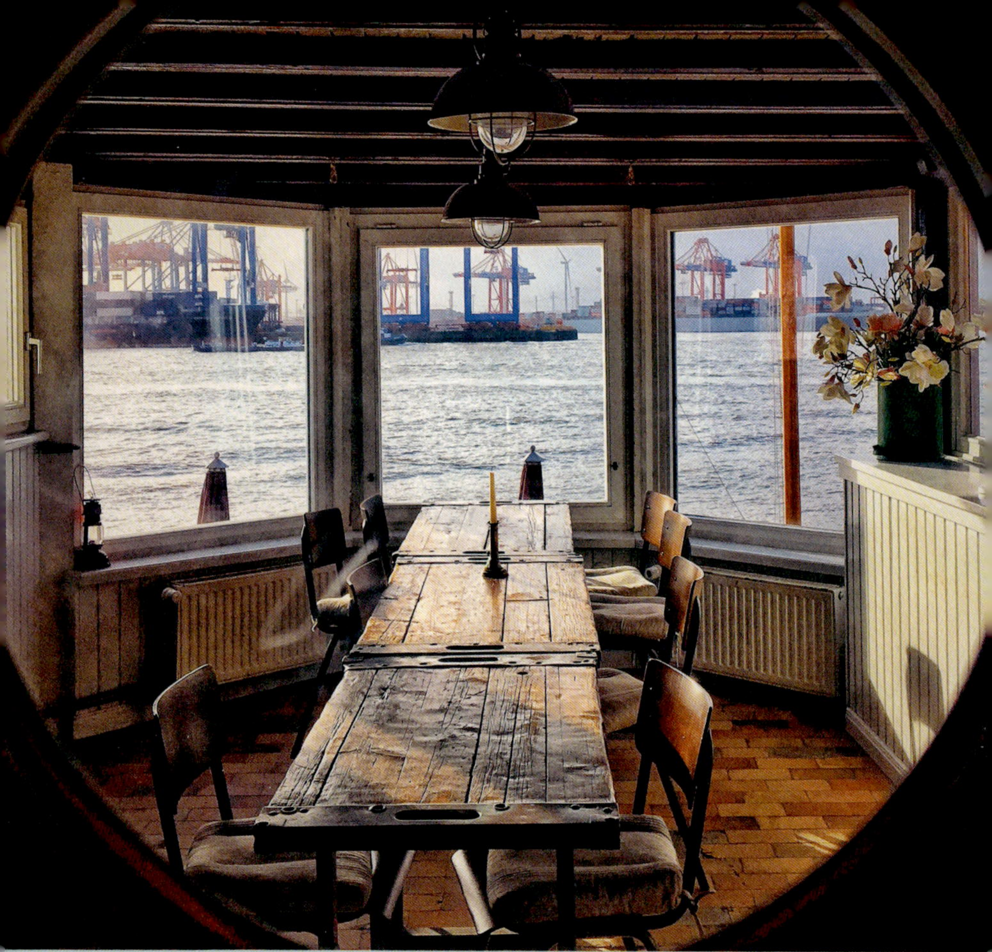

4 ÖVELGÖNNE: DAS OBERDECK

Das Oberdeck ist ein kleiner, grandioser Raum oberhalb der Strandperle, einer Bar in Övelgönne, an der die Hafenkanten-Tour endet (siehe Seite 50). Doch an dieser Stelle möchte ich nun noch auf das Fenster im Oberdeck hinweisen, aus dem man Elbe, Hafen, Kräne, Pötte und Strandgeschehen wie von der Kommandobrücke eines Containerschiffs sieht. Den Raum kann man mieten, es haben 16 Personen Platz darin. Hier lässt es sich sicher wunderbar im kleinen Kreis in den Hafen der Ehe segeln! Manchmal steht die Tür offen und man hat die Chance, das tolle Ambiente im Foto festzuhalten.

5 GRINDELVIERTEL: DAS ALTE POSTAMT

Dieses Gebäude, das nun zur Universität gehört, könnte direkt aus einer englischen Gothic Novel stammen oder ein Schauplatz der Harry-Potter-Romane sein. Tatsächlich diente es ab 1902 zunächst als Hamburgs erstes Amt für Ferngespräche und dann als Zentrale der NORAG, des Radiosenders des »Nordischen Rundfunks« (später NDR). Immer wenn es Herbst wird, pilgere ich in die Schlüterstraße, um das Indian-Summer-Spektakel zu bewundern, das sich um das neogotische Fenster über dem Haupteingang rankt.

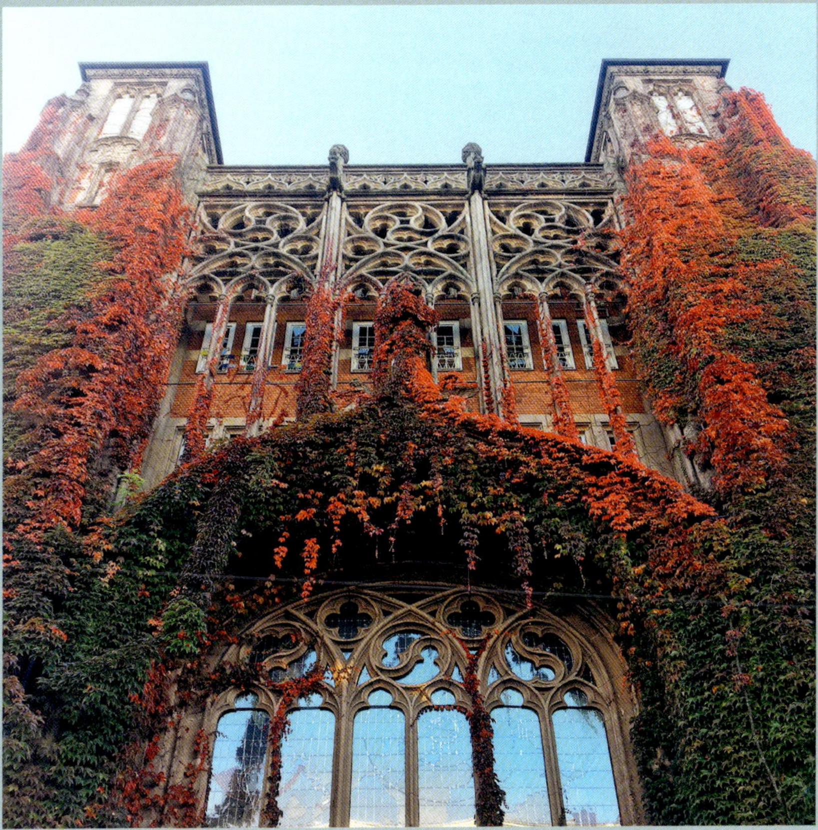

6 DAMMTOR: DER BAHNHOF

Am 7. Juni 1903 wurde der Betrieb des heutigen Dammtor-Bahnhofs feierlich in Anwesenheit von Kaiser Wilhelm II. aufgenommen. Die Halle aus Fenstern und Stahl ist 23,5 Meter hoch und steht heute unter Denkmalschutz. In der lichtdurchfluteten Konstruktion wurden dabei immer wieder namhafte Staatsgäste empfangen: zum Beispiel der britische König Eduard VII., der äthiopische Kaiser Haile Selassie, Königin Elizabeth, Margarethe von Dänemark oder der Schah von Persien.

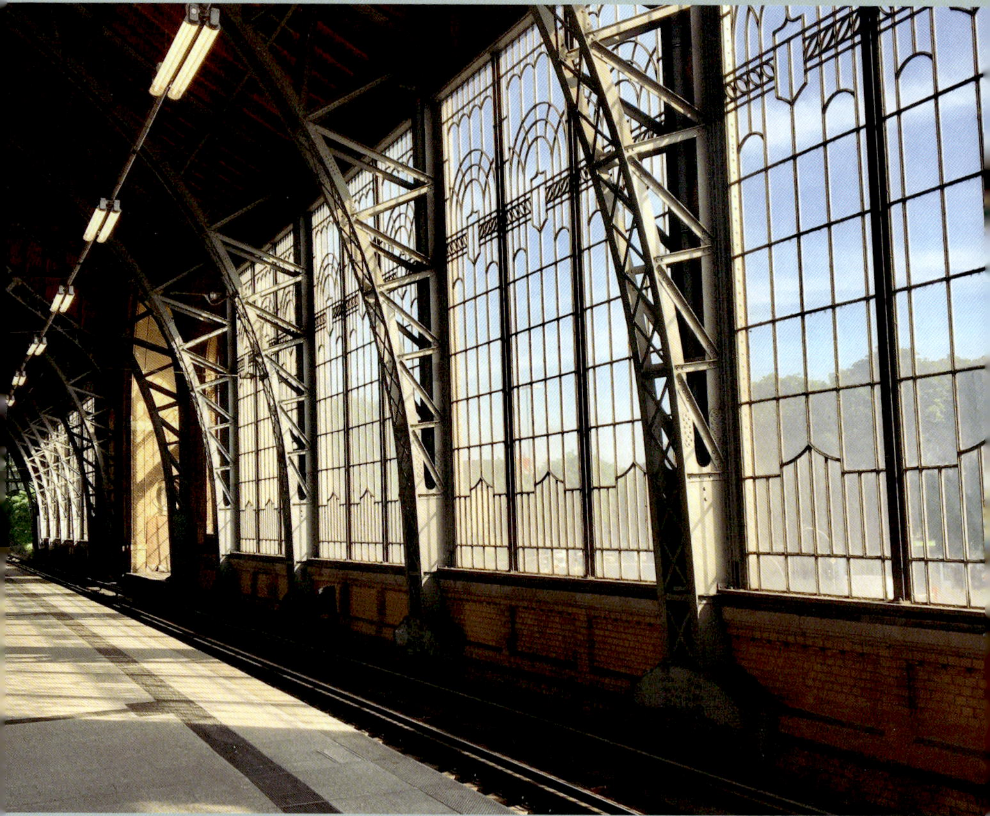

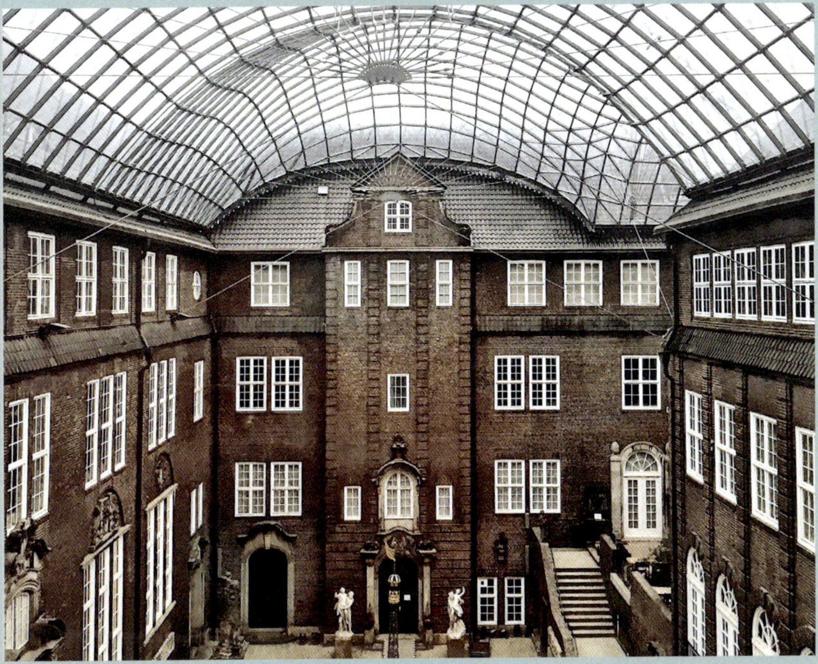

7 NEUSTADT: MUSEUM FÜR HAMBURGISCHE GESCHICHTE

www.shmh.de/de/museum-fuer-hamburgische-geschichte

Sollten Sie einen Besuch im Museum für Hamburgische Geschichte planen, dann schauen Sie sich auch die gläserne Decke über dem Innenhof an, um den das Museumsgebäude errichtet ist. Theoretisch sieht man sie auch, wenn man in die »Die Bastion« geht, wie sich das dem Museum angeschlossene Restaurant nennt. Doch dann bekommt man »nur« einen Blick aus der Froschperspektive, der so auch häufig fotografiert wird. Die Vogelperspektive hingegen verbirgt sich im Ausstellungsraum für die Modelleisenbahn, in dem mehrmals am Tag alte Dampfloks, Dieselloks, Triebwagen und moderne Züge »en miniature« ihre Kreise ziehen. Den besten Blick gibt es aus einem Fenster hinter einer der Stellwände, die sich auf der rechten Seite befinden, sobald man den Raum betritt.

ST. PAULI BEI TAG

TOUR 2

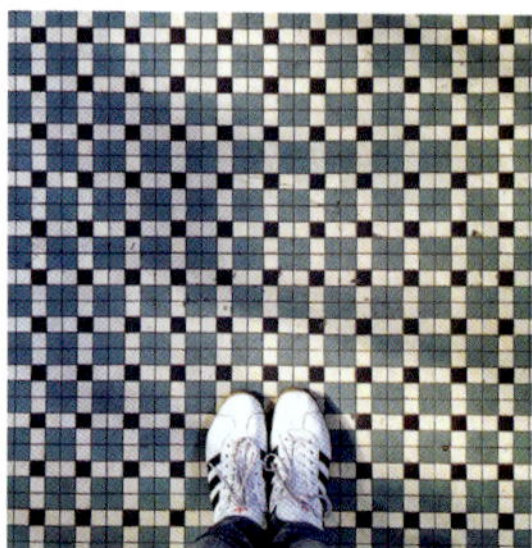

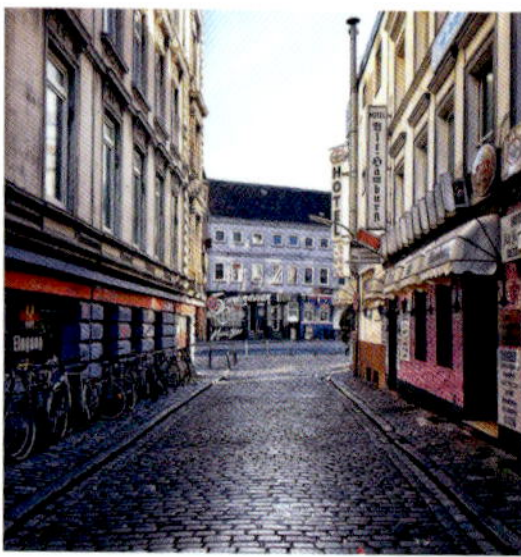

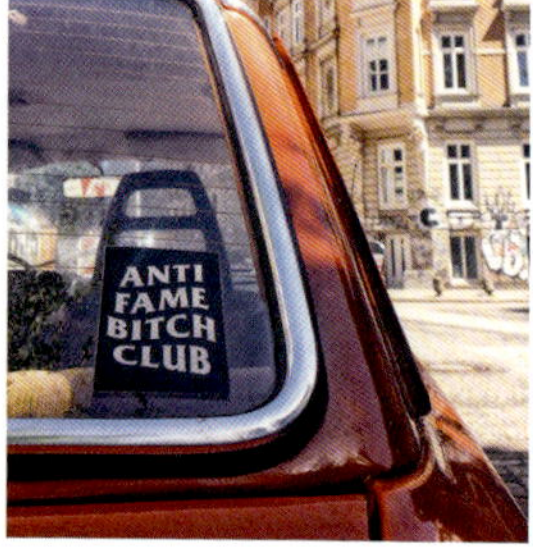

2–3 STUNDEN

CA. 3 KM, AM BESTEN ZU FUSS ODER MIT DEM RAD

FOTOGRAFIE-GENRE:
Street-Fotografie, Street Art, Architektur, Panorama

DER RICHTIGE ZEITPUNKT:
Diese Fototour sollten Sie am besten morgens machen, entweder während der Woche oder am Wochenende, wobei sonntags und samstags manchmal noch ein paar Feierwütige über den Kiez stromern. Reizvoller ist die Gegend für mich, wenn das Partyvolk komplett verschwunden ist (falls das überhaupt jemals vorkommt ...) und die Straßenreinigung alle Reste der Nacht beseitigt und die Wege gereinigt hat. Dann habe ich manchmal sogar den Eindruck, dass das Kopfsteinpflaster richtig glänzt, so als sei es gerade gebohnert worden. Meine persönliche Lieblingsuhrzeit für Fototouren auf St. Pauli liegt zwischen 9 und 10 Uhr – an einem klaren, kalten Wintermorgen.

Nachts hat St. Pauli einiges zu bieten. Doch auch am Tag lohnt sich ein Besuch! Man muss nur wissen, wo man sie findet, die Seitenstraßen mit den schrägen Spelunken, den quietschbunten Fassaden und Street-Art-Kunstwerken. Diese Fotosafari taucht St. Pauli in ein neues Licht. Ich erzähle Ihnen noch das dazugehörige Seemannsgarn, aber natürlich auch die harten Fakten rund um das Leben auf dem Kiez, um Sex, Crime, Straßenschlachten und Gentrifizierungswahn. Wer gern nach Fotomotiven in Gegenden mit rauem Charme jagt und sich von ein paar Schmuddelecken, Dragqueens, leichten Mädchen und schweren Jungs nicht gleich aus der Fassung bringen lässt, der wird auf dieser Tour definitiv auf seine Kosten kommen.

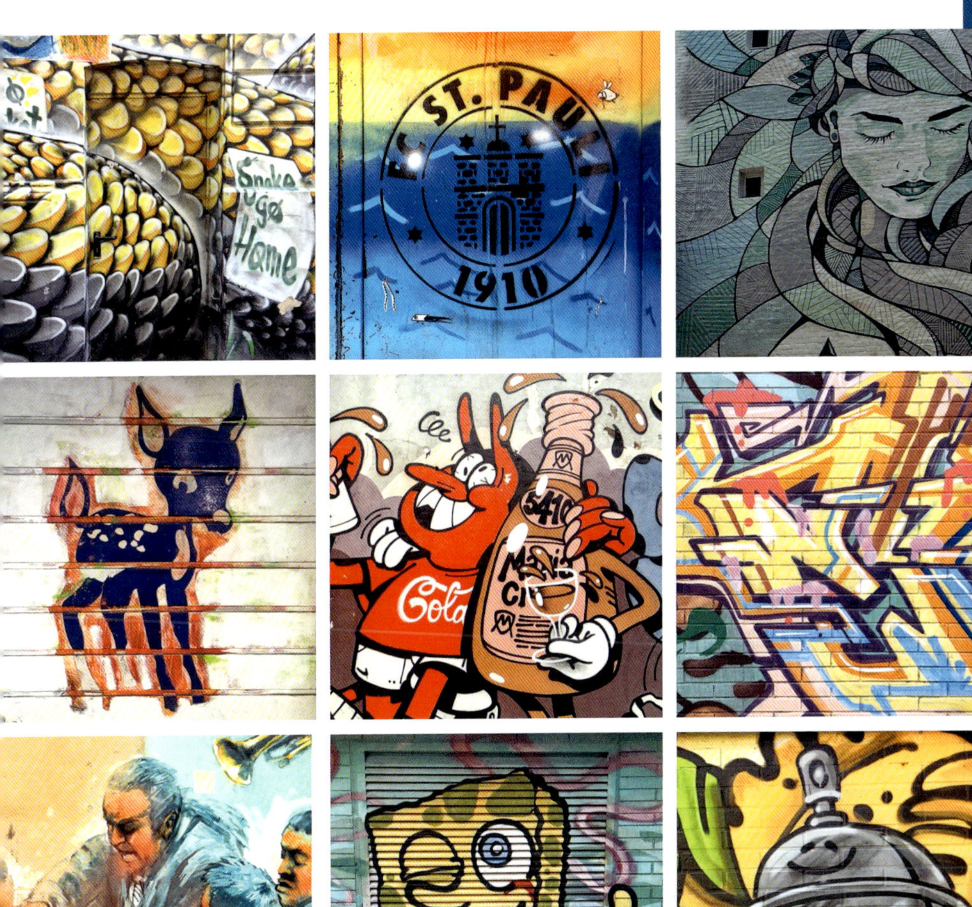

1 KANDIE SHOP

2 DIE ENTE VOR DER WEINBAR

3 AFFENFAUST

4 GROSSE FREIHEIT

5 DER BLONDE HANS

6 HAMBURGER BERG

7 ZUR RITZE

8 ZUM SILBERSACK

9 QUERSTRASSE

10 ALBERS-ECK

11 GERHARDSTRASSE/ FRIEDRICHSTRASSE

12 HERBERTSTRASSE

13 DAVIDWACHE

14 SPIELBUDENPLATZ

15 ALTER ELBTUNNEL

16 HAFENSTRASSE

17 PARK FICTION

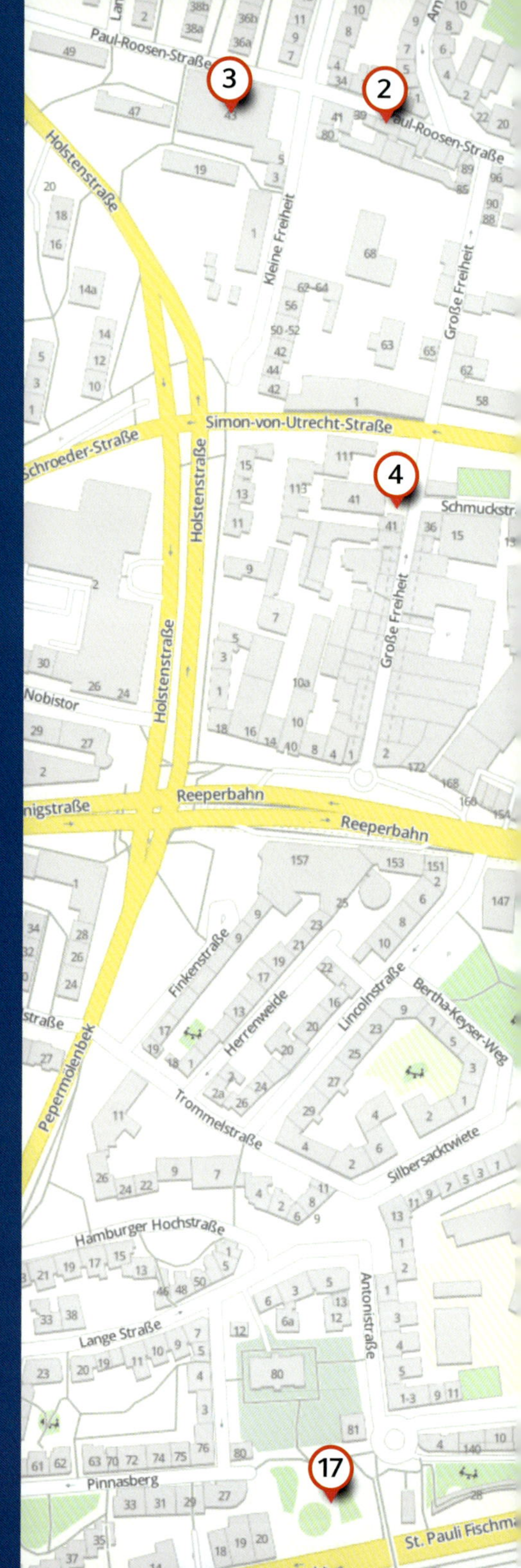

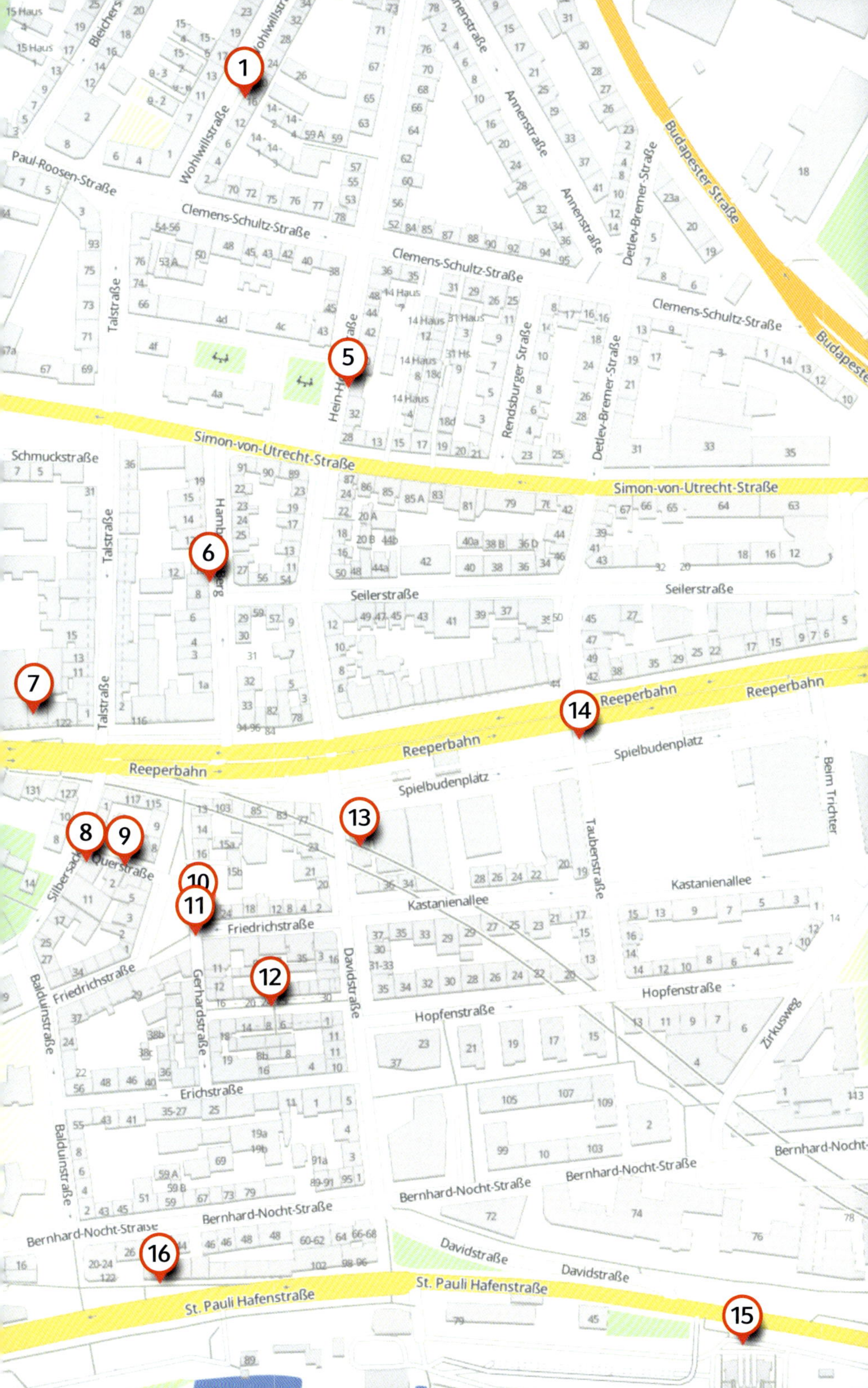

Paul-Roosen-Straße
Wohlwillstraße
Clemens-Schultz-Straße
Annenstraße
Detlev-Bremer-Straße
Budapester Straße
Talstraße
Hein-Hoyer-Straße
Rendsburger Straße
Simon-von-Utrecht-Straße
Schmuckstraße
Seilerstraße
Reeperbahn
Spielbudenplatz
Beim Trichter
Taubenstraße
Querstraße
Silbersackstraße
Kastanienallee
Friedrichstraße
Davidstraße
Hopfenstraße
Zirkusweg
Gerhardstraße
Balduinstraße
Erichstraße
Bernhard-Nocht-Straße
St. Pauli Hafenstraße
1
5
6
7
8
9
10
11
12
13
14
15
16

1 KANDIE SHOP

www.facebook.com/ITSLIKEKANDIE.DE/

»But first, coffee!« Diese Tour beginnt mit einem Koffein-Kick in einer typischen Hinterstraße im nördlichen St. Pauli: Im quietschbunten »Kandie Shop«, dessen Name seinen Ursprung in den zwei Vorlieben seiner Besitzerin Kerstin hat, 1. für New York (der nach Hamburg besten Stadt der Welt!) und 2. für den Buchstaben »K«. Bei Kerstin bekommen Sie nicht bloß guten Kaffee (und den wohlgemerkt schon ab 8 Uhr morgens), sondern, wie der Name ihres Ladens andeutet, auch jede Menge »Candy«. Zudem Cookies, Bagels, Carrot Cake und nicht zuletzt eine wunderbar bunte Fassade zum Fotografieren. Doch auch der Rest der Wohlwillstraße ist ein Fest für die Fotolinse: Überall prangt Kunst aus der Sprühdose. Noch dazu laden diverse Platten-, Comic- und Klamottenläden ein zum Stöbern. Aber Vorsicht, nicht zu lange darin hängenbleiben! Wir haben noch einiges vor ...

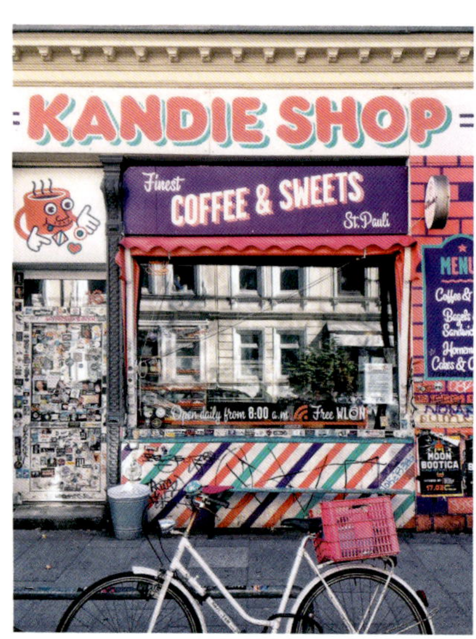

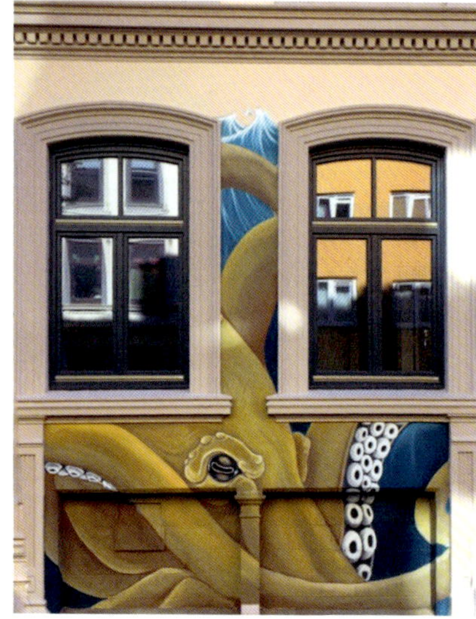

2 DIE ENTE VOR DER WEINBAR

www.krughamburg.de

Weiter geht es rechts die Paul-Roosen-Straße hinauf. Diese Gasse, nur zwei Blocks von St. Paulis Hauptschlagader, der Reeperbahn, entfernt, wird im Sommer zum Eldorado für relaxte Gehwegpartys. In der Hausnummer 33 (Sie erkennen sie am Bambi-Graffiti) haben in den 1960ern übrigens die Beatles gewohnt, als sie in der Großen Freiheit um die Ecke ihre ersten Konzerte gaben. In der efeuumrankten Bar »Krug« daneben wird heute feine Hausmannskost und guter Wein serviert. Besonders pittoresk wirkt diese Weinbar jedoch von außen, weil eine schöne, alte Ente dauerhaft vor der Fassade parkt. Wenn es draußen warm genug ist, dient ihr erweiterter Kofferraum sogar als zusätzlicher Bartisch. Auf einem Foto macht sich der Oldtimer jedenfalls auch tagsüber ziemlich gut, vor allem, wenn man den Efeu und die bunte Fassade mit einbezieht. PS: Auf St. Pauli und in näherer Umgebung parken immer wieder kultige Autos. Also halten Sie ruhig mal ein bisschen nach ihnen Ausschau, insbesondere, wenn sie vor auffälligen Fassaden parken.

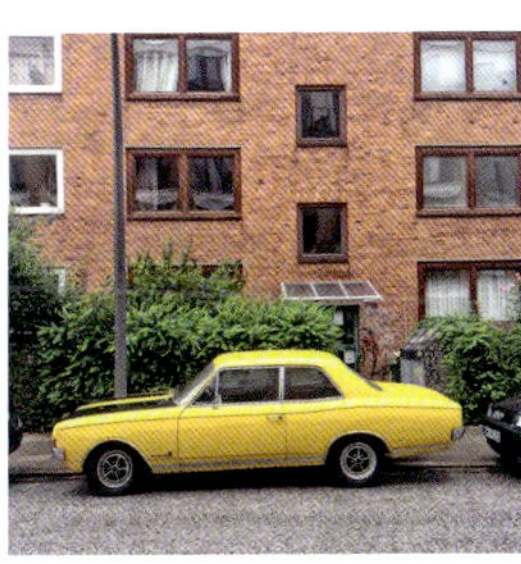

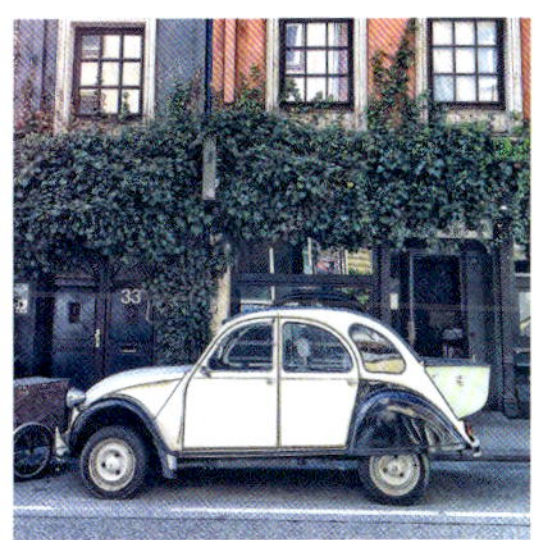

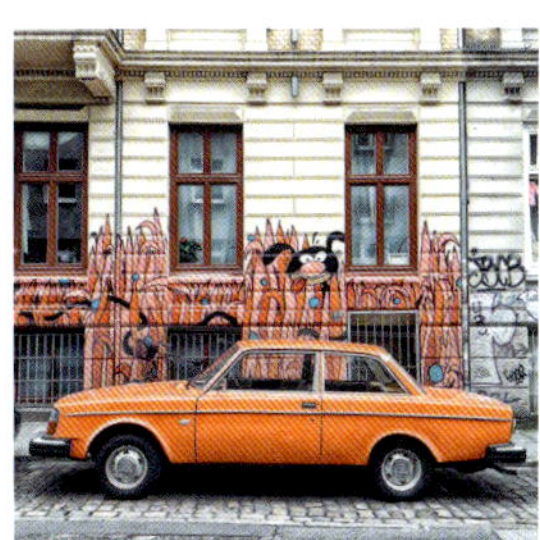

3 AFFENFAUST

Was ist eine »Affenfaust?« Ein dicker Seemannsknoten, mit dem man früher Wurfleinen beschwerte. In einer ehemaligen Aldi-Filiale am Ende der Paul-Roosen-Straße befindet sich heute eine gleichnamige, private Kunstgalerie, die größte in Hamburg mit den Schwerpunkten Urban & Contemporary Art (*www.affenfaustgalerie.de*). Doch nicht nur im Ausstellungsraum wechseln die Artefakte fast monatlich. Auch das Äußere unterliegt einem steten Wandel: Denn rund um die Affenfaust wird kräftig gesprüht. Und manchmal kann man sogar Zeuge dabei werden. An der rückwärtigen Wand etwa ist (momentan) z. B. auch OZ ein Denkmal gesetzt, dem »Großvater« der Hamburger Sprüher-Szene. Für seine Smileys, Spiralen und Tags (wie das von ihm verwendete, immer noch überall zu sehende »OZ«) verbüßte er mehrere Haftstrafen. 2014 erfasste den damals 64-Jährigen während einer Sprühaktion eine S-Bahn und riss ihn in den Tod. Mehr als 120.000 Mal soll sich Walter Josef Fischer, so sein bürgerlicher Name, in der Stadt verewigt haben. Wo genau, das dokumentiert die Internetseite »City of OZ«, um so die Erinnerung an Fischer aufrechtzuerhalten.

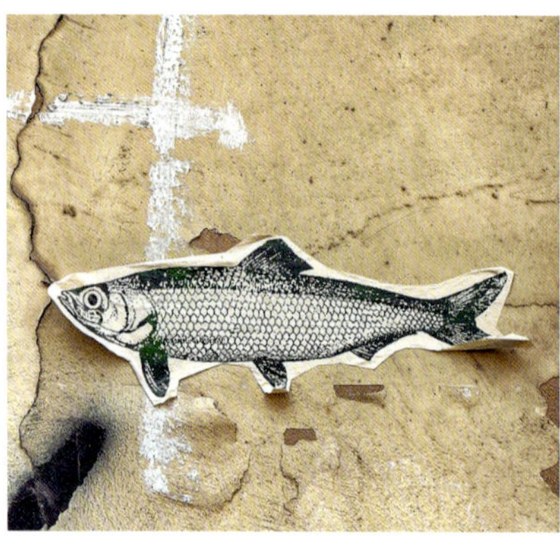

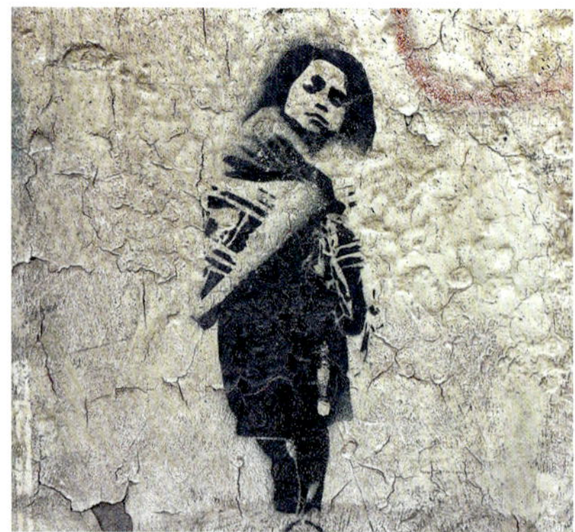

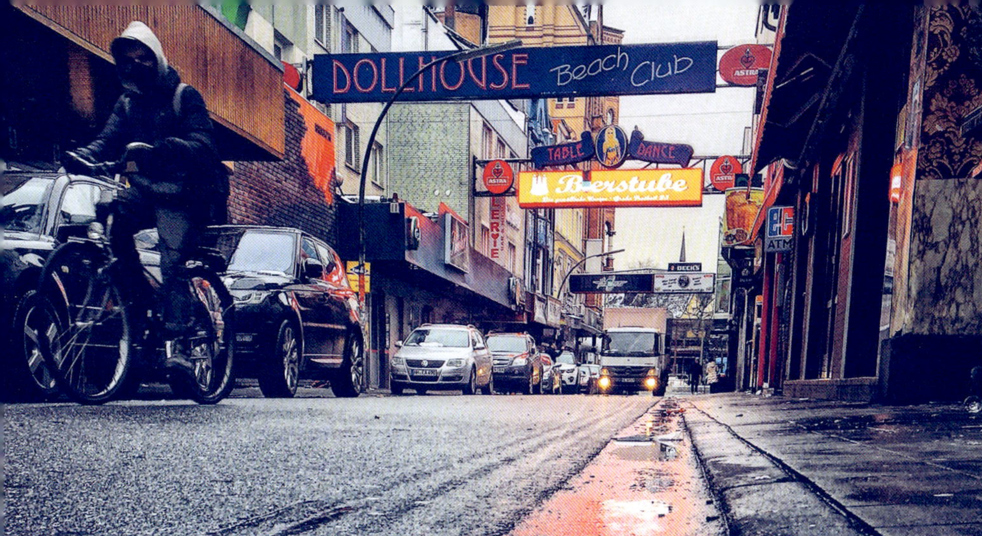

4 GROSSE FREIHEIT

www.st-joseph-altona.de

Unser nächstes Ziel ist die »Große Freiheit«, eine Seitenstraße der Reeperbahn. Hierfür geht es zunächst durch die Kleine Freiheit, in der Sie ein paar kleine Läden, umgeben von brachialer 70er-Jahre-Architektur finden. Doch was steckt hinter den Namen der beiden Straßen? Im 17. Jahrhundert gehörten die Große und die Kleine Freiheit zum dänischen Altona außerhalb der Stadtmauern von Hamburg. Hier wohnten und arbeiteten Handwerker, ohne teuren Zünften beitreten zu müssen. Zudem fanden hier Religionen eine Heimat, die das evangelische Hamburg nicht duldete. Katholiken, Mennoniten und Calvinisten etwa machten diesen Teil des Kiezes einst zur frommsten Gegend Nordeuropas. Geblieben sind die Katholiken und bis heute bildet deren barocke St.-Joseph-Kirche am Ende der Großen Freiheit einen fotogenen Kontrast zu den Discotheken, Musik- und Sex-Clubs, die sie inzwischen umgeben. Jeden Mittwoch zur Mittagszeit kann man im unterirdischen Beinhaus der Kirche während eines Gedenkgottesdienstes die Schädel und Knochen von über 350 Verstorbenen sehen.

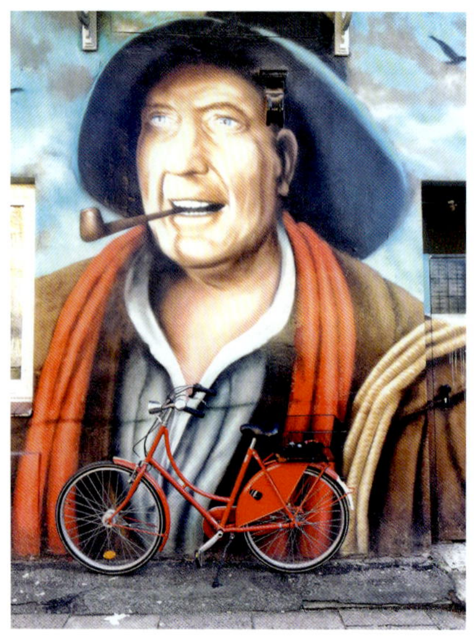

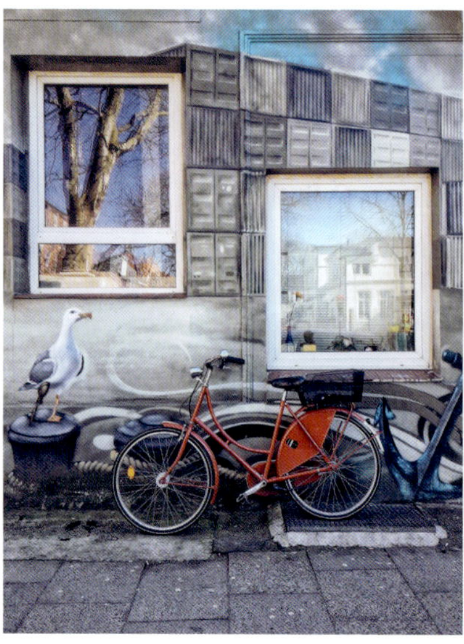

5 DER BLONDE HANS

Es war der Film »Große Freiheit Nr. 7«, der nach Ende des 2. Weltkriegs maßgeblich das verrucht-romantische Image des Hamburger Rotlichtviertels begründete. Ebenso machte dieser norddeutsche Blockbuster einen blonden Kerl mit hypnotischem Blick und Schifferklavier zum Star, der voller Inbrunst das Herz von St. Pauli und das Meer, diese ewige Braut des Seemanns, besang. Heute gehören jene Songs, die Hans Albers berühmt machten, nicht nur zu den Fangesängen im Stadion von St. Pauli. Sie erklingen zudem immer noch aus den Jukeboxen so mancher Kiezkneipe. Bitte folgen Sie nun der Schmuckstraße, die gegenüber der Kirche verläuft, bis zur Talstraße, und biegen Sie dort links auf die Simon-von-Utrecht-Straße ab, bis die Hein-Hoyer-Straße auftaucht. Wenn Sie diese links hineinlaufen, finden Sie an einer Hauswand ein tolles Graffiti, das dem blonden Hans ein Denkmal gesetzt hat – eines von vielen auf dem Kiez.

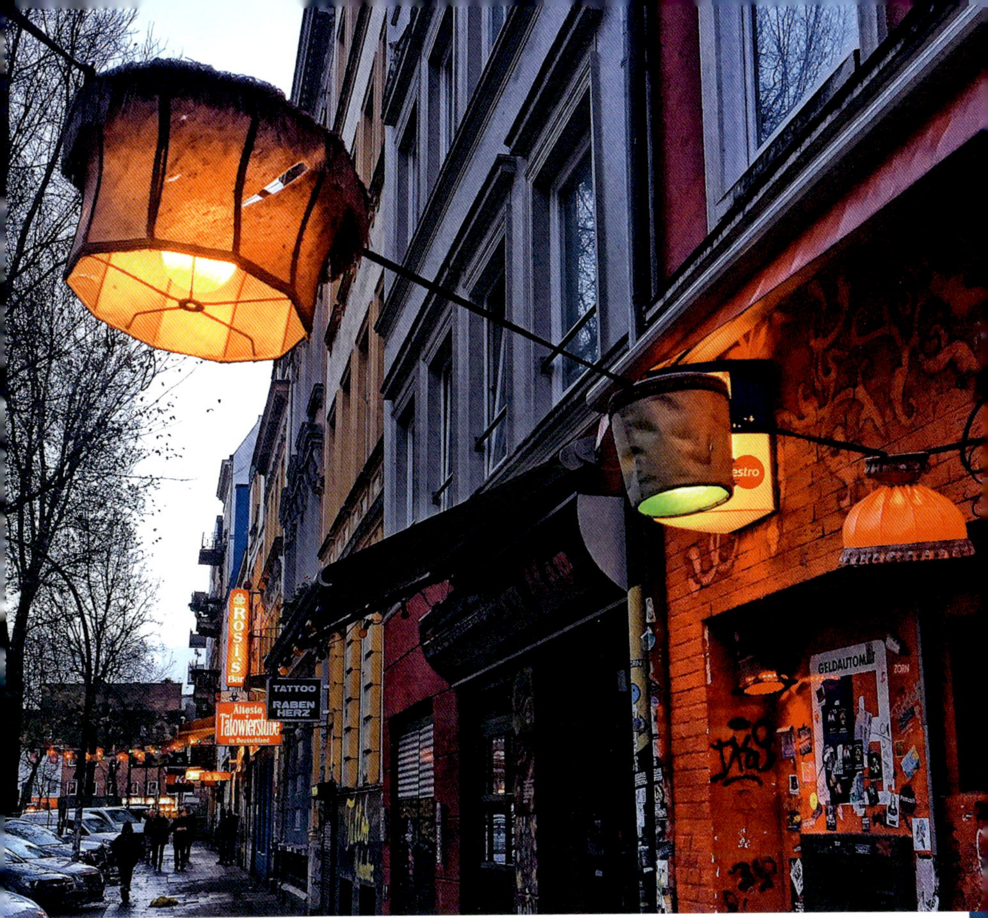

6 HAMBURGER BERG

Kehren Sie nun zurück zur Simon-von-Utrecht-Straße, die Sie einige Meter rechts hinuntergehen, um dann in den »Hamburger Berg« abzubiegen. Vielen dürfte diese Straße spätestens seit 2016 ein Begriff sein, als Heinz Strunk seinen Roman »Der Goldene Handschuh« über den Frauenmörder Fritz Honka veröffentlichte. In den 70er-Jahren war Honka Stammgast in der gleichnamigen Absteige, soff, hurte, schleppte Frauen ab – und zersägte sie. Honka starb 1993. Inzwischen geht es im »Handschuh« (*www.goldener-handschuh.de*) zum Glück nicht mehr ganz so hart zu wie früher. Am Wochenende fällt hier das Partyvolk

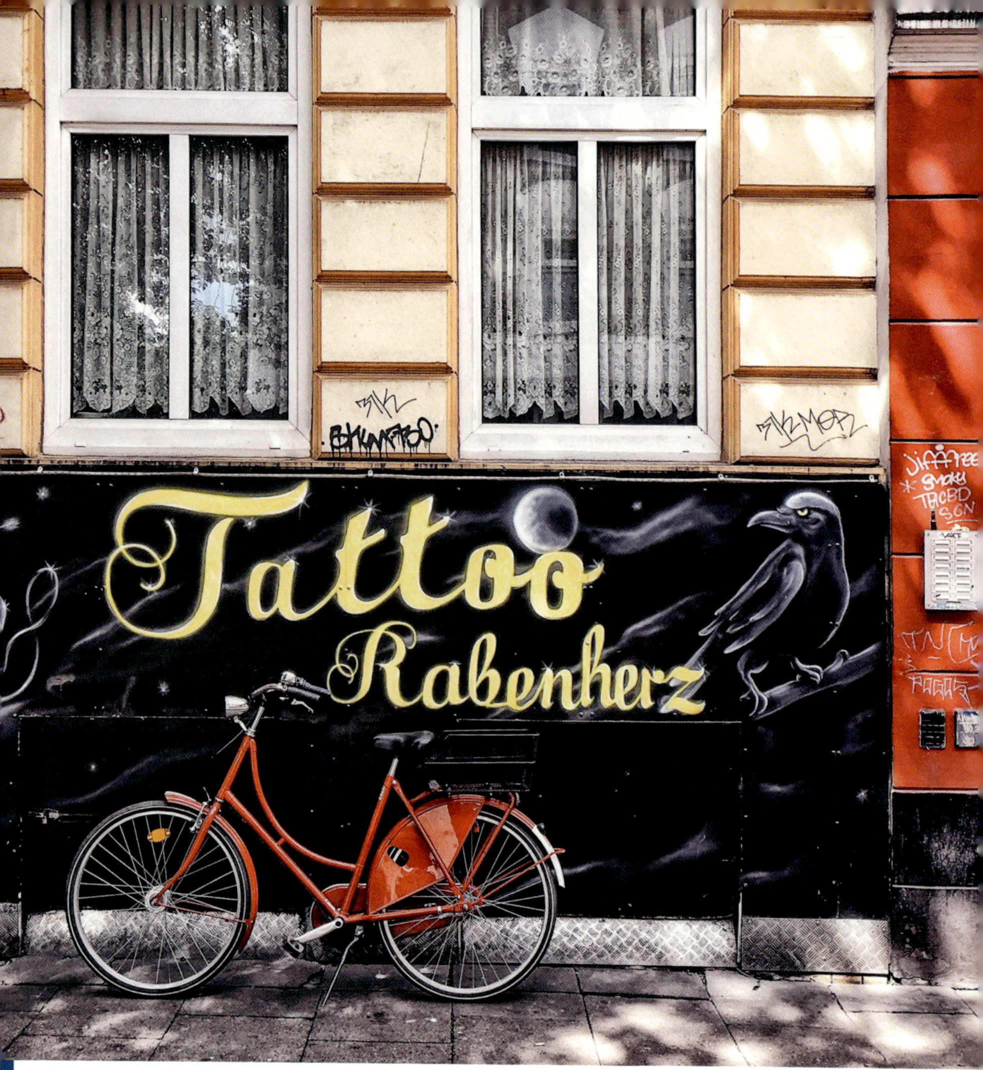

ein. Doch unter der Woche treffen sich immer noch alte Stammgäste am Tresen: Prostituierte, Zuhälter, Millionäre, Arbeitslose. Wer auch mal im Tageslicht am Handschuh hinaufschaut, dürfte überrascht sein, dass er einem Pariser Café mit verschnörkelter Fassade ähnelt. Natürlich nur von außen … Der Gründer der Kneipe ist Herbert Nürnberg. Der Name geht auf den Umstand zurück, dass er in den 30er-Jahren die inoffizielle Weltmeisterschaft der Amateur-Boxer gewann – diese hießen »Goldene Handschuhe« bzw. »Golden Gloves«.

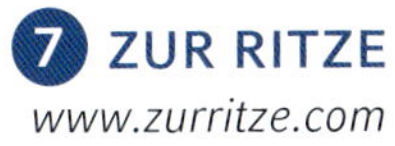

7 ZUR RITZE

www.zurritze.com

Weiter geht es rechts um die Ecke, ein Stück die Reeperbahn entlang – bis zu jenem Hofeingang, der »Zur Ritze« führt. 1974 baute Hanne Kleine, ebenfalls Boxer und Profisportler aus der ehemaligen DDR, ein Pissoir des angrenzenden Bordells zur Kneipe um – heute ist es wegen der auf die Eingangstür gemalten Frauenschenkel das wohl meist-fotografierte stille Örtchen Deutschlands. 1981 ließ hier der Zuhälter »Wiener Peter« »Chinesen-Fritz« vom Barhocker schießen – der Anfang eines erbitterten Bandenkriegs, der St. Pauli viele Jahre in Atem hielt. Im legendären »Box-Club« im Keller der Ritze trainierten schon die Klitschkos. Heute dürfen hier dienstags und donnerstags auch Frauen boxen. Am Tresen, so geht die Mär, stünden zudem an manchen Tagen 150 Jahre Knast beieinander, um Hacker-Pschorr zu trinken, das Bier, das sich »Himmel der Bayern« nennt. Oben saufen, unten kloppen – so geht St. Pauli. Wer unbedingt auch drinnen fotografieren möchte (freitags ist schon ab 14:00 Uhr geöffnet), sollte vorher auf jeden Fall um Erlaubnis fragen …

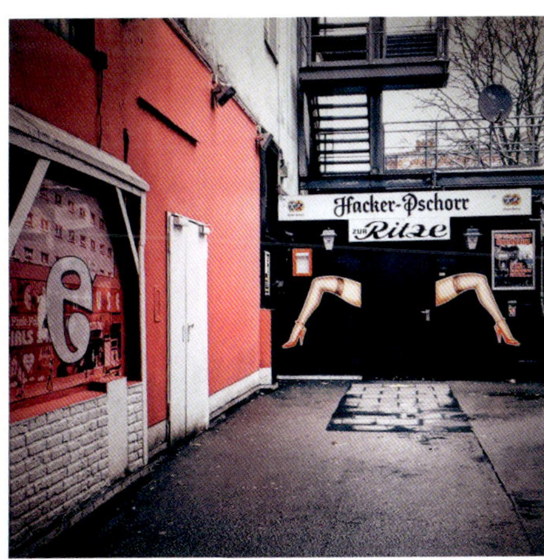

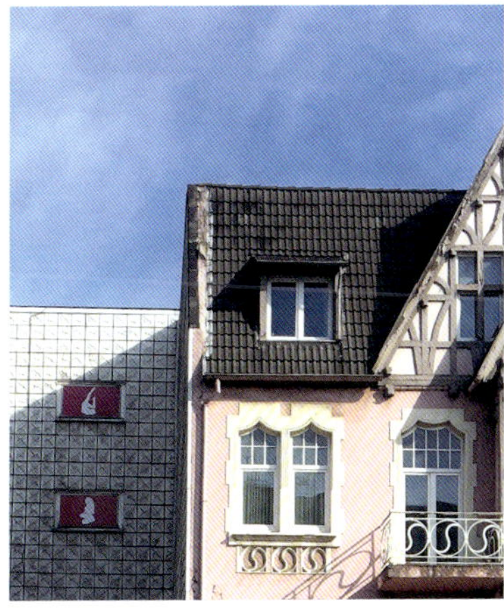

8 ZUM SILBERSACK

Aus dem Frauenschoß geht es nun hinüber zum »Silbersack«, der sich auf der anderen Seite der Reeperbahn befindet: dort, wo die Querstraße von der Silbersack-Straße abzweigt. Die kultige Eckkneipe hat das Ehepaar Erna und Friedrich Thomson in den Nachkriegsjahren eigenhändig aus dem Boden gestampft. Die nötigen Bretter hatte es einem Förster abgekauft – für einen Eimer Honig und ein Fahrrad.

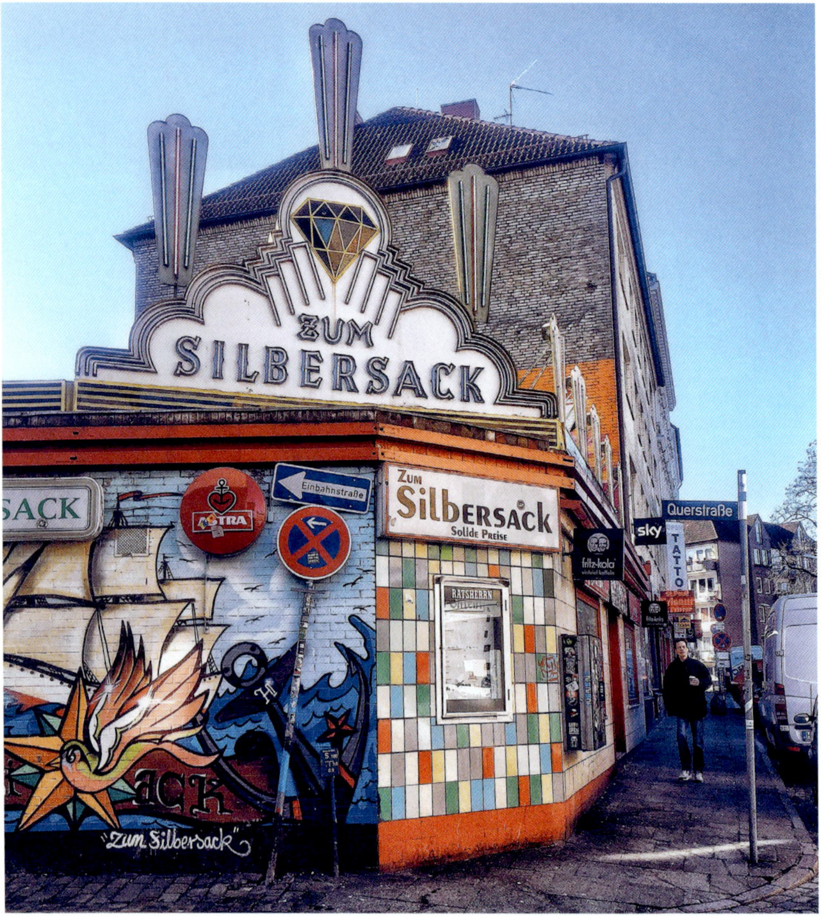

Friedrich starb 1958 an Krebs. Doch aufhören kam für Erna, inzwischen dreifache Mutter, nicht in die Tüte. Und so stand »Silbersack-Erna« bis zu ihrem Tod 2012 hinter der Theke. Ihre Nachfolger haben zum Glück das alte Mobiliar, die Karo-Vorhänge und die Original-Jukebox behalten, sodass der Laden nach wie vor die perfekte Kulisse für einen 50er-Jahre-Film abgibt. Hier steht die Zeit still – innen wie außen. Und genauso ist auch die Lust der Gäste, im Silbersack auf den Putz zu hauen, die alte geblieben.

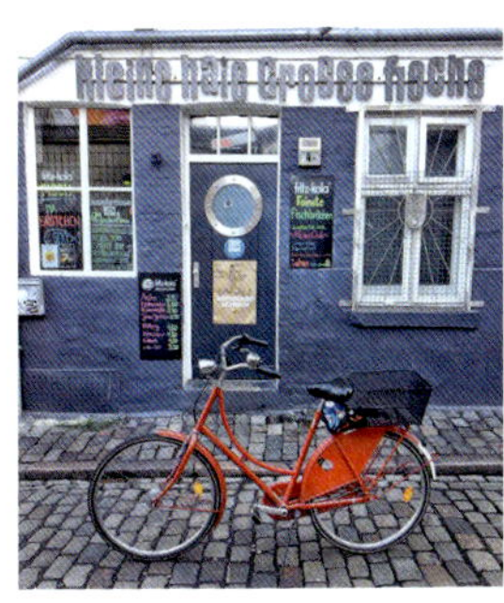

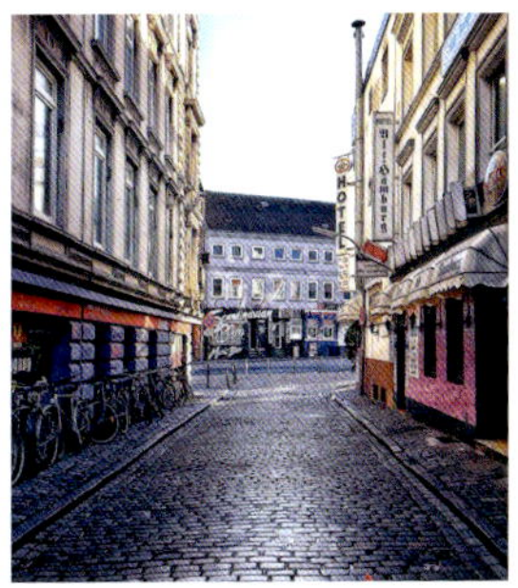

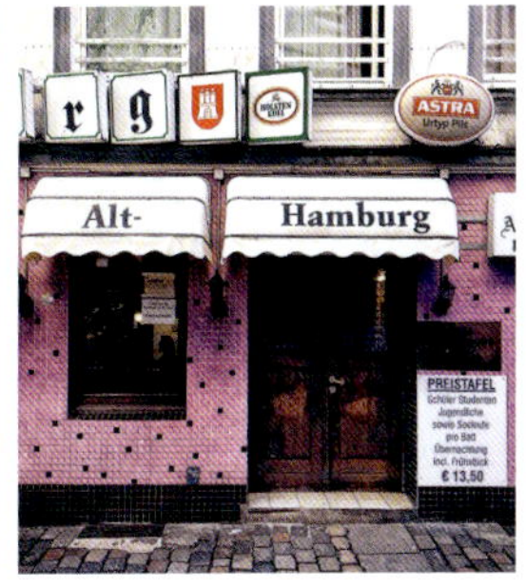

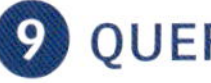

9 QUERSTRASSE

Durch diese enge Kopfsteinpflastergasse strömen nachts die Kiezgänger auf den Hans-Albers-Platz. Doch erst tagsüber zeigt sie ihr wahres Gesicht – und das ist schrill-bunt. Da wäre zum Beispiel die meerblaue Fischbude namens »Kleine Haie große Fische«, benannt nach einem Truck-Stop-Song und betrieben von einem Schiffbauer, der den Tresen des Ladens aus Türen des ehemaligen Erotic-Art-Museums und die Stehtische aus Brettern der alten Gegengeraden am Millerntor-Stadion gezimmert hat. Und da wäre schließlich auch noch mein persönliches Highlight: das an Skurrilität kaum zu überbietende, rosafarbene »Alt-Hamburg«, innen eine rauchgeschwängerte Bar, nahezu rund um die Uhr von Berufs-Tresenhockern gekapert. Im Obergeschoss wartet das »Alt-Hamburg« mit einem Hotel auf, in dem man als Seemann oder Student für sagenhafte 18 € übernachten kann – inklusive Frühstück!

10 ALBERS-ECK

Wäre St. Pauli eine Insel, wäre sie Malle und der Hans-Albers-Platz die Bucht mit dem Ballermann. Der einzige Unterschied ist, dass hier die Bordsteinschwalben Spalier stehen, je nach Witterung mit Skianzügen oder auf Plateau-Sandalen. Ludenbosse gibt es auch. Doch heute fahren sie Hummer oder Mercedes statt wie in den 80ern Ferrari. Vokuhilas sieht man auch nicht mehr. Immer noch wird am härtesten im Albers-Eck gefeiert. Königsblau leuchtet dessen Eckfassade am Morgen, wenn die Party vorbei ist, die Müllabfuhr die Überbleibsel der Nacht beseitigt hat und das Kopfsteinpflaster wieder blitzt, als sei nie etwas gewesen. Dann wirkt die Gegend beinah beschaulich ... Nur in der Gasse gegenüber wummert vereinzelt noch dumpfer Eurotrash aus den Boxen und ein paar keifende Stimmen dringen aus den Tiefen dunkler Spelunken.

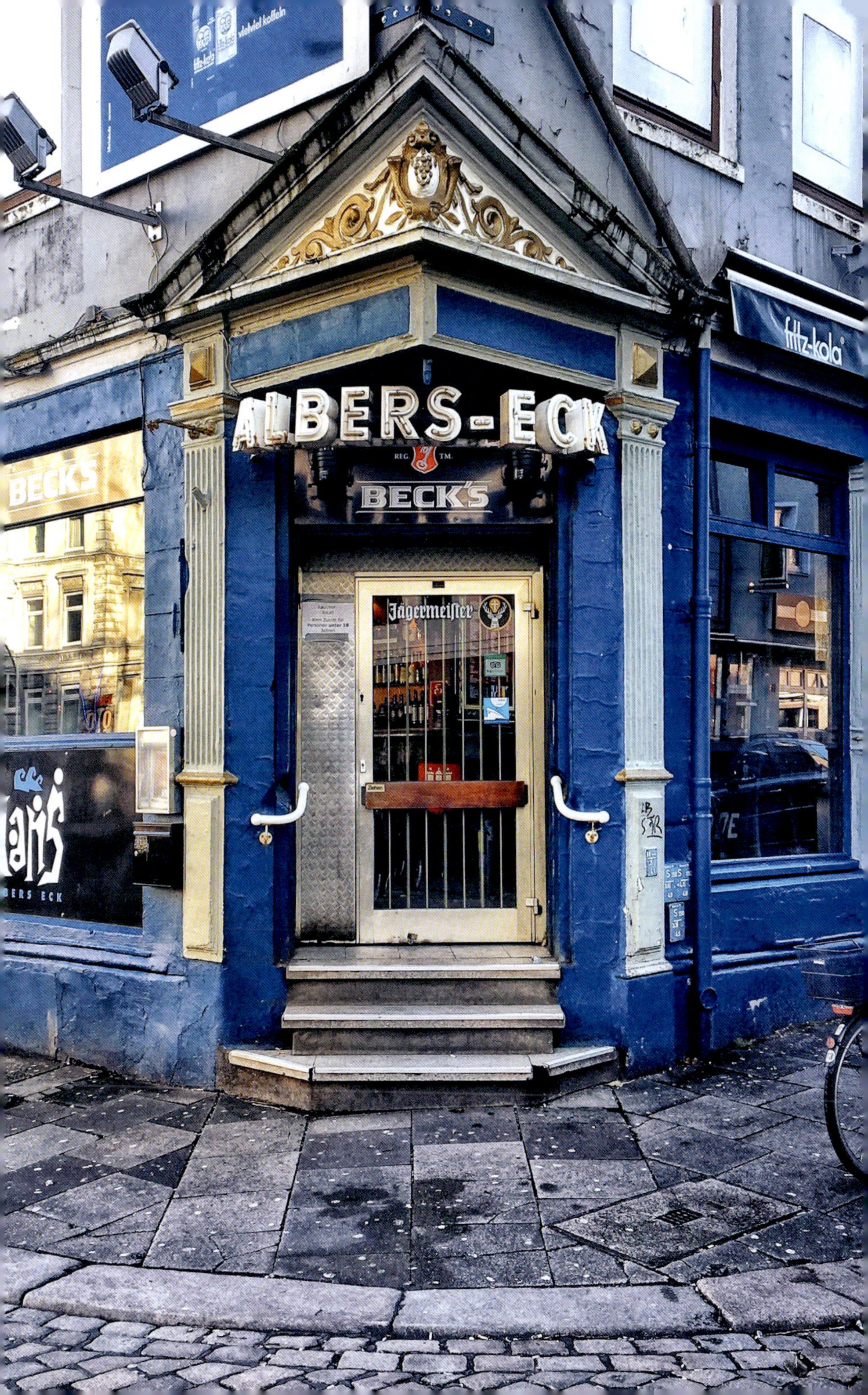
ALBERS-ECK
REG. TM.
BECK'S
Jägermeister
Ziehen
BECK'S
fritz-kola
BERS ECK

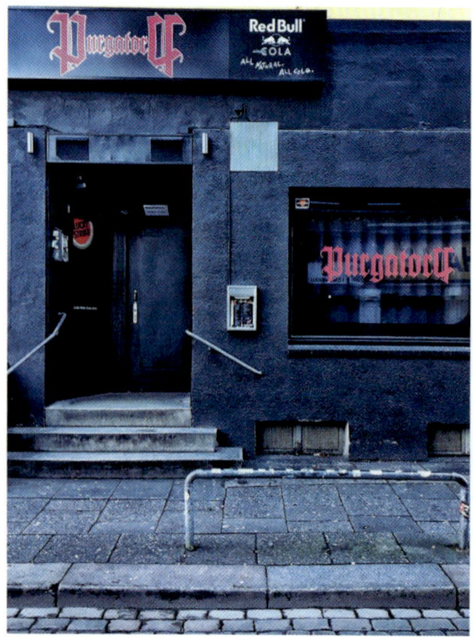

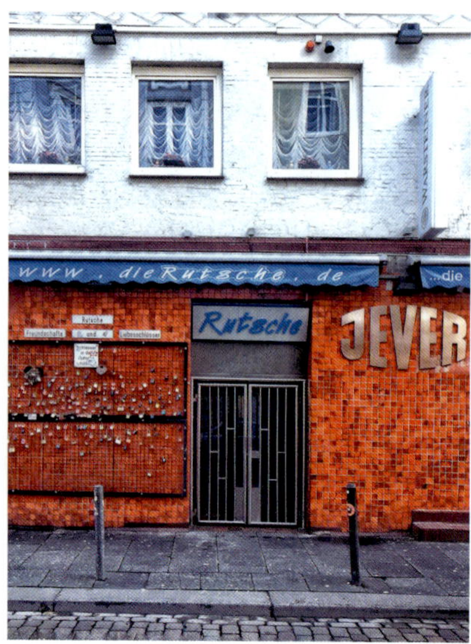

11 GERHARDSTRASSE/FRIEDRICHSTRASSE

Bereit für weitere Clubs, Kellerkneipen und Absackerbars mit knallbunten, verwitterten Fronten, wie sie so typisch sind für den Hamburger Kiez? In der Gerhardstraße und der Friedrichstraße werden Sie noch weitere solcher Perlen entdecken! Diese haben so klingende Namen wie »La Paloma«, »Reitclub«, »Rote Laterne«, »Peggy Sue«, »Inside«, »Queen«, »Cavalera«, »Tankstelle«, »Kiez Klause« oder »Der blaue Engel« ... Ich mag den liebenswert ironischen Unterton, der in vielen dieser Namen mitschwingt. Bitte schauen Sie in der Mitte der Gasse einmal nach links: Sie sehen ein großes Tor. Es verrammelt die berühmt-berüchtigte Herbertstraße, zu der es gleich noch mehr Informationen geben wird.

12 HERBERTSTRASSE

Seit dem 19. Jahrhundert zieht die Herbertstraße Männer magisch an – weibliche Kiezbesucher sind unerwünscht, sie müssen mit faulen Eiern rechnen, sollten sie sich hinter die Barriere stehlen. In der 60 Meter langen, ebenfalls ziemlich bunt gehaltenen Gasse präsentieren sich ab dem Abend Damen hinter Glasscheiben und werfen Passanten Kusshände zu (habe ich gehört). Die berühmteste Bordellstraße der Welt ist dabei inzwischen wohl eher zum Paradies für Gaffer mutiert. Immer wieder soll es Drohungen aus dem Rotlichtmilieu geben, weil die Touristen, die sich zunehmend in dicken Trauben nachts durch die Gasse schieben, die wenigen noch verbliebenen Freier abschreckten. Über die in den 80ern bekannt gewordene Sexarbeiterin Domenica, die ebenfalls in der Herbertstraße anschaffen ging und sich später sozial engagierte, gibt es übrigens eine kleine Ausstellung im charmanten St.-Pauli-Museum um die Ecke.

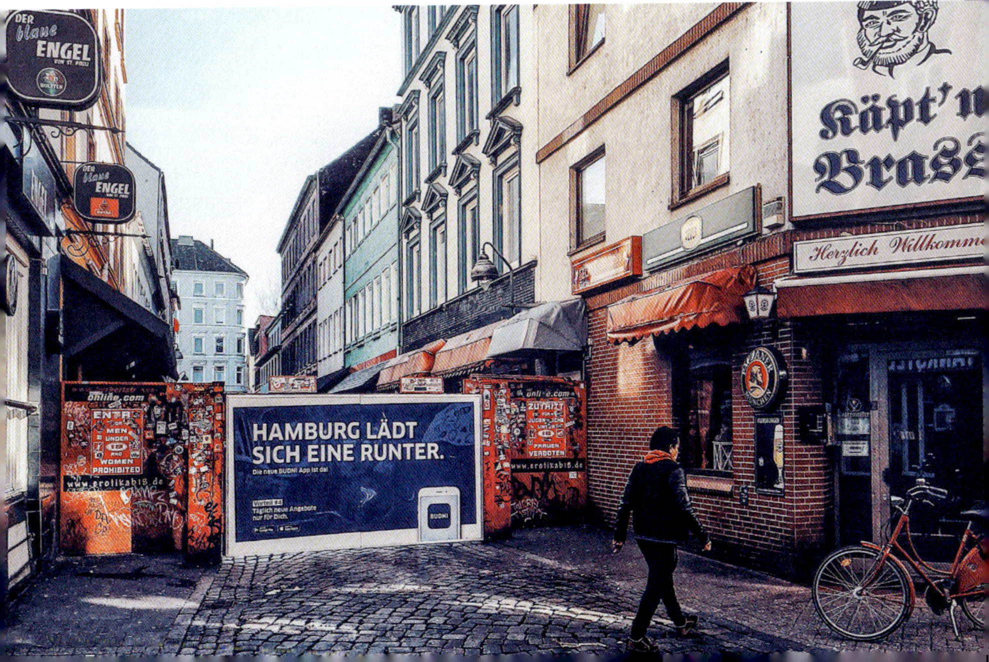

13 DAVIDWACHE

Die Herren der Schöpfung dürfen durch die am Morgen noch ausgestorbene Herbertstraße laufen (wenn sie möchten), während die Damen die Friedrichstraße nebenan nehmen sollten (man kann selbst um diese Uhrzeit nie wissen, ob nicht ein paar Eier wurfbereit liegen ...). Auf der gegenüberliegenden Seite der Davidstraße steht die bekannteste Polizeiwache des Landes und mit nur 0,92 Quadratkilometern Einzugsgebiet ist sie zudem auch die kleinste. Zwar hat der Kiez nicht mehr als 14.000 Einwohner, dafür fallen am Wochenende bis zu 200.000 Partyverrückte hier ein. Macht 17.000 Strafanzeigen pro Jahr. Die 1914 eröffnete Polizeiwache darf als Vorläufer für Hamburgs Backsteinexpressionismus gesehen werden, der vor allem in den 1920er-Jahren seine Blütezeit erfuhr. Achten Sie auch hier auf die Fassade, aus der vier Gendarmenköpfe aus Keramik herausragen und seit über hundert Jahren alles im Blick zu haben scheinen, was sich vor der Davidwache ereignet. Jetzt bitte links um die Ecke in die Kastanienallee biegen, wo Sie unter anderem auf die bunt bemalte Front der »Prinzenbar« treffen. Der Liveclub ist die kleine Schwester des Konzertveranstalters »Docks«, der zur anderen Seite am Spielbudenplatz steht. Was die Fassade der Prinzenbar nicht vermuten lässt: Innen wartet sie überraschenderweise mit Jugendstilornamenten, Putten und Kronleuchtern auf.

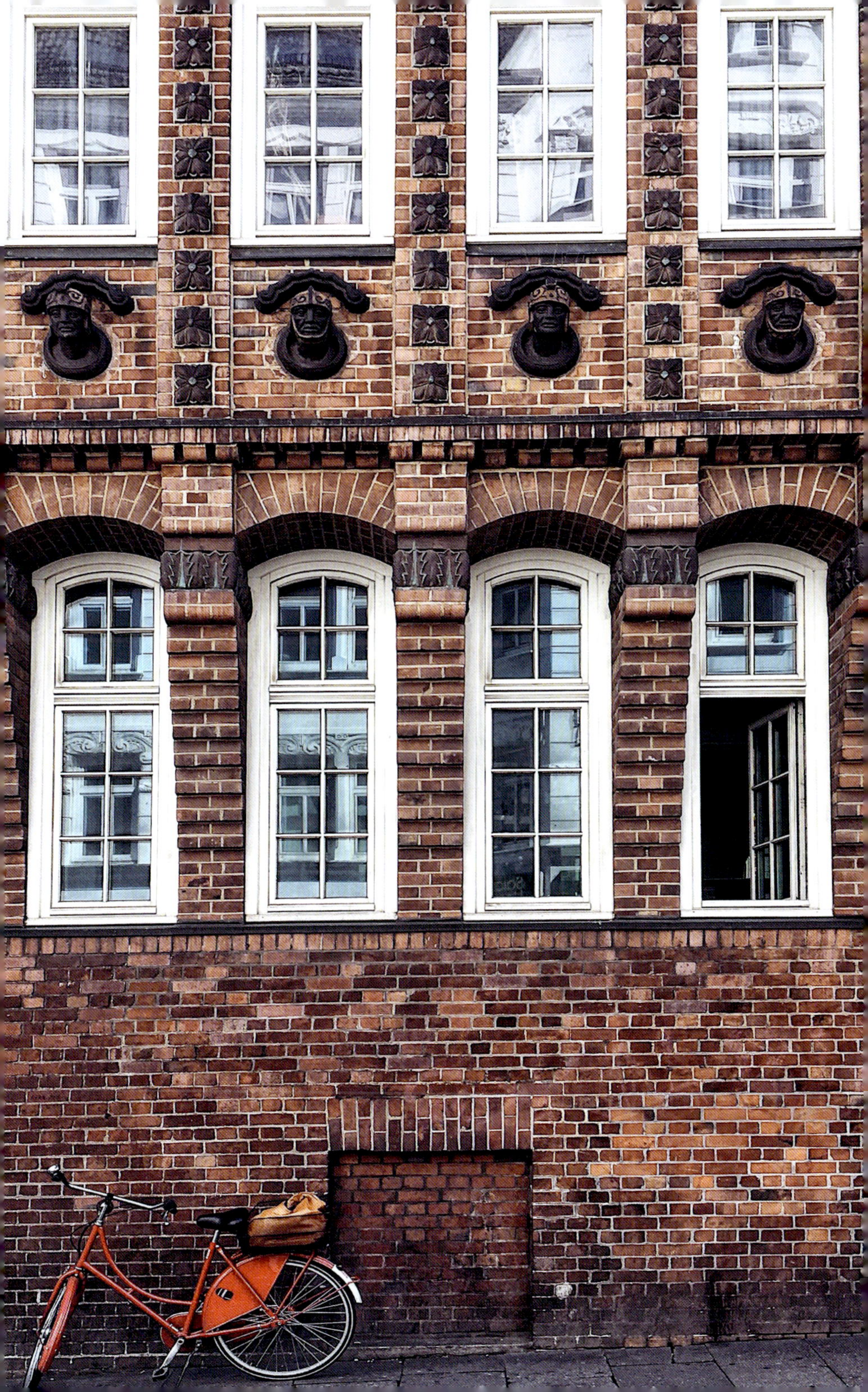

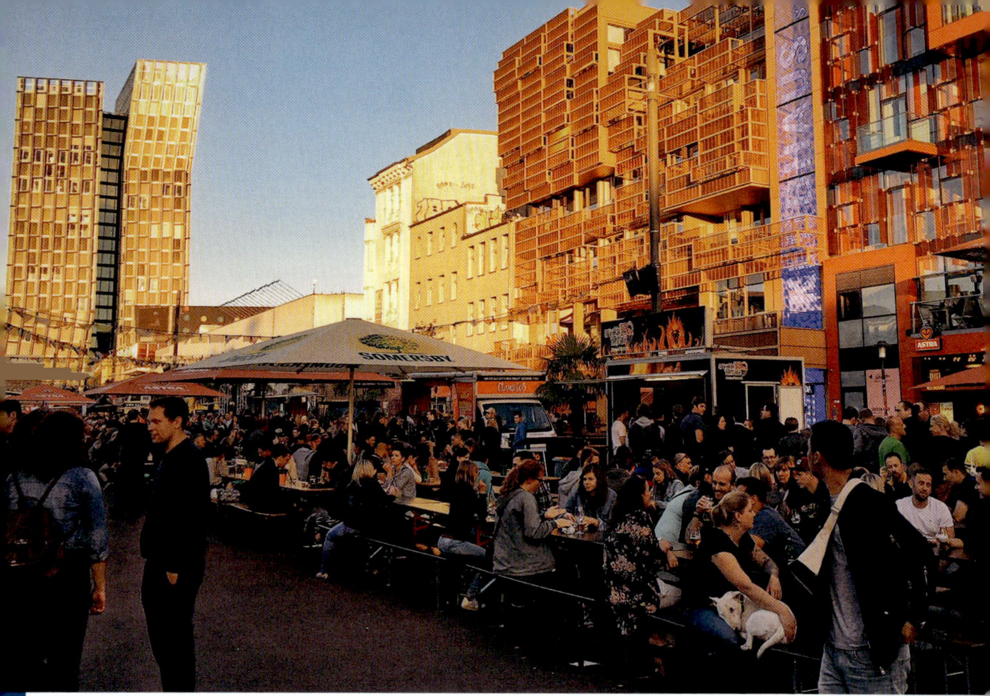

14 SPIELBUDENPLATZ

Von der Kastanienallee laufen Sie über die Taubenstraße zum Spielbudenplatz, dem Herzstück von St. Pauli, auf dem sich schon vor über 200 Jahren Künstler und Gaukler niederließen und Karl Hagenbecks Erfolgsgeschichte mit einem Bottich voller Seehunde begann. Showpaläste kamen und gingen. Theater, Kinos, Bars und Trinkhallen wurden im Krieg zerstört und wiederaufgebaut. 2006 wurde der Platz komplett neu gestaltet. Er bietet nun immer wieder Raum für Open-Air-Konzerte und -Märkte. So verwandelt er sich etwa jeden Donnerstag in eine Freiluft-Kantine mit Foodtrucks und hundert Meter langer Tafel.

Das gläserne Bürogebäude namens »Tanzende Türme« ganz am Ende des Platzes gehört zu den spektakulärsten Bauwerken der Stadt. Hervorstechendstes Merkmal der beiden 85 und 75 Meter hohen Türme ist die geknickte Fassade. Was sich Stararchitekt Hadi

Teherani dabei gedacht hat? »Mann und Frau, die sich zum Tango bewegen. Vielleicht auch die X-Beine einer Prostituierten, die auf dem Kiez nach Freiern Ausschau hält.« Aus dem Restaurant »Clouds« im 23. Stock und der »Heaven's Nest«-Bar im 24. Stock des linken Turms kann man nicht nur das Rotlichtviertel von oben beobachten. Man blickt sogar über die ganze Stadt – vom Hafen im Süden bis zum Planetarium im Norden.

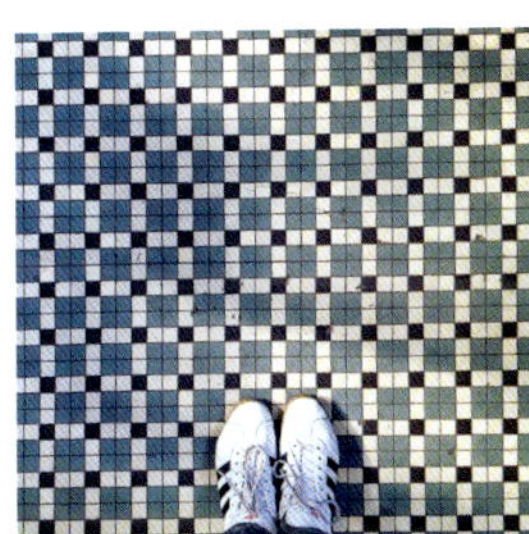

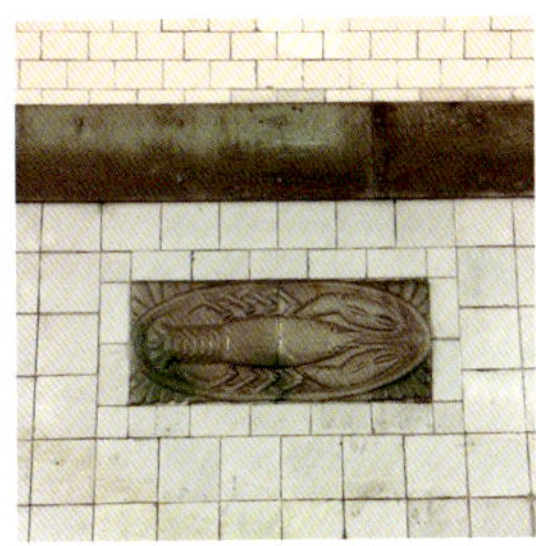

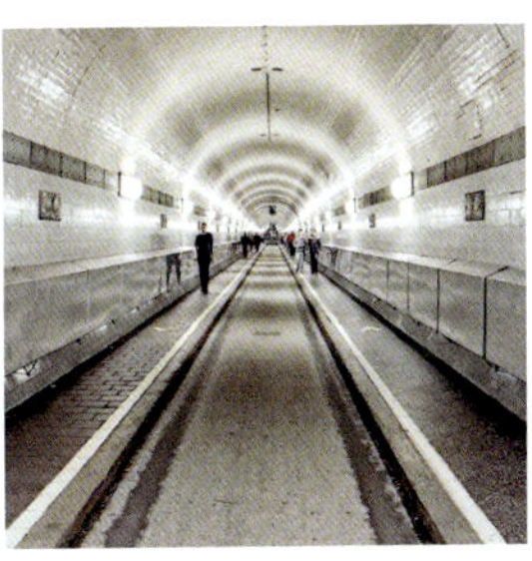

ALTER ELBTUNNEL

Hinter den »Tanzenden Türmen« überqueren Sie nun den Zirkusweg und laufen rechts neben dem Spielplatz den Fußgängerweg »Am Elbpark« entlang. Er mündet vor dem Hotel »Hafen Hamburg« auf einer Terasse, von der eine lange Treppe hinunter zu den Landungsbrücken führt. Im Kuppelgebäude ganz rechts befindet sich der Eingang zum Alten Elbtunnel. Dieser besteht aus zwei alten Röhren, die St. Pauli mit Steinwerder verbinden und in früheren Zeiten hauptsächlich von Hafenarbeitern genutzt wurden. Insbesondere der Abstieg über die Treppe ist ein fotogenes Erlebnis – allerdings sollte man schwindelfrei sein. Vielen Besuchern genügt es, einmal unten gewesen zu sein. Doch wer etwas Zeit mitbringt, sollte unbedingt hinüber nach Steinwerder laufen. Wer auf der anderen Seite des Elbtunnels wieder an die Oberfläche kommt, befindet sich mitten im Hafengebiet und erblickt eines der schönsten Panoramen der Stadt mit Elbphilharmonie, Michel, Landungsbrücken und Hafenkulisse.

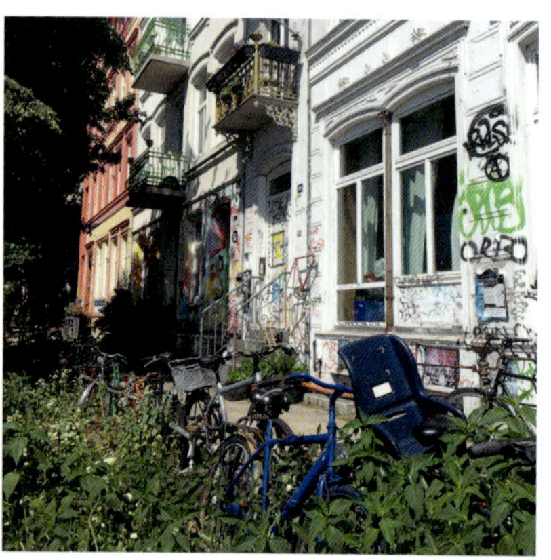

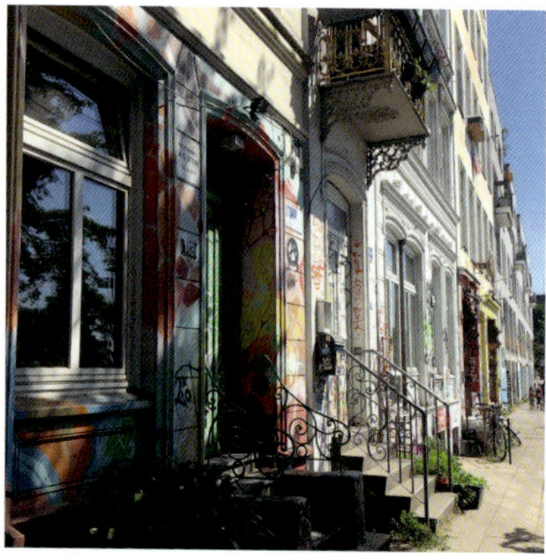

16 HAFENSTRASSE

Herbst 1981: Autonome, Punks und Studenten kapern zwölf leerstehende Altbauten in der Hafenstraße, die die SAGA-Unternehmensgruppe bewusst verrotten lässt, damit der Verlag Gruner + Jahr und Tchibo dort neue Firmensitze errichten können. Besetzung, Barrikaden, Straßenschlachten – in den Folgejahren wird das Filetgrundstück am Hafen zum Symbol der Auflehnung gegen den Staat. Heute ist der Häuserkampf vorbei. Die Besetzer von damals haben eine Genossenschaft gegründet und durften die Häuser behalten. Doch noch immer zieren die Wände linke Parolen und bunte Graffiti. Derweil schlürfen nebenan Yuppies ihren Latte und mondäne Bauten wie der Astra-Turm oder das Riverside-Hotel sind aus der Kulisse emporgeschossen. Zu den berühmt-berüchtigten Gebäuden der ehemaligen Besetzer gelangen Sie, wenn Sie sich hinter dem Elbtunnel links halten. Ein kleiner Weg zweigt rechts ab: Genau hier beginnt der Teil der Hafenstraße, der immer noch als alternativ bezeichnet wird, selbst wenn aus dem Chaoten-Nest inzwischen eher ein buntscheckiges Idyll geworden ist. Hin und wieder trifft man einen Dealer, Wildpinkler oder Sprayer – alles jedoch harmlos im Vergleich mit den Straßenschlachten, die während der 80er in dieser Gegend tobten. Wenn Sie die Treppe zur Bernhard-Nocht-Straße hinaufgehen, passieren Sie auch die schrille Punk-Kneipe »Onkel Otto«, einen Schuppen, in dem man übrigens schon am Kicker stand, als die Leute das Wort »Gentrifizierung« noch für eine seltene Krankheit hielten.

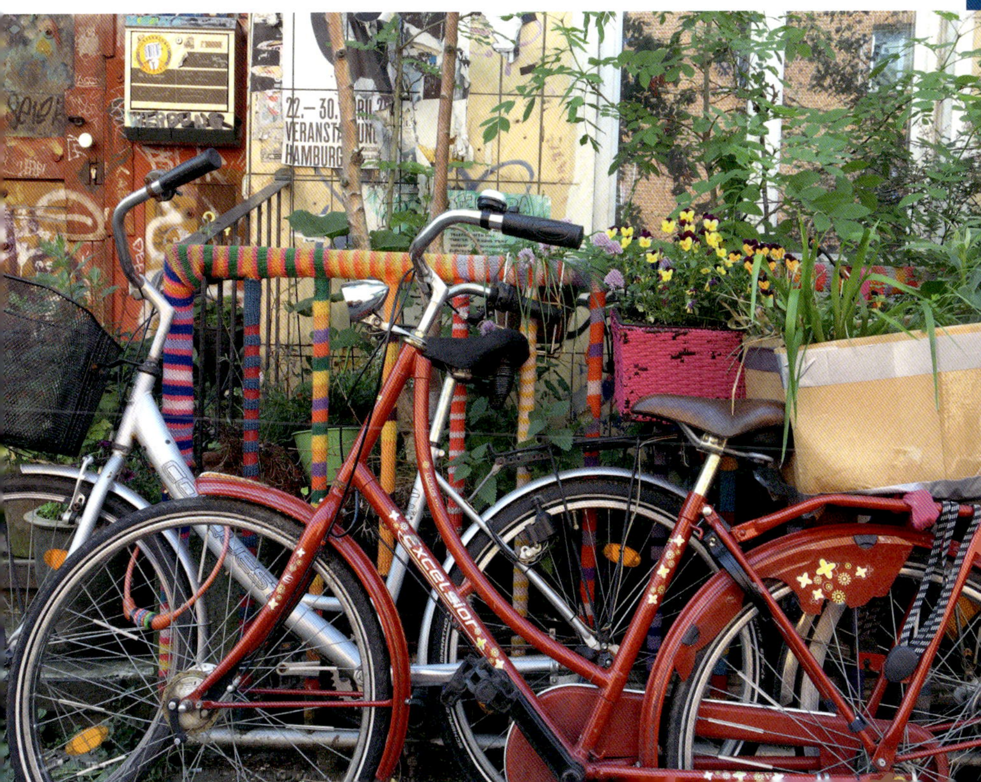

VON FRÜHER INGENIEURSKUNST, HUMMERKACHELN UND EINEM ROMANTISCHEN LIEBESBEWEIS

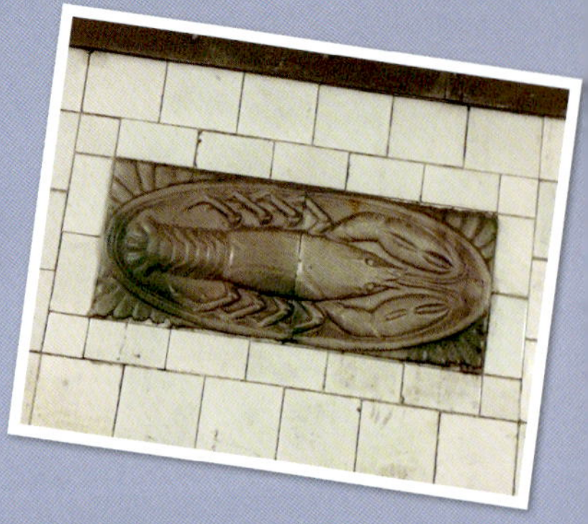

Der Alte Elbtunnel, der erste Unterwassertunnel des europäischen Kontinents, eröffnete am 7. September 1911. Seine beiden 480 Meter langen Röhren gelten als ein frühes Beispiel deutscher Ingenieurskunst. Dabei erkrankten während des Baus Hunderte Arbeiter durch den Überdruck in der Tiefe an der damals noch unbekannten Taucherkrankheit. Drei starben sogar. Immer noch sind die alten Fahrstühle in Betrieb. Einst transportierten sie Kutschen und wurden so bemessen, dass auch die lange Peitsche des Kutschers noch mit in den Fahrkorb passte. Heute werden die Aufzüge von Autos genutzt, während für Radfahrer und Fußgänger zwei kleine Lifte an den Seiten vorgesehen sind. Der Tunnel birgt übrigens auch eine romantische Geschichte und die lässt sich an einer der Keramikkacheln im Tunnel ablesen. Die meisten zeigen Aale, Hummer, Störe und anderes Getier, das einst im Elbstrom schwamm. Direkt über dem Eingang der Röhren hängt jedoch eine ganz besondere große Kachel: Sie zeigt den Baudirektor Otto Stockhausen, wie er seiner Frau Elisabeth beim Tunneldurchbruch die Hand reicht.

Für den erst 26-jährigen Stockhausen war das Tunnelprojekt damals eine entbehrungsreiche Zeit: Er wohnte direkt neben der Baustelle, wo er seine Verlobte Elisabeth, eine Pfarrerstochter aus Othmarschen, nur selten sah. Erst als der Tunnel nach vier Jahren fertig war, konnten sie heiraten und in die Flitterwochen fahren. Stockhausen bekam aufgrund seiner Leistung sogar einen Adelstitel verliehen und 1912 gebar ihm Elisabeth schließlich auch noch einen Sohn. Doch das Glück währte nur kurze Zeit, denn der Ingenieur starb im 1. Weltkrieg. Die Kachel erinnert bis heute an ihn und seine große Liebe.

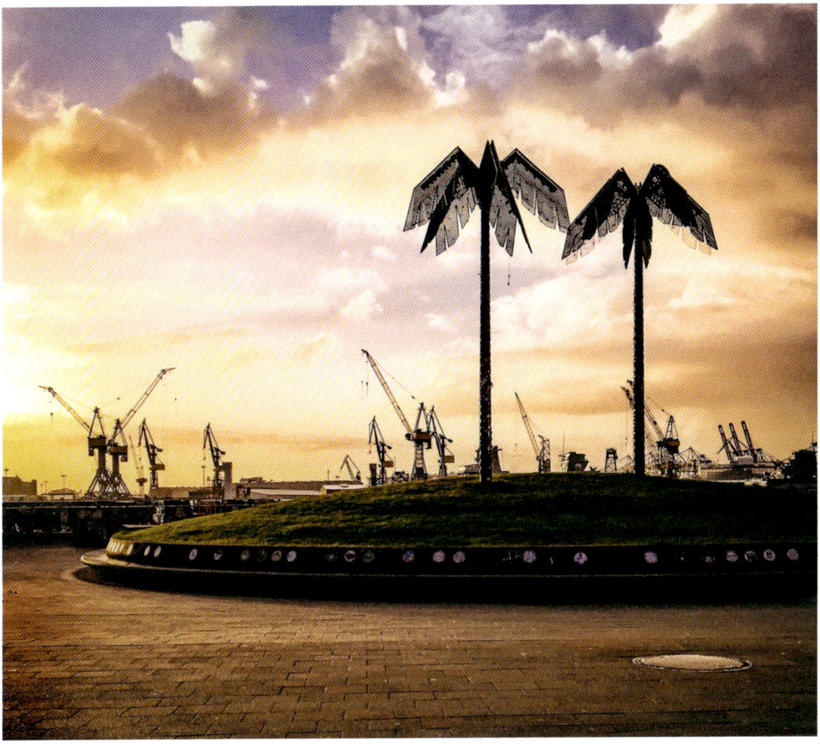

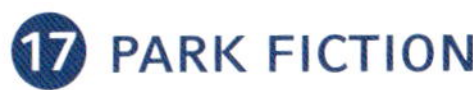

17 PARK FICTION

Auch um die alte Punk-Kneipe herum lohnt es sich, nach Street Art wie z. B. bestrickten Geländern oder bemalten Fahrrädern mit Blumenkästen Ausschau zu halten. Gehen Sie dabei die Straße links hinunter bis zum Rondell. Hinter dem berühmten »Pudelclub« und der Fußgängerbrücke endet diese Tour: Auf einem Areal hoch oben auf dem Pinnasberg haben Künstler, Architekten, Nachbarn und Kinder in Nachbarschaft der St.-Pauli-Kirche und des alten Pfarrhauses eine weitere Trutzburg gegen stadtplanerische Reichenghettos geschaffen: einen Park mit Plastikpalmen, wellenförmigem Rasen, Basketballfeldern und grandiosem Hafenblick. Bitte, Platz nehmen. Es ist Zeit für ein Bierchen!

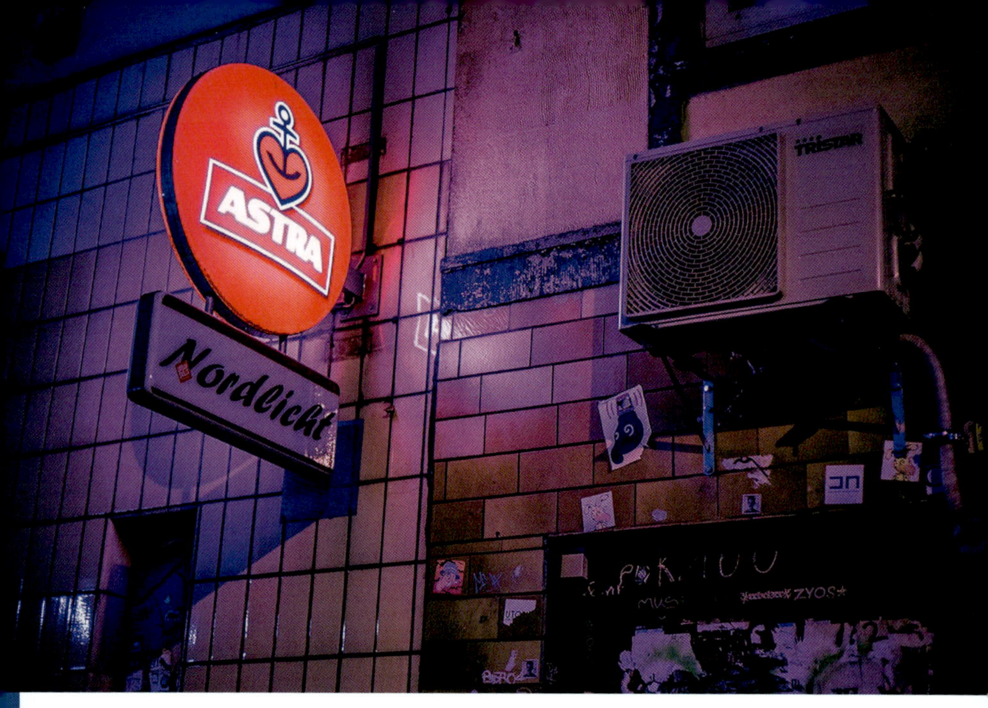

St. Pauli bei Nacht

Interview mit Mark Broyer

Tagsüber arbeitet der Hamburger Mark Broyer als Art Director. Nachts geht er auf Streifzug und fotografiert Hamburg im Zwielicht, vorzugsweise auf St. Pauli und wenn es nebelig ist, auch gern den Hafen.

Entdeckt habe ich Mark auf Instagram. Seine Fotos erinnern mich an die Filme meines Lieblingsregisseurs David Lynch. Ob Lynch ihn wirklich beeinflusst hat und wie Mark beim Fotografieren vorgeht, erfahren Sie in diesem Interview.

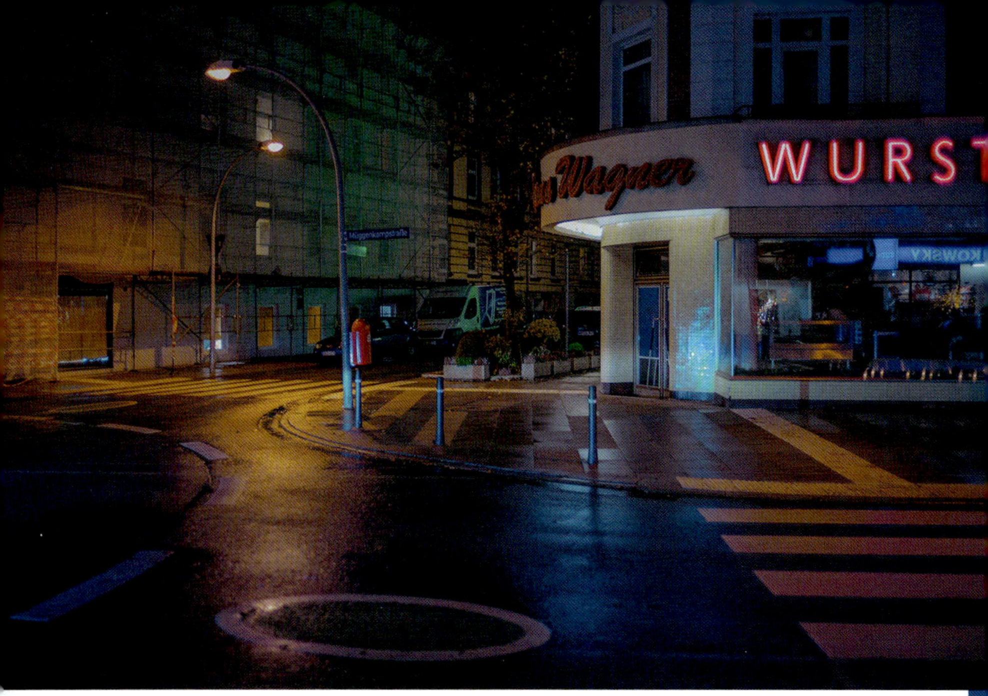

Alle Bilder Seite 88 – Seite 93
© Mark Broyer

Du gehst vor allem nachts auf Fotopirsch. Verzichtest du dafür auch schon mal auf die eine oder andere Mütze Schlaf?
Dass ich hauptsächlich nachts fotografiere, ist eigentlich dem Umstand geschuldet, dass ich vor drei Jahren Vater geworden bin und dadurch abends einfach am meisten Zeit hatte. Meine Fotos sind natürlich abhängig vom Wetter, deshalb nutzte ich dann meistens auch die günstigen Tage, egal zu welcher Uhrzeit. Manchmal mitten in der Nacht, wenn zum Beispiel Nebel aufzieht.

Auf deinen Fotos sieht man selten Menschen, dennoch lichtest du öfter Orte auf St. Pauli oder in der Sternschanze ab, an denen normalerweise das Nachtleben tobt. Wann ist für dich die beste Zeit zu fotografieren (z. B. früh am Abend/früh am Morgen)?
Ich warte oft längere Zeit für ein Motiv, bis niemand mehr im Bild ist. Manchmal muss ich auch zu einem anderen Zeitpunkt

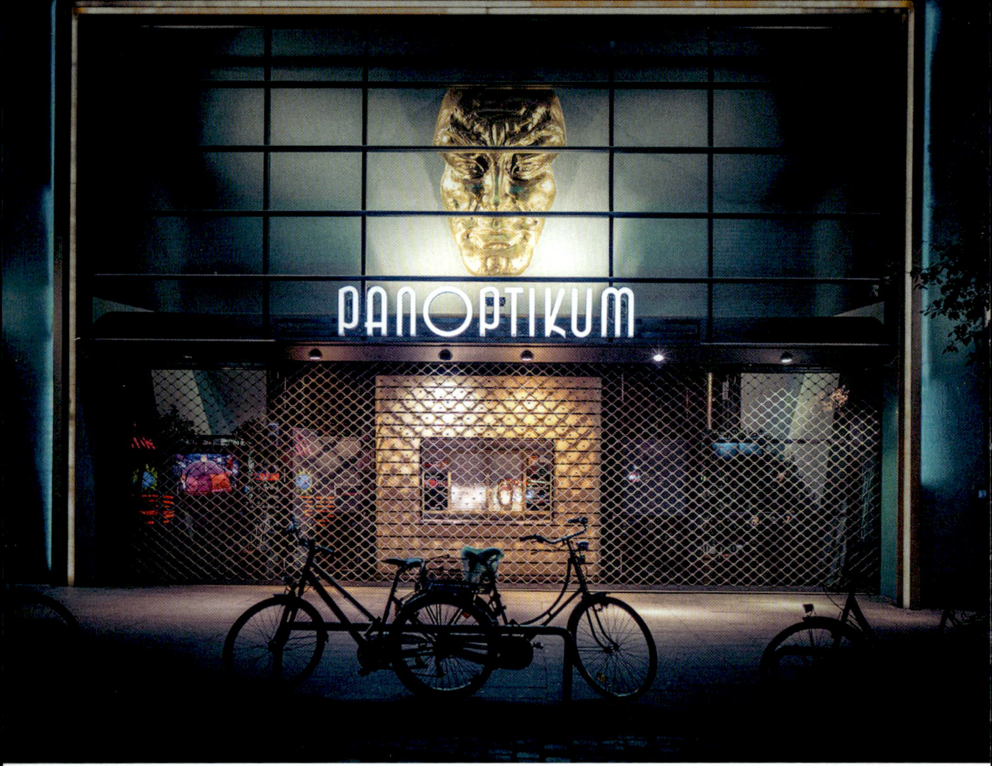

PANOPTIKUM

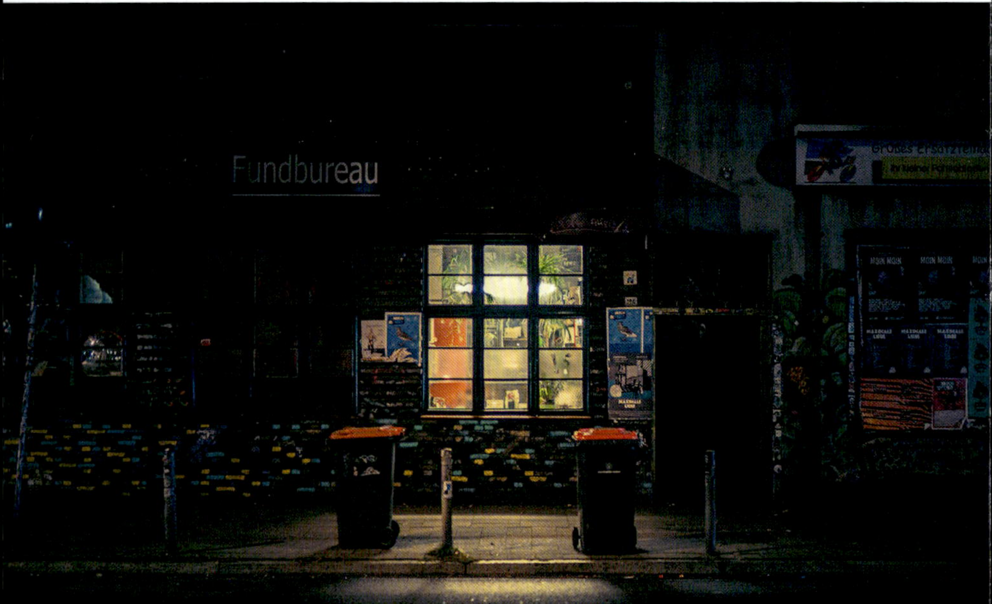

Fundbureau

wiederkommen. Denn selten ist es wirklich menschenleer, egal zu welcher Uhrzeit. Aber die größten Chancen hat man spät abends oder sehr früh morgens mitten in der Woche.

Wie bist du darauf gekommen, die Stadt so zu zeigen, als sei sie einem David-Lynch-Film entsprungen?
Irgendwie ist das so entstanden. Ich bin auf jeden Fall grundsätzlich von Filmen inspiriert, da ich immer versuche, die Nachtmotive, wie eine Filmszene ohne Schauspieler wirken zu lassen. Andere große Inspirationsquellen sind Edward Hopper oder Fotografen wie Greg Girard, Todd Hido, William Egglestone oder auch Wim Wenders.

Wie sieht deine Ausrüstung aus? Nutzt du beispielsweise ein Stativ, um Langzeitbelichtungen durchzuführen?
Ich nutze eine Sony-Vollformatkamera mit lichtstarken Festbrennweiten von Voigtländer, 50 mm oder 40 mm. Ich fotografiere aus der Hand mit offener Blende, möglichst niedriger ISO und einer Belichtungszeit, welche gerade noch so ohne Stativ funktioniert. Ein Stativ wäre für mich unpraktisch, da ich meistens auf dem Fahrrad durch die Stadt fahre und versuche, möglichst unauffällig zu sein.

Wie stark bearbeitest du deine Bilder?
Ich entwickele die Bilder in Lightroom, bis mir die Farben gefallen. Ansonsten mache ich keine Retusche. Für die Bearbei-

tung eines Bilds brauche ich in der Regel ein paar Minuten. Je länger es dauert, desto schlechter das Motiv. Das ist für mich immer ein wertvoller Gradmesser.

Welcher Ort in Hamburg gehört für dich zu den fotografisch spannendsten und warum?
St. Pauli, weil es sich ständig verändert, und wegen seiner Rauheit. Den Hafen wegen seiner Weite.

Am spannendsten sind die unperfekten, authentischen Ecken einer Stadt. Am schwierigsten finde ich Motive in Wohngebieten oder den Hochglanzvierteln wie der HafenCity.

Wenn du losgehst, nimmst du dir vorher einen bestimmten Ort vor oder lässt du dich lieber treiben?
Am Anfang bin ich tatsächlich einfach ziellos losgefahren, inzwischen plane ich es etwas mehr, da ich ja schon in vielen Ecken war. Oft sehe ich tagsüber Motive, welche nachts funktionieren könnten. Ich gehe Straßen oft einmal entlang und dann in der entgegengesetzten Richtung wieder zurück. Eine Straße oder ein Motiv kann dann ganz anders wirken.

Du fotografierst außerdem gern im nächtlichen Nebel. Bist du ein Schlechtwetter-Enthusiast (so wie ich)?
Ich kann tagsüber fotografisch auch jeder Wetterlage etwas abgewinnen. Nachts ist es für mich jedoch anders. Regen und Schnee finde ich besonders schwierig, da dann alles reflektiert. Eigentlich bin ich nachts eher ein Schönwetter-Enthusiast. Nur Nebel ist super. Das ist ein natürlicher Filter. Dann sieht alles irgendwie mystisch aus.

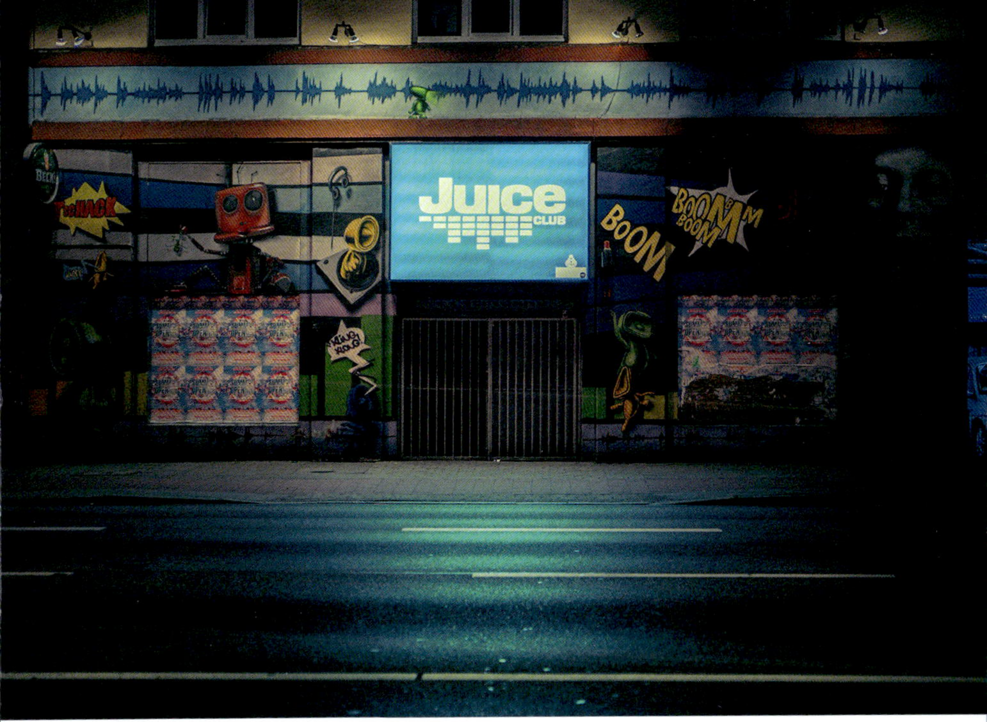

Juice
CLUB
BOOM
BOOM BOOM

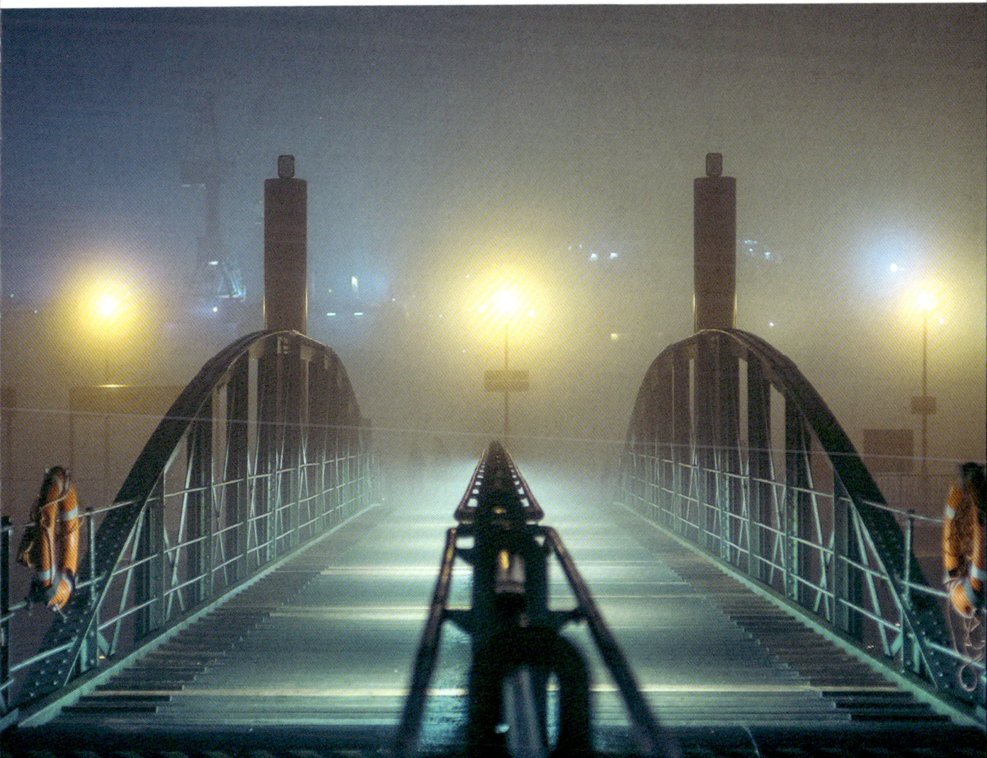

SPEICHERSTADT UND KONTORHÄUSER

TOUR 3

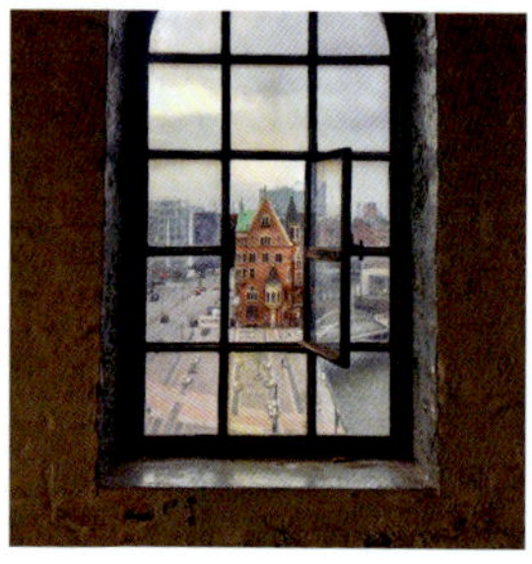

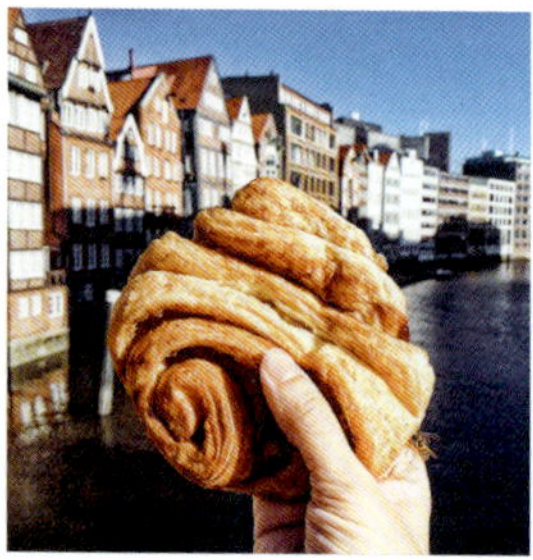

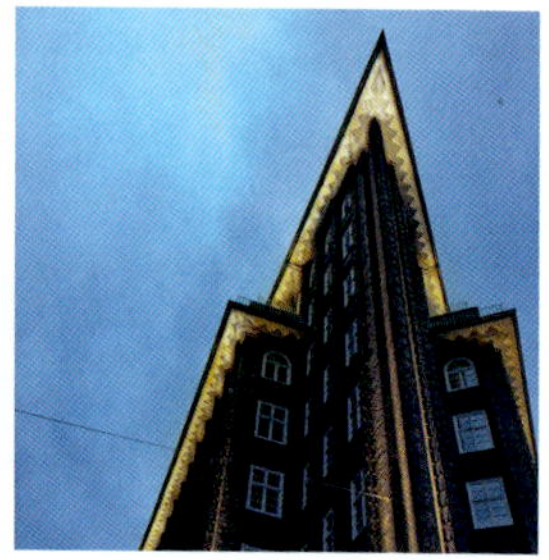

4–5 STUNDEN
CA. 4 KM, ZU FUSS ODER MIT DEM RAD

FOTOGRAFIE-GENRE:
Architektur

DER RICHTIGE ZEITPUNKT:
Für viele Fotografen ist die Speicherstadt vor allem zu Sonnenauf- oder -untergang ein Traum. Nachts wird sie zudem beleuchtet, sodass dann viele Stativkünstler unterwegs sind. Diese Tour ist jedoch so ausgelegt, dass sich ein Besuch auch tagsüber lohnt. Das Kontorhausviertel besticht hauptsächlich durch das Innere seiner Gebäude. Hier ist wichtig zu wissen, dass viele der hier erwähnten Häuser nur während der Woche zu besichtigen und zu fotografieren sind, da sich hier viele Büros befinden, in denen am Wochenende nicht gearbeitet wird. Dementsprechend sind die Haupteingänge samstags und sonntags geschlossen.

Mit dieser Tour betreten Sie zwei Welten, die jede für sich zu den absoluten Highlights von Hamburg zählen – und das nicht nur in fotografischer Hinsicht. Als UNESCO-Weltkulturerbe spielen beide seit 2015 in derselben Liga mit wie das Taj Mahal, Versailles oder die Akropolis. Die Speicherstadt war für das ausgehende 19. Jahrhundert ein völlig neuartiger Lagerhauskomplex, dessen Fleete, Brücken und endlos gestaffelten Backsteinbauten mit ihren Giebeln, Erkern und Rosetten einem auch heute noch den Atem verschlagen. Gleich nebenan: die ersten modernen Bürogebäude des europäischen Kontinents, in denen sich zum Beispiel noch der eine oder andere Paternoster und zahlreiche wunderschöne Treppenhäuser verstecken. Nicht zuletzt macht ein beständig in der Luft liegender Duft nach frisch gerösteten Kaffeebohnen diese beiden Welten zu etwas wirklich Einzigartigem, das es so nur in Hamburg gibt.

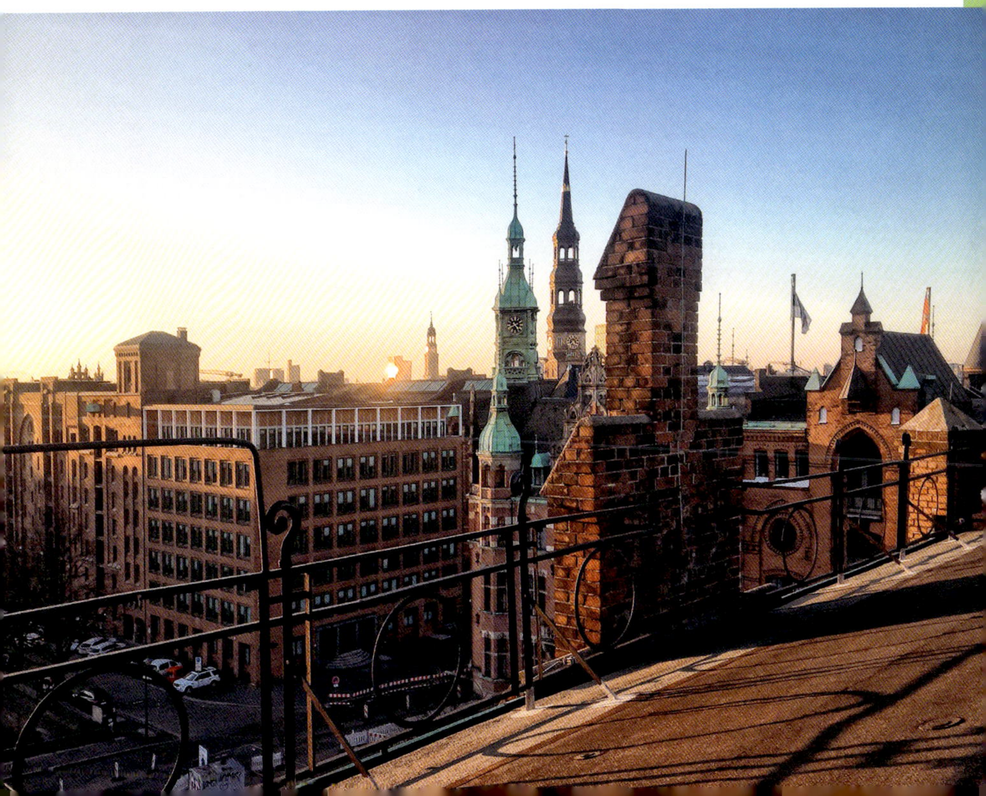

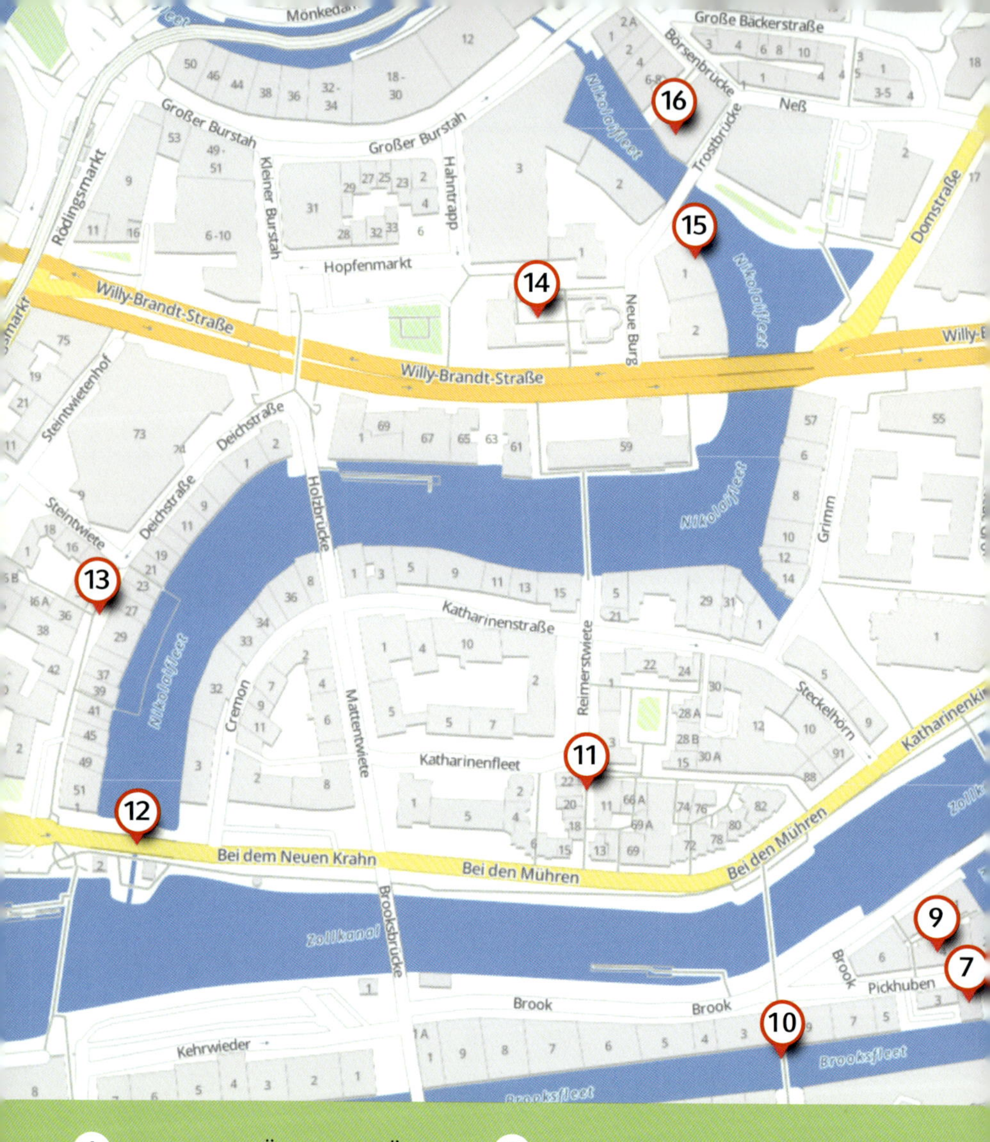

1. POGGENMÜHLENBRÜCKE
2. ALTER WANDRAHM
3. DIENERREIHE
4. DAS SPEICHERSTADT-FENSTER
5. FLEETSCHLÖSSCHEN
6. ST. ANNEN
7. DIE KAFFEEBÖRSE
8. GENUSS SPEICHER
9. PICKHUBEN
10. KIBBELSTEGBRÜCKE
11. REIMERSTWIETE

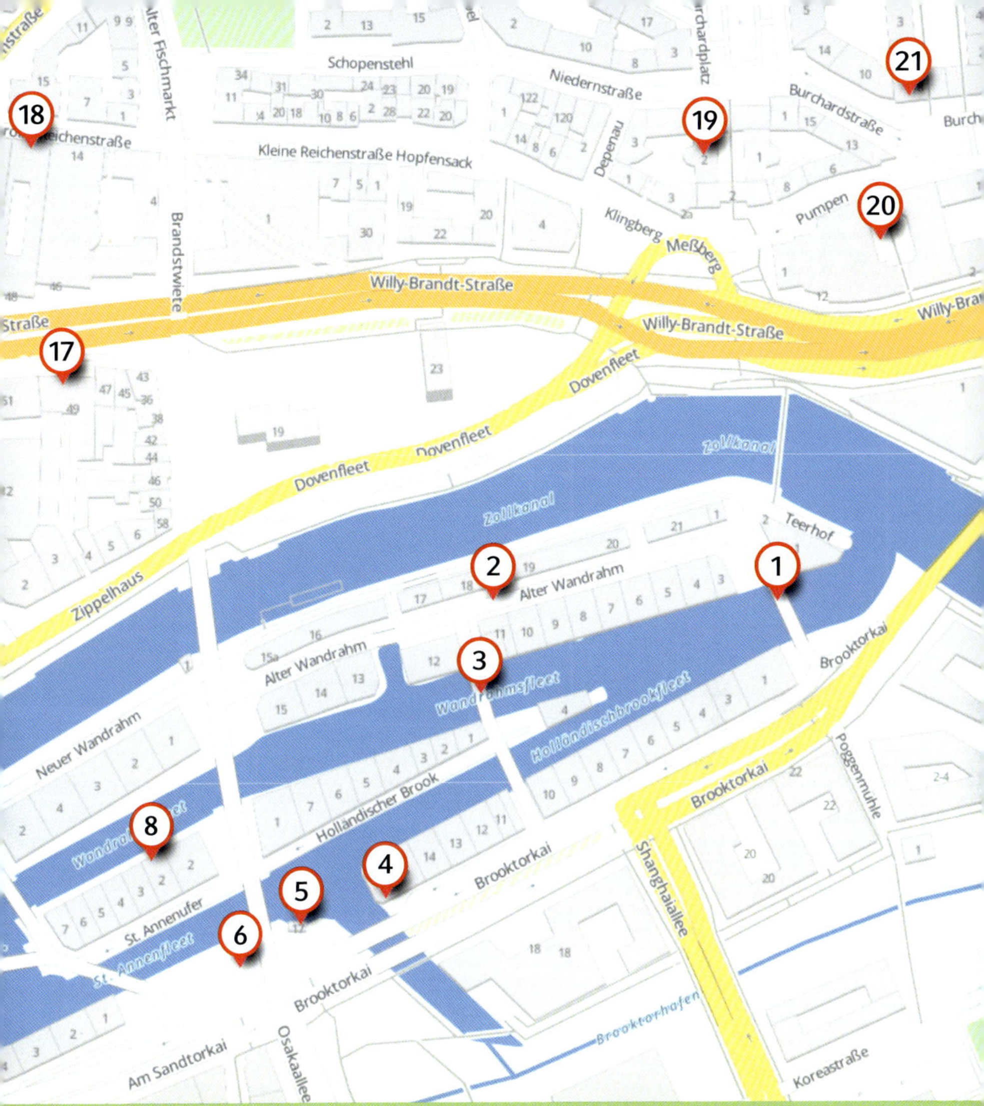

12 HOHE BRÜCKE

13 DEICHSTRASSE & HOLZBRÜCKE

14 MAHNMAL ST. NIKOLAI

15 LAEISZ-HOF

16 PATRIOTISCHE GESELLSCHAFT

17 ASIA-HAUS

18 AFRIKAHAUS

19 CHILEHAUS

20 MESSBERG-HOF

21 SPRINKENHOF

1 POGGENMÜHLENBRÜCKE

Sie starten an einer der wohl beliebtesten Fotolocations der Stadt: der Poggenmühlenbrücke. Wer auf ihr steht, dem präsentiert sich das Wasserschloss, einer der berühmtesten Bauten der Speicherstadt, von seiner Schokoladenseite. Umgeben von Lagerhäusern, thront es wie eine Königin auf einer Halbinsel im Fleet. Einst beherbergte das Gebäude die Windenwächter der Speicherstadt, die für die Wartung der Flaschenzüge an den Gebäuden verantwortlich waren. Ohne die Winden hätte man damals den Kaffee, den Tee, die Gewürze und all die anderen Waren, mit denen Hamburgs Kaufleute handelten, nicht aus den Booten in die Speicher befördern können. Im Wasserschloss gibt es auch heute noch Tee in einem Spezialitätenkontor zu kaufen, zudem ein Restaurant. Und wo wir gerade schon mal auf einer Brücke stehen: Ja, wir Hamburger prahlen gern damit, dass es in dieser Stadt mehr Brücken als in Venedig gibt, nämlich über 2.500. Die Poggenmühlenbrücke ist dabei wohl eine der hübschesten. Woher der Name kommt? »Pogge« ist Plattdeutsch und heißt »Frosch«. Quaken gehört habe ich hier allerdings noch keinen. Dieser Ort ist zwar zu jeder Tageszeit fotogen, doch bei Fotografen besonders beliebt zur Dämmerung und in der Nacht, wenn Speicher und Schloss künstlich beleuchtet werden. Deshalb möchte ich auch eine Warnung aussprechen. Denn dann kann ein Fotografenstau zu erheblichen Wartezeiten führen.

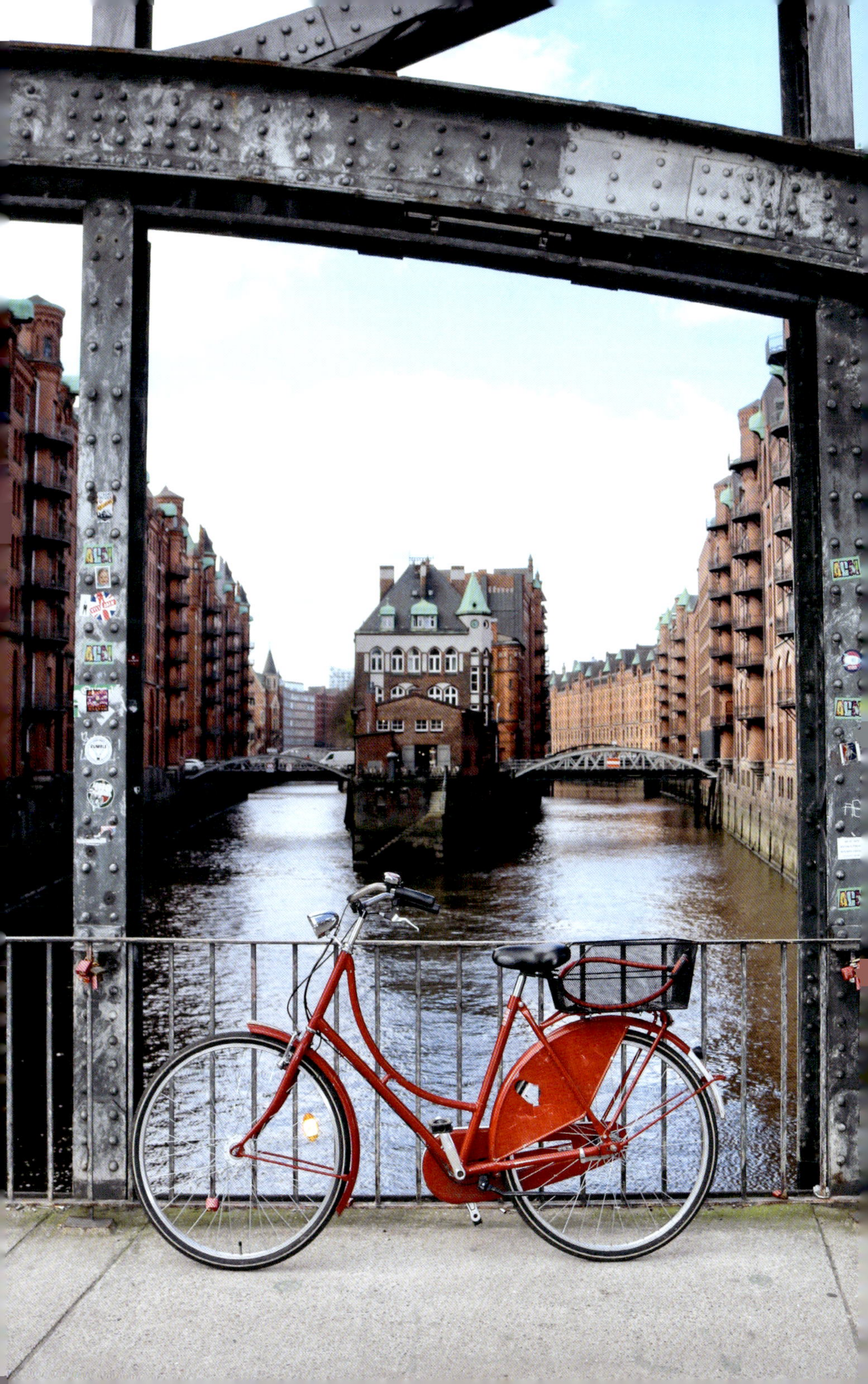

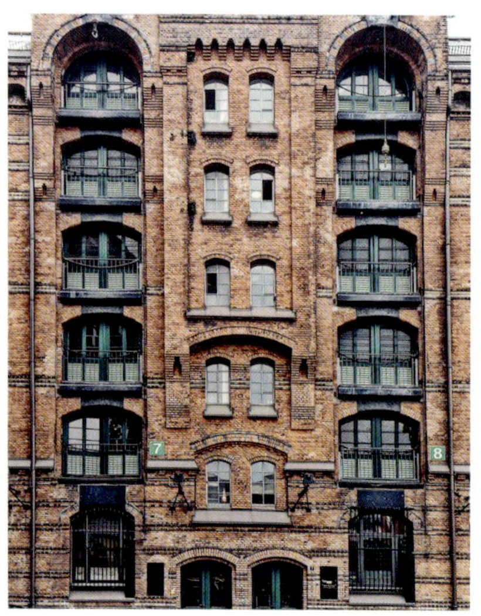

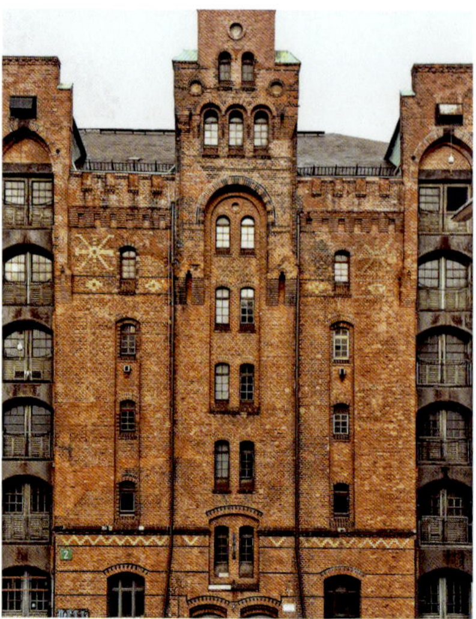

2 ALTER WANDRAHM

Weiter geht es durch den »Alten Wandrahm«. In dieser Kopfsteinpflastergasse wird jedem warm ums Herz, der ein Faible für prächtige Fassaden hat, vor allem, wenn sie aus Backstein sind. Die meisten der Speicherstadtbauten lassen sich der »Hannoverschen Schule« zuordnen, einer neugotischen Backsteinarchitektur, die seit 1860 die Gebäude Norddeutschlands bestimmte. Der Stil geht zurück auf Conrad Wilhelm Hase, der als Hochschullehrer in Hannover ganze Architektengenerationen beeinflusste, darunter Erbauer der Speicherstadt wie Franz Andreas Meier und Georg Thielen. Unverputzte Ziegel galten als pflegeleicht, robust und hanseatisch schlicht – im Alten Wandrahm können Sie gut fotografieren, wie kunstvoll sie dennoch verbaut worden sind. Beispiele sehen Sie auf diesen Seiten.

FUN FACTS ZUR SPEICHERSTADT

Entstanden ist die Speicherstadt als weltweit größter Lagerhauskomplex zwischen 1885 und 1927: Auch ihre prunkvollen Kathedralenzitate aus Backstein trugen dazu bei, dass sie 2015 zum UNESCO-Weltkulturerbe ernannt wurde. Bei Niedrigwasser in den Fleeten kommt ansatzweise zum Vorschein, dass die »Stadt der Speicher« auf einem Fundament von 3,5 Millionen in den Marschboden getriebenen Holzpfählen ruht.

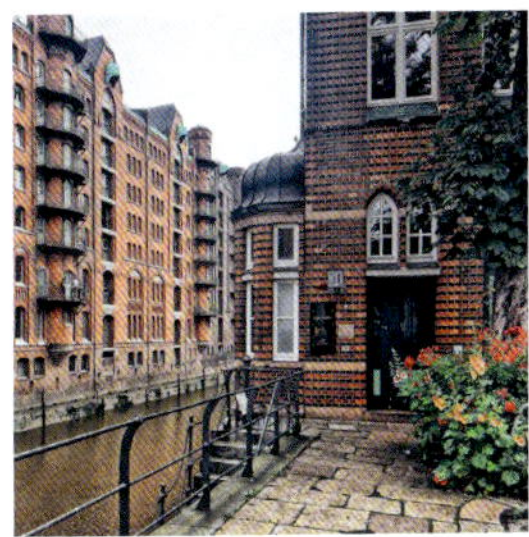

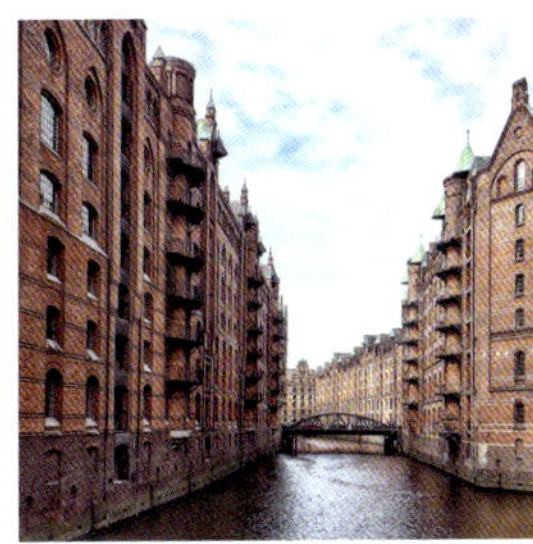

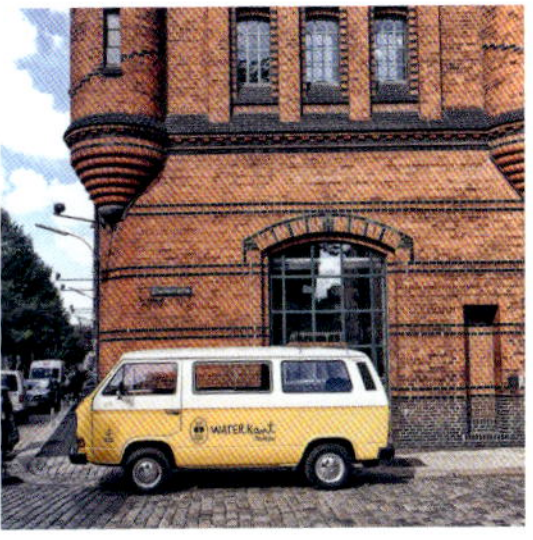

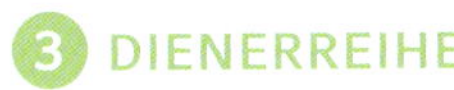

3 DIENERREIHE

Vom Alten Wandrahm biegen Sie nun in die Dienerreihe, auch sie größtenteils eine Brücke. Linkerhand sehen Sie den Eingang zum bereits erwähnten Wasserschloss. Rechts fällt der Blick über eine Schlucht, die wie ein Grand Canyon aus rotem Backstein, Erkern, Giebeln, Spitzdächern und Windhauben anmutet. Besonders charakteristisch sind die sogenannten »Westphalentürme«, benannt nach ihrem Architekten, dem damaligen Branddirektor von Hamburg. Von Wendeltreppen umschlossen dienen sie bei Feuer als Notausgänge. Sicher fragen Sie sich, was sich heute hinter den Gemäuern der Speicherstadt verbirgt. Seitdem es moderne Lagerhallen und Container gibt, sind viele der Gebäude Sitz von Agenturen. Zudem ist die Speicherstadt inzwischen das größte Teppichlager der Welt. Seit den 1950ern floriert hier vor allem der Im- und Export mit handgeknüpften Perserteppichen.

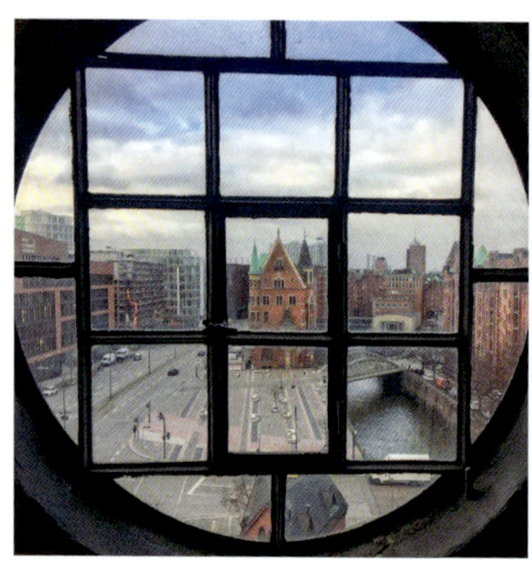

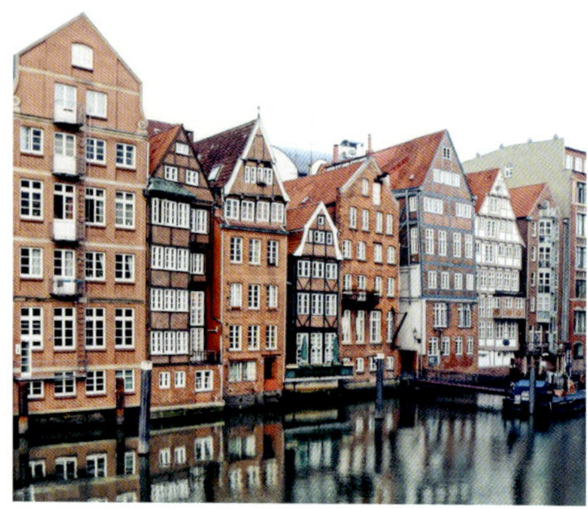

4 DAS SPEICHERSTADTFENSTER

Das Speicherstadtfenster befindet sich in einem Treppenhaus eines alten Kontors gegenüber der HHLA (Hamburger Hafen und Logistik Aktiengesellschaft). Das Fenster war bislang für jedermann frei zugänglich, inzwischen wird aber renoviert und die Tür hat ein Schloss. Falls man doch noch hereinkommt, steigt man die Treppe hinauf – auf jedem Stockwerk gibt es schöne Fenster, durch die man einen tollen Blick über die Speicherstadt hat. Gekrönt wird das Ganze von einer Art Turmzimmer, durch dessen Fenster man zwischen alten Schornsteinen hindurch die Dächer der Speicherstadt fotografieren kann.

5 FLEETSCHLÖSSCHEN

Das Fleetschlösschen fiel Ihnen womöglich schon beim Blick durch die Fenster des Treppenhauses ins Auge, das Sie gerade besucht haben. Zurück auf der Straße, schauen Sie es sich nun einmal von allen Seiten an. Heute befindet sich darin ein kleiner Ableger des Fischrestaurants Daniel Wischer. Besonders markant: die beiden geheimnisvollen Treppen, die rückwärtig hinunter zum Kanal führen. Die Geschichte dahinter? Genau hier soll Kaiser Wilhelm II. einst eine kleine Dampfbarkasse bestiegen haben, um 1885 den ersten Bauabschnitt der Speicherstadt einzuweihen. Später wurde das Haus auf Stelzen als Zollhaus genutzt, dann als Feuerwache, in den 1960ern als Toilettenhaus und schließlich schliefen einige Jahre Obdachlose darin. Dazwischen übernahm es immer wieder Statistenrollen in Filmen, so auch 1985 in »Target« mit Gene Hackman und Matt Dillon oder im Edgar-Wallace-Krimi »Die toten Augen von London«. Da schwimmt die Leiche in Wahrheit nicht in der Themse, sondern vor dem Fleetschlösschen.

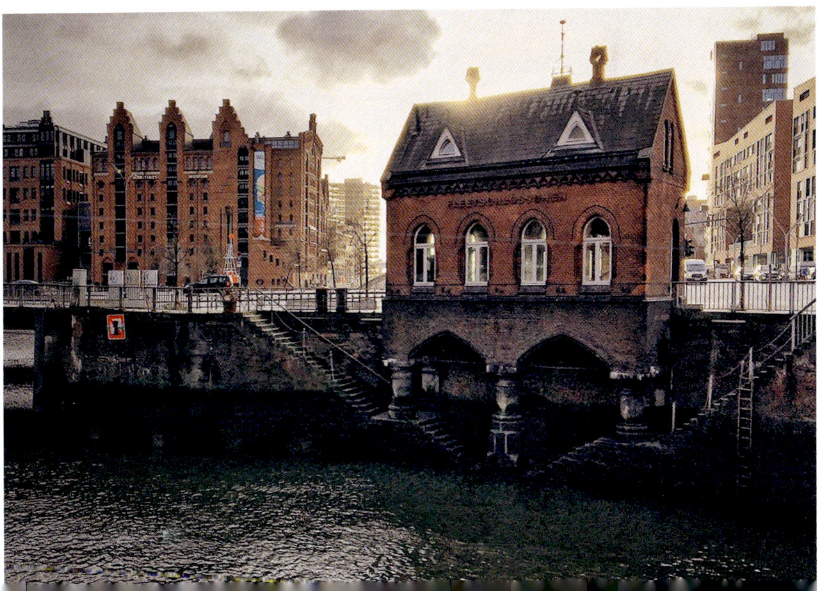

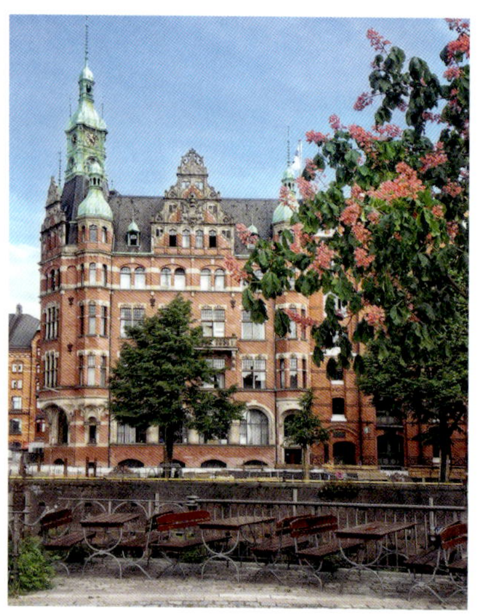

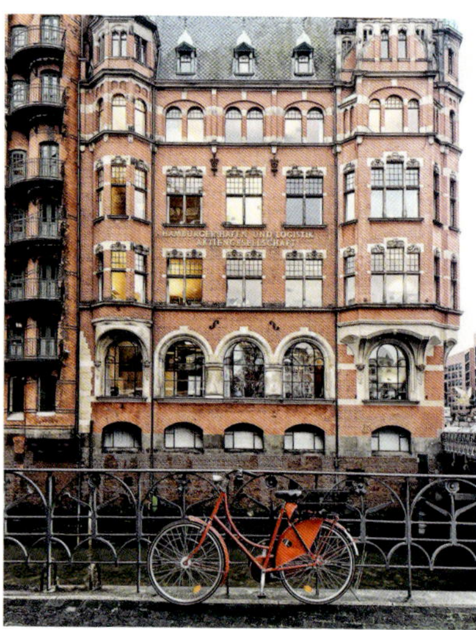

6 ST. ANNEN

Gehen Sie nun über die Brücke rechts. Vor Ihnen ragt das mit Abstand prachtvollste Gebäude der Speicherstadt empor: Es handelt sich jedoch nicht um Cinderellas Castle, wie man angesichts der patinagrünen Kupfertürmchen, Balkone und Arkaden meinen könnte. Vielmehr werden hier die Geschäfte des Hamburger Hafens geführt. Die hier residierende Hamburger Hafen und Logistik Aktiengesellschaft (HHLA) ist die mächtigste Institution der Speicherstadt. Schließlich verlädt sie einen Großteil der im Hamburger Hafen ankommenden Güter. Auf der anderen Seite der Brücke sehen Sie am Ende des Platzes eine an einer Hausecke angebrachte Figurengruppe: Sie zeigt die heilige Anna mit ihrer Tochter Maria. Die Statuen erinnern an eine Kapelle mit Leichenhaus, die hier im Mittelalter stand und Pestopfern, Selbstmördern und »armen Sündern« ein würdiges Begräbnis bereitete.

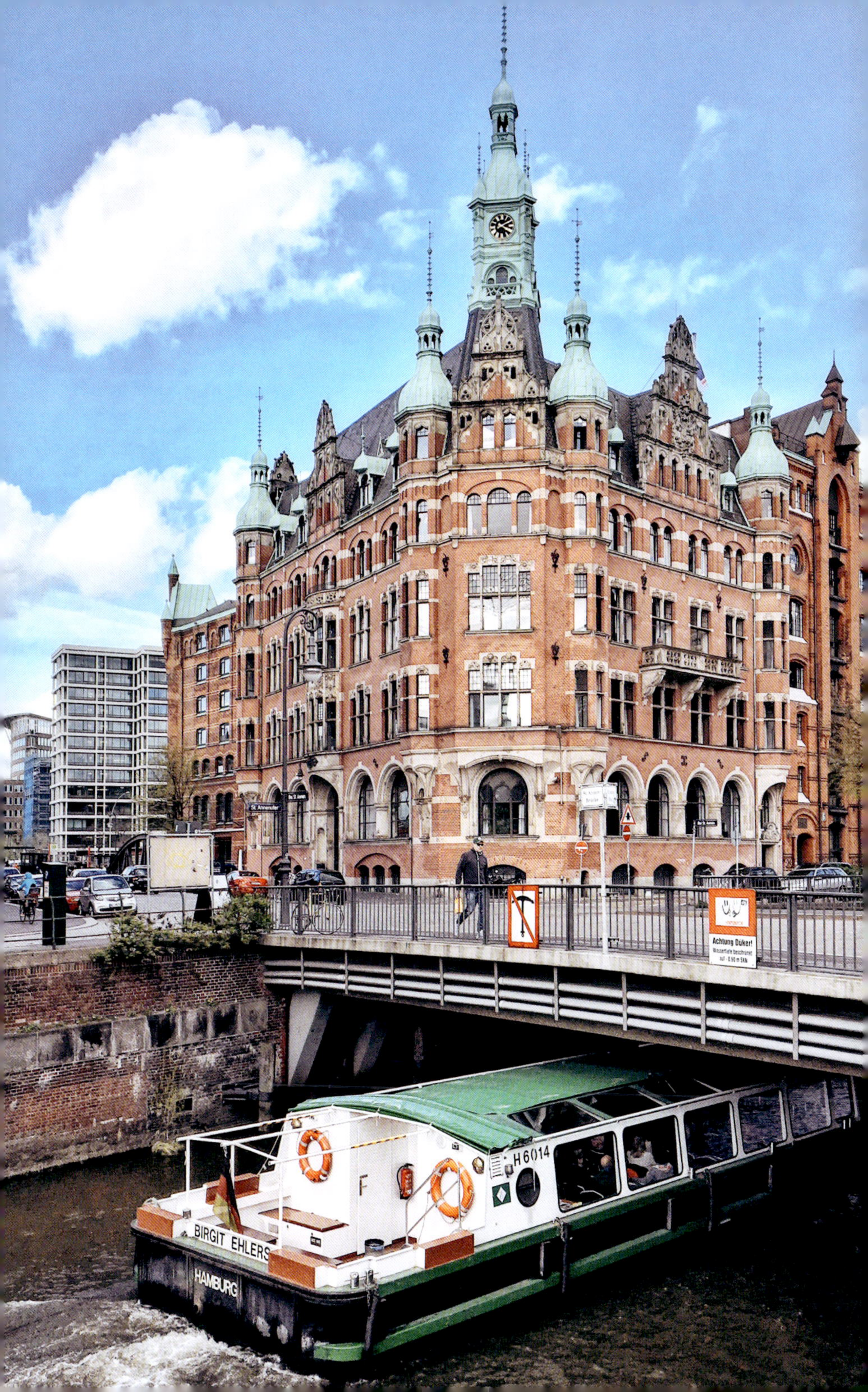
St. Annenufer
Achtung Düker!
BIRGIT EHLERS
HAMBURG
H 6014

7 DIE KAFFEEBÖRSE

Wer über die Neuerwegsbrücke läuft, sieht linkerhand einen verglasten Übergang, der aus einem der Backsteingebäude in einen »Fünfzigerjahreklotz« führt. Darin befand sich einst Hamburgs eigene Börse für ... Kaffee! Ja, richtig gelesen, eine Halle, in der nicht mit Aktien, sondern mit Kaffeebohnen gehandelt wurde. Im Kaiserreich erfuhr der Handel mit Kaffeebohnen seine Blütezeit. Und so richteten Hamburger Kaufleute 1887 eine eigene Kaffeebörse ein. Die Herren handelten dabei nicht mit physisch präsenten Kaffeesäcken. Sie spekulierten, machten Termingeschäfte, legten Preise fest, schlossen Verträge. Erst später erfolgte die Lieferung. Es ging hier also streng genommen um »Papierkaffee«. Die Kaffeebörse, wie man sie von diesem Spot aus sieht, steht hier jedoch erst seit den 1950er Jahren. Zuvor hatte sie sich am Sandtorkai befunden. Heute wird hier nicht mehr gehandelt, sondern gespeist und gefeiert. In dem ehemaligen Auktionssaal befindet sich nun ein Tagungsraum des Hotels »Ameron«. Wer im Ameron übernachtet, darf sich den Saal auch von innen anschauen.

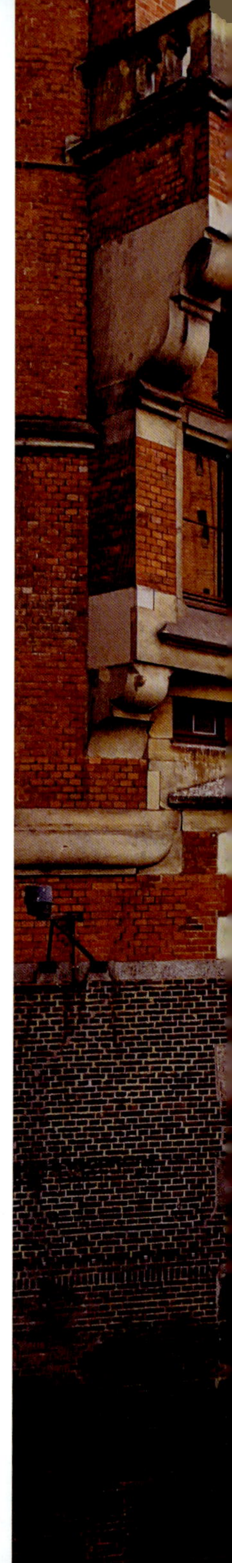

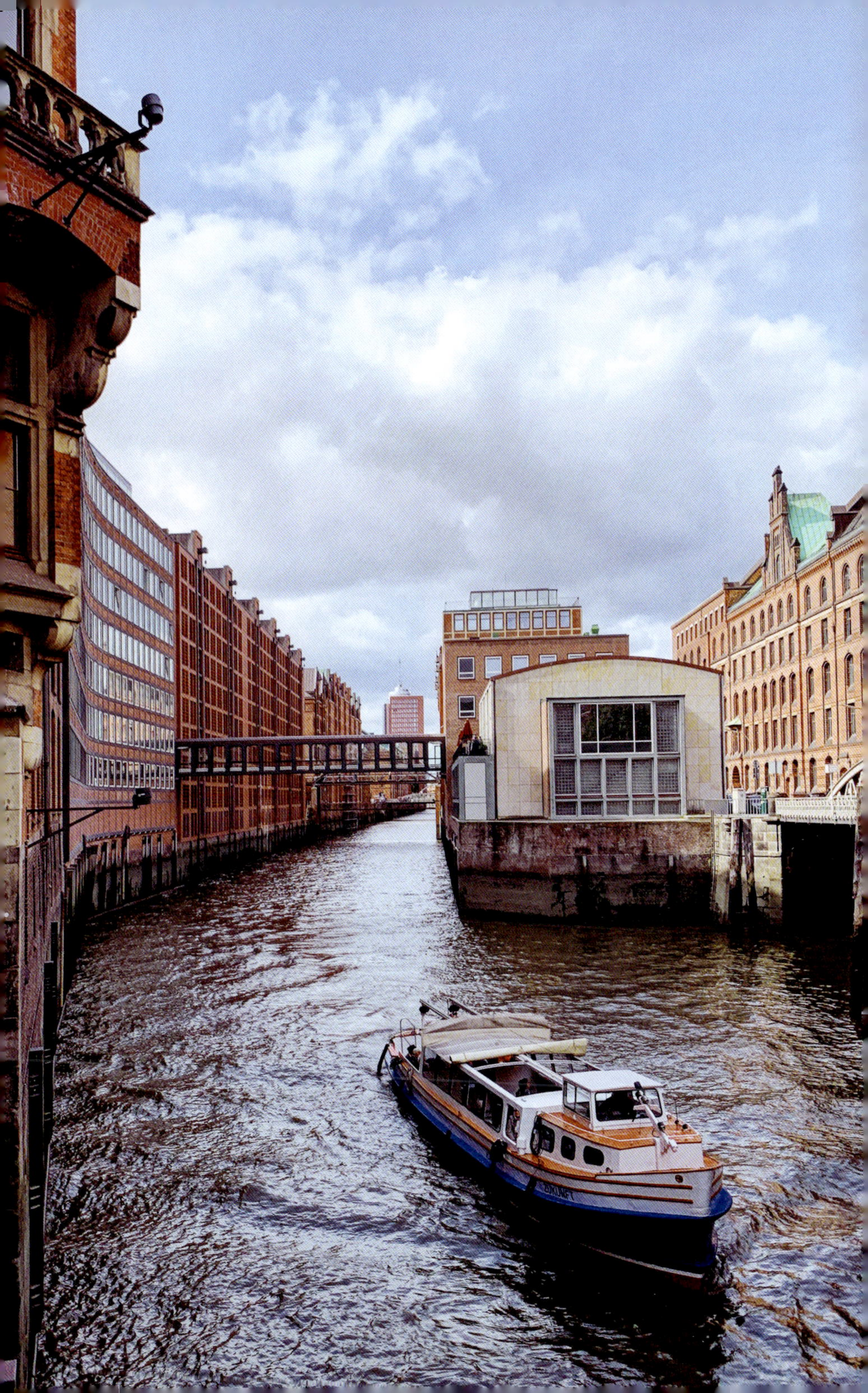

8 GENUSS SPEICHER

Kaffee ist für mich wie Motoröl. Ohne läuft nix. Gut also, dass einem in der Speicherstadt der Kaffee niemals ausgeht. Hamburg ist Europas größter Umschlagplatz für Kaffeebohnen – und bis heute lagern sie tonnenweise in der Speicherstadt, denn die Temperatur in den Lagern ist hier äußerst lebensmittelfreundlich! Oft hängt der Duft von Bohnen in der Luft, wenn sie gerade mal wieder frisch geröstet werden. Dabei war es ausgerechnet ein Engländer, der 1677 Hamburgs erstes Kaffeehaus eröffnete. Erst sechs Jahre später zog Wien dann nach. In Hamburg wurde übrigens auch der Wirkstoff von Koffein entdeckt. Und Koffein sollen Sie nun bekommen: nämlich im »Genuss Speicher« am St. Annenufer. Auf zwei Ebenen eines urigen Lagerhauses befinden sich hier nicht nur eine Rösterei und ein Kaffeemuseum, sondern auch ein Ladengeschäft mit geräumigem Café. Bitte Platz nehmen und durchatmen. Es darf gebechert werden! Und zwar mit Blick auf den Fleet.

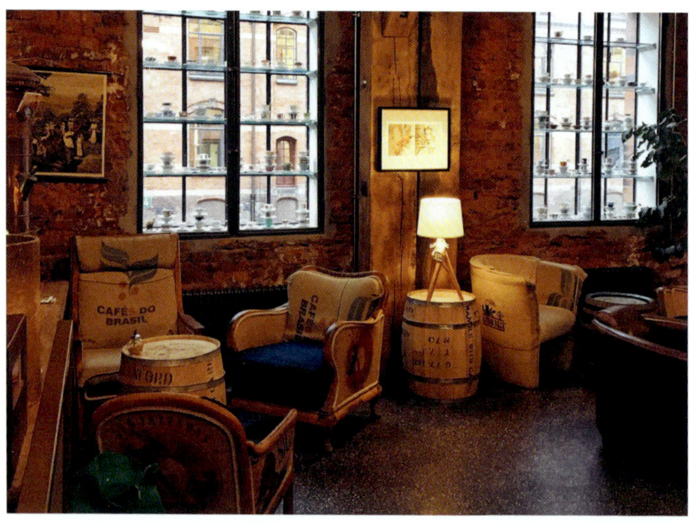

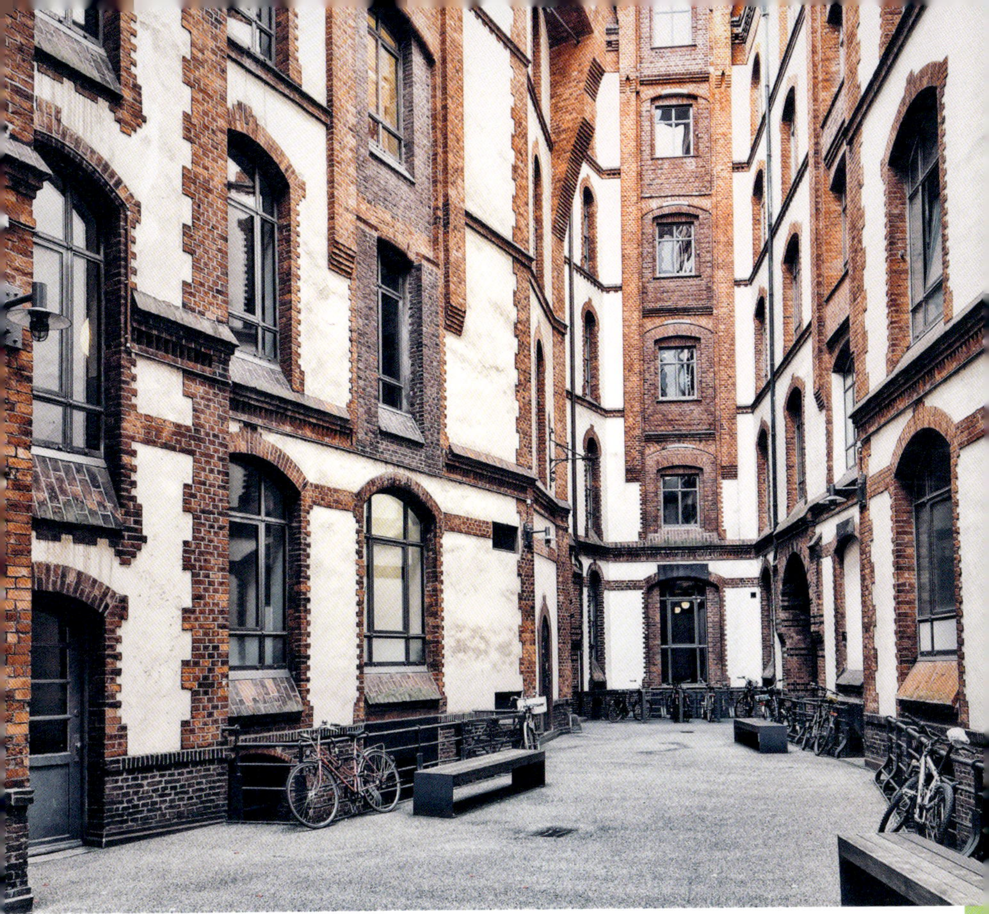

9 PICKHUBEN

Verlassen Sie das St. Annenufer nun und biegen Sie in die Straße »Pickhuben« ein. Im Sandtorkai-Hof (Block H) auf der rechten Seite lotst Sie eine Unterführung in einen tollen Innenhof mit einem Balkon zum Kleinen Fleet hinaus – auch dieser Ort ist eine wunderbare Fotolocation. Aber was, bitte, verbirgt sich hinter dem Wort »Pickhuben«? Naja, wirklich lustig ist seine Bedeutung nicht, zumindest, wenn man es mit »Pechhauben« übersetzt. Dieser Begriff könnte darauf zurückzuführen sein, dass an diesem Ort vielleicht einmal allen zum Tode Verurteilten der Kopf mit Pech bestrichen worden ist. Einer anderen

Auslegung zufolge könnte es sich aber auch um Pechhaufen handeln und ein Hinweis darauf sein, dass am Pickhuben früher Pech gelagert wurde, das man zum Reparieren von Schiffen verwendete. Vom Pickhuben aus haben Sie auch einen tollen Blick hinüber zur Katharinenkirche, dem Gotteshaus der Seeleute. Ihre Spitze trägt die Krone der heiligen Katharina, die einst aus dem Goldschatz Störtebekers geschmiedet worden sein soll.

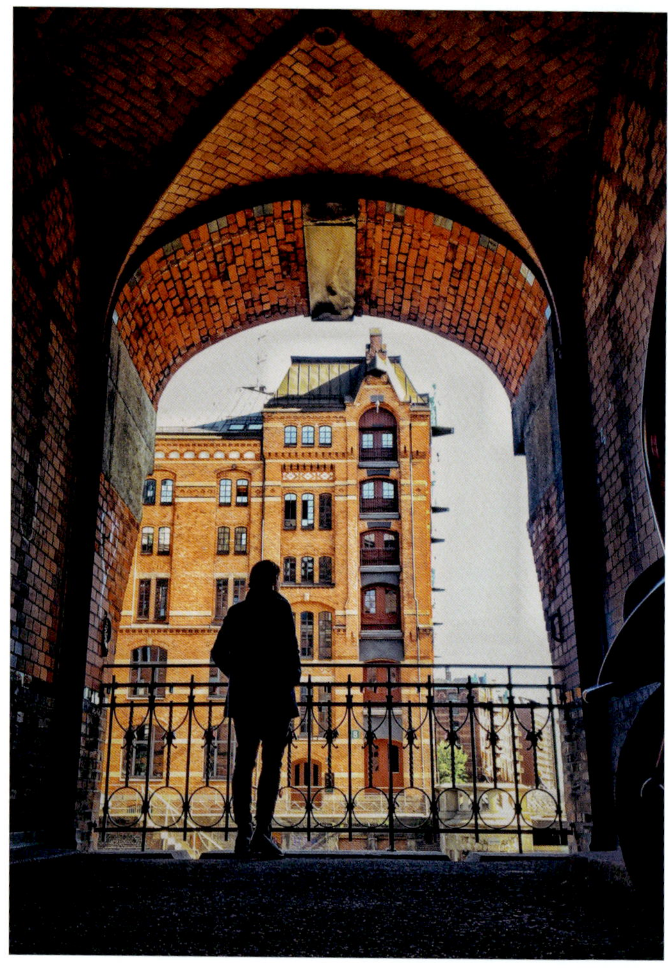

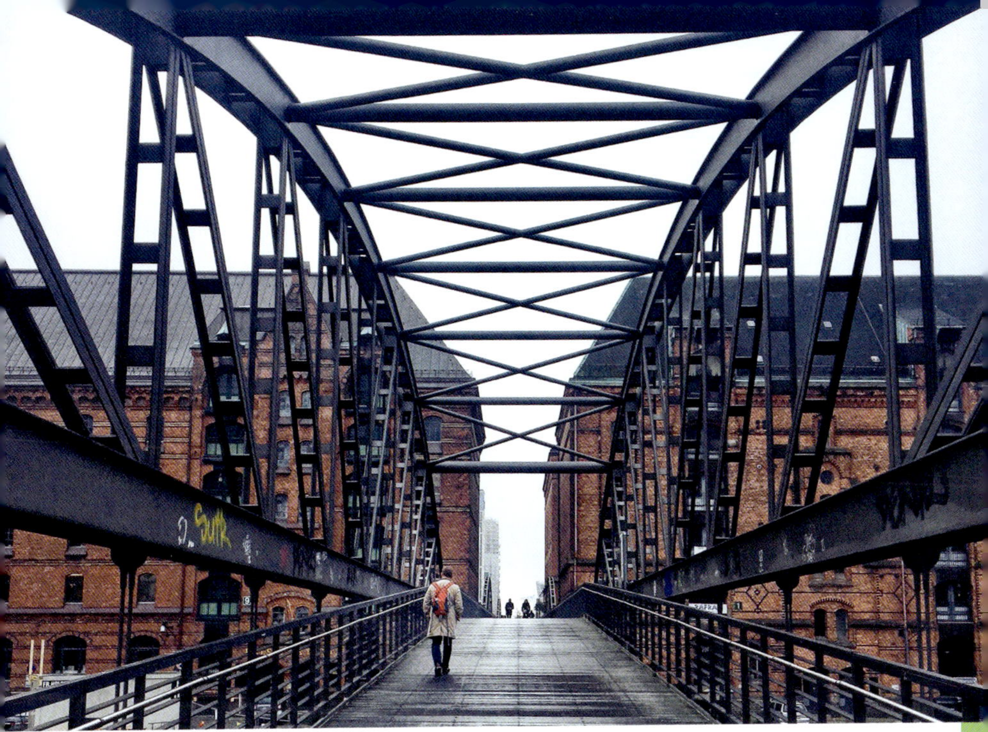

10 KIBBELSTEGBRÜCKE

Und nun: Fertig machen für einen weiteren Laufsteg über Wasser, die Kibbelstegbrücke. Immer wenn ich auf ihr stehe, erwarte ich, dass mir gleich Comissario Brunetti entgegenkommt, so sehr erinnert mich dieser Ort an Venedig. Die Kibbelstegbrücke ist dabei eine der längsten Brücken der Speicherstadt, sie verbindet die Hamburger Altstadt mit der HafenCity. Der obere Teil ist offizieller Fluchtweg bei Überflutungen – denn wie Italiens Lagunenstadt hat auch Hamburg hin und wieder mit »l'aqua alta« zu kämpfen. Eine der schlimmsten Sturmfluten der jüngeren Zeit traf uns 2013 mit Orkan Xaver. Doch der Kibbelsteg hielt, was er versprach: Dank seiner Doppelkonstruktion konnten ihn Rettungswagen und Feuerwehr bequem passieren. Über den Kibbelsteg verlassen auch Sie nun die Speicherstadt und laufen am anderen Ufer des Zollkanals links hinunter weiter!

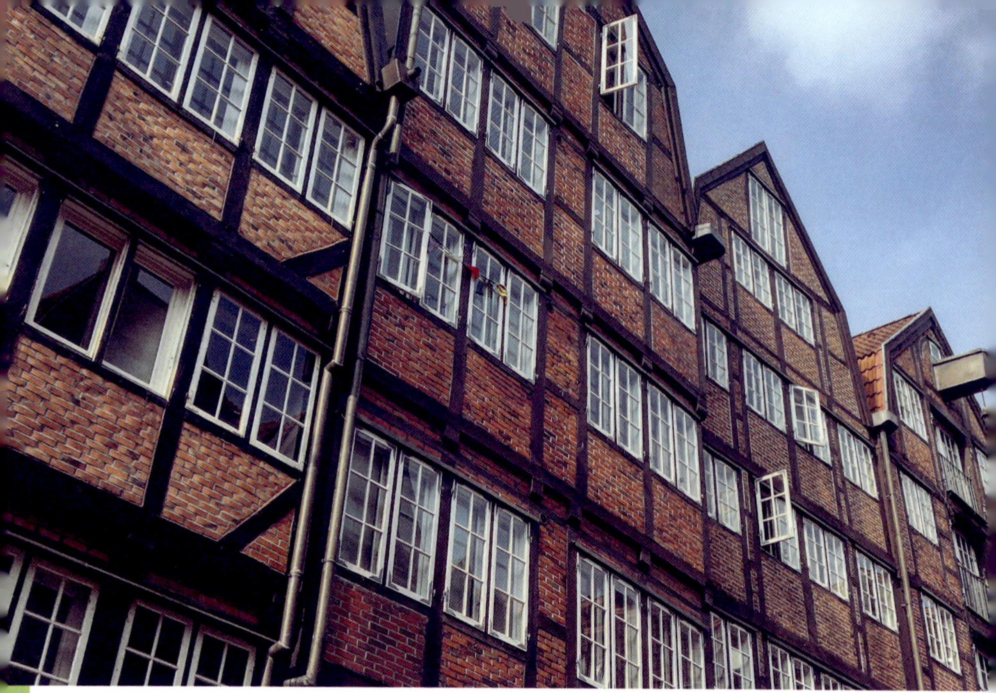

11 REIMERSTWIETE

Von der Straße »Bei den Mühren« führt rechts eine Gasse in eine Welt, die ein inzwischen fast verschwundenes Hamburg zeigt. Die Reimerstwiete soll es bereits im 13. Jahrhundert gegeben haben. Sie verläuft mitten durch den Cremon, eine Halbinsel, aus der Hamburg einst emporgewachsen ist. So pittoresk ihre schiefen Fachwerkhäuser heute auch anmuten, lassen sie doch erahnen, wie eng und düster es in den berüchtigten Gängevierteln ausgesehen haben muss, den einstigen Slums und Pesthöhlen der Stadt. Während der großen Choleraepidemie 1892 stattete Robert Koch ihnen einen Besuch ab. »Meine Herren«, soll der Direktor des Hygienischen Instituts in Berlin damals gesagt haben, »ich vergesse, dass ich in Europa bin.« Abrissbirnen machten die »Gänge« daraufhin fast vollständig dem Erdboden gleich. Die Bewohner wurden einfach vertrieben. Und auf einem Teil der frei gewordenen Fläche wuchs sodann die Speicherstadt empor.

12 HOHE BRÜCKE

Begeben Sie sich nun wieder auf die Straße »Bei den Mühren«, die Sie nach einigen Metern Fußmarsch zur Hohen Brücke bringt. Zwischen den schmiedeeisernen Straßenlaternen der Bogenbrücke fällt der Blick auf eine malerische alte Häuserreihe. In Verbindung mit dem Nikolaifleet, über dem jene typischen Beispiele für sogenannte »althamburgische Bürgerhäuser« emporragen, mag die Szenerie manch einen an eine Amsterdamer Gracht erinnern. Wer sich nun fragt, woher eigentlich das Wort »Fleet« kommt: von »fleten«, also »fließen«. Damit die Fleete sauber blieben, gab es in Hamburg früher sogenannte »Fleetenkieker«, bitterarme Vorfahren der Hamburger Müllabfuhr. Sie verdienten sich ein Zubrot, indem sie Unrat und Abfälle aus dem Schlick einsammelten. Wiederwertbare Fundstücke durften sie behalten.

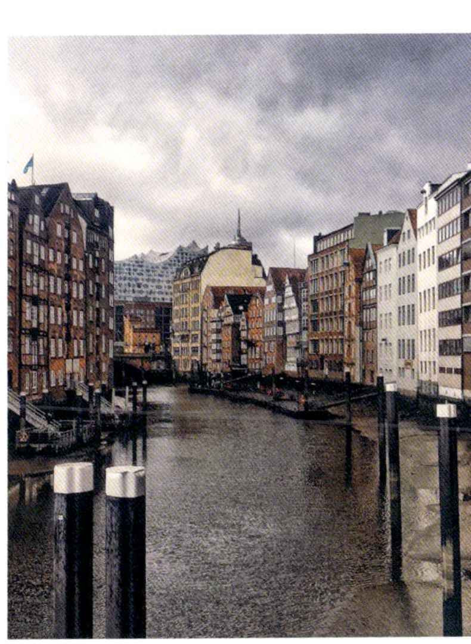

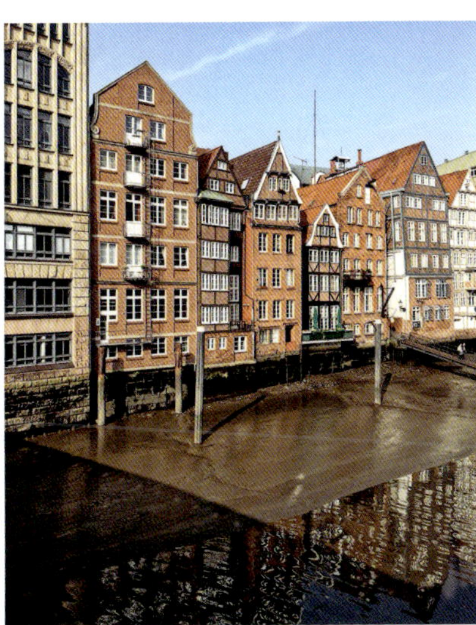

13 DEICHSTRASSE & HOLZBRÜCKE

»Füer, Füer in de Diekstraat!« Es ist 1 Uhr nachts, als die Flammen aus dem Speicher eines Tabakwarenladens schlagen. Rasend schnell breitet sich der Brand aus – der verheerendste, den es in Hamburg jemals geben wird. 20.000 Menschen werden im Mai 1842 obdachlos, 53 sterben. Weite Teile der Altstadt liegen in Schutt und Asche. Dennoch gehören die Häuser in der Deichstraße, die Sie vorhin schon auf der Hohen Brücke zumindest teilweise bewundern durften, zu den ältesten der Stadt. Verlassen Sie nun die Hohe Brücke und biegen Sie rechts in die Kopfsteinpflastergasse ein. Schauen wir uns nun die Fassaden in Hamburgs alter Schlemmer- und Flanierzeile etwas genauer an.

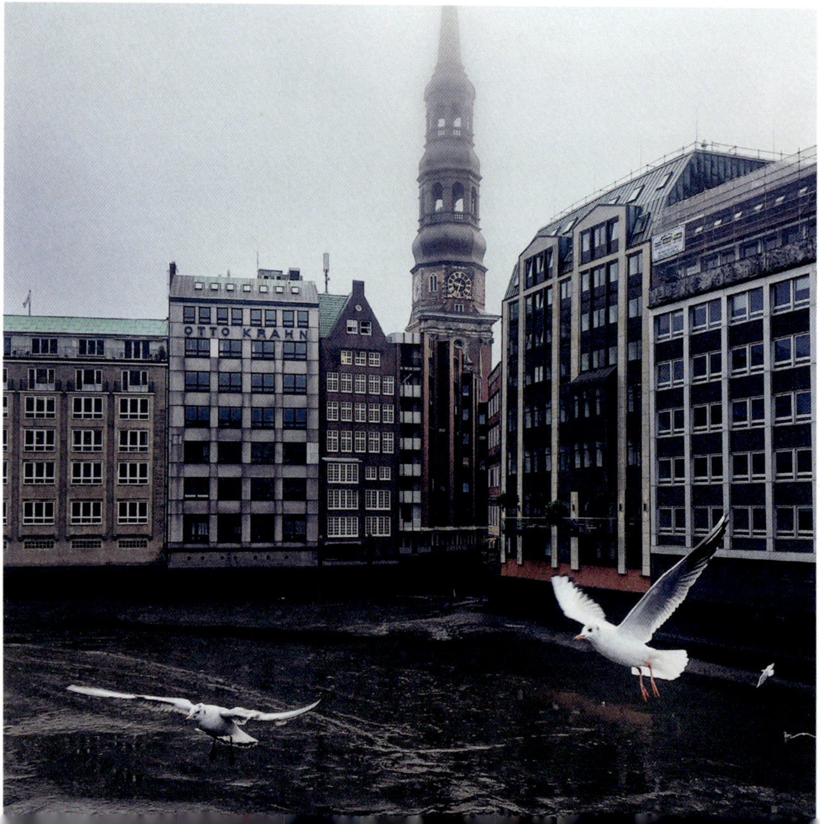

Nr. 45: Im »Café am Fleet« bekommt man Kaffee, Schokolade und noch dazu leckeren Kuchen – nach hinten hinaus mit pittoreskem Blick auf den Fleet. Besonders zur Weihnachtszeit zu empfehlen: Hamburger Klöben (Rosinenbrot) nach Omas Rezept.

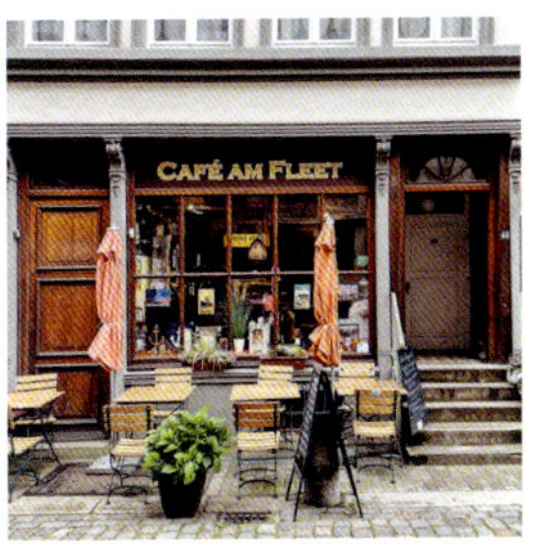

Nr. 37: Hier steht es sogar Schwarz auf Weiß – die hübsche Front dieses Alt-Hamburger Bürgerhauses wurde nach dem Brand von 1842 mit barocken Elementen nach dem damaligen Geschmack erneuert.

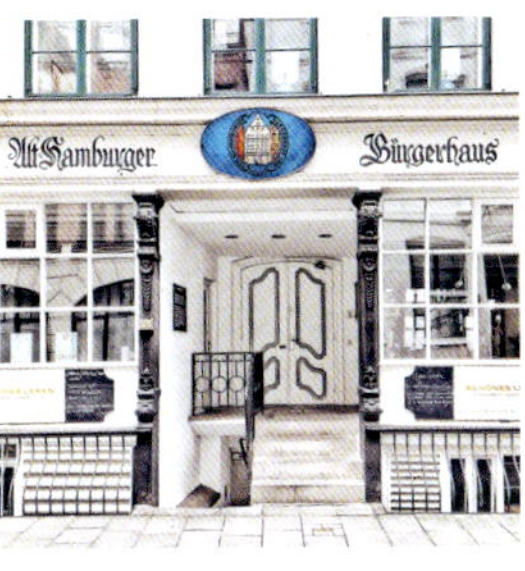

Nr. 27: Diese windschiefe Fassade! Diese blauen Türen und Lampen! Ich bin verliebt. In Hamburgs ältestes Speicherhaus. Es soll bereits seit 1465 in der Deichstraße stehen.

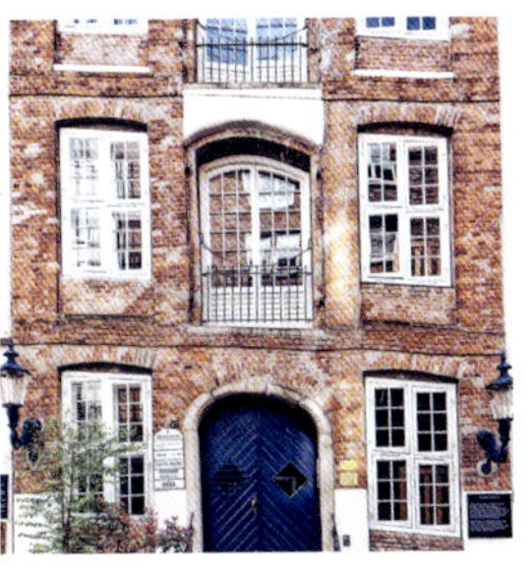

Nr. 19: Haus Schäfer sticht mit seinem dekorativen Rundbogenstil besonders hervor und wurde nach dem Großen Brand zwischen 1842 und 1845 neu gebaut.

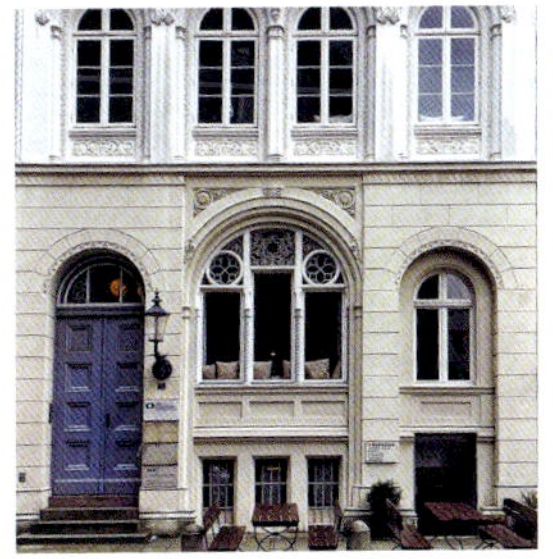

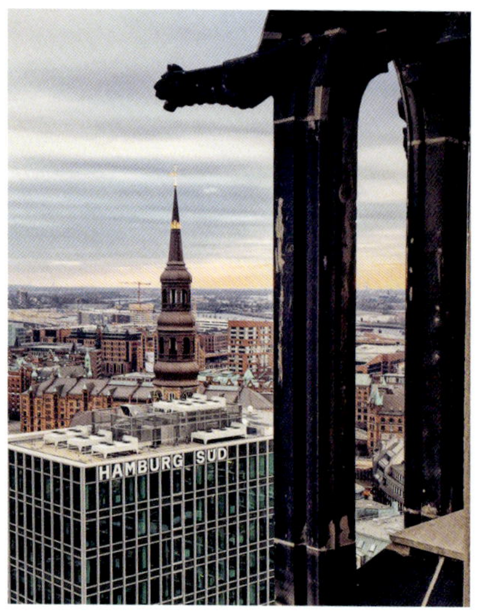

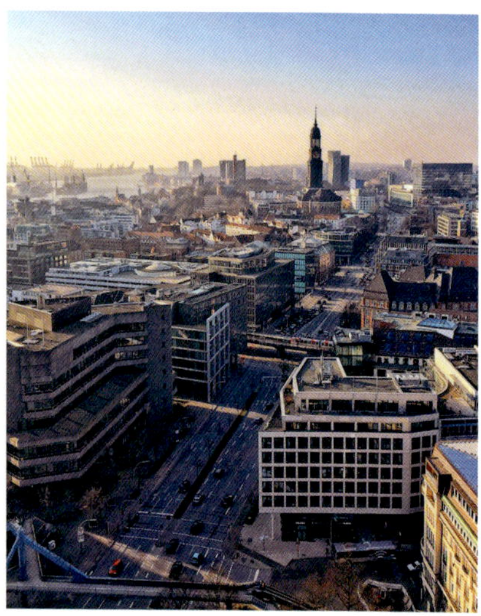

14 MAHNMAL ST. NIKOLAI

Nun noch schnell ein weiteres Foto vom Nikolaifleet, dieses Mal von der Holzbrücke aus geschossen – dann gelangen Sie über eine blaue, etwas seltsame Konstruktion auf die andere Seite der stark befahrenen Willy-Brandt-Straße. Halten Sie sich nun rechts. Dort sehen Sie sie schon: die mächtige Ruine des Mahnmals Nikolaikirche, ehemalige Hauptkirche Hamburgs und zwischen 1874 und 1877 mit über 147 Metern das höchste Gebäude der Welt. Der Erinnerungsort für die Opfer von Krieg und Gewaltherrschaft wurde durch Luftangriffe im 2. Weltkrieg stark beschädigt und wird seit Jahren restauriert, soll aber als Ruine bestehen bleiben. Für 5 Euro können Sie mit einem gläsernen Lift auf eine Aussichtsplattform in 76 Meter Höhe fahren. Auch wenn teilweise immer noch Baugerüste im Weg sind, hat man von hier oben einen guten, wenn auch meist zugigen Rundblick über die Stadt.

15 LAESZ-HOF

Auf dem Vorplatz der Nikolaikirche halten Sie sich nun links. Die Straße »Neue Burg«, führt Sie zur Trostbrücke, wo Sie gleich den Laeisz-Hof besichtigen werden – ein typisches Kontorhaus vom Ende des 19. Jahrhunderts. Es wird das erste Kontorhaus sein, das Sie im Anschluss an den Besuch der ebenfalls zum UNESCO-Weltkulturerbe ernannten Speicherstadt im sogenannten Kontorhausviertel der Stadt fotografieren werden. Gebaut wurde der Laeisz-Hof 1897–1898 vom Hamburger Reeder Carl Laeisz, dessen Segelschiffe stets mit »P« begannen: »Padua«, »Pommern«, »Peking«, »Passat« ... Das Treppenhaus des Gebäudes gehört mit seinen gusseisernen Säulen, floralen Ornamenten und schnörkeligen Galerien zu den schönsten der Stadt. Noch dazu können Sie hier in einem der letzten Paternosteraufzüge Hamburgs eine Runde drehen.

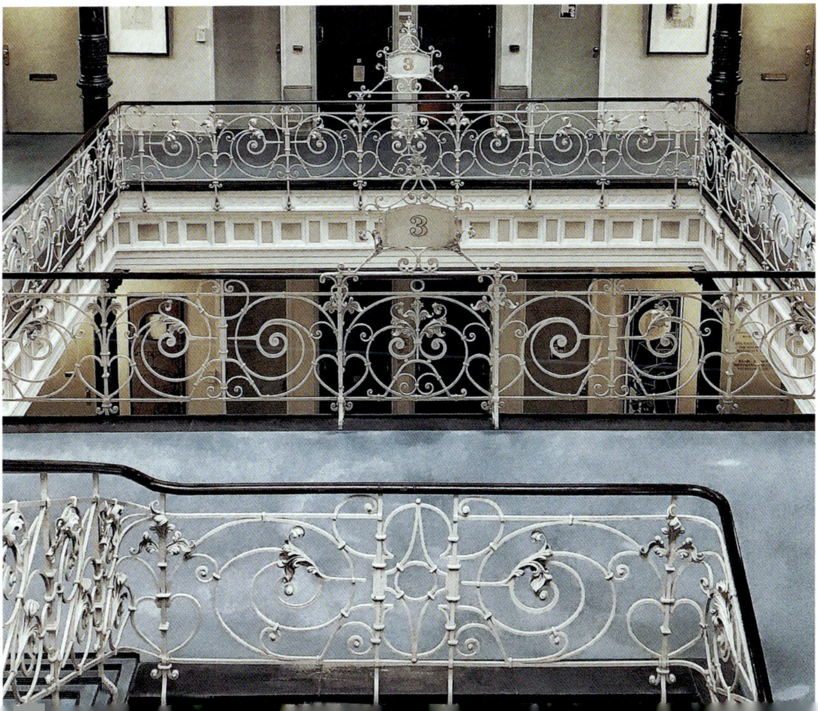

16 PATRIOTISCHE GESELLSCHAFT

Kartoffelanbau, Bücherhallen, Blitzableiter – das sind nur einige der Errungenschaften, die Hamburg der Patriotischen Gesellschaft zu verdanken hat, Deutschlands ältester zivilgesellschaftlicher Vereinigung. Ihr Sitz befindet sich seit 1847 in einem Gebäude an der Trostbrücke gegenüber dem Laeisz-Hof und erinnert an eine zinnenbewehrte Burg. Manche der Backsteine, aus denen es gebaut ist, sind älter als das Haus selbst: Sie stammen aus der Zeit vor dem verheerenden Brand, der 1842 in der Deichstraße ausgebrochen war (siehe Seite 114). Möglicherweise gehörten sie einst zum alten Rathaus, das hier zuvor gestanden hatte und den Flammen zum Opfer gefallen war.

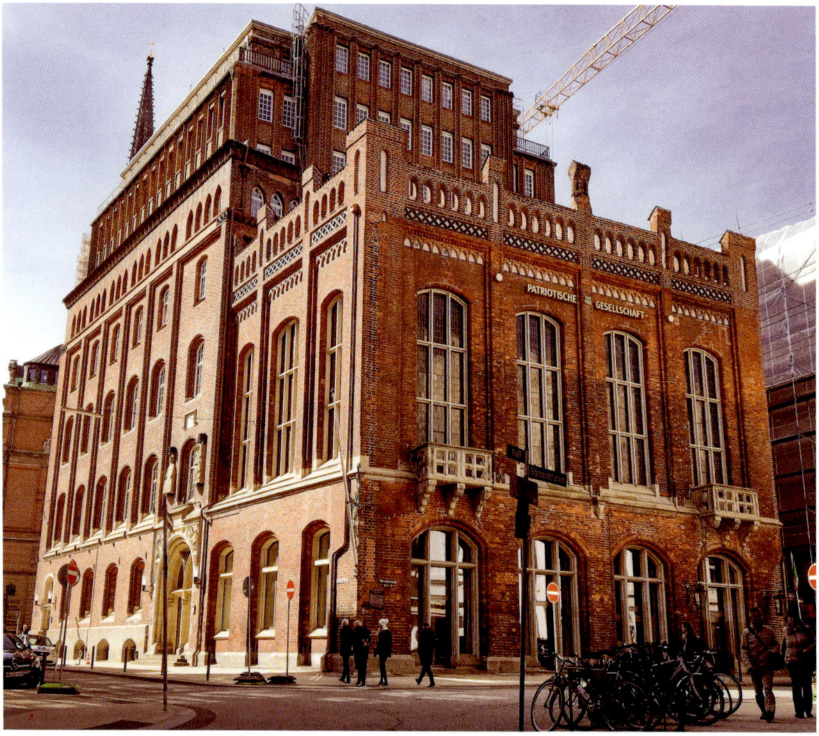

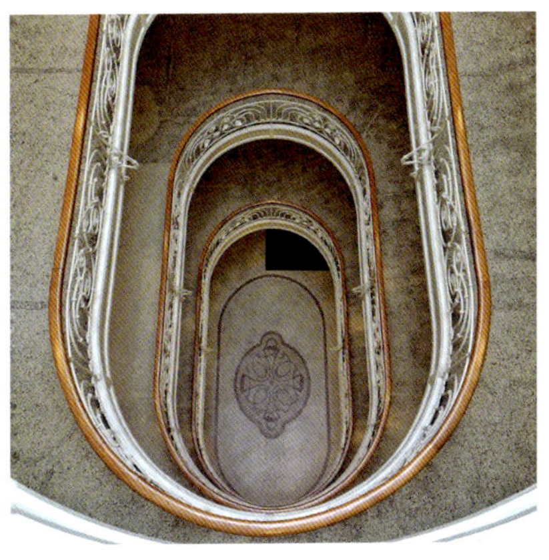

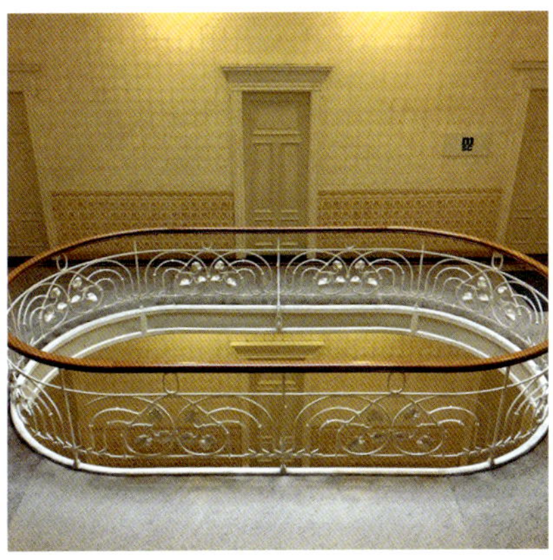

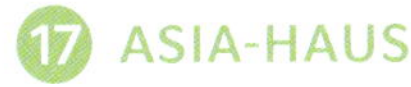

17 ASIA-HAUS

Ein weiteres Highlight unter Hamburgs Kontorhäusern finden Sie, wenn Sie zurückkehren auf die andere Seite der Willy-Brandt-Straße. Das Gebäude mit der Hausnummer 49 sieht von außen wenig spektakulär aus. Dafür zeigt sich im Innern ein wunderschönes Jugendstil-Treppenhaus mit Lichthof und verschnörkelten Balustraden. Der Bauherr, Theodor Lind, trieb, wie der Name des Gebäudes verrät, Handel in Asien – als Gewürzhändler. Die fernöstlich anmutenden Masken an der Außenfassade mit den darüber thronenden Reichsadlern verdeutlichen dabei den Machtanspruch westlicher Kolonialherren. Kontore (vom Französischen »comptoir«) gab es zwar schon lange, doch erst Ende des 19. Jahrhunderts bauten die Hamburger auch Gebäude wie das Asia-Haus, in denen neben der eigenen Firma auch andere Unternehmen Bürofläche anmieten konnten – ein Prinzip, das sie aus den USA importierten.

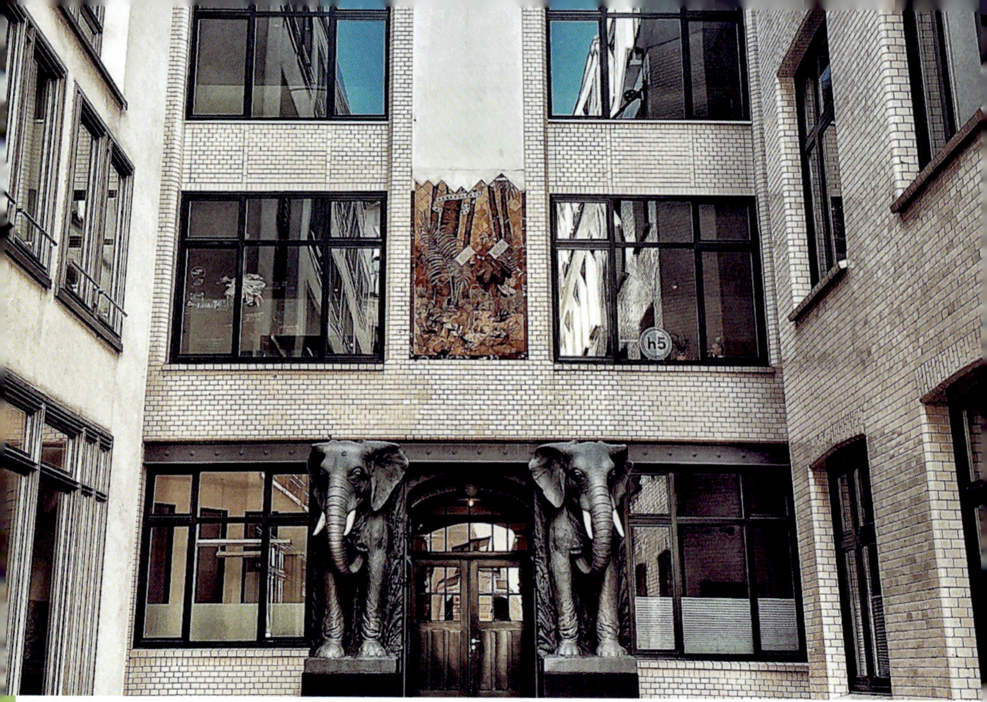

18 AFRIKAHAUS

Natürlich betrieben Hamburger Kaufleute auch Handel auf dem afrikanischen Kontinent. Einer von ihnen war Adolph Woermann, der für seinen lukrativen, aber fragwürdigen Tauschhandel bekannt ist: Schnaps gegen Elfenbein, Kautschuk und Palmöl. Die wertvollen Rohstoffe wurden von gezielt alkoholabhängig gemachten Afrikanern beständig an Woermanns Küstenfaktoreien im Westen geliefert. Der Kaufmann profitierte zudem außerordentlich vom Kolonialkurs des deutschen Reichs und stieg zeitweise sogar zum größten Privatreeder der Welt auf. Das Afrikahaus, das Sie über die Große Reichenstraße erreichen, erinnert an den Aufstieg des skrupellosen Reeders: Vor allem das Portal des Hinterhauses im Innenhof fällt mit seinen riesigen aus Metall gegossenen Elefanten ins Auge. Bis heute residiert hier die Firma Woermann – und verdient ihr Geld nach wie vor mit dem Exporthandel nach Afrika.

19 CHILEHAUS

Weiter geht es mit einem absoluten Klassiker unter der Hamburger Backstein- und Kontorhausarchitektur: dem Chilehaus, Ikone des sogenannten »Backsteinexpressionismus«, 1924 vom Hamburger Stararchitekten Fritz Höger fertiggestellt. Auftraggeber war der schwerreiche Reeder und Bankier Henry Sloman. Der hatte das Gebäude mit Geld aus seinem Salpetergeschäft in Chile bezahlt. Mit seinen wie in Strickmustern angeordneten 4,8 Millionen »Bockhorner Klinkern« (von Höger auch liebevoll »Bauedelstein« genannt) wurde das Gebäude bereits 1984 zum Weltkulturerbe erklärt. Natürlich ist nicht nur die Spitze, die wie der Bug eines mächtigen Passagierschiffs in den Himmel ragt, besonders fotogen. Auch der Innenhof, die Seitenansichten oder das Treppenhaus bieten unzählige Möglichkeiten für tolle Architekturfotografie.

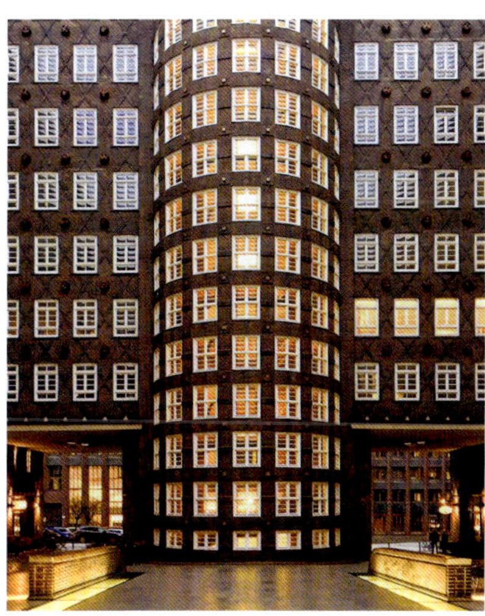

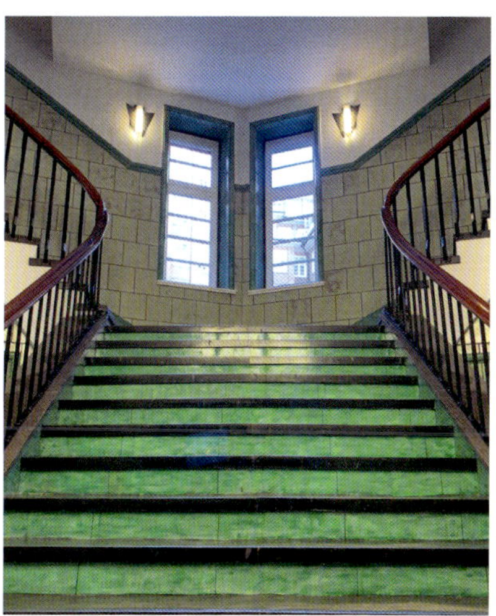

20 MESSBERG-HOF

Gegenüber des Chilehauses ein ebenfalls beeindruckender Backsteinbau: der »Meßberg-Hof«. In seinem Innern befindet sich ein weiteres großartiges Treppenhaus, an dessen Seiten noch alte Fahrstuhlschächte zu sehen sind, die den Chefs vorbehalten waren, während die schnöden Angestellten die nicht mehr vorhandenen Paternoster zu nutzen hatten. Schlimm ist die Geschichte hinter dem Namen des Gebäudes. Zunächst hieß es »Ballin-Haus«, nach dem Reeder und Kreuzfahrt-Erfinder Albert Ballin. Doch weil er jüdischer Abstammung war, benannten die Nazis das Kontorhaus 1938 in »Meßberg-Hof« um. Eine böse Ironie des Schicksals wollte es, dass sich ausgerechnet die Firma Tesch & Stabenow darin niederließ. Diese verkaufte Zyklon B nach Auschwitz. Dass das Gebäude nicht längst seinen alten Namen zurückbekommen hat, stimmt nachdenklich.

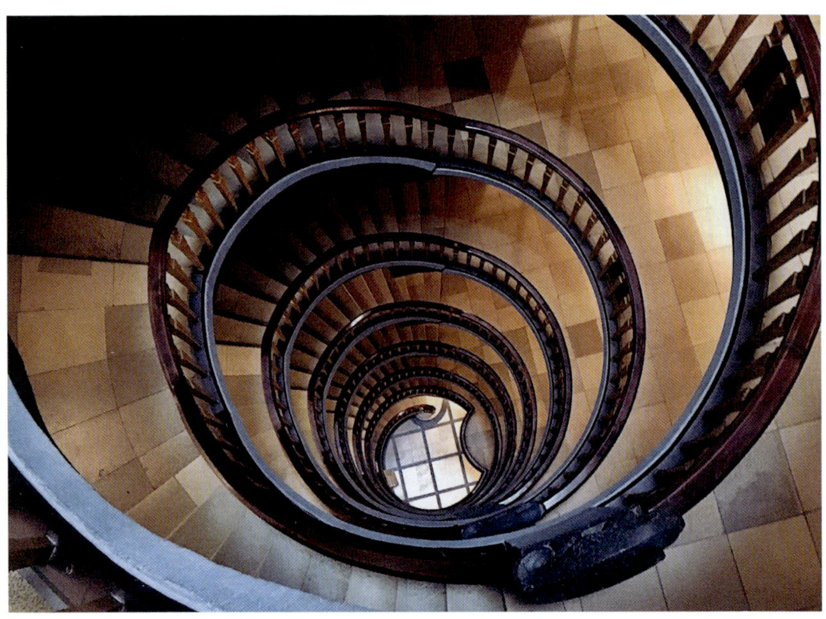

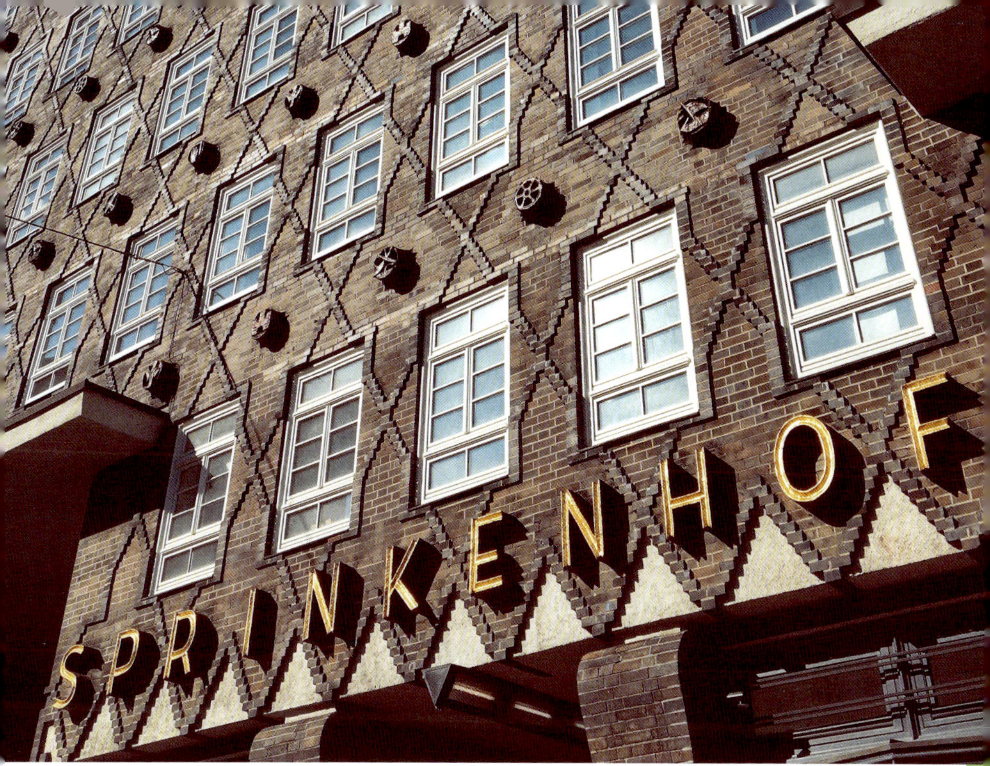

21 SPRINKENHOF

Und auch der letzte Stopp dieser Tour führt Sie zu einer Treppe. Wie eine glühende Schlange windet sich das rote Geländer durch die neun Stockwerke eines Gebäudes, das zum größten Bürokomplex gehört, den Hamburg in den 1920er-Jahren zu bieten hatte. Mit seinen 52.000 Quadratmetern war er zeitweilig sogar das größte Kontorhaus Europas. Als der Sprinkenhof zusammen mit dem Chile- und dem Ballin-Haus entstand, sind sich viele Hamburger sicher wie in Fritz Langs Film »Metropolis« vorgekommen, so futuristisch muss das Ensemble damals gewirkt haben. Und so endet unser Ausflug hier im Herzstück des sogenannten »Kontorhausviertels«, Hamburgs jüngstem UNESCO-Weltkulturerbe. Wer noch genug Atem haben sollte, der kann nun weiter zum Shoppen in die Innenstadt hüpfen, denn die ist nur einen Katzensprung entfernt.

ABRISS FÜR DIE SPEICHERSTADT: EINE ZEITREISE INS HISTORISCHE GÄNGEVIERTEL

Obwohl die Hansestadt im 19. Jahrhundert immer reicher und mächtiger wurde, mussten viele Hamburger in Armut leben. Sie hausten in winzigen Wohnungen und dunklen Kellern ohne Kanalisation und sauberes Trinkwasser. Im heißen Sommer 1892 sterben in nur sechs Wochen 10.000 Menschen an einer Choleraepidemie, die vor allem in Hamburgs »Gängevierteln« wütete, den damals größten Slums Europas. Die Folge: Man machte die Viertel dem Erdboden gleich und zog dafür die Speicherstadt hoch. Doch bevor die unheimlichen Wohnlabyrinthe vollends verschwanden, wurden sie von Hamburgs ersten Straßenfotografen aufgesucht, Männern mit Holzkameras, die die Gassen und ihre Bewohner für die Ewigkeit dokumentieren.

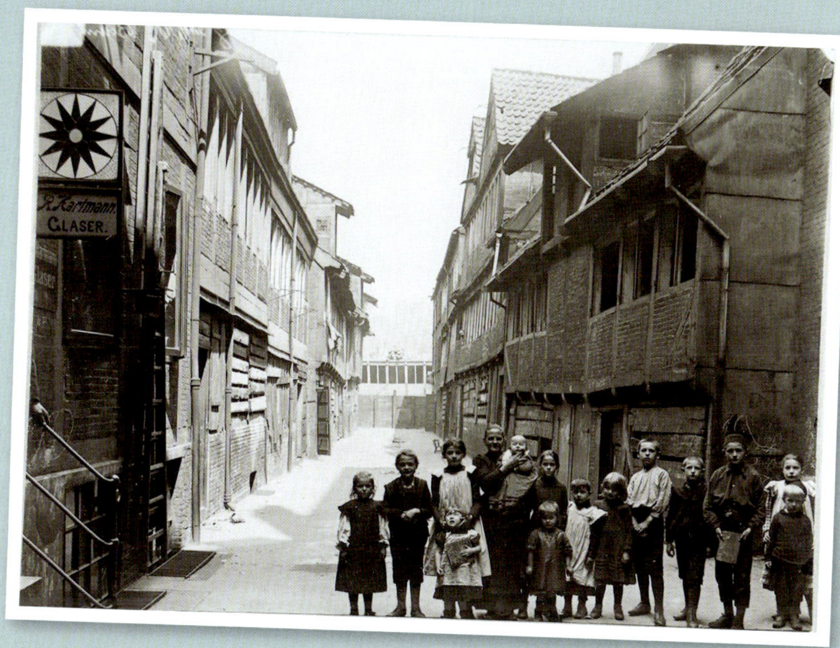

Alle Bilder Seite 125 – Seite 129
Museum für Kunst und Gewerbe Hamburg,
sammlungonline.mkg-hamburg.de

MIT ANZUG UND MELONE

Als der junge Heinrich Hamann um das Jahr 1900 in diesem Hinterhof seine Kamera auf ein Stativ montiert, wirkt es so, als habe die Frau sich und die zahlreichen Kinder für dieses Ereignis extra in Schale geworfen. Der Hinterhof ist Teil der Hamburger Neustadt. Dort, in der Nähe des Hafens, befindet sich eins der beiden berüchtigten Gängeviertel von Hamburg. Ein zweiter Slum mit ähnlich verfallenen Altbauten, bewohnten Kellerlöchern, düsteren Gassen und engen Hinterhöfen liegt in der nördlichen Neustadt, einer Gegend, die auch heute noch »Gängeviertel« genannt wird und inzwischen eine Enklave für alternative Kultur- und Kunstprojekte geworden ist (mehr dazu ab Seite 194 in der Tour Nr. 6 Urban Jungle).

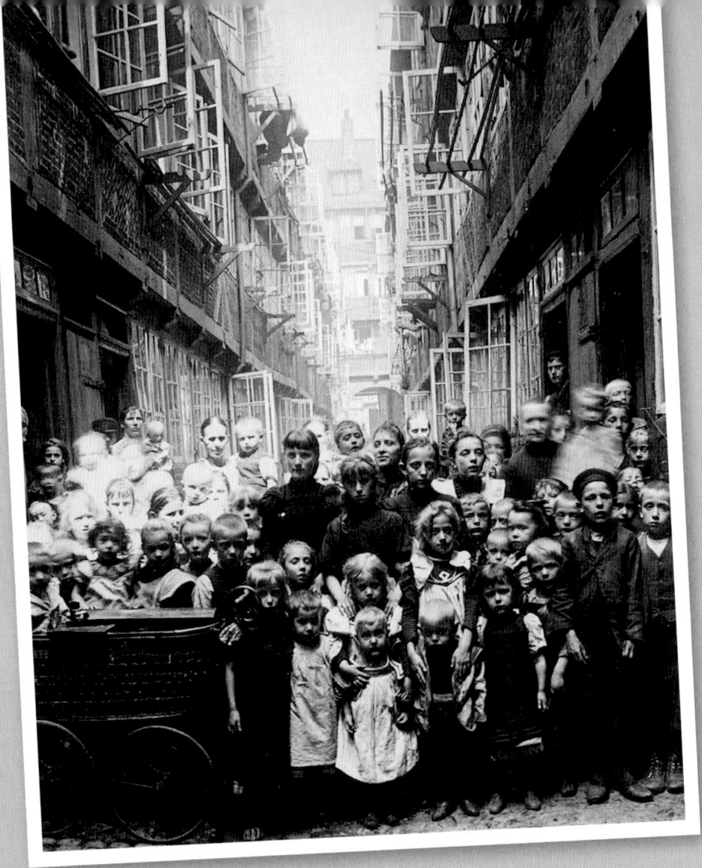

MASSENAUFLAUF BEIM FOTOSHOOT

Auch auf diesem Streifzug scheinen Heinrich Hamann und seine Kameraausrüstung einen Massenauflauf ausgelöst zu haben. Gut vorstellbar, wie neugierig wohl vor allem die Kinder in die Gasse drangen, um mit aufs Foto zu kommen. Ob Hamann versuchte, den Bewohnern seine Fotos zu verkaufen? Wohl kaum. Für so etwas hatten damals nur die Reichen genug Geld – und die ließen sich lieber in Fotoateliers ablichten. Heinrich Hamann war Berufsfotograf, sein Vater Johann besaß im Gängeviertel eines der ersten Fotoateliers Hamburgs. Zu den zahlenden Kunden von Vater und Sohn gehörten so berühmte Kaufleute wie der Reeder Albert Ballin, der die Hamanns u.a. auch dafür engagierte, seine luxuriösen Kreuzfahrtschiffe, die von Hamburg aus in See stachen, für Werbeprospekte abzulichten.

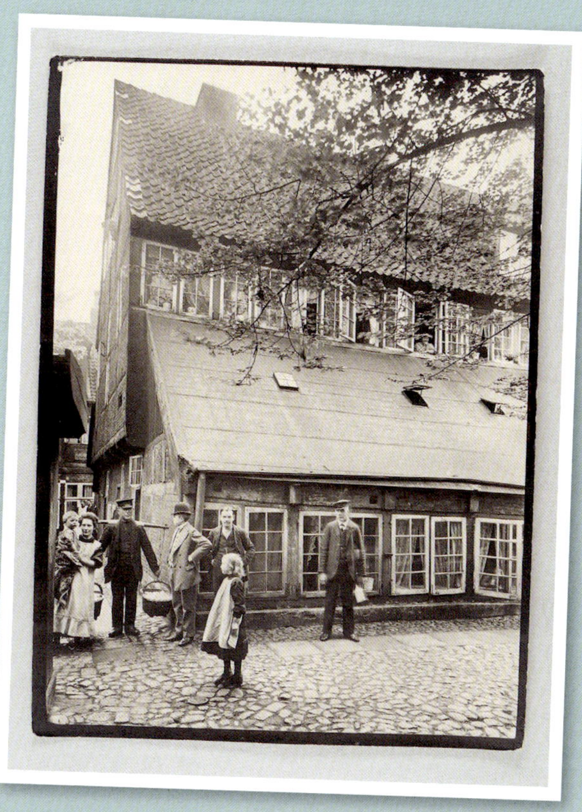

ROTLICHTMILIEU AM DAMMTORWALL

Dieses Bild zeigt einen Hof am Dammtorwall. Vielleicht teilte Hamann ja die Faszination, die die bessere Gesellschaft oft für die Welt der Armen hegte. Nicht selten ging die Oberschicht auf Besichtigungstour durch die Elendsviertel, besichtigte ärmliche Wohnungen, »Verbrecherhöhlen« und »Lasterherde«, um sich mit wohligem Schauer zu gruseln. Wer hier versank, hieß es, war für die Menschheit für immer verloren. Um 1871 soll es in Alt- und Neustadt 781 Frauen in 191 Bordellen gegeben haben – allein am hier gezeigten Dammtorwall fanden sich über 30 »sündige Etablissements«. Vielen Mädchen und Frauen aus den »Gängen« blieb in ihrer Not nichts anderes übrig, als ihre Körper zu verkaufen.

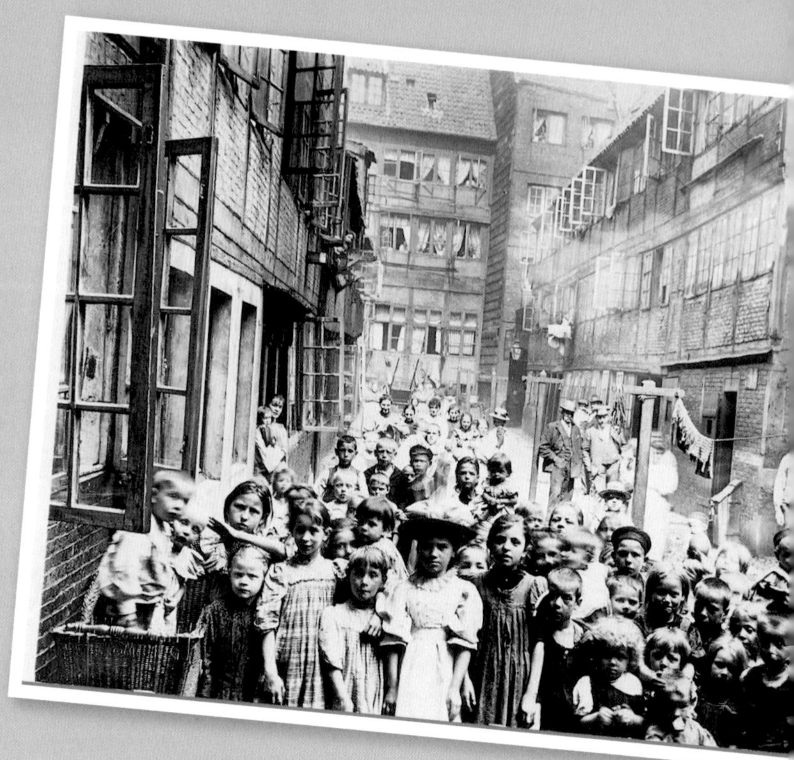

SEUCHEN, SMOG UND LANGER JAMMER

Die Familien der Gängeviertel hatten unzählige Kinder, wie auch dieses Bild im Hof »Eichholz« erahnen lässt. Und das, obwohl die Säuglingssterblichkeit enorm hoch war: Jedes vierte Kind starb, bevor es ein Jahr alt war. Dafür sorgten der Smog, die Seuchen, Unterernährung, Typhus, Tuberkulose … und schließlich Choleraausbrüche. Zudem erkrankten viele der Kinder in den dunklen und immer feuchten Behausungen an Rachitis, weshalb sie häufig krumme Beine hatten.

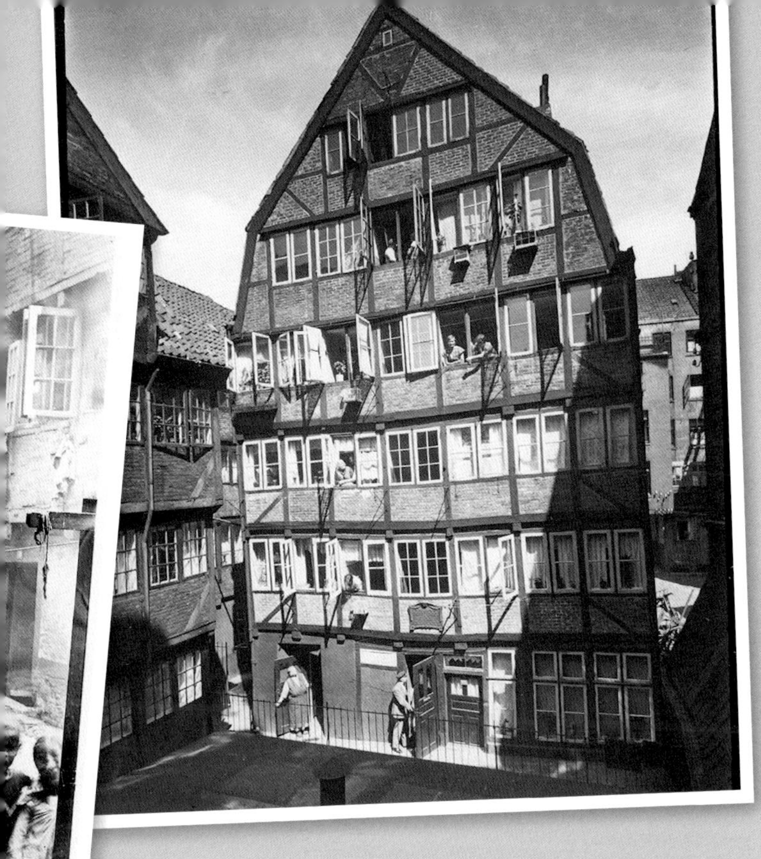

DAS BERÜHMTESTE ZEHNFAMILIENHAUS DER STADT

Um 1925 fotografierte Johann Hamann eines der letzten nach der großen Sanierungsaktion übrig gebliebenen Fachwerkhäuser des Gängeviertels. Es ist das Zehnfamilienhaus, in dem Johannes Brahms aufwuchs. In der Speckstraße 60, die heute zum Komponistenquartier der Neustadt gehört, wurde der berühmte Komponist am 7. Mai 1833 im 1. Stock links geboren. Sein Vater spielte Kontrabass, blies Horn und verdiente sein Geld mit Auftritten in billigen Tanzlokalen. Das Geld reichte, um dem Sohn Klavierstunden zu bezahlen. Eine gute Investition. Nicht zuletzt, weil auch der musikalische Johannes früh selbst in den mehr oder minder berüchtigten Lokalen der Stadt sein Geld verdiente, bevor er schließlich berühmt werden sollte. Sein Geburtshaus wurde im 2. Weltkrieg zerstört. Doch in der Neustädter Peterstraße kann man heute ein ihm gewidmetes Museum besuchen (siehe Seite 215).

HAFENCITY

TOUR 4

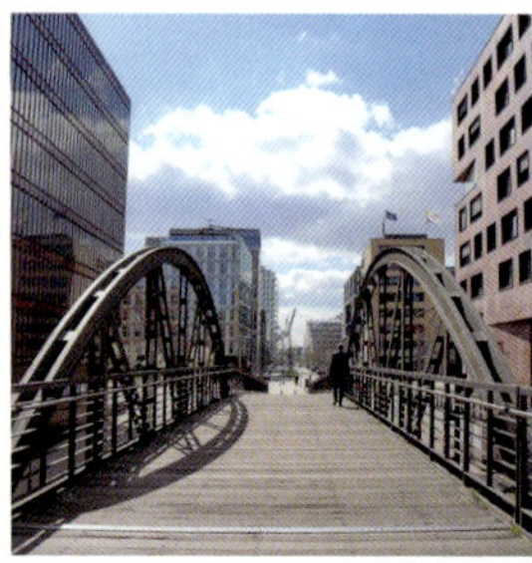
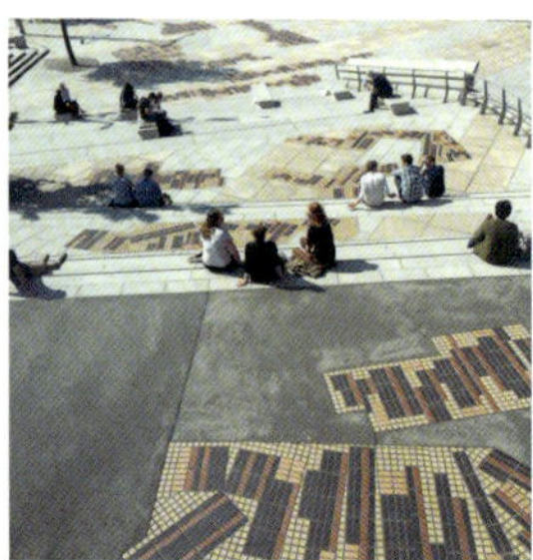
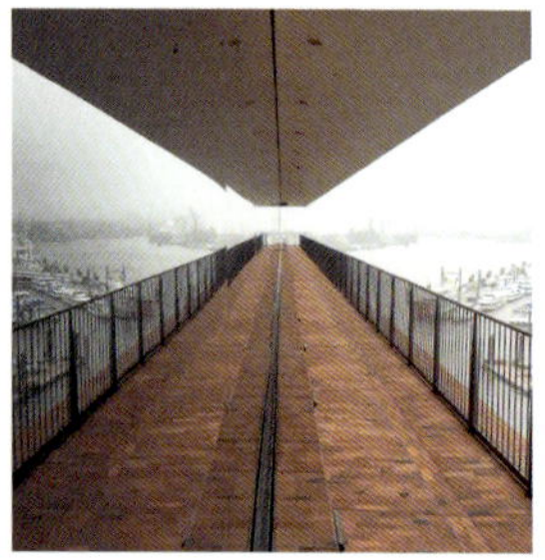

4–5 STUNDEN

CA. 7 KM, ZU FUSS ODER MIT DEM RAD

FOTOGRAFIE-GENRE:
Architektur, Industrie, Panorama, Street, Minimal

DER RICHTIGE ZEITPUNKT:
Auch diese Tour ist so konzipiert, dass sie eigentlich zu jeder Tageszeit gemacht werden kann. Natürlich sind jedoch auch hier vor allem die Zeiten um den Sonnenauf- und -untergang besonders lohnenswert. Wenn sich dann das Licht in der Glasfassade der Elbphilharmonie spiegelt, ist das pure Magie. Ich habe aber auch schon tolle Aufnahmen im Nebel gemacht. Vorsicht vor Touren zu Stoßzeiten am Wochenende. Vor allem an neuralgischen Punkten wie auf der Plaza der Elbphilharmonie oder an beliebten Fotospots wie der U-Bahn-Station »Elbbrücken« könnte dann großer Trubel herrschen. Nahezu menschenleer ist die Plaza hingegen um 9 Uhr morgens (in der Woche), wenn sie für Besucher gerade öffnet. Deswegen empfehle ich auch, um diese Uhrzeit mit der Tour zu starten.

Die einen nennen die HafenCity die größte Dauerbaustelle Europas. Andere schwärmen schon jetzt von der glanzvollen Architektur, die in Hamburgs jüngstem Stadtteil seit einigen Jahren aus dem Boden schießt: kubistische Türme, raffiniert konstruierte Raketenhäuser, futuristische U-Bahn-Stationen und natürlich die Elbphilharmonie, jene perfekte Welle aus Glas, die auf der Kehrwiederspitze thront und unter den zahlreichen Fotospots dieser Tour wohl der spektakulärste ist. 2025 soll das Megaprojekt HafenCity bis an die Elbbrücken reichen. Wo früher Lagerhallen und Hafenschuppen standen, sollen bis dahin, so die Vision, 15.000 Menschen wohnen, rund 40.000 arbeiten und bis zu 80.000 Tagestouristen ehrfürchtig staunen. Willkommen zu einer fotografischen Bestandsaufnahme in Hamburgs Übermorgenland!

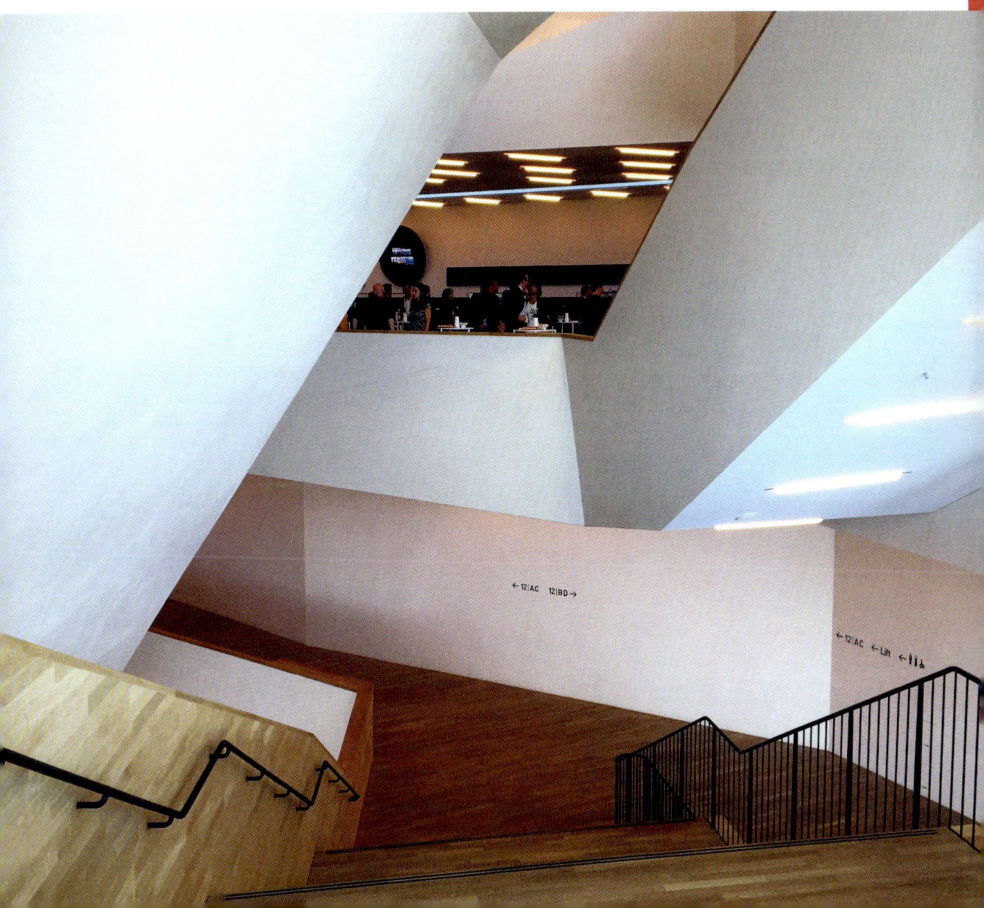

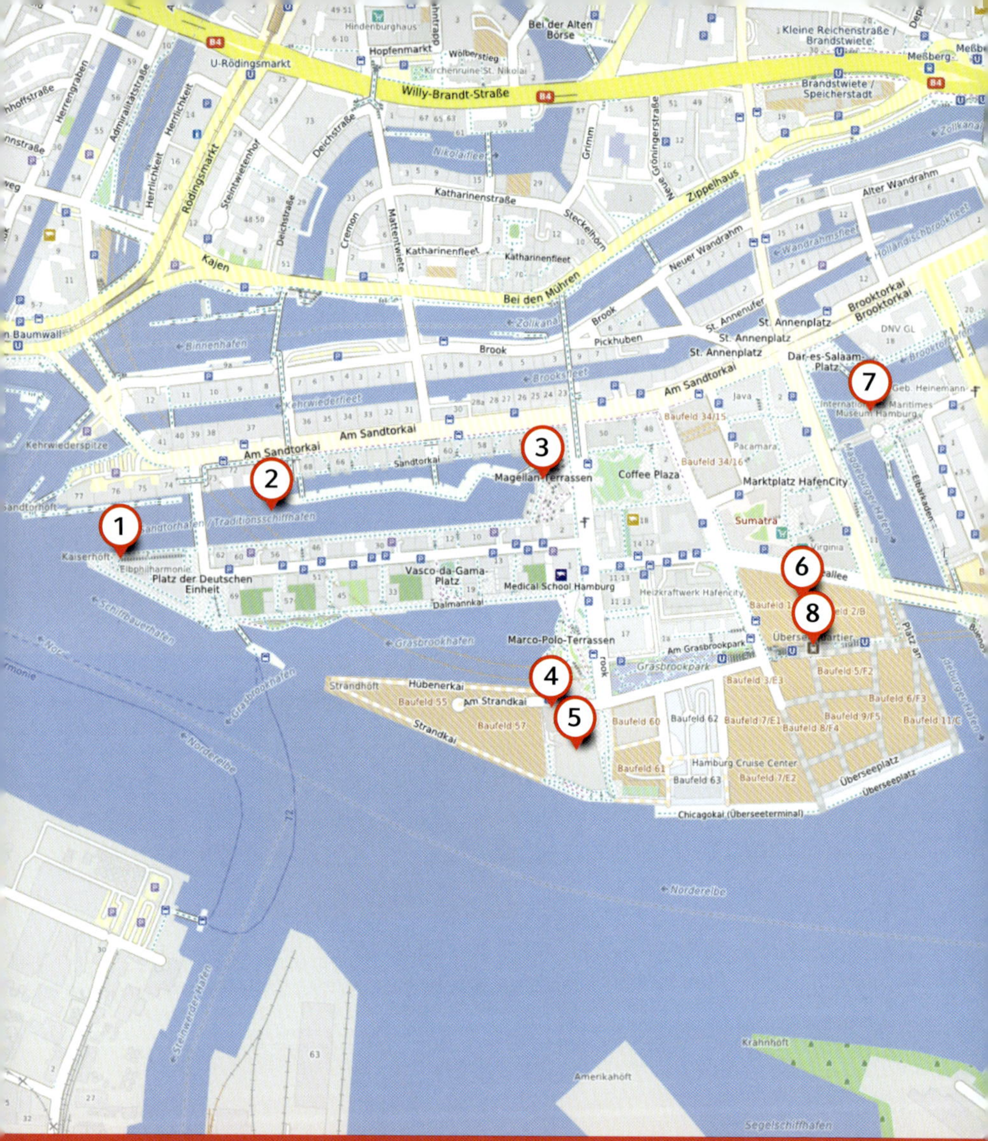

1 ELBPHILHARMONIE
2 AM SANDTORHAFEN
3 MAGELLAN-TERRASSEN
4 MARCO-POLO-TOWER
5 UNILEVER-HAUS
6 ÜBERSEEBOULEVARD
7 MARITIMES MUSEUM
8 U-BAHN ÜBERSEEQUARTIER

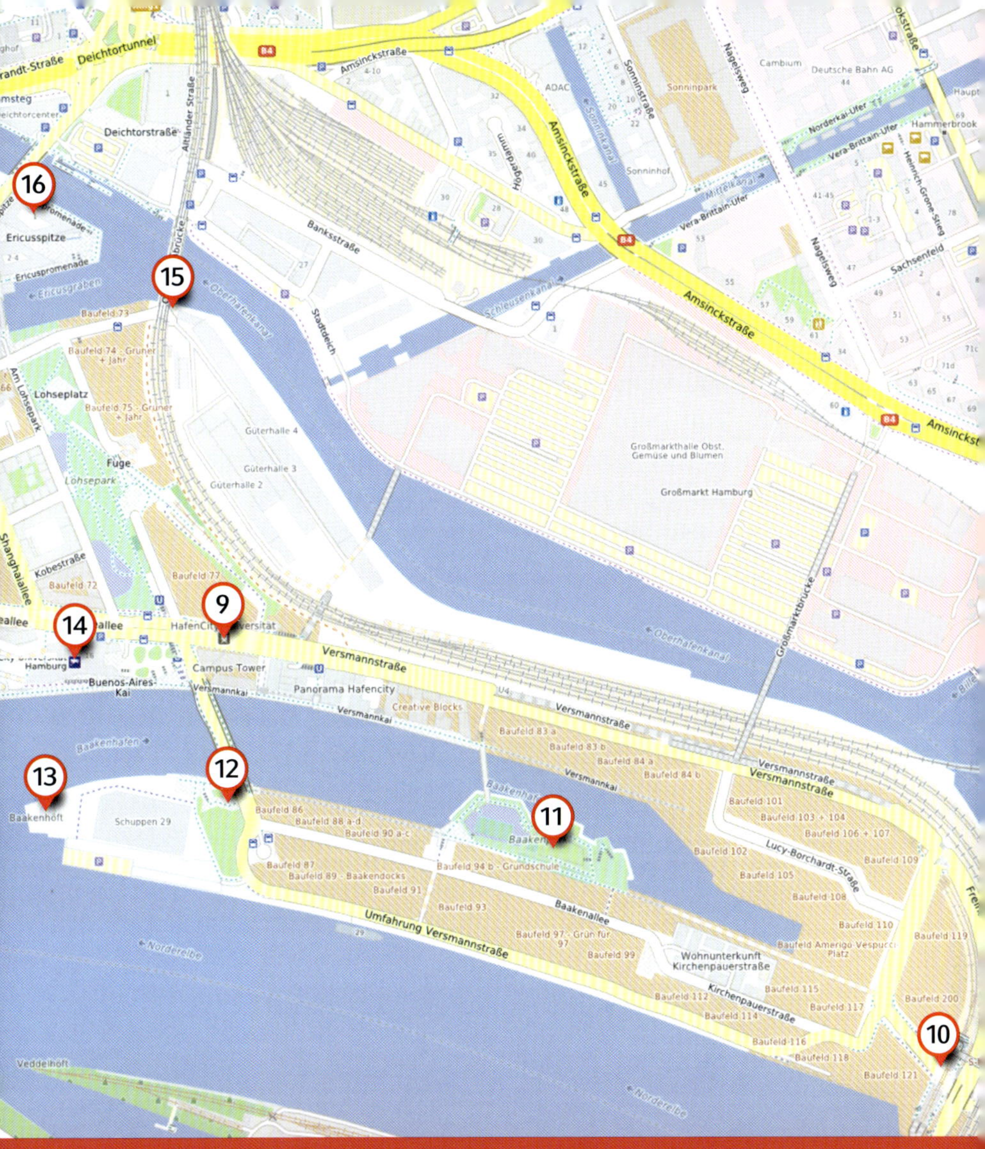

9 U-BAHN HAFENCITY UNIVERSITÄT

10 U-BAHN ELBBRÜCKEN

11 BAAKENPARK

12 HAFENCITY VIEW POINT

13 LIGHTHOUSE LIVING

14 HAFENCITY UNIVERSITÄTSGEBÄUDE

15 OBERHAFENKANTINE

16 DER SPIEGEL

1 ELBPHILHARMONIE

Den Auftakt macht Hamburgs neues Konzerthaus: Mit spitzer Krone reckt sich die »Elphi«, wie es von den Hamburgern liebevoll genannt wird, auf der Kehrwiederspitze gen Himmel. Eröffnet im Jahr 2017, zog das 800 Millionen Euro teure Gebäude bereits im ersten Jahr mehr Besucher an als Schloss Neuschwanstein. Konzerttickets für den Großen Saal sind deshalb auch nicht ganz einfach zu bekommen und noch dazu teuer. Dafür ist der Besuch der Aussichtsplaza umsonst und ein besonders fotogenes Highlight. Fahren Sie mit der 82 Meter langen »Tube«-Rolltreppe hinauf und genießen Sie in 37 Meter Höhe den Rundumblick über Hafen und Stadt. Besonderer Fototipp: die Spiegelungen der Umgebung in den Fenstern einfangen. Auch im architektonisch beeindruckenden Foyer warten tolle Fotospots auf Sie. Auf der Plaza spiegelt sich die Umgebung in den Fenstern. Aber nur wer ein Konzertticket ergattert hat, darf auch den Großen Saal von innen sehen.

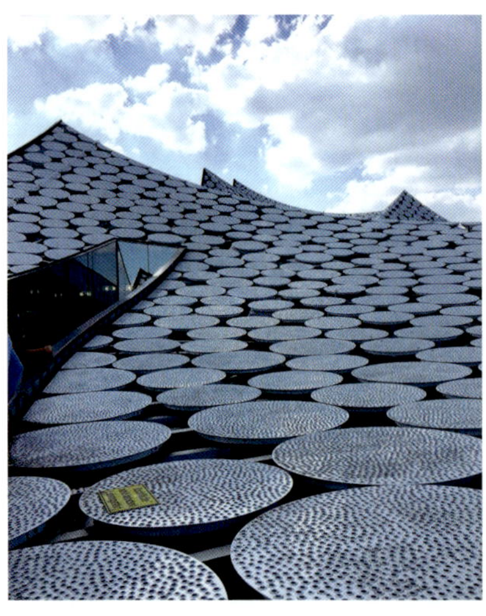

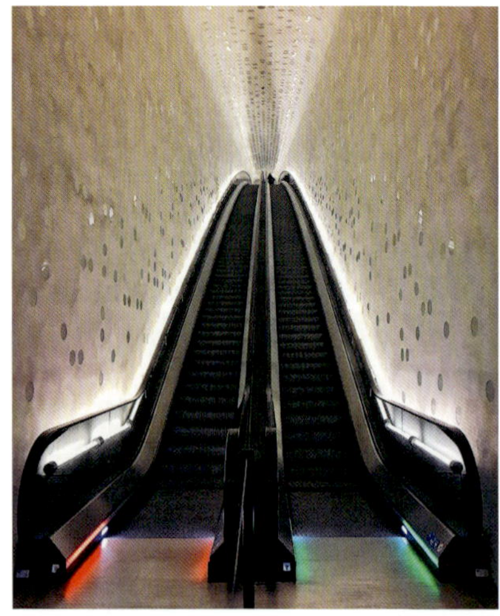

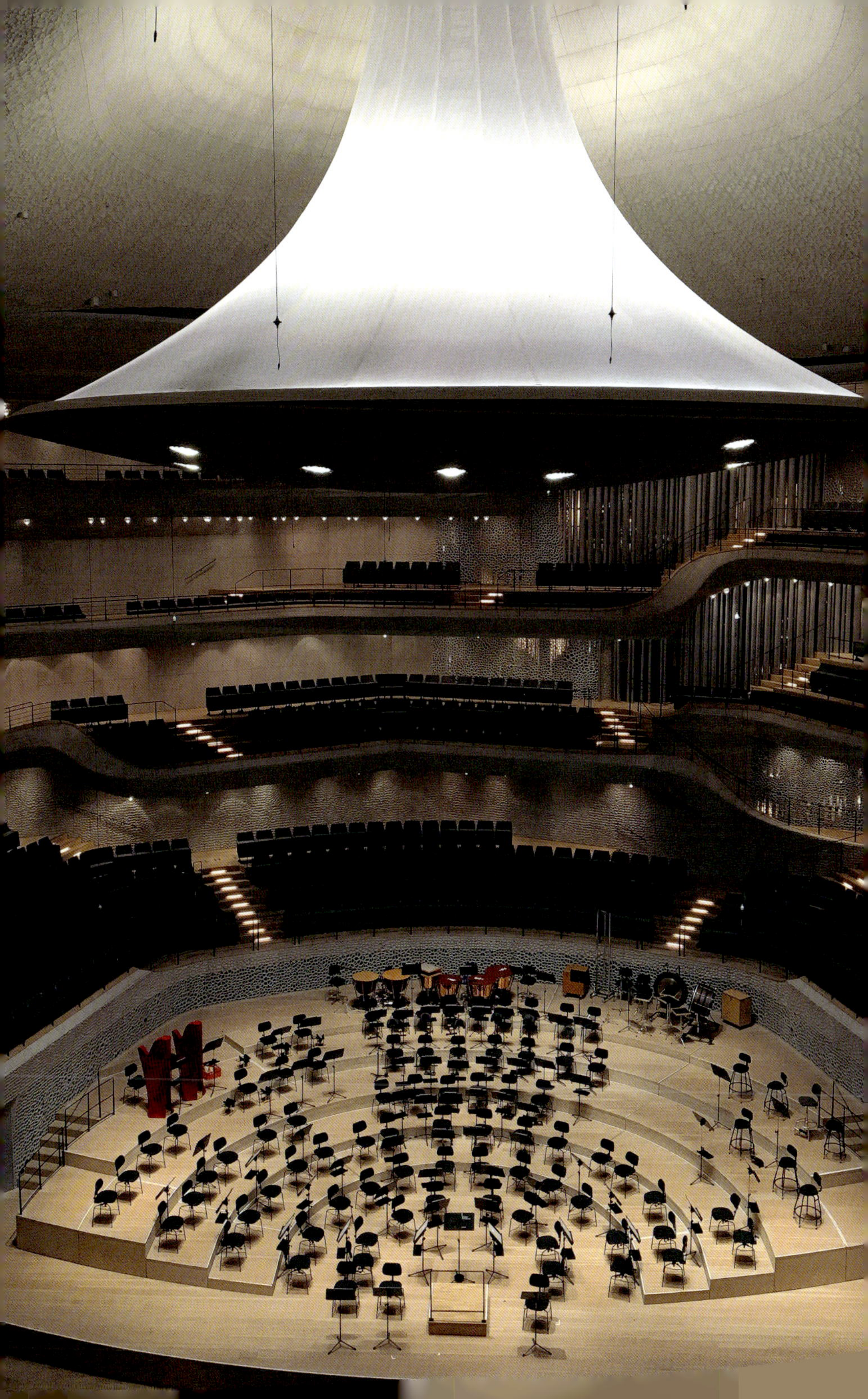

DAS JUWEL AM HAFEN

Sie wirkt wie die perfekte Welle aus Glas auf einem Sockel aus Backstein, der mal ein alter Kaispeicher war: Am 11. Januar 2017 wurde Hamburgs teuerstes Gebäude feierlich eröffnet, mit Lichtershow und einem europaweit übertragenen Konzert. Der Bau war dabei alles andere als eine Glanzleistung: Die Elbphilharmonie hatte zehnmal so viel gekostet wie geplant, nämlich unvorstellbare 789 Millionen Euro, noch dazu war sie sechs Jahre zu spät fertig geworden. Kein Wunder also, dass sie anfangs in Hamburg viel Protest auslöste. Um so faszinierender ist der Imagewandel vom Milliardengrab zum Wunderwerk, den das Gebäude seit der Eröffnung hingelegt hat. 4,5 Millionen Menschen besuchten im ersten Jahr die frei zugängliche Plaza zwischen Sockel und Glasaufbau – das sind mehr Besucher als auf Schloss Neuschwanstein oder in der Sixtinischen Kapelle in Rom. Ein Hamburger Fan hat sich die »Elphi«, wie sie heute liebevoll von allen genannt wird, sogar auf den linken Unterarm tätowieren lassen. Große Stars und Orchester aus aller Welt geben sich hier die Ehre. Und im Sommer 2017 lud schließlich auch noch der in Hamburg geborene Modezar Karl Lagerfeld zu einer Chanel-Modenschau in den Großen Saal. Dieser ist dabei so konstruiert, dass kein Orchesterlaut nach draußen und kein Schiffstuten nach innen dringt. Dafür sorgen auch die 100.000 computergefrästen Gipsfaserplatten, die der japanische Akustiker Yasuhisa Toyota entworfen und als »Weiße Haut« an den Wänden hat anbringen lassen.

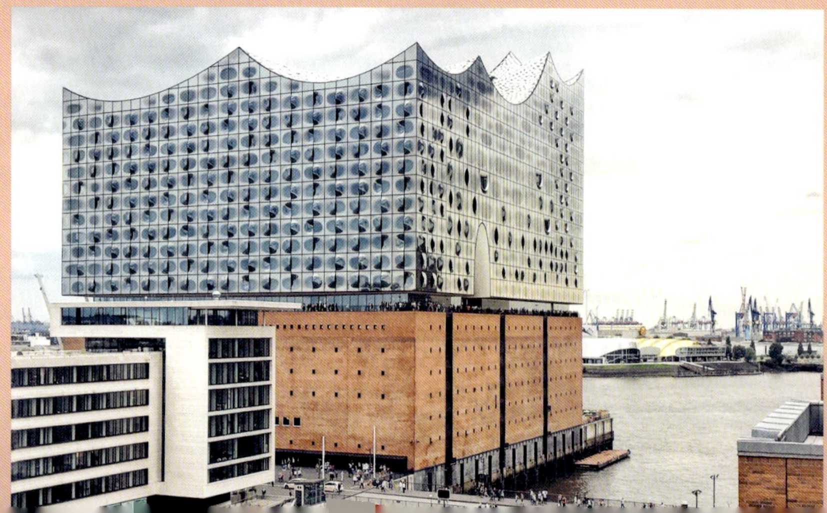

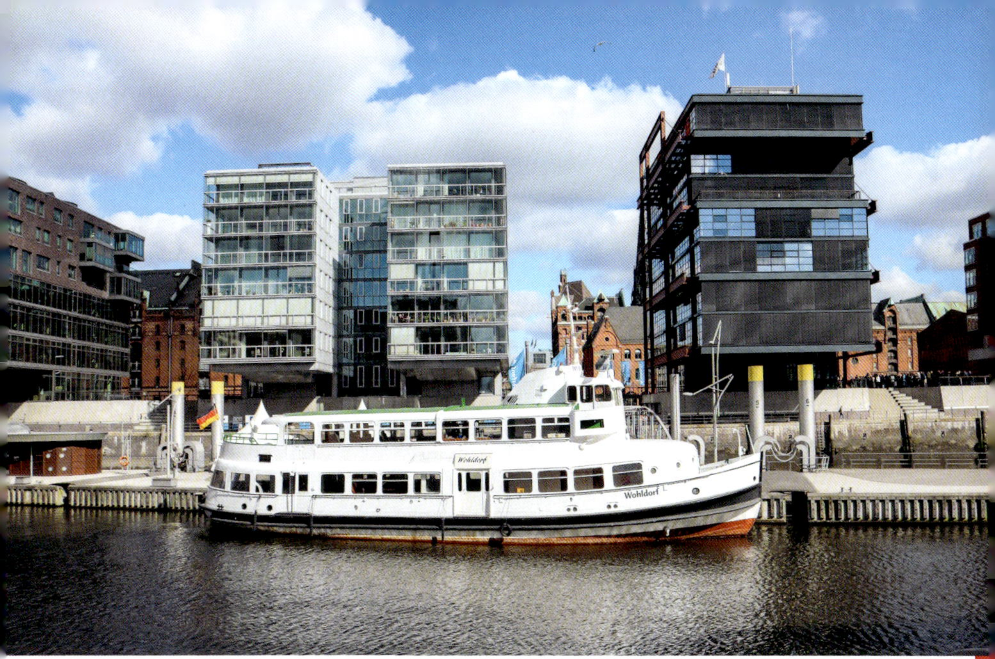

2 AM SANDTORHAFEN

Von der Plaza der Elbphilharmonie aus sieht man ihn bereits: den Sandtorhafen (auch »Traditionsschiffhafen« genannt). Vor mehr als 150 Jahren war er das erste künstlich angelegte Hafenbecken der Stadt. Am Ponton trifft heute alt auf neu. Inmitten moderner Bauten haben hier historische Schiffe festgemacht, auf denen man teilweise wieder in See stechen kann. Auf dem Kaiserkai am Südufer des Hafens können Sie restaurierte Stückgutkräne bestaunen – Reminiszenzen an die Geschichte dieses Orts, die im Jahr 1866 begann, als im Sandtorhafen die ersten Schiffe anlegten. Besonderer Blickfang aber ist die »Seute Deern« (Plattdeutsch für »Süße Deern«): 40 Jahre lang schaukelte das weiße Schiff Touristen auf Nord- und Ostsee hin und her. Seit 2014 hat es nun hier in Top-Lage festgemacht, mit Blick auf die Elbphilharmonie. Neue Jobbezeichnung: »Eventlocation«. Hin und wieder wird es sogar als Co-Working-Space genutzt.

Das »Oval«, ein 40 Meter hoher Wohnturm, tanzt mit seinen runden Formen zwischen den kantigen Blöcken am Sandtorhafen augenscheinlich aus der Reihe. Und auch einen besonderen Kran gibt es hier, der es in sich hat: In seiner Kanzel befindet sich ein »Getaway«, in dem die Gäste mit exklusivem Blick auf die Elphi übernachten können. Darunter lädt »Harrys Hafenbasar«, als Laden eine echte Hamburgensie, zum Stöbern nach Seemannsschätzen aus aller Welt ein.

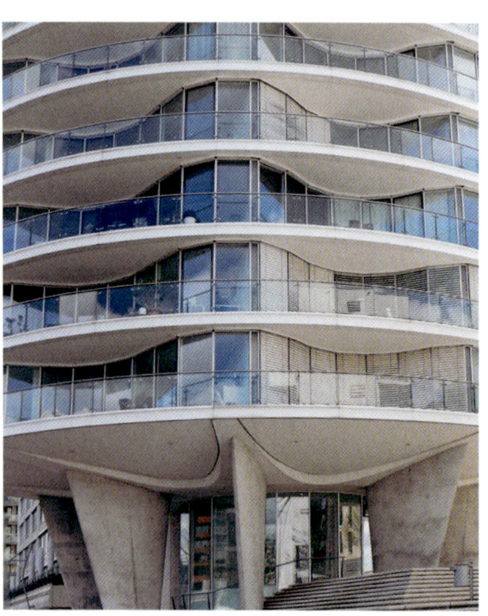

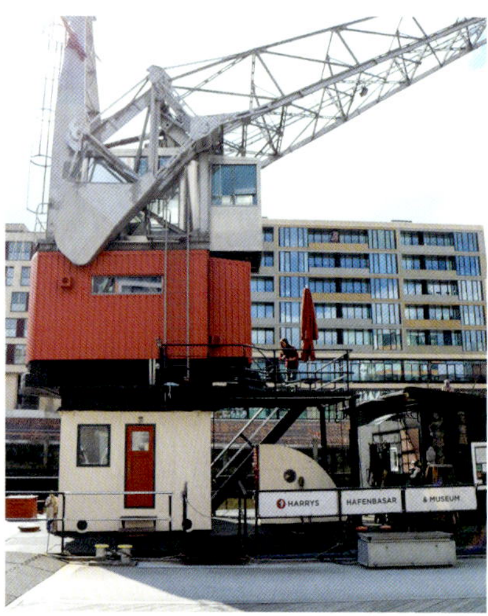

3 MAGELLAN-TERRASSEN

Am anderen Ende des Sandtorhafens befinden sich die Magellan-Terrassen. Architekten aus Barcelona haben sie gestaltet. Einem Amphitheater gleich baut sich der Platz aus mehreren Ebenen, Treppen und miteinander verbundenen Rampen auf. Besonders markant: die mehrfarbigen Bodenornamente. Diese »Läufer« aus Stein sollen an den traditionellen Teppichhandel in der benachbarten Speicherstadt erinnern. Die Mauern und Wände rund um den Hafen sind mit plastischen Ziegeln verkleidet und zeigen überdimensionale Fische. Hobby-Angler holen hier aber auch echte Fische aus dem Wasser. Im Winter soll der Ort ein Zander-Hotspot sein. Sollten Sie im Herbst kommen, können Sie tolle Fotos vom japanischen Ahorn auf dem Platz machen. Seine leuchtend roten Blätter geben einen schönen Rahmen für die im Hintergrund schimmernde Elphi ab.

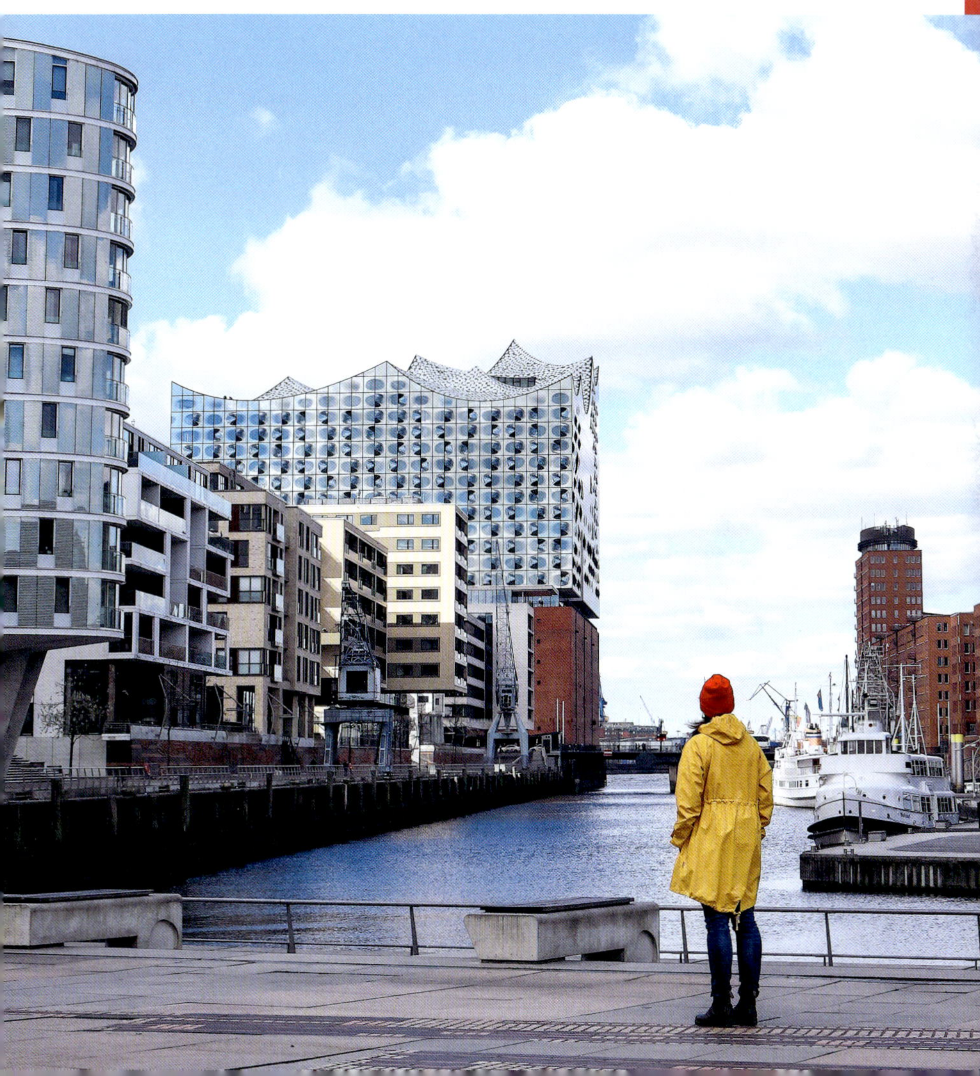

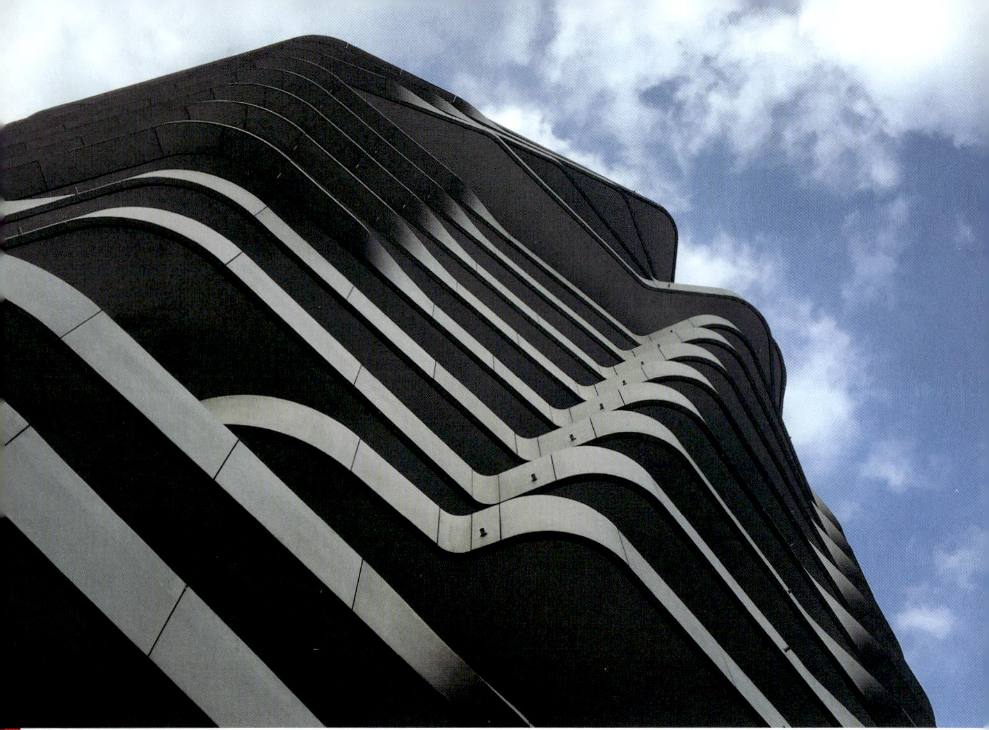

4 MARCO-POLO-TOWER

Wer lebt eigentlich in dieser mondänen Welt aus Glas und Stahl, mag man sich fragen, wenn man durch Hamburgs jüngsten Stadtteil wandert. Es heißt, rund 3.700 Menschen seien inzwischen in der HafenCity eingezogen. Quadratmeterpreise starten bei rund 8.700 Euro. Eine Wohnung in der Elbphilharmonie erzielt sogar bis zu 25.000 Euro/qm. Doch wer, bitte, kann sich das bloß leisten? Neureiche Russen, Ölscheichs? Laut Makler sind die Käufer überwiegend Geschäftsleute oder »Erben« aus dem deutschsprachigen Raum. Ein Loft (1 Zimmer) im Marco-Polo-Tower ist übrigens nicht unter 1,1 Millionen Euro zu haben. Der Wohnturm, den Sie rechts über den Großen Grasbrook erreichen, zählt für mich zu den bisher exzentrischsten Häusern der HafenCity. Hat er nicht etwas von einem amorphen Weltraumwesen, das da mitten auf dem Strandkai angedockt hat?

5 UNILEVER-HAUS

In unmittelbarer Nachbarschaft zum Marco-Polo-Tower: das Unilever-Gebäude, das sich mit seiner durchsichtigen Haube ebenfalls jeder architektonischen Regel zu verweigern scheint. Kein Wunder, ist der Firmensitz des holländischen Unternehmens doch von den gleichen Architekten (Behnisch) entworfen worden wie der spacige Wohntower nebenan. Der Clou ist hier, dass sich das Design den Grundsätzen der Nachhaltigkeit unterwirft. Dafür soll zum Beispiel die Hülle aus ETFE-Folie sorgen, die die Büroräume wie ein Luftkissen vor Wind- und Wärmebelastungen schützt. Das Erdgeschoss des Gebäudes ist öffentlich zugänglich. Im lichtdurchfluteten Atrium befinden sich Läden, in denen man primär Hausprodukte des Konzerns kaufen kann, sowie ein Café mit Terrasse zum Hafen. Dort gibt es auch Eis.

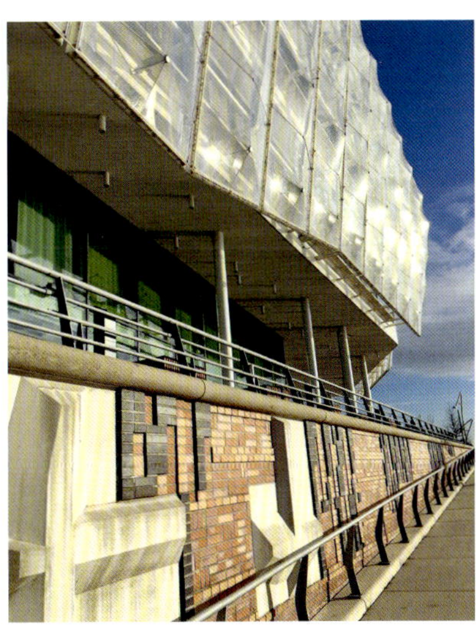

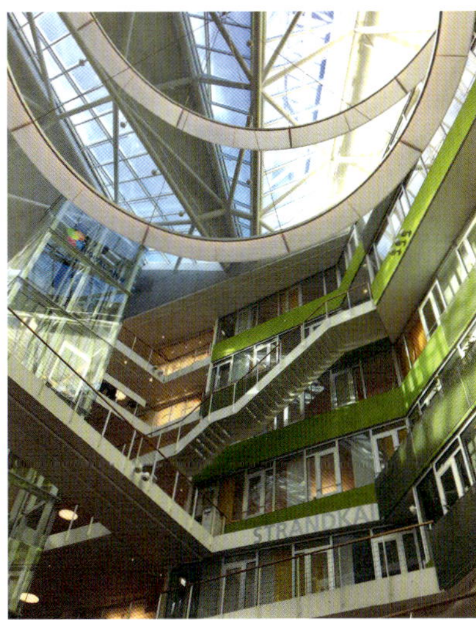

6 ÜBERSEEBOULEVARD

Laufen Sie nun am großen Piratenspielplatz die Hübnerstraße entlang und biegen am Ende links ein in die San-Francisco-Straße. Vor dem rot-weißen »Sumatra«-Gebäude, das wie ein riesiges Gebirge mit zweidimensional verkippter Fassade emporragt, laufen Sie rechts in die Überseestraße. Links verläuft der »Überseeboulevard«, eine Fußgängerzone, in der auch interessante Fotoausstellungen zu sehen sind. Mittags werden die Cafés und Läden des Boulevards von Menschen geflutet, die ringsum in den Büros arbeiten. Davor und danach ist es hier eher still – dann können Sie in Ruhe Fotos machen. Achten Sie zum Beispiel auf den Treppenaufgang links im Sumatra-Kontor, der mit seinen schrägen Fassaden aus Schiefer und Glas wie eine Schlucht wirkt. Interessant auch der »Cinnamontower«, der tatsächlich wie eine Zimtstange 70 Meter in die Höhe ragt. Angeblich soll Helene Fischer darin eine Wohnung haben – bestätigt ist dies jedoch nicht.

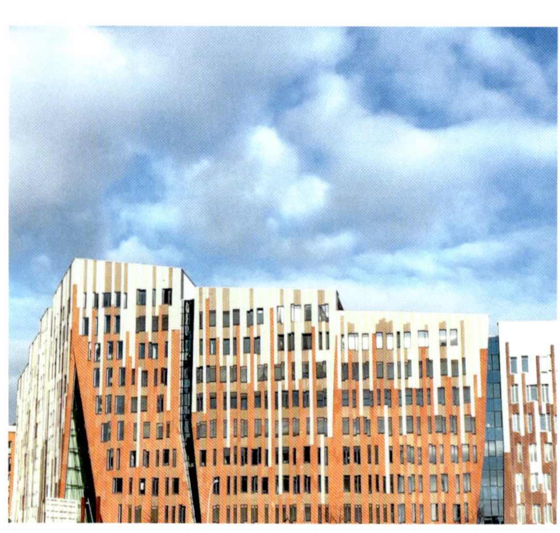

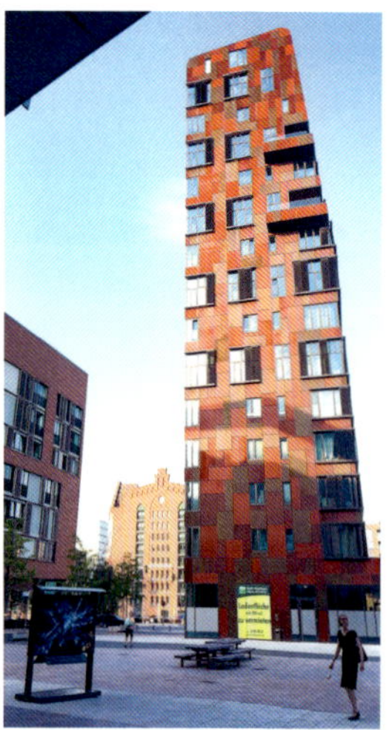

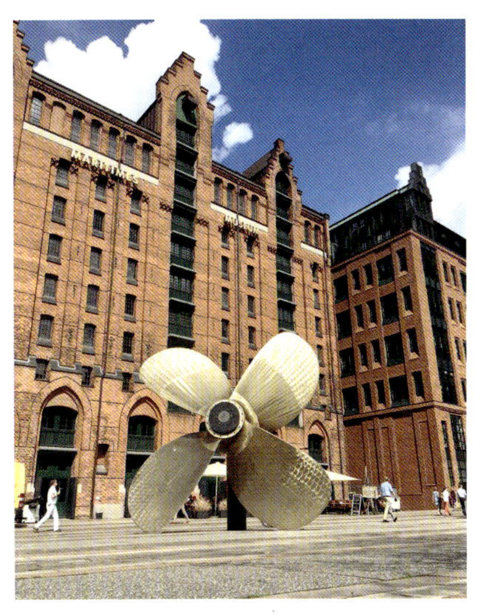

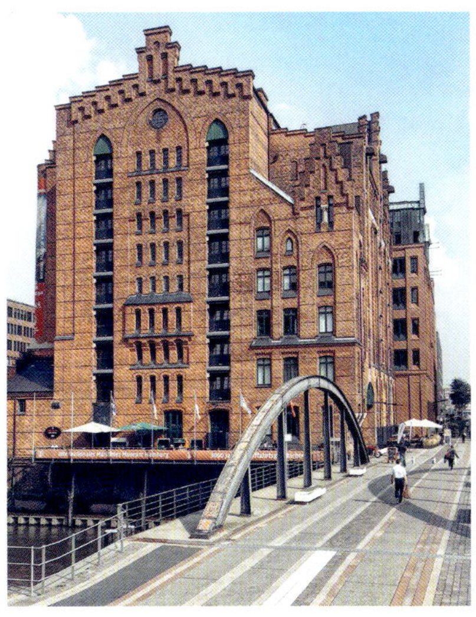

7 MARITIMES MUSEUM

Es lässt sich sicher darüber streiten, ob das Maritime Museum hinter dem Cinnamontower schon zur HafenCity gehört oder noch Teil der Speicherstadt ist. Offiziell zählt das Eldorado für Schifffahrtfans jedenfalls zu Ersterem, selbst wenn das Gebäude, der Kaispeicher B, eines der ältesten im Hafen ist. Auf neun Decks (!) verteilt sich darin die größte private Sammlung zur Schifffahrts- und Marinegeschichte, zusammengetragen von Peter Tamm (1928–2016), zu Lebzeiten Vorstandsvorsitzender des Axel Springer Verlags. Wir schauen uns das Museum heute jedoch nur von außen an, denn ist man erst einmal drin, kann man dort gut und gerne einen ganzen Tag verbringen. Ein maritimes Highlight befindet sich auch am hinteren Ausgang des Kaispeichers: Dort leuchtet eine 6×6 Meter große Schiffsschraube, die als Ersatzteil für den Tanker »Maaskerk« gefertigt worden ist und heute zu einem der wohl beliebtesten Fotomotive der Gegend gehört.

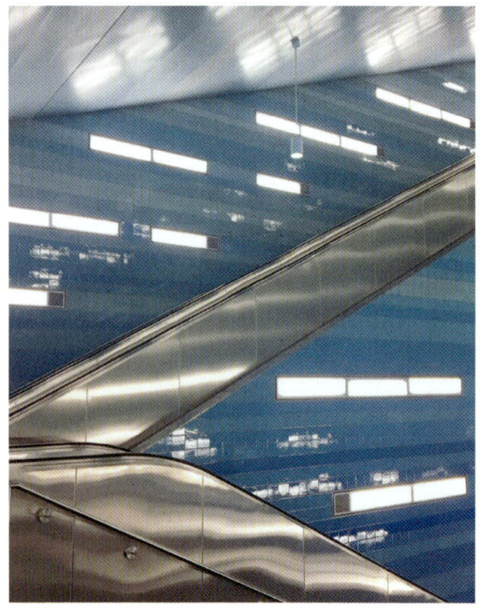

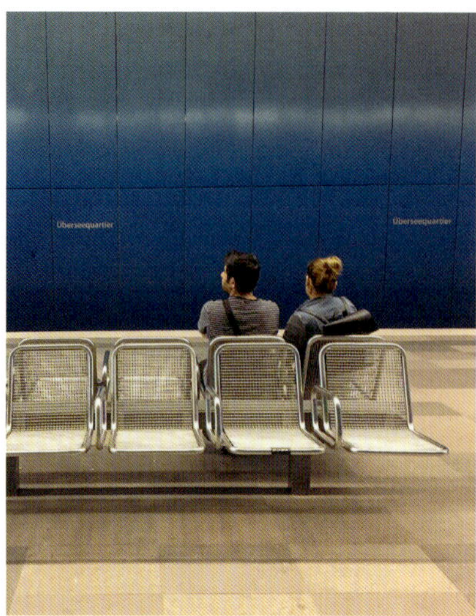

8 U-BAHN ÜBERSEEQUARTIER

Und nun gehen wir planschen! Die U-Bahn-Station »Überseequartier« ist nämlich in Wirklichkeit kein Bahnhof, sondern eine »abstrakte Unterwasserwelt«. So beschreiben sie zumindest ihre Architekten mit fast schon poetischen Worten: »An den Wänden erscheint die Tiefe des Meeres als dunkles Blau, das sich nach oben hin auflöst. Darüber schwebt die helle und bewegte Wasseroberfläche. Die Fahrgäste tauchen in die Weite des Meeres ein. Unten sind die Bahnsteige aus changierendem Beton gefertigt, »der wie eine helle Sandbank mitten im Blau der Ozeane ruht«. Ich finde: Der Effekt ist geglückt! Immer wenn ich mit der Rolltreppe in den Abgrund gleite, muss ich aufpassen, dass ich nicht in einen Tiefenrausch gerate. Um das besser nachvollziehen zu können, laufen Sie nun zurück zur San-Francisco-Straße und wählen Sie für Ihren Tauchgang den Stationseingang am Amsterdamer Platz.

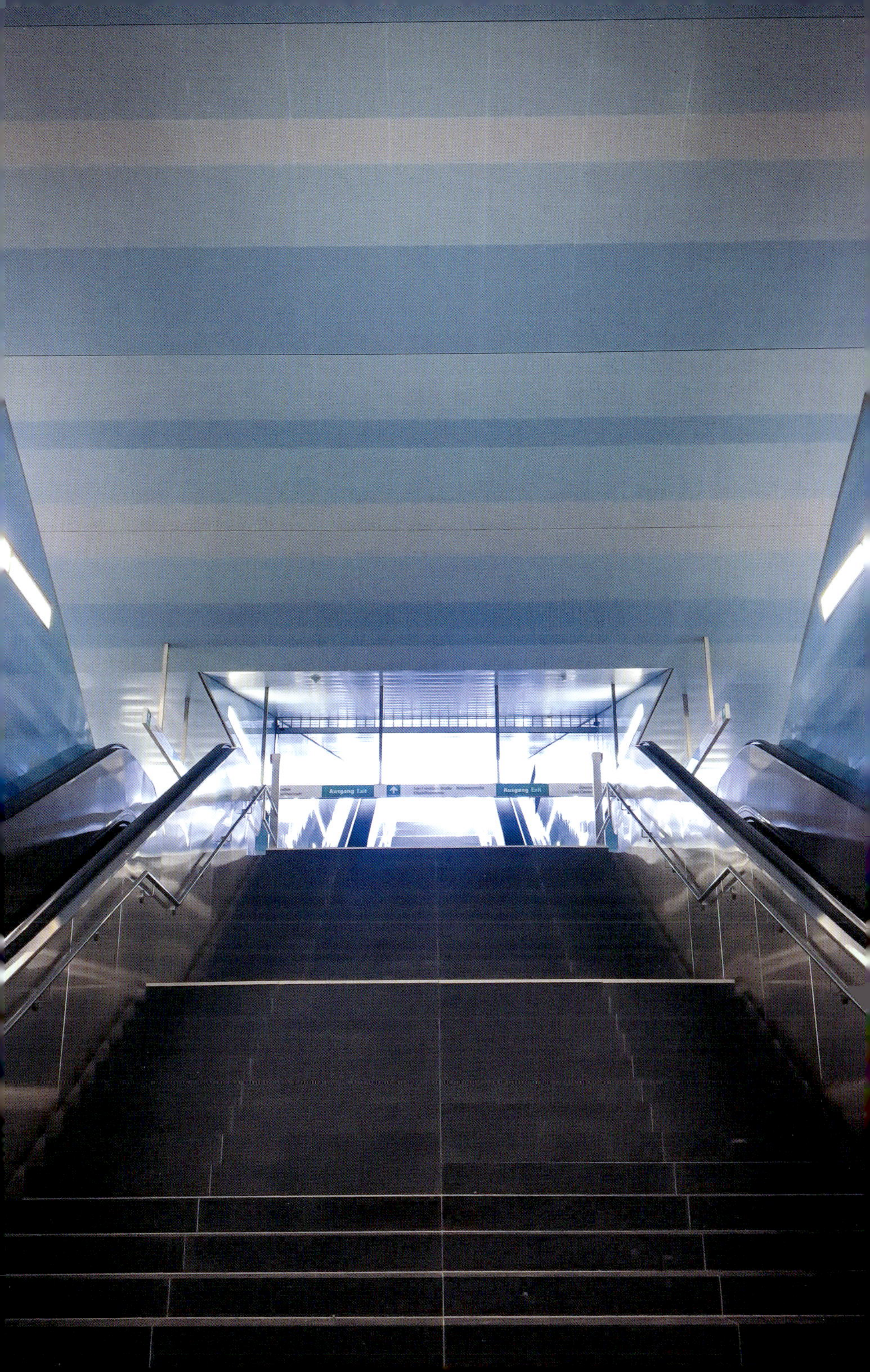
Ausgang Exit
Ausgang Exit

9 U-BAHN-STATION HAFENCITY UNIVERSITÄT

Steigen Sie in die nächste U-Bahn und fahren Sie eine Station weiter. An der Haltestelle »HafenCity Universität« ereignet sich nämlich ein weiteres, ganz besonderes Spektakel: Der Bahnsteig wechselt ständig seine Farben, leuchtet mal rot, mal blau, grün oder orange. Dafür sorgen 280 farbige LEDs in Containern, die über dem Bahnsteig zu schweben scheinen. Die Lichtstimmung soll sich dabei sogar dem aktuellen Wetter anpassen. Noch dazu erklingen an den Eingängen und Treppen des Bahnhofs Möwengeschrei und Hafengeräusche. Zwischen 10 und 18 Uhr erschallt zu jeder vollen Stunde Musik von Bach, Verdi oder Brahms im Gleichtakt mit einer Lichtinstallation. Wer, bitte, braucht da noch »König der Löwen«? Wenn Sie genug von der Sound- und Lightshow haben, steigen Sie wieder in die U-Bahn und fahren noch eine Station weiter: an die »Elbbrücken«, dem vorläufigen Ende von Hamburgs jüngster U-Bahn-Linie, der U4.

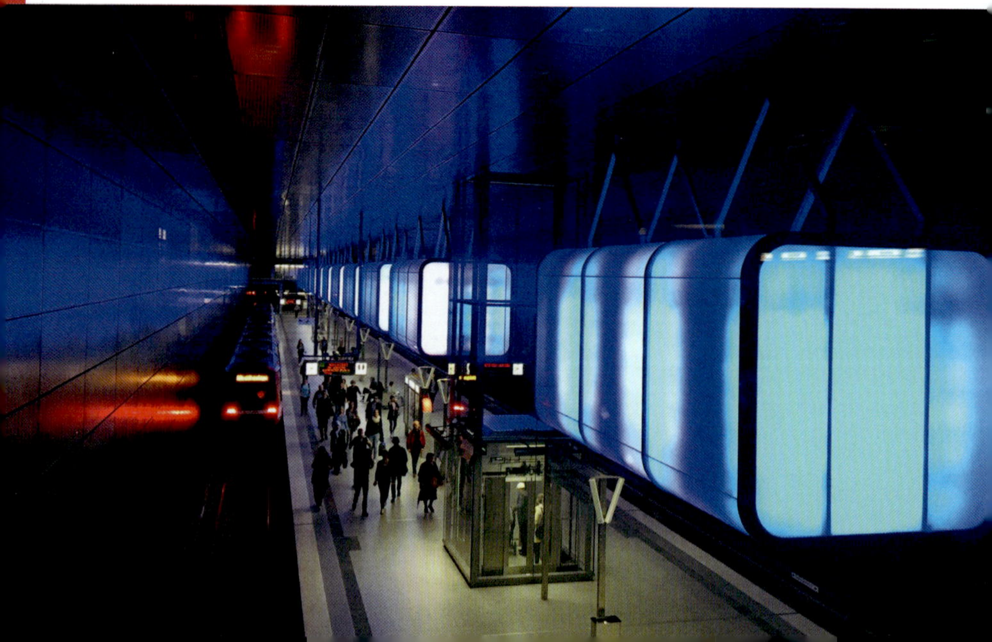

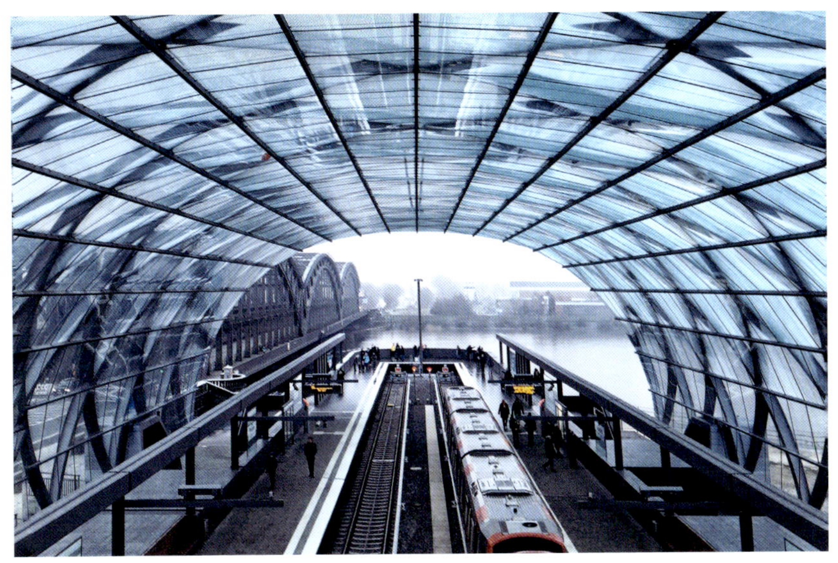

10 U-BAHN ELBBRÜCKEN

Anfang Dezember 2018 eröffnete diese momentan letzte Station auf der Linie U4. Die Haltestelle »Elbbrücken« befindet sich derzeit noch mitten auf einer der vielen Industriebrachen der sich ständig erweiternden HafenCity. Auch hier muss man, wie bei vielen Bauten der HafenCity, unweigerlich an ein Raumschiff denken, das gleich abhebt und einen in andere Sphären befördert … Die beeindruckende Glas- und Stahlröhre entworfen haben die Hamburger Architekten von Gerkan, Marg und Partner. Sie ist übrigens die einzige Haltestelle in Hamburg mit einer eigenen Aussichtsplattform. Sie verläuft hoch über den Gleisen und von ihr wandert der Blick auf die Norderelbe und reicht bis hinüber zum Dach der Elbphilharmonie, das in weiter Ferne glitzert. Neben den Baukränen, die wie eine Herde Giraffen in der Savanne wirken, können Sie auch schon den Baakenpark sehen. Er wird der nächste Stopp auf dieser Tour sein.

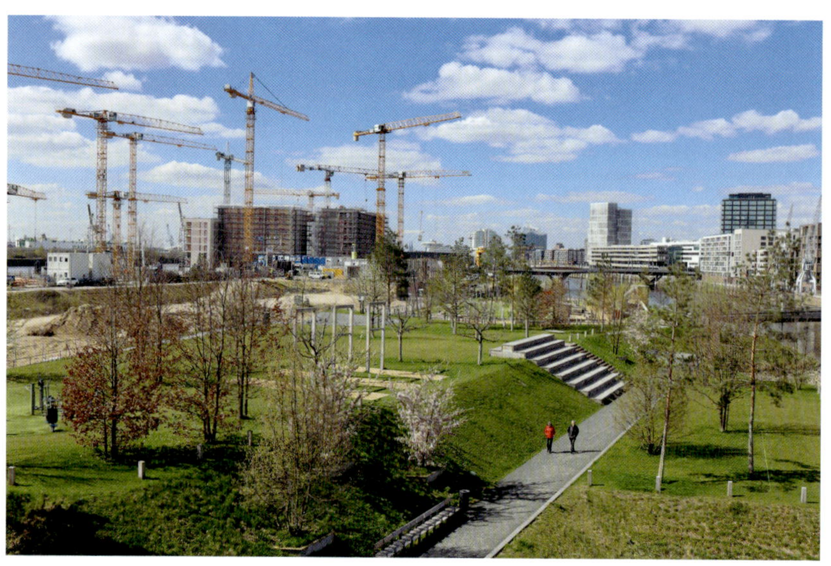

11 BAAKENPARK

Dass sich der Baakenpark mit seinem »Treibgut-Spielplatz« inmitten einer riesigen Baustelle voller Kräne befindet, stört weder die Kinder noch die Erwachsenen, die ihn besuchen. Jene 1,6 Hektar große künstliche Insel, auf der sich der Spielplatz erstreckt, erreichen Sie nach einem kleinen Marsch, wenn Sie die Elbbrücken im Westen hinter sich lassen. Noch befindet sich der Baakenpark ebenfalls im Niemandsland, die nächsten bereits fertigen Wohn- und Geschäftshäuser sowie ein Flüchtlingsheim sind jeweils einige hundert Meter entfernt. Doch der 2018 eröffnete Spielplatz ist vor allem am Wochenende sehr beliebt. Immer wieder pilgern auch Hobbyfotografen hierher, um die 40 Stufen des auf 20 Meter aufgeschütteten »Himmelsbergs« zu erklimmen und von oben Panoramafotos mit Baustellenkränen zu schießen. Fragt sich, wie lange es dauern wird, bis auch rundherum das pralle Leben tobt.

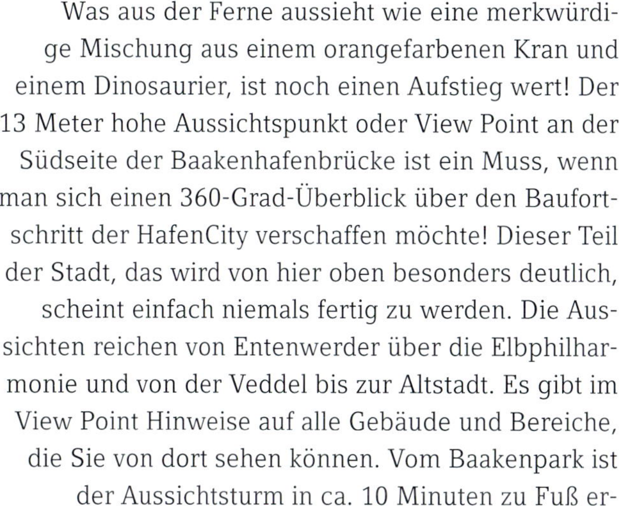

12 HAFENCITY VIEW POINT

Was aus der Ferne aussieht wie eine merkwürdige Mischung aus einem orangefarbenen Kran und einem Dinosaurier, ist noch einen Aufstieg wert! Der 13 Meter hohe Aussichtspunkt oder View Point an der Südseite der Baakenhafenbrücke ist ein Muss, wenn man sich einen 360-Grad-Überblick über den Baufortschritt der HafenCity verschaffen möchte! Dieser Teil der Stadt, das wird von hier oben besonders deutlich, scheint einfach niemals fertig zu werden. Die Aussichten reichen von Entenwerder über die Elbphilharmonie und von der Veddel bis zur Altstadt. Es gibt im View Point Hinweise auf alle Gebäude und Bereiche, die Sie von dort sehen können. Vom Baakenpark ist der Aussichtsturm in ca. 10 Minuten zu Fuß erreichbar. Er befindet sich auf der rechten Seite der Baakenhafenbrücke, die Sie vom Norden her betreten.

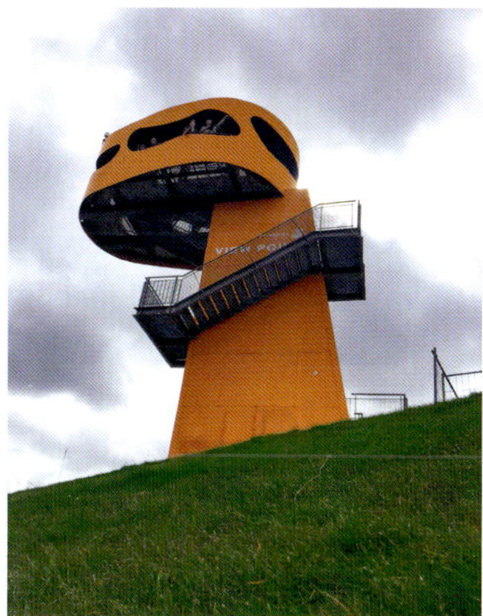

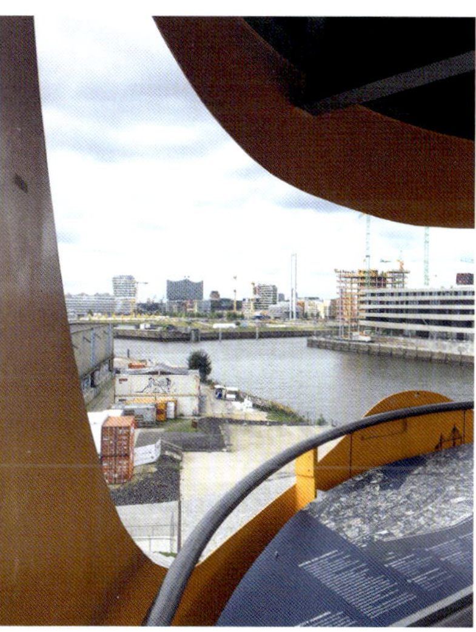

13 LIGHTHOUSE LIVING

Neben dem letzten alten Lagerhaus in der HafenCity, dem Kakaospeicher und früheren Afrika-Terminal, steht ein spaciges Baumhaus in Weiß, das Ihnen sicher schon beim Besuch im View Point ins Auge gefallen ist: Ein Bauunternehmer hat es dort vorübergehend »geparkt«, weil er das Gebäude als Prototyp für modernes Wohnen vermarkten möchte. Besichtigen können Interessenten das Objekt allerdings nur mit Termin. Zur 240-qm-Wohnfläche führt ein Fahrstuhl. Oberhalb der Wohnung kann man auf der Dachterrasse die Sonne oder Hamburgs Nieselregen genießen. Wenn Sie den View Point über die Brücke wieder verlassen und am Ufer links zur HafenCity Universität, unserem nächsten Stopp, laufen, erwischen Sie einen Fotospot, an dem sich das »Lighthouse Zero« besonders gut ablichten lässt. Als maritimen Farbtupfer können Sie auch den Rettungsring mit ins Foto einbauen, der dort am Geländer angebracht ist.

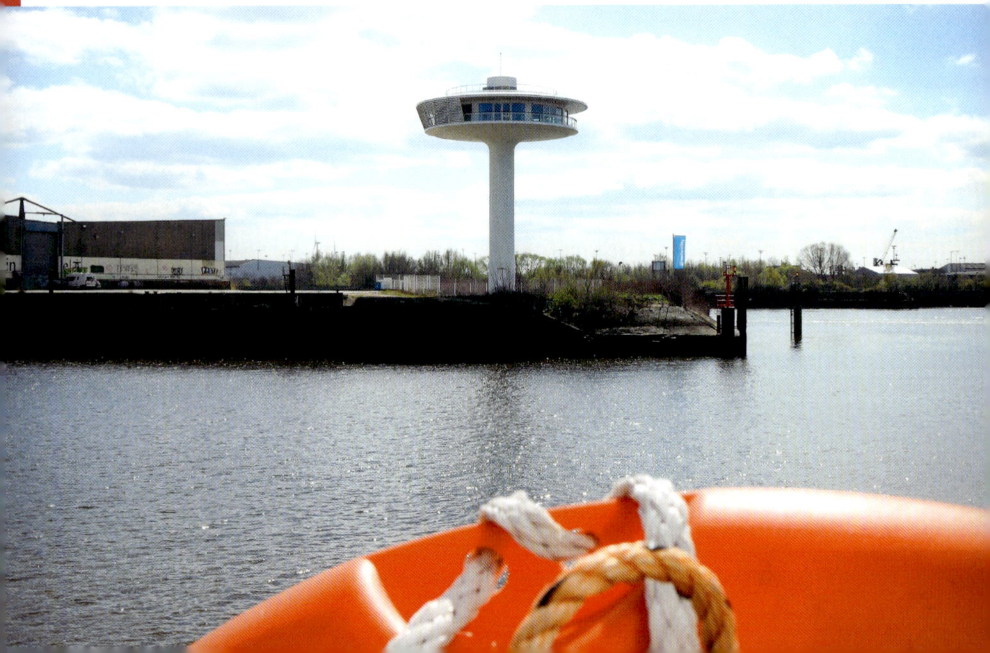

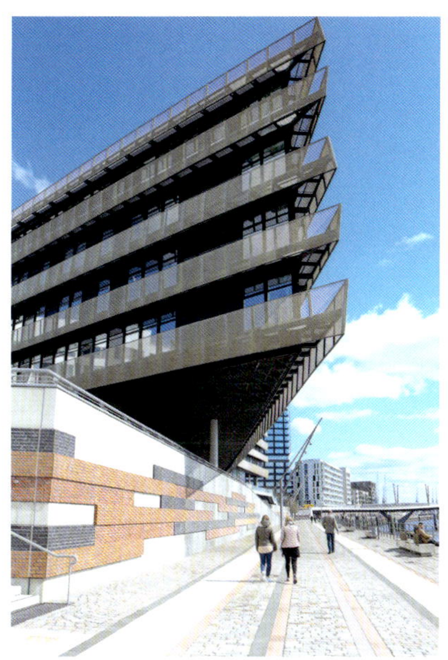

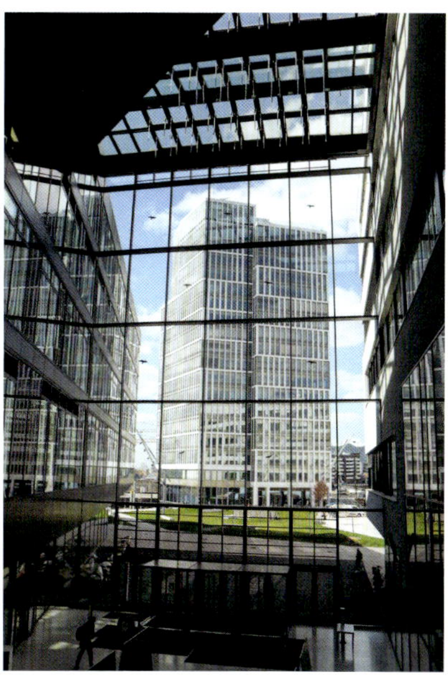

14 HAFENCITY UNIVERSITÄTSGEBÄUDE

Rund 6.200 Menschen studieren und lernen in der HafenCity, in der es inzwischen fünf Universitäten und Fachhochschulen gibt. Die bekannteste ist die HafenCity Universität, deren markante Architektur aus zwei Gebäudeflügeln besteht. Einer davon ragt wie ein Schiffsbug zum Wasser hin. Mit dem anderen Flügel verbunden ist er durch einen gigantischen Kasten aus Glas und Beton, der für jedermann offen ist und darum unser nächstes Ziel sein wird. Im Foyer lassen sich schöne Architekturfotos schießen. Seit 2014 kann man an der HafenCity Universität – was könnte treffender sein – Architektur studieren, zudem Urban Design oder ein Fach, das sich »Kultur der Metropole« nennt. Im Foyer befindet sich auch eine Mensa. Doch Achtung: Hier sollten Besucher lieber keinen Essensstopp einplanen. Denn in der Vergangenheit war es für Studenten manchmal kaum möglich, zu Mittag zu essen, weil einfach zu viele Touristen die Tische besetzten.

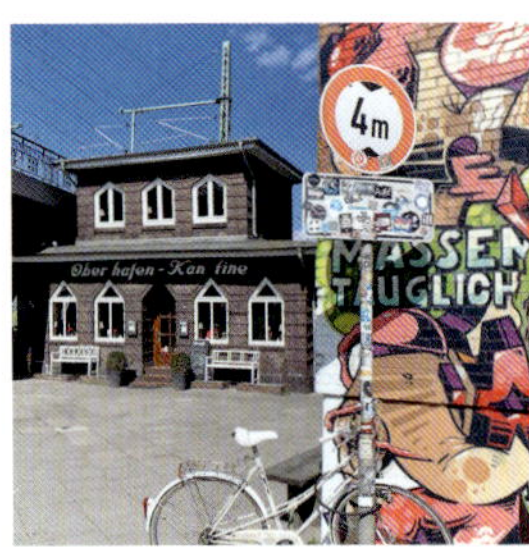

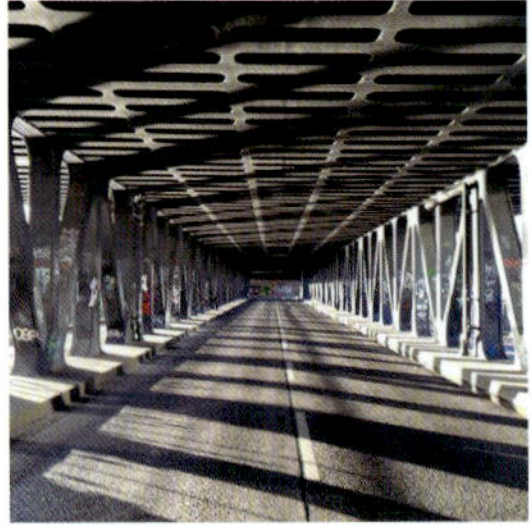

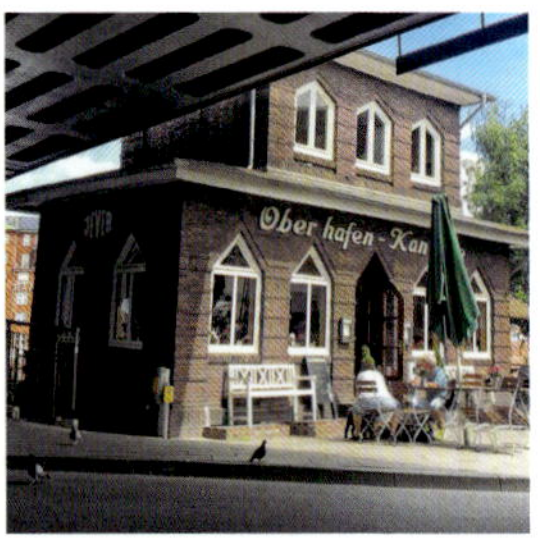

15 OBERHAFENKANTINE

www.oberhafenkantine-hamburg.de

Von der HafenCity Universität geht es nun durch den Lohsepark zum Oberhafen. Hier, am Rande der HafenCity, ist aus einem alten Güterbahnhof samt Lagerhallen ein kreatives Quartier mit interessanten Läden und Studios geworden. Am Eingang, im Schatten einer Brücke, sehen Sie die Oberhafen-Kantine, die durch mehrere Überflutungen der Elbe inzwischen mehr Schräglage hat als der Schiefe Turm von Pisa. Nicht wundern, wenn Ihnen beim Betreten also schwindelig wird, ohne auch nur einen Tropfen Alkohol getrunken zu haben. Die Oberhafen-Kantine ist Hamburgs letzte Kaffeeklappe. Seit 1925 serviert sie Speisen. Früher nur für Hafenarbeiter, die hier Frikadellen, Kaffee und Schnaps bekamen. Auch heute gehören die Frikadellen auf den Hamburgern zu den besten der Stadt. Und das Labskaus kann sich ebenso sehen lassen. Wenn Sie also vom Fotografieren und Marschieren etwas hungrig geworden sind – ist dies der perfekte Ort für eine deftige Pause!

16 DER SPIEGEL

Die Oberhafen-Brücke soll unser letzter Stopp und das auf der Ericusspitze thronende DER SPIEGEL-Gebäude unser letztes Motiv für heute sein. Der riesenhafte wie ein Fernseher aus Glas wirkende Bau beherbergt die Redaktionen von Spiegel TV, Spiegel Online, DER SPIEGEL, manager magazin und Harvard Business Manager. Mit 30.000 Quadratmetern Bruttogeschossfläche bietet der Koloss auf 13 Stockwerken Platz für mehr als 1.100 Mitarbeiter. Der von Brücken und Treppen durchzogene Komplex soll ein Sinnbild für Transparenz in Zeiten multimedialer Kommunikation und Vernetzung sein. Besonderer Fototipp: Womöglich sind Sie ohnehin schon eine Weile unterwegs. Warum also nicht bis zum Sonnenuntergang bleiben? Er liegt von der Brücke aus gesehen in Richtung Ericusspitze und erzeugt manch tolle Spiegelung.

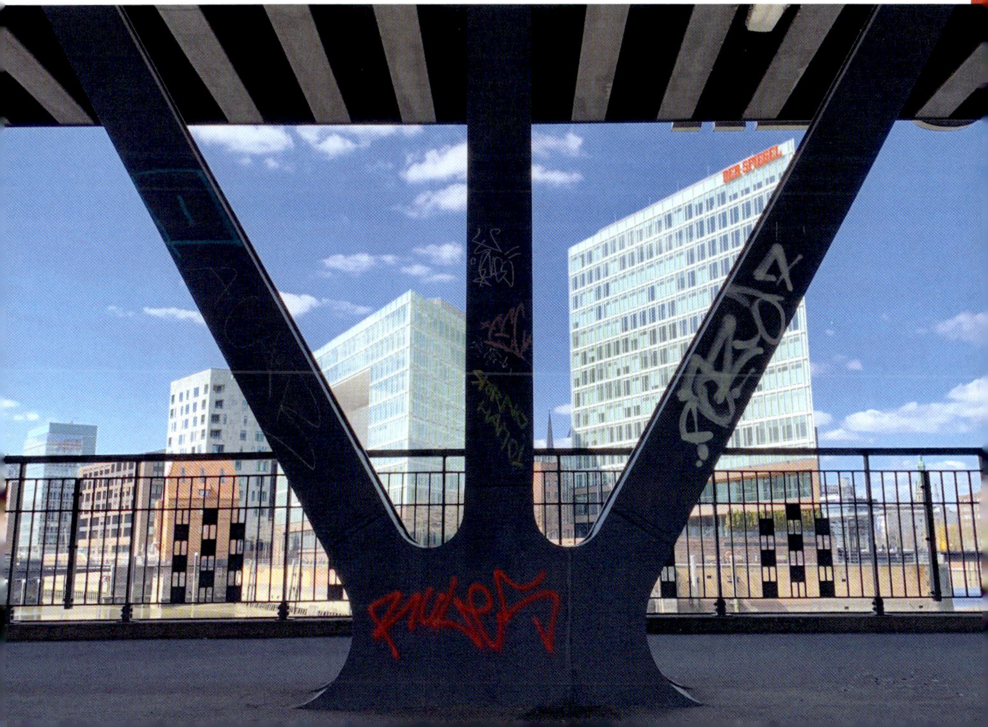

DESIGN AUS DEM UNTER-GRUND

Die Tour durch die HafenCity hat Ihnen bereits beeindruckende Beispiele für Bahnhöfe vorgestellt, an denen Hamburgs U- und S-Bahnen Halt machen. Dabei haben Sie vor allem drei sehr moderne Beispiele für hanseatisches Haltestellendesign kennengelernt, die alle an Hamburgs jüngster U-Bahn-Linie U4 liegen. In diesem Kapitel will ich Ihnen zeigen, dass sich auch die älteren Stationen Hamburgs sehen lassen können. Kommen Sie mit in den Hamburger Untergrund und bestaunen Sie die fotogenen Höhepunkte, die er zu bieten hat!

1. STATION NIENDORF NORD (U2)
2. STATION KLOSTERSTERN (U1)
3. STATION STEINSTRASSE (U1)
4. STATION MESSBERG (U1)
5. STATION SAARLANDSTRASSE (U3)

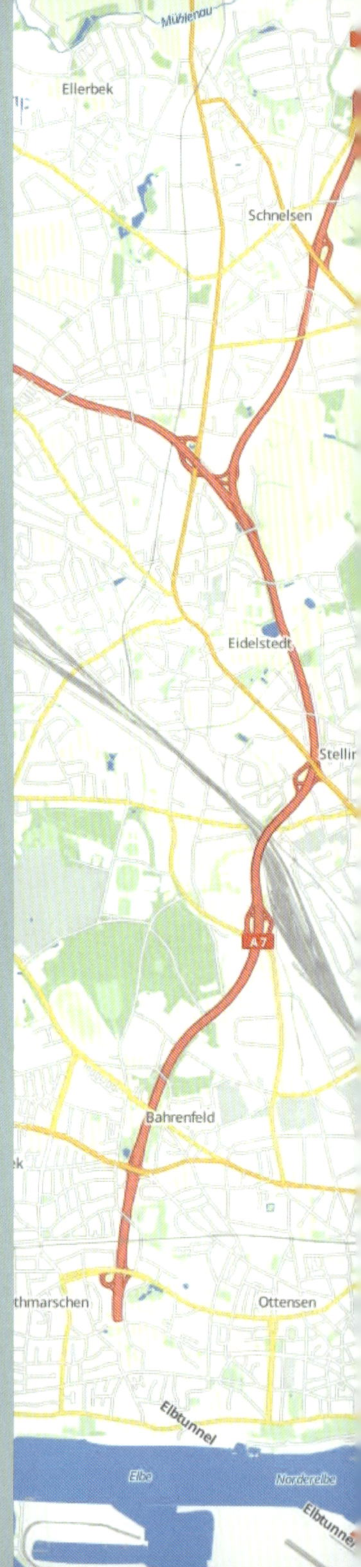

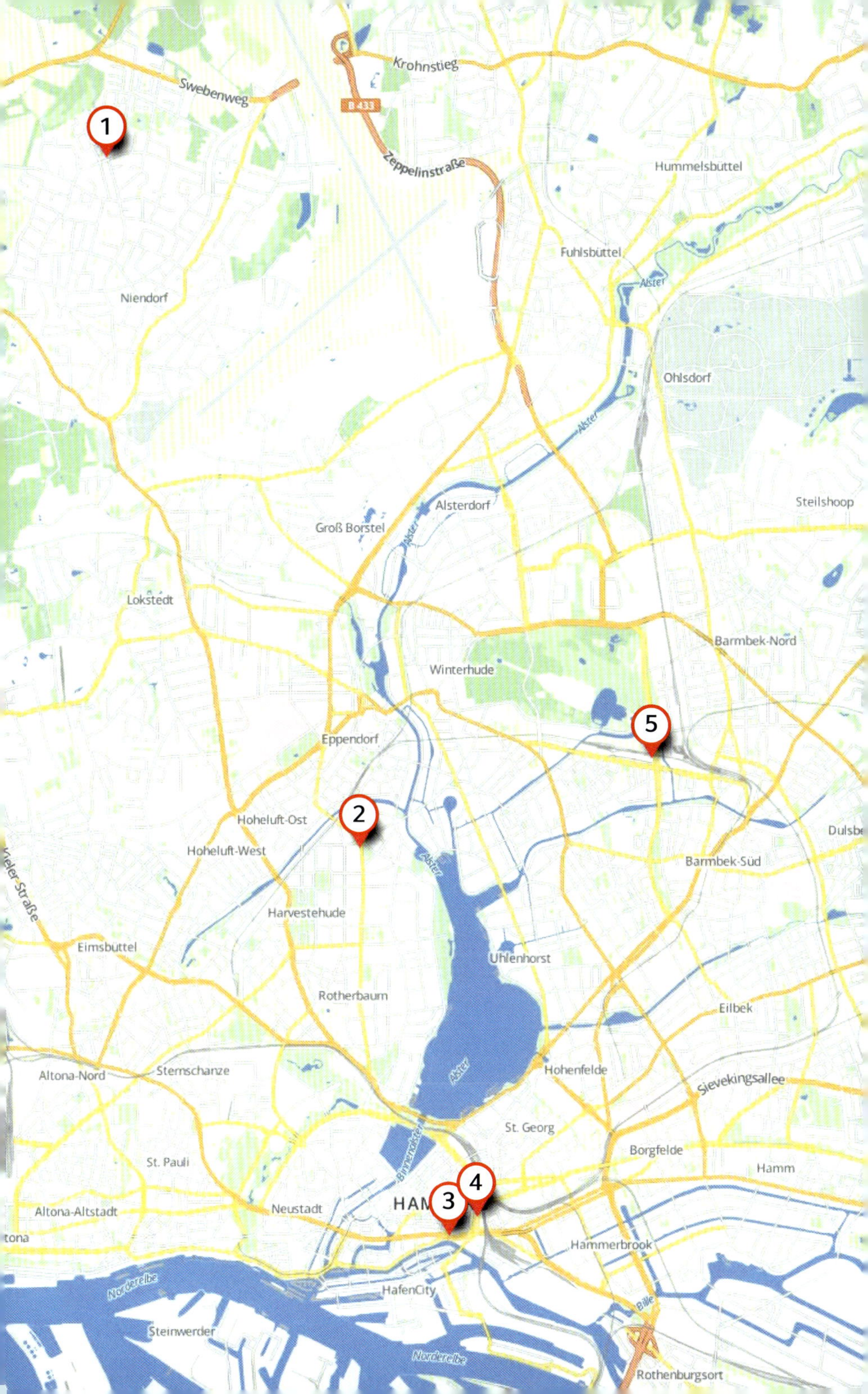

Krohnstieg
Swebenweg
B 433
Zeppelinstraße
Hummelsbüttel
Fuhlsbüttel
Alster
Niendorf
Ohlsdorf
Alsterdorf
Steilshoop
Groß Borstel
Lokstedt
Barmbek-Nord
Winterhude
Eppendorf
Hoheluft-Ost
Hoheluft-West
Dulsbe
Barmbek-Süd
Kieler Straße
Harvestehude
Eimsbüttel
Uhlenhorst
Rotherbaum
Eilbek
Altona-Nord
Sternschanze
Hohenfelde
Sievekingsallee
St. Georg
Binnenalster
Borgfelde
St. Pauli
Hamm
Neustadt
HAM
Altona-Altstadt
tona
Hammerbrook
Norderelbe
HafenCity
Bille
Steinwerder
Rothenburgsort
1
2
3
4
5

1 STATION NIENDORF NORD (U2)

Dies ist die Endstation der Linie U2. Unter Rotklinkerbauten, Reihenhäusern und einem kleinen Einkaufszentrum schließt sie Hamburgs Nordwesten seit 1991 ans U-Bahn-Netz an. Gelandet bin ich hier ehrlich gesagt nur aus Versehen, weil ich die Haltestelle »Niendorf Nord« mit »Niendorf Markt« verwechselt hatte. Doch dann war ich total überrascht vom hübschen Konzept der Station: Die Pfeiler mit den gebogenen Röhren stellen Birken dar, Birken finden sich zudem an den Tunnelwänden. Man glaubt, man steht in einem unterirdischen Wald!

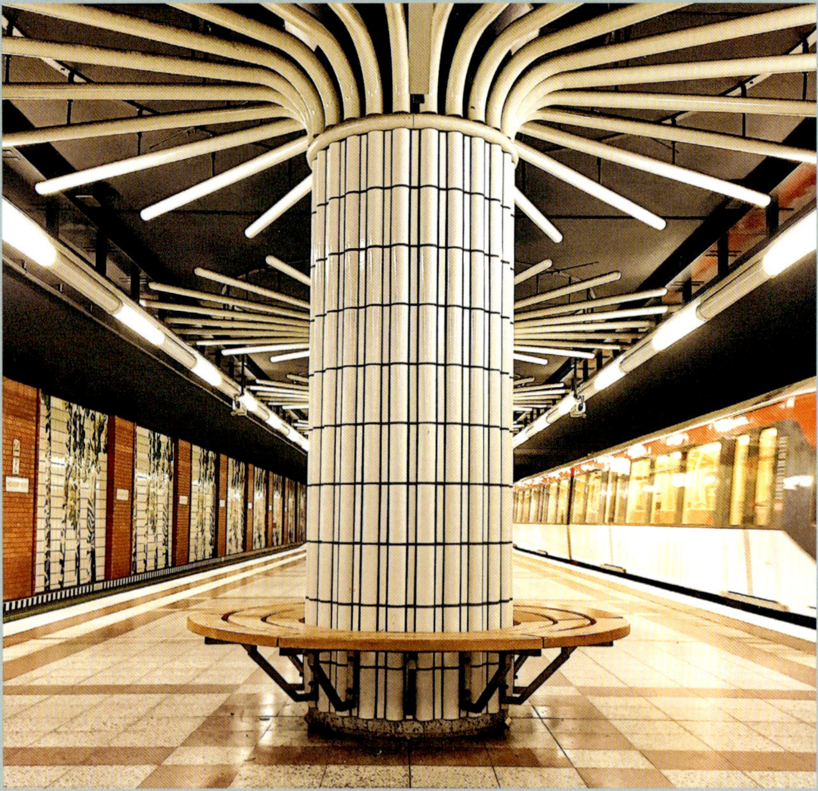

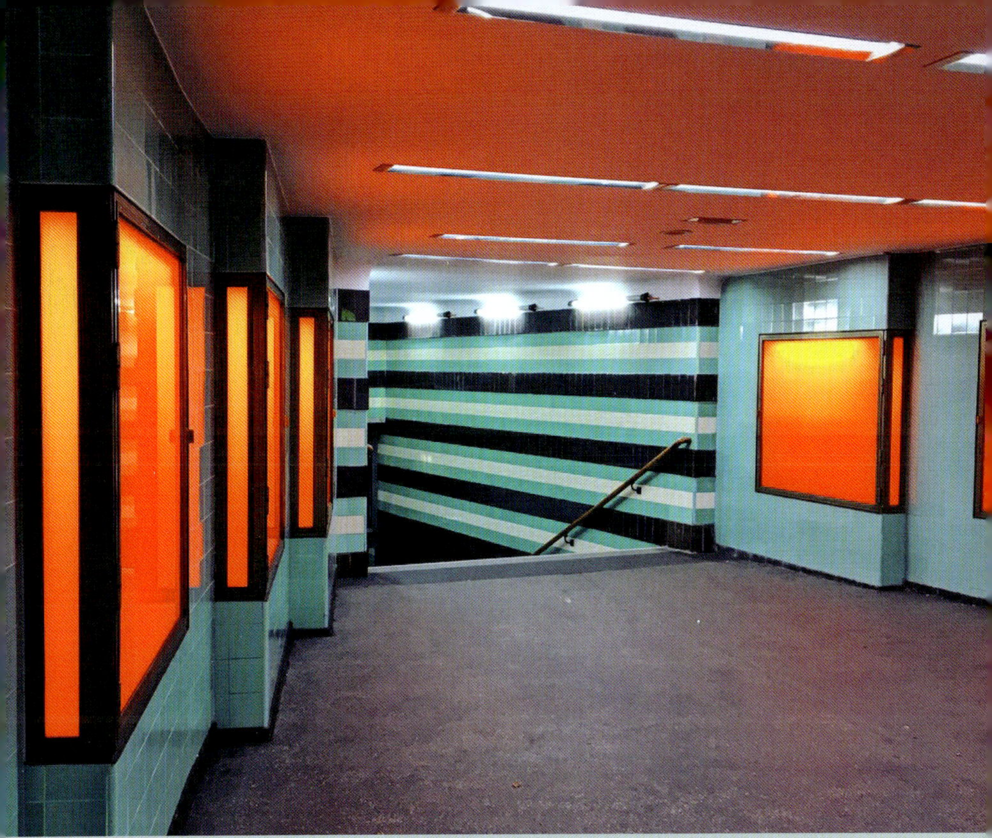

2 STATION KLOSTERSTERN (U1)

Wer ein Faible für die kubistischen Formen des Art-Déco hat, kommt am Klosterstern voll auf seine Kosten: Diese Station ist eine der wenigen in Hamburg, die noch weitestgehend so aussehen wie zu ihrer Eröffnung. Bereits 1929 nahm der von Walter Puritz entworfene Bahnhof seinen Betrieb auf und steht heute unter Denkmalschutz. Interessant ist, dass nur noch wenige Stationen der Linie U1 ihre ursprünglichen Kennfarben haben: Der Jungfernstieg zum Beispiel war bis 1975 in Rot sowie Altweiß gehalten, der Stephansplatz bis 1973 in Hellblau und Altweiß. Nur bei der Hallerstraße und dem Klosterstern dominieren nach wie vor die alten Farben: Hellgelb und Helloliv bzw. Hellgrün und Altweiß. Schick!

3 STATION STEINSTRASSE (U1)

Die U-Bahn-Haltestelle Steinstraße wurde wie auch die Station Messberg im Oktober 1960 eröffnet. Die Bahnsteighalle erinnert dabei an einen Säulenpalast! Vielleicht haben die Pfeiler auch etwas von Baumstämmen. Oder überdimensionalen Pilzen. Ob sie magisch sind?

(Auf Google Maps steht zwar, dass die Station dauerhaft geschlossen ist, seit Juli 2021 ist sie jedoch wieder geöffnet, ab nun barrierefrei.)

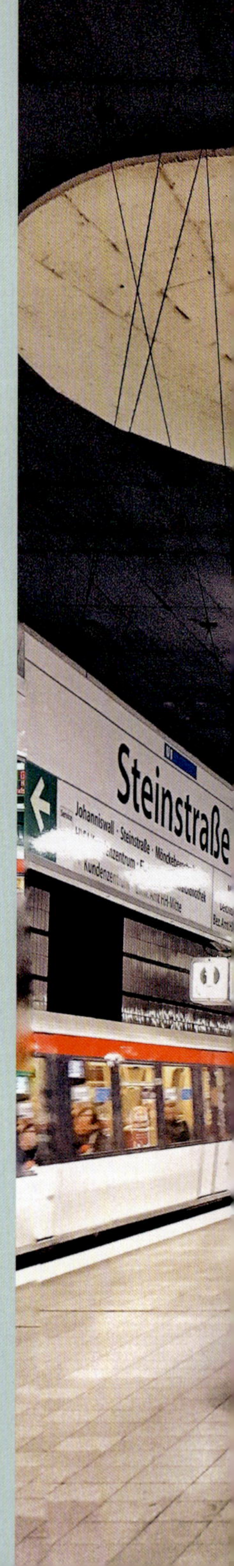

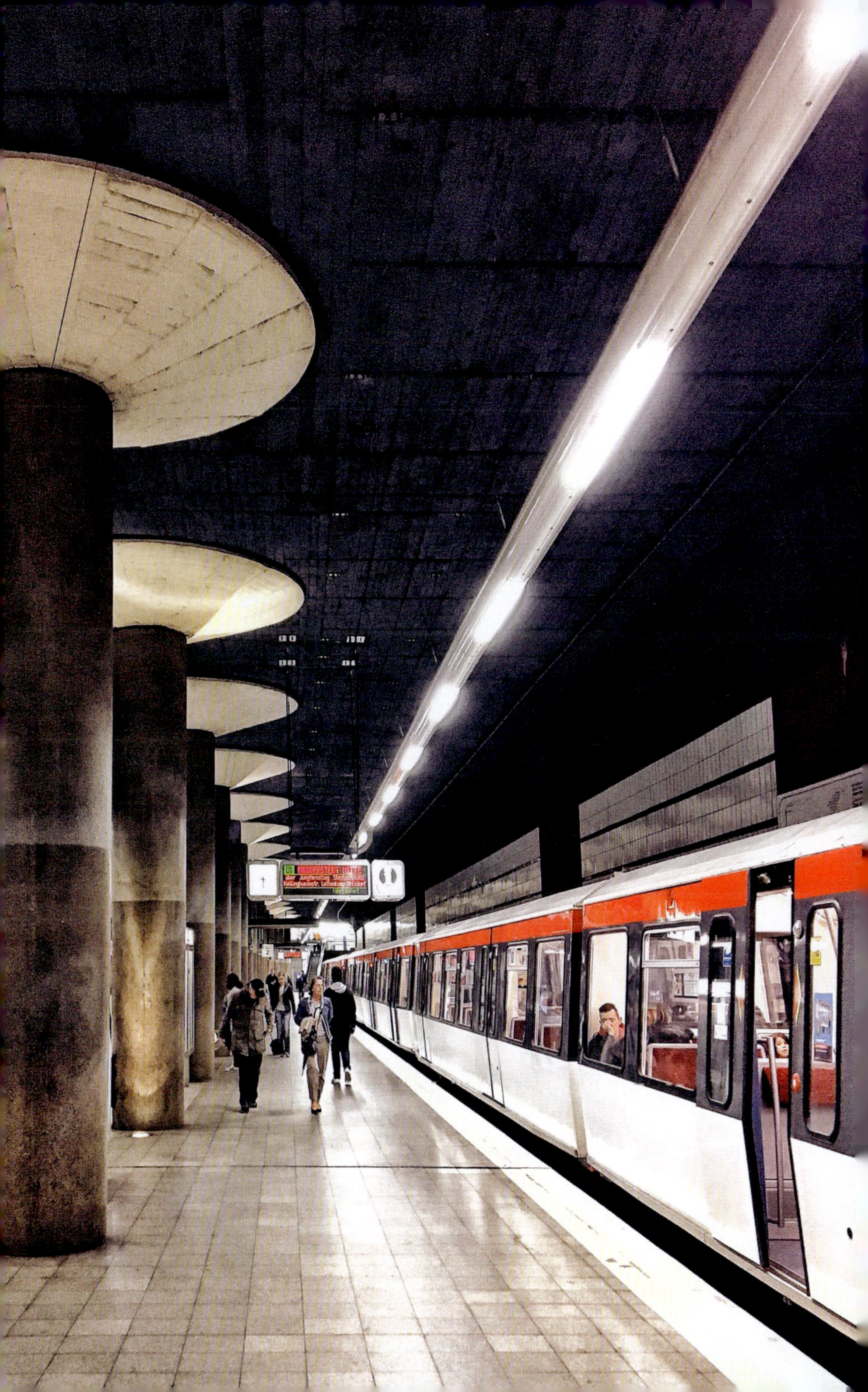
U1

4 STATION MESSBERG (U1)

Verner Panton lässt grüßen! Dieser eidottergelbe Vintage-Traum begrüßt Sie am Meßberg. Kaum verwunderlich, dass die Station ihren Betrieb in den Swinging Sixties aufnahm. Kleiner Exkurs: Wissen Sie eigentlich, woher der Name »Meßberg« stammt? Die wörtliche Übersetzung lautet »Misthaufen« – tatsächlich nutzten die Hamburger den Ort über der U-Bahn-Station im Mittelalter zum Lagern von Unrat. Zum Glück hat das aufgehört!

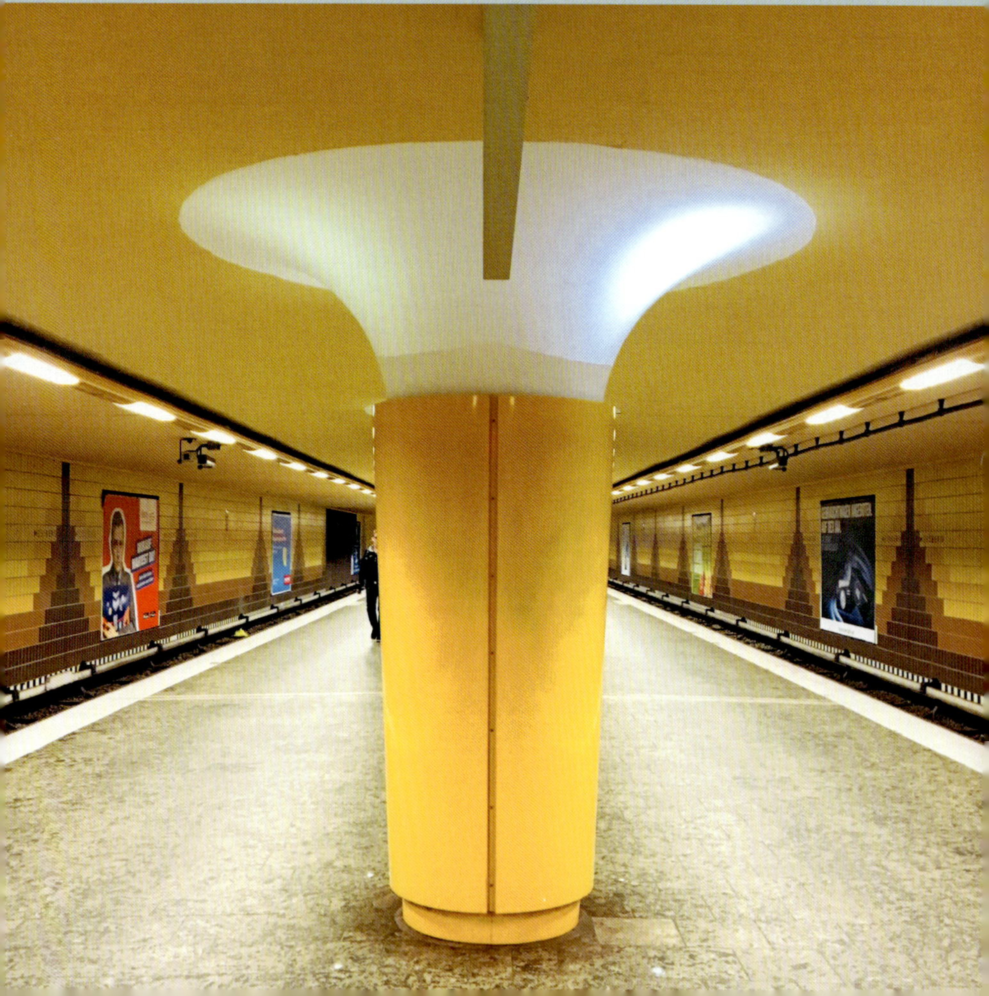

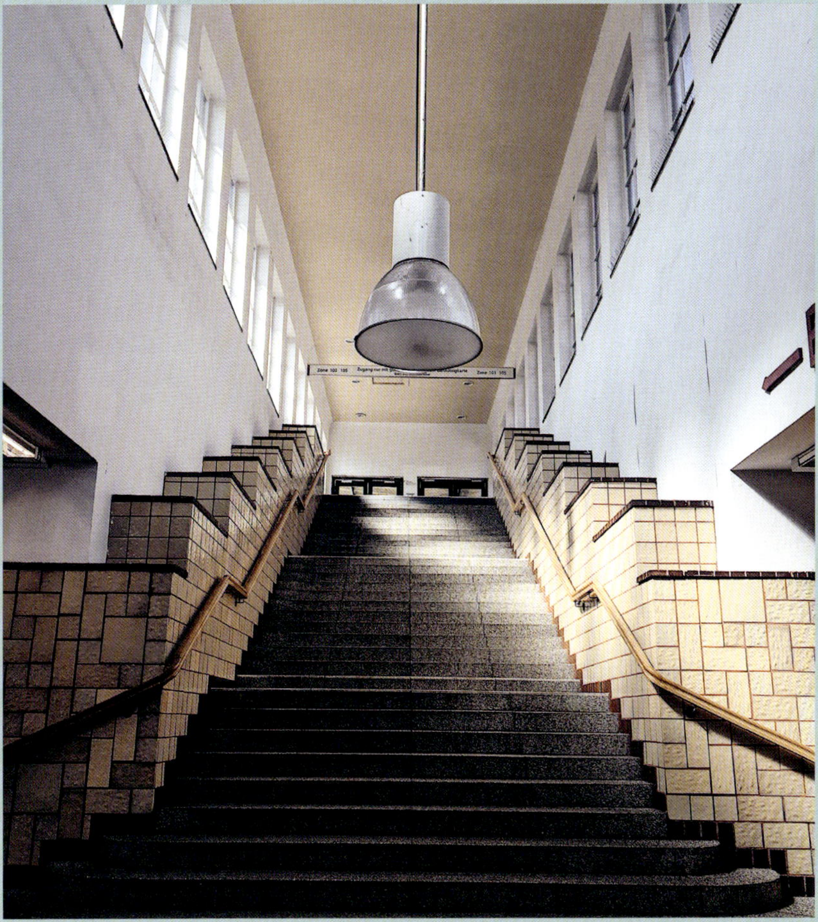

5 STATION SAARLANDSTRASSE (U3)

Als diese Haltestelle 1912 eröffnete (im ersten Jahr der Hochbahn-Ringlinie U3), hieß sie noch »Flurstraße« und befand sich mitten im Wald. Damals existierten nur ein Bahnsteig und ein einfach gehaltener Zugang am Ostende. Im Juli 1924 erhielt die Haltestelle dann den Namen »Stadtpark«. Nur, um dann noch einmal umgebaut und 1970 in »Saarlandstraße« umbenannt zu werden. Ein klassisches Beispiel für das schöne und schlichte Design der ersten Generation von U-Bahn-Stationen in Hamburg.

INS HERZ DER STADT

TOUR 5

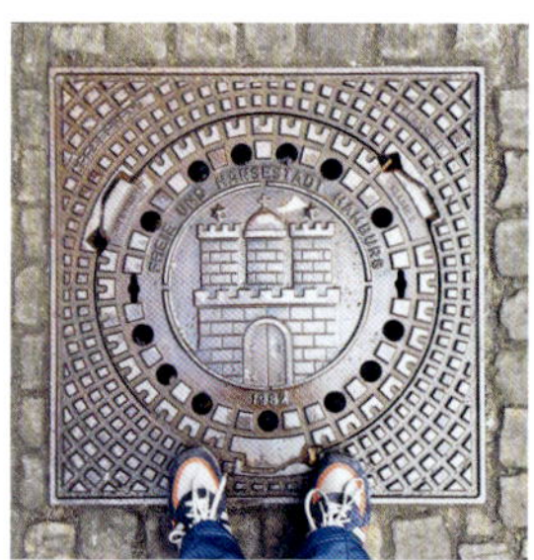

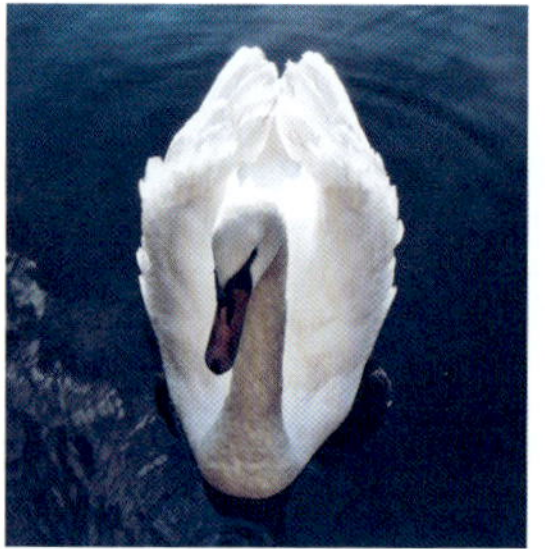

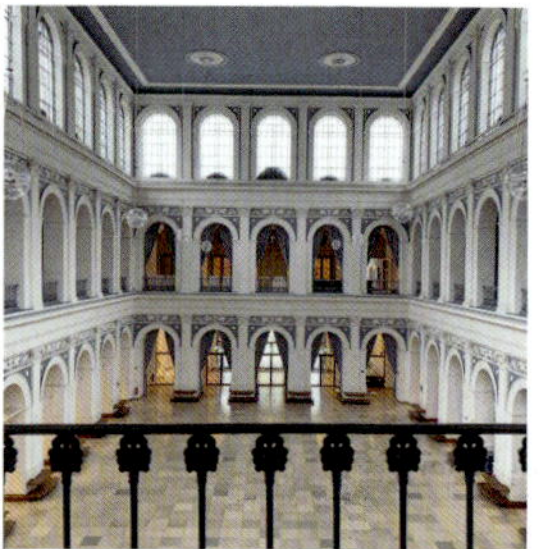

3–4 STUNDEN
CA. 4 KM, ZU FUSS ODER MIT DEM RAD

FOTOGRAFIE-GENRE:
Architektur, Treppenhäuser, Street-Fotografie

DER RICHTIGE ZEITPUNKT:
Da sich diese Tour häufig im Inneren von Gebäuden abspielt, spielen das Wetter und Lichtverhältnisse keine entscheidende Rolle. Eine wichtige Einschränkung gibt es dennoch: Diese Fototour sollte unter der Woche gemacht werden. Denn am Wochenende steht man an vielen Gebäuden, die hier vorgestellt werden, leider vor verschlossener Tür.

Auf dieser Tour geht es hanseatisch vornehm zu. Da reihen sich altehrwürdige Firmensitze, Banken, Luxusgeschäfte und Nobelhotels um die Binnenalster wie um einen kostbaren, königsblauen Teppich. Brücken spiegeln sich majestätisch im Fleet, Schwäne und Dampfschiffe drehen anmutig ihre Runden und nirgendwo sonst wird es so deutlich: Diese Stadt ist kein Strass-Stein in der Schmuckschatulle – sie ist eine Perle. Elegant, weiß, stuckverziert, weltbürgerlich – und natürlich wieder einmal unglaublich fotogen. Ich wünsche Ihnen glänzende Aussichten in der guten Stube Hamburgs!

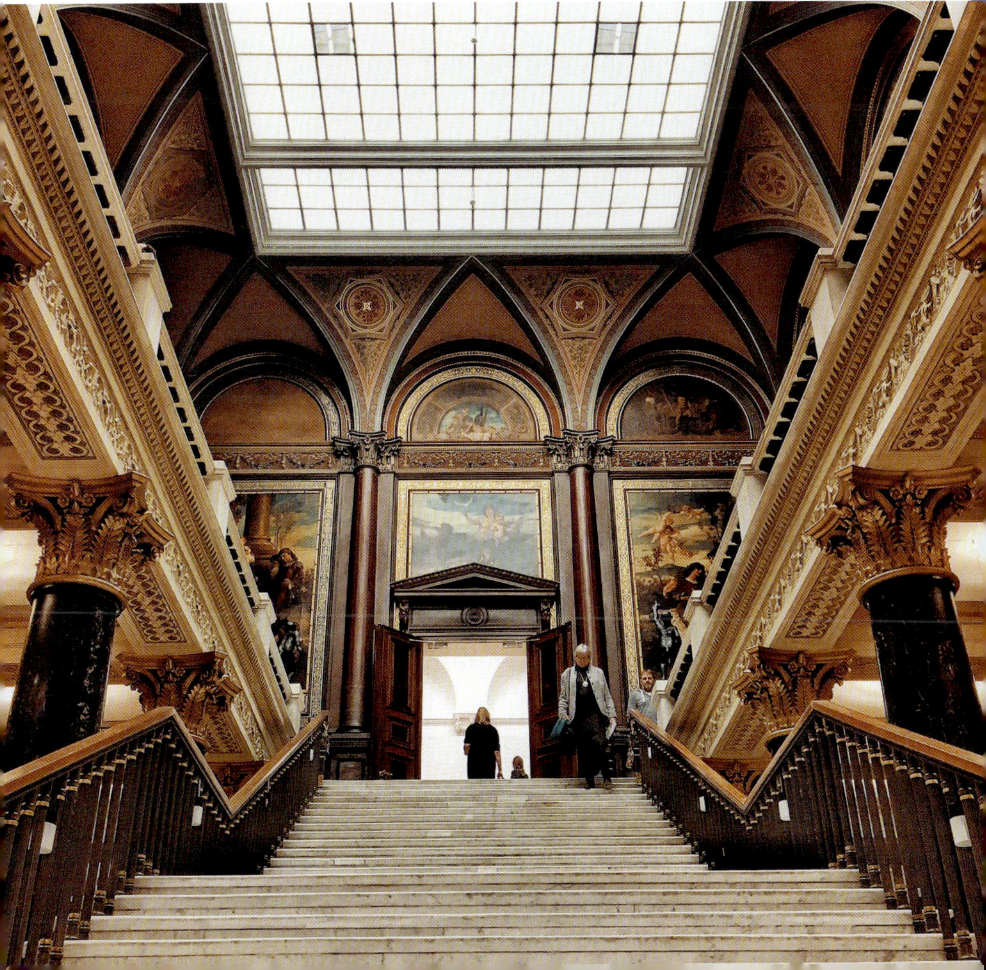

1. KUNSTHALLE
2. ALSTERUFER
3. ESPLANADEBAU
4. HALLERHAUS
5. HILDEBRAND-HAUS
6. ALSTERARKADEN
7. ELLERNTORSBRÜCKE
8. MICHAELISBRÜCKE
9. DIE U-BAHN-KURVE
10. HANDELSKAMMER
11. RATHAUS
12. CAFÉ PARIS
13. VERSMANNHAUS
14. HAUPTKIRCHE ST. PETRI
15. HULBE-HAUS
16. ALSTERTOR

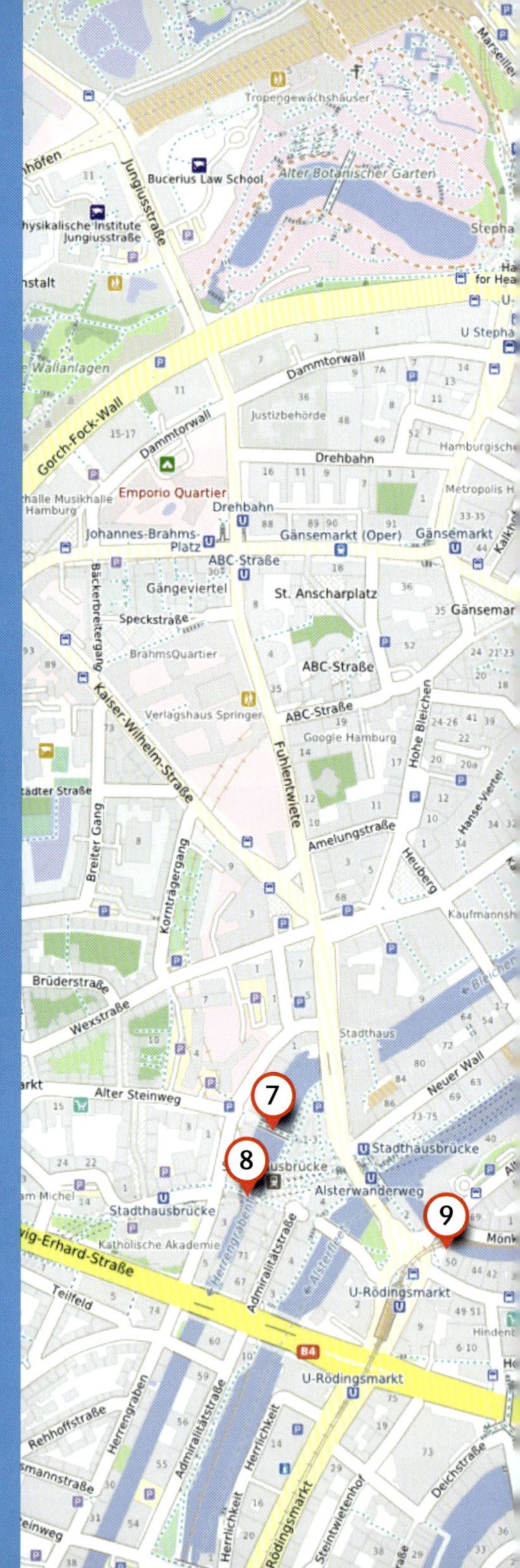

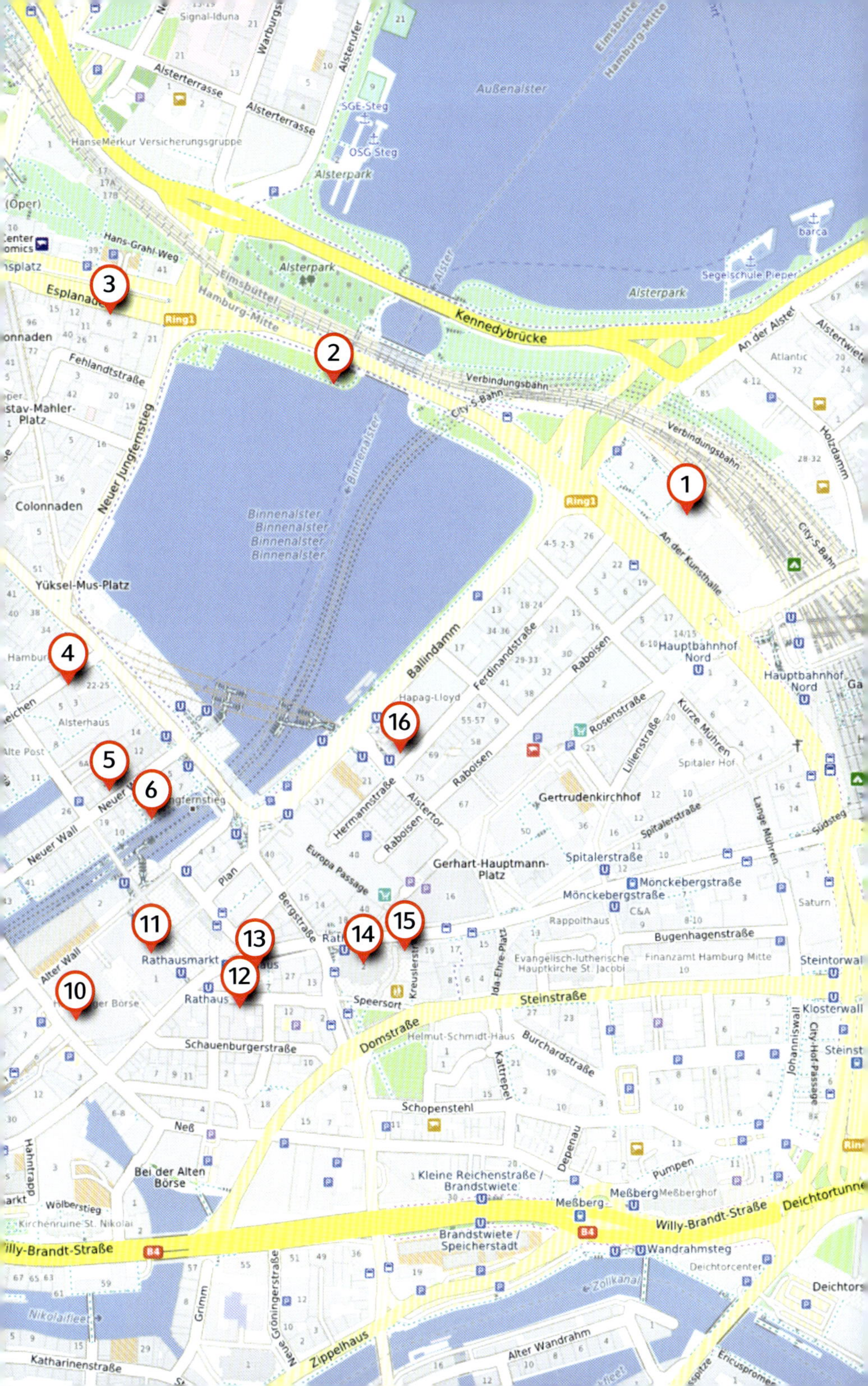

Außenalster
Binnenalster
Alsterpark
Kennedybrücke
Esplanade
Neuer Jungfernstieg
Ballindamm
Hauptbahnhof Nord
Gertrudenkirchhof
Gerhart-Hauptmann-Platz
Mönckebergstraße
Steinstraße
Domstraße
Rathausmarkt
Rathaus
Speersort
Willy-Brandt-Straße
Schopenstehl
Kleine Reichenstraße / Brandstwiete
Meßberg
Brandstwiete / Speicherstadt
Zippelhaus
Katharinenstraße
Colonnaden
Yüksel-Mus-Platz
Alsterhaus
Neuer Wall
Alter Wall
Bei der Alten Börse
Kirchenruine St. Nikolai
Schauenburgerstraße
Bergstraße
Europa Passage
Hermannstraße
Raboisen
Ferdinandstraße
Rosenstraße
Lilienstraße
Kurze Mühren
Lange Mühren
Spitalerstraße
Bugenhagenstraße
Evangelisch-lutherische Hauptkirche St. Jacobi
Finanzamt Hamburg Mitte
Burchardstraße
Helmut-Schmidt-Haus
Steintorwall
Klosterwall
Deichtorcenter
Wandrahmsteg
Alter Wandrahm
Pumpen
Meßberghof
Verbindungsbahn
City-S-Bahn
An der Kunsthalle
Holzdamm
Alsterterrasse
Alsterufer
Fehlandtstraße
Hapag-Lloyd
Hans-Grahl-Weg
1
2
3
4
5
6
10
11
12
13
14
15
16

1 KUNSTHALLE

»Die Kunst ist zurück!« Unter diesem Motto erstrahlt seit 2016 Hamburgs Kunsthalle in neuem Glanz. Dank einer 15-Millionen-Euro-Spende der Hamburger Mäzene Dorit und Alexander Otto betritt man sie nach den zweijährigen Umbauarbeiten heute wieder wie die ersten Besucher 1869: durch das 97 Jahre geschlossene Foyer, dessen herrschaftliche Treppe nun zu so berühmten Werken wie dem Wanderer über dem Nebelmeer von Caspar David Friedrich oder Manets Nana führt. Hier beginnt unsere Fotosafari durchs Herz der Stadt – und hier würde sie auch schon enden, wenn ich Sie tatsächlich ins Museum schicken würde. Selbst wenn der Besuch empfehlenswert ist, muss man für die Kunsthalle gut und gern einen Tag einplanen. Für heute soll darum der Blick ins Foyer genügen. Wenn Sie unauffällig bleiben, können Sie die Halle fotografieren, ohne Eintritt zahlen zu müssen. Dies holen Sie dann nach, wenn Sie wiederkommen!

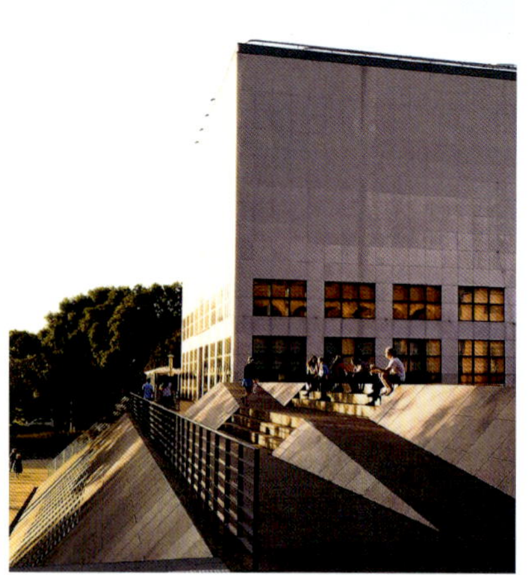

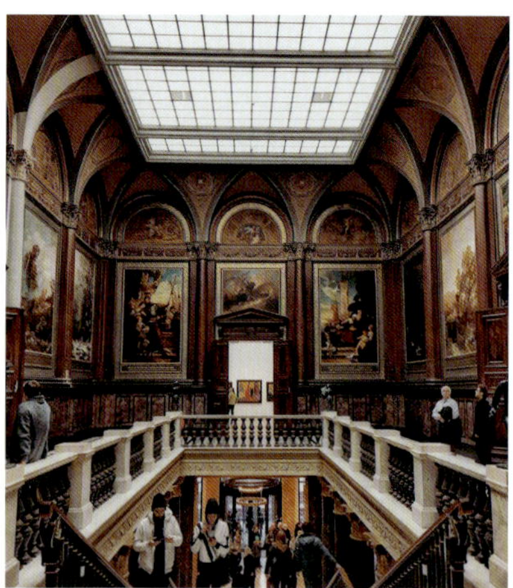

Hamburgs Kunsthalle besteht aus drei unterirdisch verbundenen Gebäuden. Links ist der kubistische Neubau für moderne Kunst, rechts der restaurierte Gründungsbau zu sehen.

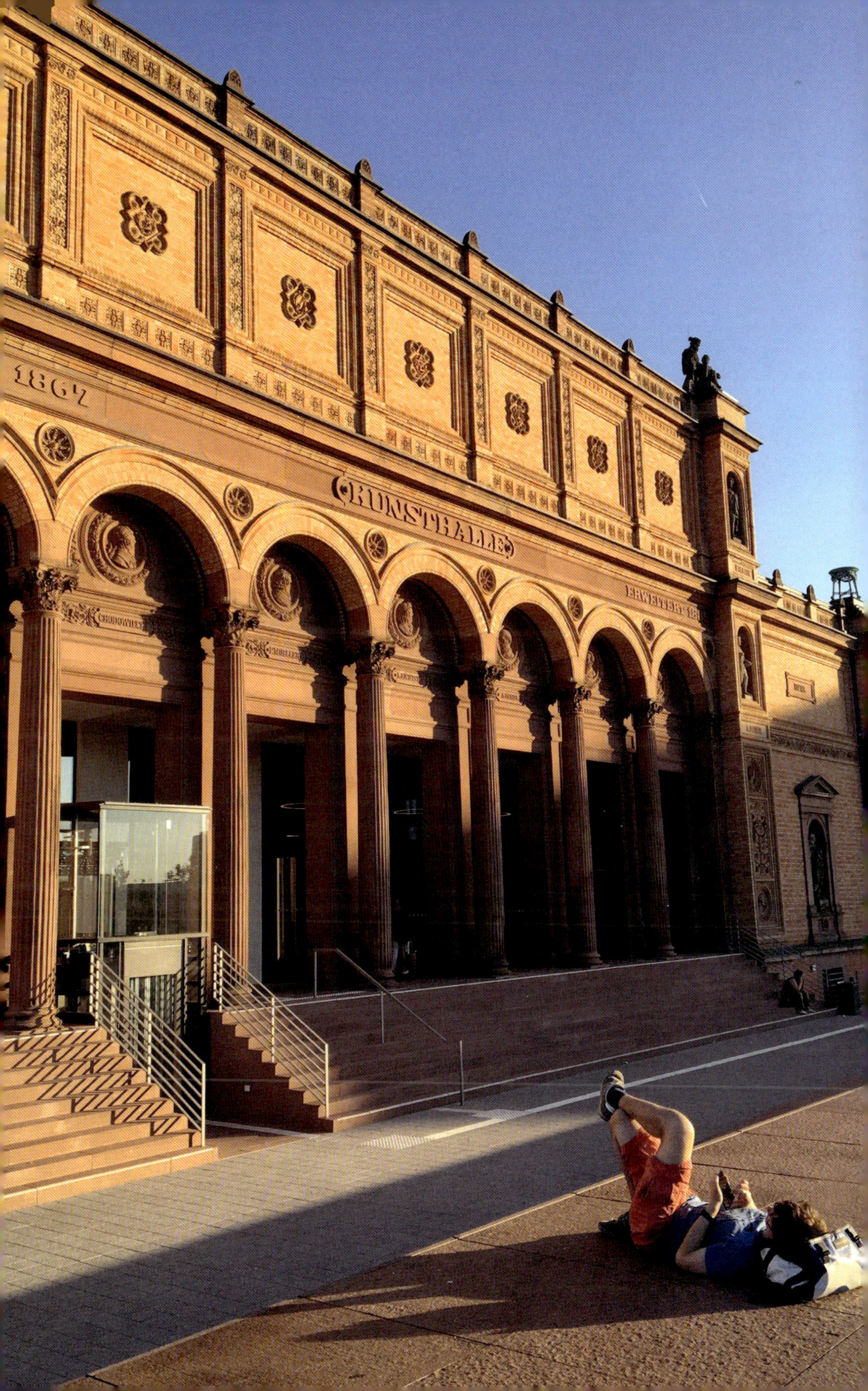
1867
KUNSTHALLE

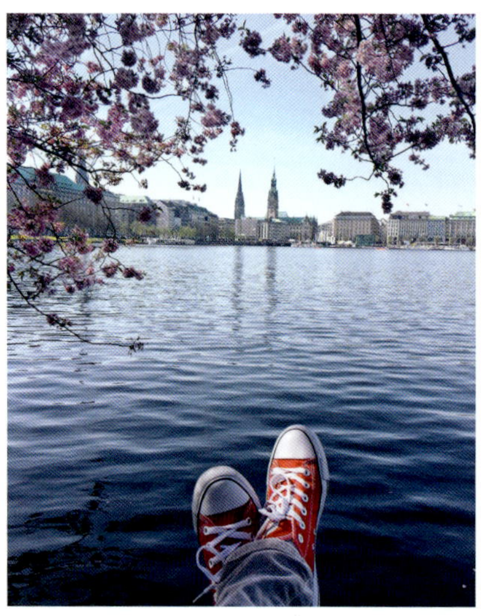

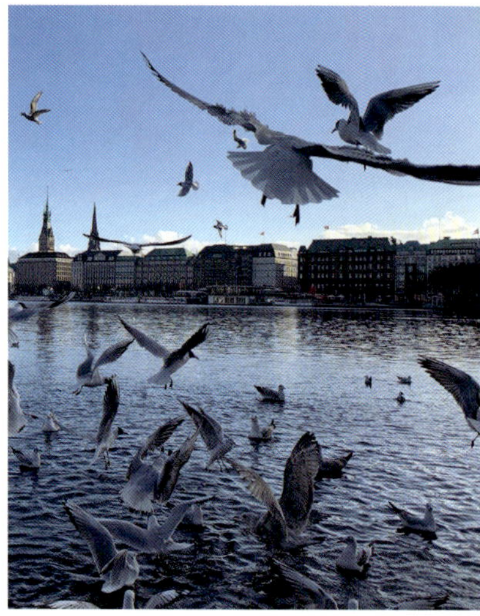

Seit 1968 pflanzt die japanische Gemeinde Hamburgs für jeden hier lebenden Japaner einen Kirschbaum – viele stehen an der Alster, wo im Mai auch das Kirschblütenfest gefeiert wird.

2 ALSTERUFER

Schräg gegenüber der Kunsthalle sehen Sie sie glitzern: die Binnenalster. Sie ist ein Teil jenes künstlichen Sees, den die Hamburger 1190 schufen, weil sie den Alsterlauf für den Betrieb einer Kornmühle aufstauten. Unten am Ufer lassen sich tolle Fotos mit der Stadtsilhouette im Hintergrund einfangen: Vor allem im Frühling, wenn die Kirschbäume blühen, und im Herbst, wenn das Laub der Bäume golden leuchtet, ist dieser Ort ein beliebtes Motiv. Mit etwas Glück schwimmt Ihnen sogar ein Alsterschwan durchs Bild (Schwäne sind Hamburgs Glückssymbole). Im Winter werden Sie die Tiere jedoch nicht vor die Linse bekommen, dann ziehen sie in den nahegelegenen Mühlenteich, in dem es wärmer ist. Dafür leuchtet dann ein riesiger Weihnachtsbaum mitten auf der Binnenalster, wo sonst eine Fontäne bis zu sechzig Meter hoch Wasser speit und durch die stetige Sauerstoffzufuhr für eine Verbesserung der Wasserqualität sorgt.

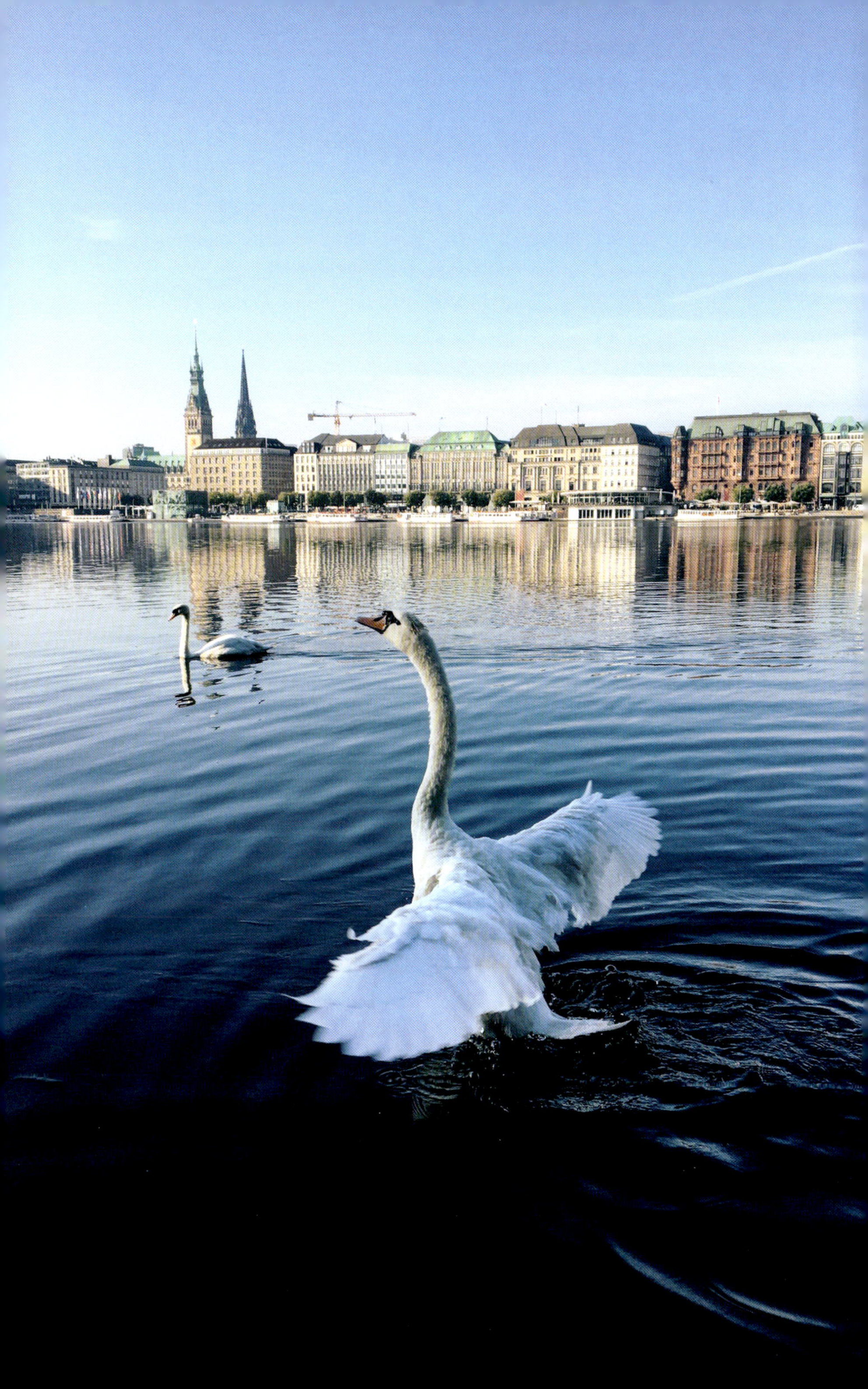

3 ESPLANADEBAU

An der Esplanade, der Verlängerung der Lombardsbrücke, liegt unser nächster Stopp: ein Gebäude zwischen dem Hofbräuhaus und dem Baseler Hof. 1915 wurde es als Zweigstelle der Adlerwerke, eines Frankfurter Automobilherstellers, errichtet, weil der hessische Firmensitz als Standort nicht mehr ausreichte. Damals war jedes fünfte Auto auf deutschen Straßen ein »Adler«, wie sich die Frankfurter Fahrzeuge nannten. Der Esplanadebau gilt als grandioses Beispiel Hamburger Kontorhaus-Architektur, wobei das Innere das Äußere bei Weitem übertrifft: Die Empfangshalle mit marmornen Kacheln, einem kunstvollen Tiffany-Fenster, Schnitzereien und Deckenornamenten lässt erahnen, wie erfolgreich die Geschäfte des Bauherrn Heinrich Kleyer gewesen sein müssen. Größter Blickfang: das Treppenhaus-Auge mit obligatorischem Oberlicht und einer Mischung aus Jugendstil- und Art-Déco-Elementen.

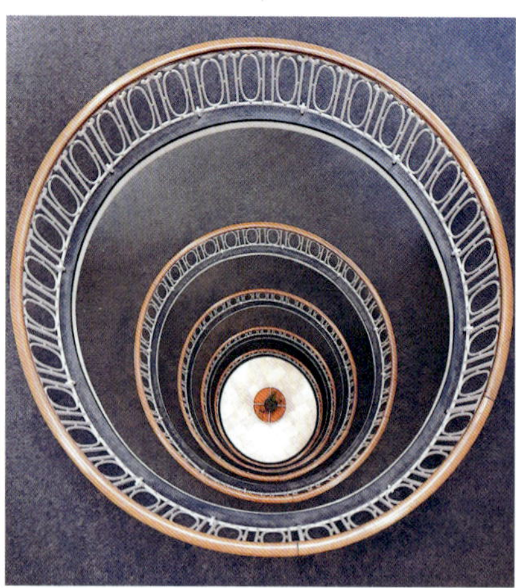

Es lohnt sich, das Treppenhaus des Esplanadebaus von oben zu fotografieren. Schade nur, dass inzwischen Fahrstühle den Paternoster ersetzen, der Besucher einst in die oberen Etagen beförderte.

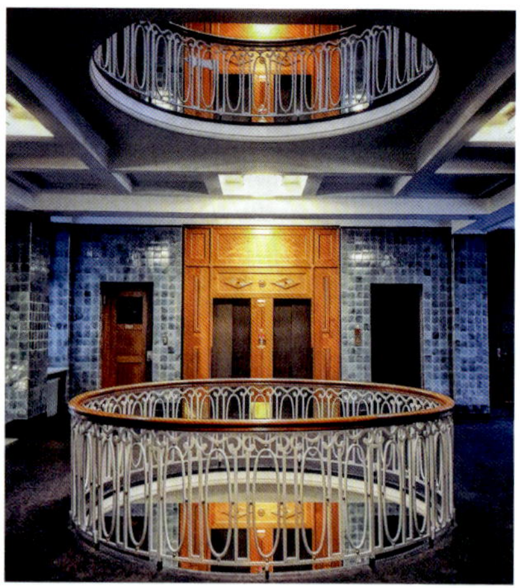

Kontorhaus deluxe: Blaue Kacheln und kreisrunde Öffnungen mit filigranen Metallgeländern machen jede Etage zur Augenweide.

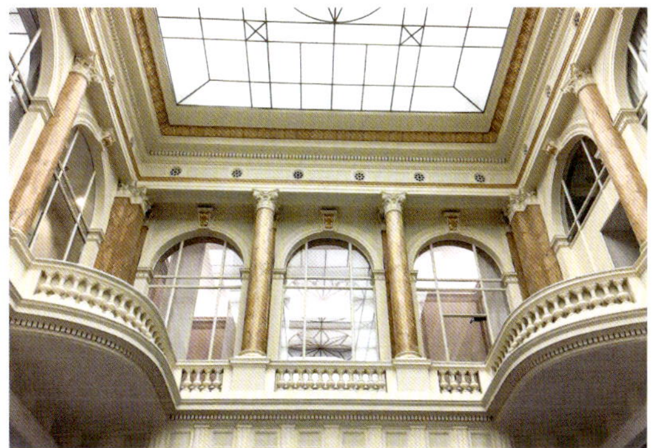

Lichtblick: Prächtig und dennoch nicht protzig wirkt die Commerzbank am Jungfernstieg, ein Beispiel für typisch hanseatische Vornehmheit.

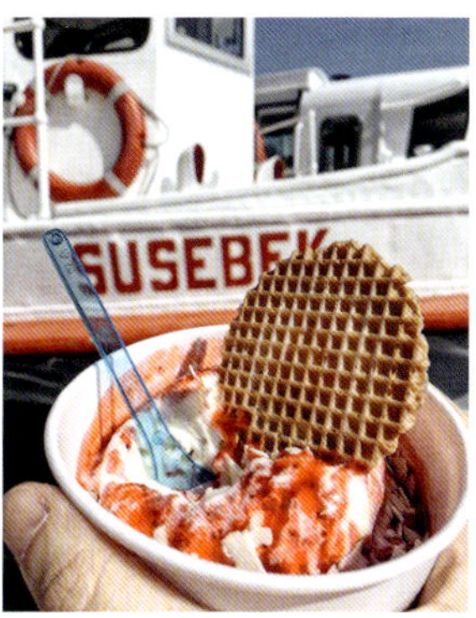

Am Alsterpavillon gibt es hervorragendes Spaghetti-Eis. Passt farblich perfekt zu den Ausflugsdampfern!

4 HALLERHAUS

Kehren Sie zurück ans Alsterufer, das Sie auf der rechten Seite bis zum Jungfernstieg hinauflaufen. Sie haben nun die »Gute Stube« Hamburgs betreten. Rund um den See findet man die altehrwürdigen Sitze alter Hamburger Institutionen wie der Hapag-Lloyd AG, das Hotel Vier Jahreszeiten, das Alsterhaus oder den schicken Alsterpavillon. Ein Gebäude, das selbst wenige Hamburger kennen, ist die Commerzbank im sogenannten »Hallerhaus« am Jungfernstieg, deren Besuch ich Ihnen empfehle, selbst wenn Sie gerade kein Geld abheben müssen. Der Grund ist einer der letzten in Hamburg noch erhaltenen Bank- und Schalterräume der Jahrhundertwende, den man darin bestaunen kann. Derzeit wird der alte Bankpalast für das Banking von morgen modernisiert. Die denkmalgeschützte Kassenhalle mit ihren marmornen Säulen wird jedoch zum Glück erhalten bleiben.

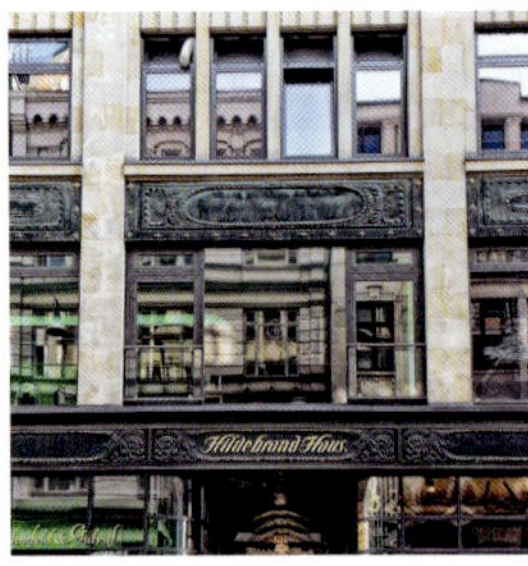

Die Sandsteinfassade des 1907–08 erbauten Hildebrand-Hauses ist mit Bronze-Füllungen und schön geschwungenen goldenen Schriftzügen verziert worden.

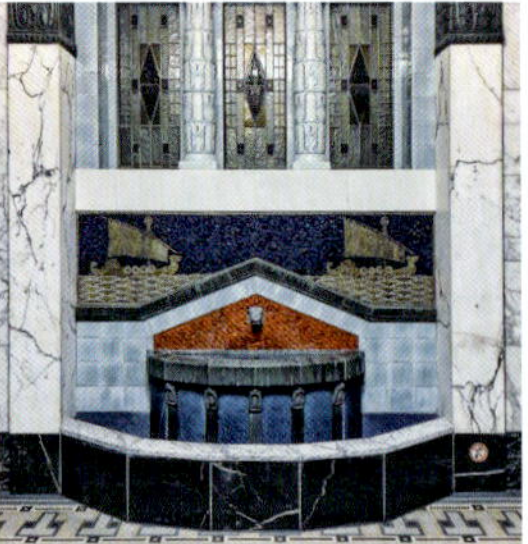

Der Erbauer des Hauses war in der Seefahrt tätig und soll Griechenland verehrt haben – was man dem beeindruckenden Wasserspender im Foyer ansehen kann.

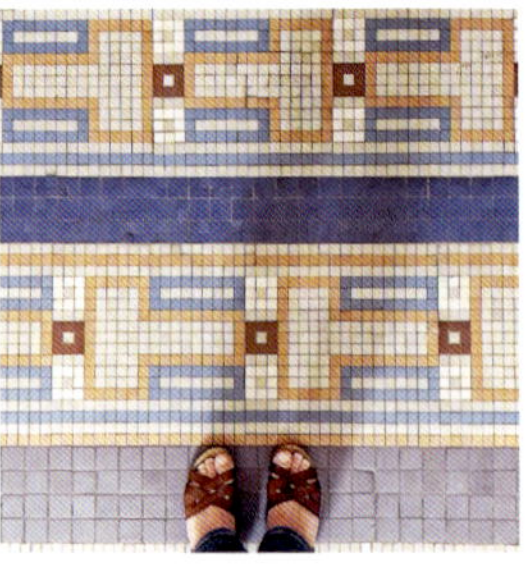

Wer häufiger mal den Blick zum Boden senkt, wird feststellen, dass auch die Welt da unten zuweilen mit überraschend schönen Ansichten aufwarten kann!

5 HILDEBRAND-HAUS

Ein weiterer Geheimtipp für Innenansichten imposanter Bauten rund um den Jungfernstieg ist das Hildebrand-Haus am Neuen Wall. Vielleicht kennen es nur die wenigsten, weil der Neue Wall die teuerste Premium-Shoppingmeile der Stadt ist, deren Schaufenster reichlich Ablenkungspotenzial bieten. Auch im Hildebrand-Haus fällt der Blick wohl zuerst auf die Brillanten und Perlen des Juweliers »Brahmfeld & Gutruf«, die im Erdgeschoss gut sichtbar ausliegen. Doch sie kümmern uns heute wenig. Sie begeben sich erst einmal auf die gegenüberliegende Straßenseite, um die Jugendstilfassade des Hauses zu bewundern. Wenn Sie anschließend das Innere entern, werden Sie noch viel mehr staunen. Im Entrée: wunderschöne Kacheln, feiner Mosaikboden und ein exotisch vor sich hin plätschernder Brunnen mit antiken Motiven. Für mich sind das die wahren Schmuckstücke des Hauses – und fotogen sind sie noch dazu.

6 ALSTERARKADEN

Ohne den Großen Brand, der 1842 von einem Speicher in der Deichstraße (siehe Seite 114) ausgehend über die Stadt hereinbrach und unzählige Gebäude zerstörte, gäbe es die Alsterarkaden wohl kaum. Der rundbogige Gang mit auf einer Seite freiem Blick auf das Rathaus sollte an nichts Geringeres als an den Markusplatz in Venedig erinnern. Noch dazu war er Hamburgs erste überdachte Fußgängerpassage. Fototipp 1: Von der geschwungenen Treppe am nordöstlichen Ende lässt sich das schlossartige Rathaus besonders gut einfangen. Fototipp 2: die Mellin-Passage. Sie ist ein von Läden gesäumter Tunnel, der die Alsterarkaden wie ein Geheimgang mit dem Neuen Wall verbindet. Jugendstildekor, gläserne Werbetafeln mit Engelsköpfen, Fresken und Rankenmalereien der Jahrhundertwende – die Passage, an der mindestens so viele Shopaholics vorbeirennen wie am Hildebrand-Haus, gehört für Fotografinnen und Fotografen zu den wohl überraschendsten Highlights der Innenstadt.

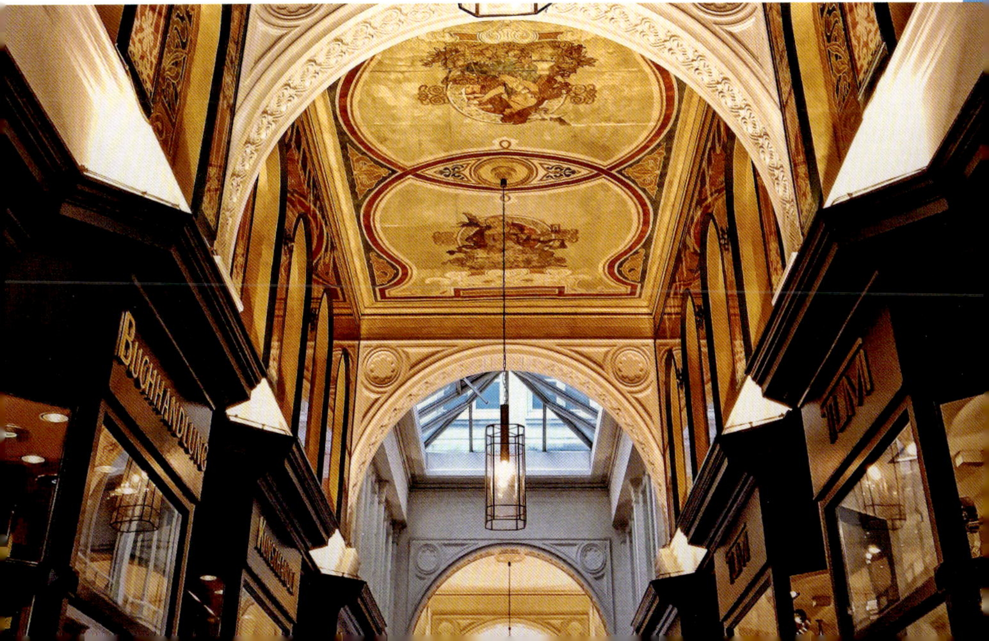

Himmlischer Blick: Der Name der Mellin-Passage zwischen Alsterarkaden und Neuem Wall geht auf einen Krämerladen zurück, der hier einst ansässig war.

7 ELLERNTORSBRÜCKE

Die Ellerntorsbrücke ist ein verwunschener Ort unweit des Stadtzentrums zwischen Fleetinsel und Hanseviertel. Sie finden die Brücke, wenn Sie den Neuen Wall bis zum Ende durchlaufen und sodann die Stadthausbrücke überqueren, von wo Sie Ihr nächstes Fotomotiv schon gut sehen können. Die massive, 1668 erbaute Brücke ist die zweitälteste der Stadt und überspannt den sogenannten »Herrengrabenfleet«. Mehrere Jahrhunderte lang war sie eine direkte Verbindung zwischen Hamburg und Altona (das früher einmal dänisch und dann preußisch war, bevor es 1938 in die Hansestadt eingemeindet wurde). Vor allem ihre malerischen drei Bögen haben sie zu einem echten Fotohotspot auf Instagram werden lassen. Wenn das Wasser im Fleet sehr ruhig ist, können Sie einen tollen Spiegeleffekt fotografieren.

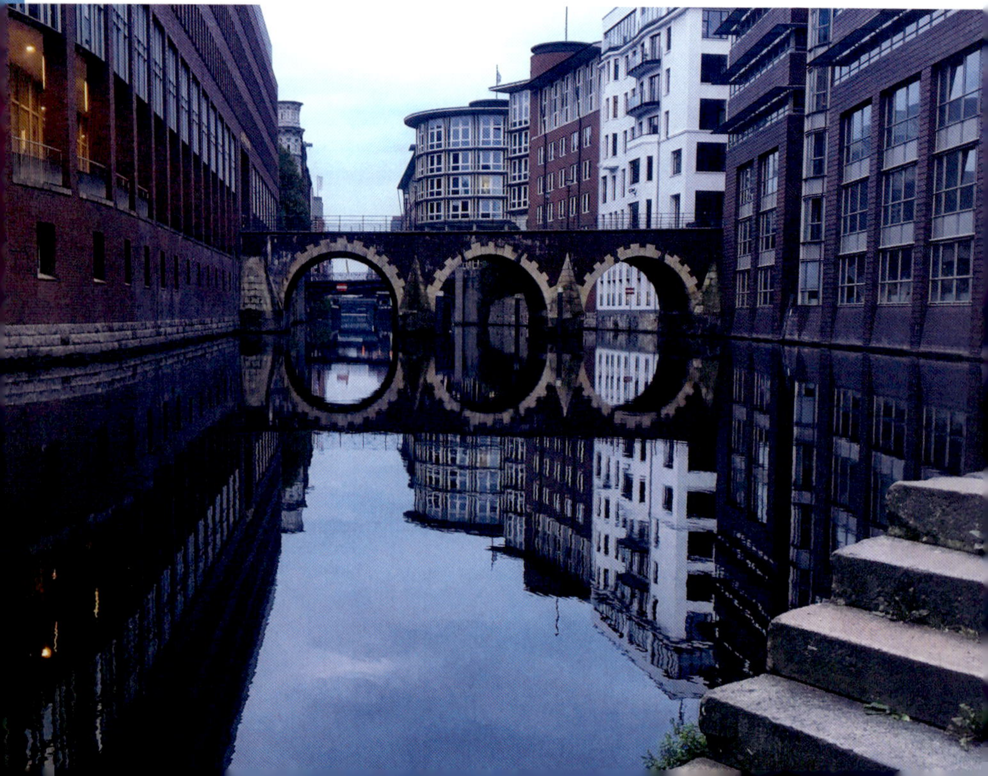

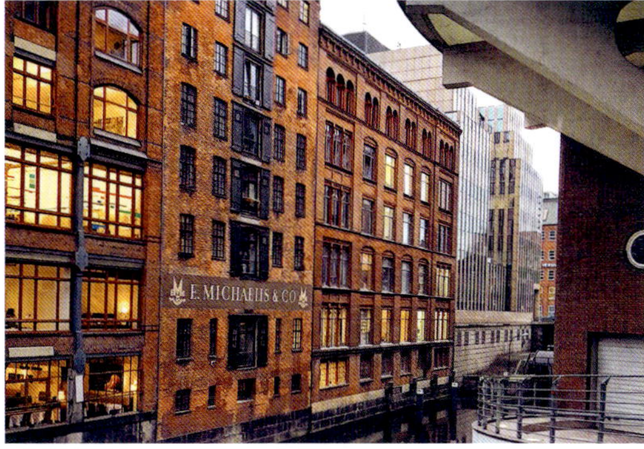

Blick von der »Liebesbrücke«, wie die Michaelisbrücke auch genannt wird, über den Herrengrabenfleet, einen der ältesten Fleete der Stadt. 1499 wurde er als Verteidigungsgraben angelegt.

8 MICHAELISBRÜCKE

Direkt hinter der Ellerntorsbrücke finden Sie die Michaelisbrücke. Diese Ecke der sogenannten »Fleetinsel«, einer Art Insel zwischen dem Herrengraben- und Alsterfleet, gilt als besonders romantisch, weshalb hier auch ein Mekka für Liebesschloss-Fans aus aller Welt entstanden ist. Immer wenn ich die Michaelisbrücke besuche, baumeln gefühlt fünfzig neue Love Locks am Geländer. Und ich mache mir Sorgen, dass der Brücke ein ähnliches Schicksal widerfährt wie dem Pont des Arts in Paris: Ein Teil von dessen Geländer stürzte 2014 wegen des Gewichts von 93 Tonnen Schlösser in die Seine. Hoffen wir, dass es die Hamburger nicht so weit kommen lassen, schließlich sind sie ja mächtig stolz auf ihre Brücken, von denen es (erwähnte ich das schon?) in dieser Stadt über 2.500 Stück gibt (mehr als in Venedig!). Von der Michaelisbrücke haben Sie einen tollen Blick auf alte Speicher und Kanäle – und auch hier lassen sich bei glatter Wasseroberfläche herrliche Spiegelungen fotografisch einfangen.

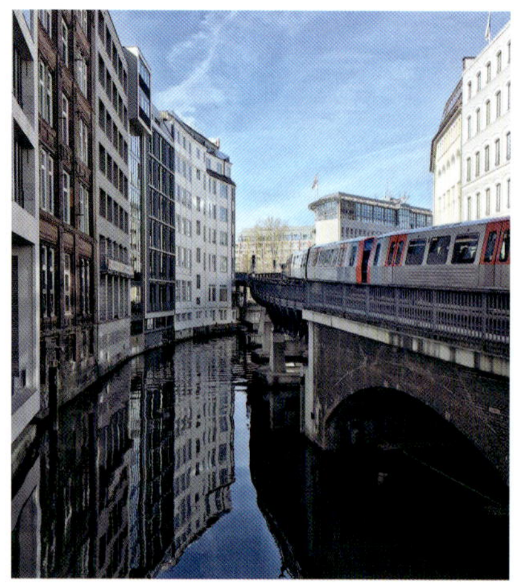
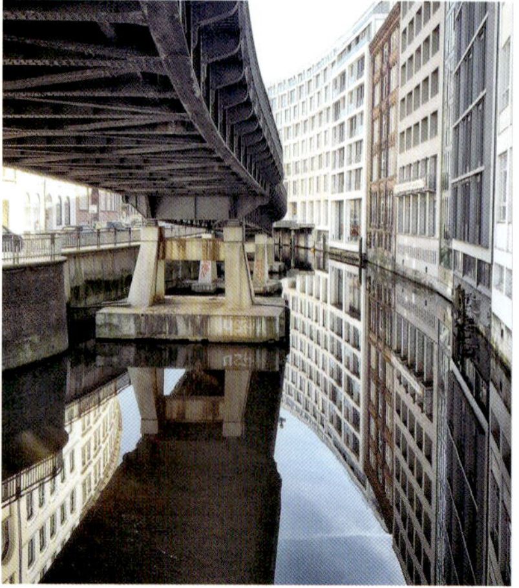

Das Viadukt der U-Bahn-Linie 3 senkt sich über dem Fleet hinter dem Großen Burstah ab und verläuft unterirdisch weiter. Das rechte Bild zeigt die gleiche Trasse von unten, wie man sie von der anderen Seite aus sieht.

9 DIE U-BAHN-KURVE

Der nächste Stopp mag etwas speziell und weniger malerisch sein – doch ich liebe ihn. Laufen Sie nun über die Heiligengeistbrücke zum Rödingsmarkt, über den sich das Viadukt der U-Bahn-Linie 3 schlängelt. Auf der rechten Seite tauchen die Gleise über dem Mönkedammfleet ab, um Richtung Rathausmarkt schließlich ganz unter der Erde zu verschwinden. Wenn Sie vor der Starbucks-Filiale an den Fleet treten, sehen Sie die Unterseite der beeindruckenden Kurve des Viadukts, das sich an dieser Stelle zwischen den Häuserreihen windet. Spiegelt sich das brutalistisch anmutende Konstrukt aus Betonpfeilern zusammen mit den bogenförmig angeordneten Gebäudereihen zudem im Wasser, ergibt dies ein perfektes Fotomotiv – auch von der anderen Seite. Hierzu laufen Sie am Mönkebergdamm zwischen zwei Läden durch die Unterführung. Tipp: warten, bis eine U-Bahn vorbeifährt. Sie verkehrt in beide Richtungen jeweils alle paar Minuten.

10 HANDELSKAMMER

Am Mönkebergdamm geht es nun links entlang weiter. Nach der Trostbrücke, die Sie auf der rechten Seite hinter sich lassen, halten Sie sich links und laufen sodann über die Börsenbrücke bis zum Adolphsplatz. Hier, hinter dem Hamburger Rathaus, befindet sich die Handelskammer. Vor allem die beiden Börsensäle beeindrucken, auch, weil sie eher wie Ballsäle eines Märchenpalasts wirken statt wie die Hallen in einem alten Finanzgebäude. Im linken Flügel des Gebäudes ist die Commerzbibliothek untergebracht, vor der ein fünfgeschossiger, begehbarer Kubus (»Haus im Haus«) zu bewundern ist, sowie die frei von der Decke schwebenden Modelle zweier Konvoischiffe, mit denen die Stadt einst Piraten bekämpfte. Leider ist die Handelskammer nur montags bis donnerstags von 8 bis 17 Uhr sowie freitags von 10 bis 16 Uhr zu besichtigen. Der Eintritt ist jedoch frei.

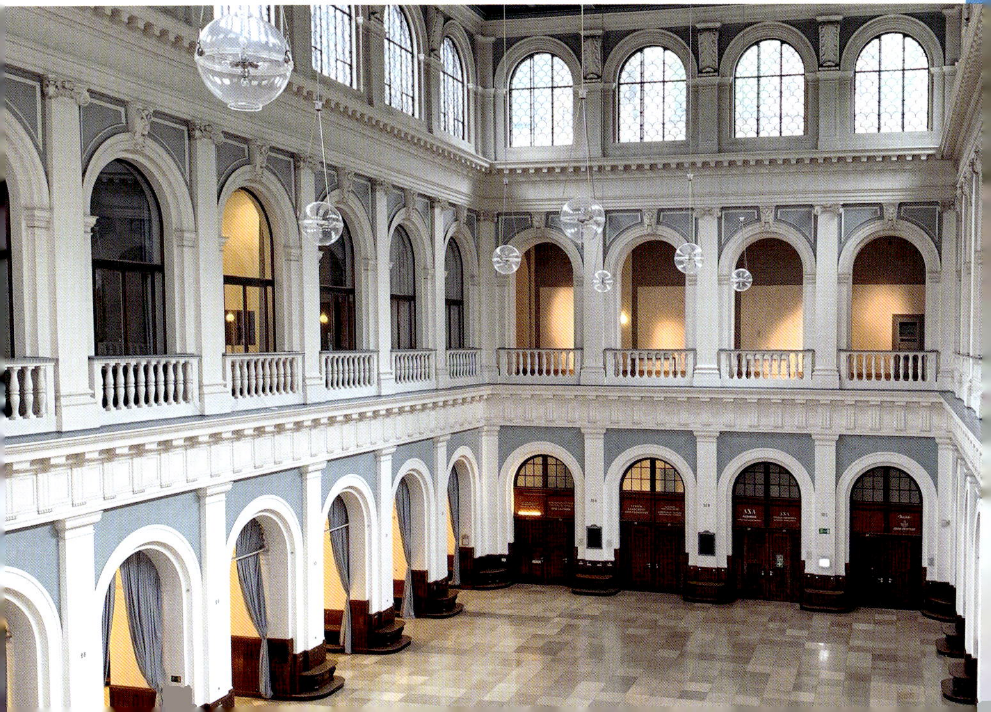

11 RATHAUS

Als das alte Rathaus an der Trostbrücke beim Stadtbrand von 1842 gesprengt werden musste, um eine weitere Ausbreitung der Flammen zu verhindern, nutzte die Handelsmetropole die Chance, sich ein sandsteinfarbenes Statussymbol zu bauen, das selbst Königspaläste in den Schatten stellt: Das neue Rathaus bekam 647 Räume, sechs mehr als der Londoner Buckingham-Palast, und einen Bürgermeistersaal, der mit seinem italienischen Marmor, den Mahagonimöbeln und Ledertapeten auch genauso gut ein Königssaal sein könnte. Fehlt nur der Thron ... Für eine Führung durch den auf 4.000 Holzpfählen errichteten Repräsentationsbau fehlt uns hier leider der Platz. Doch ich empfehle einen Blick durch das große schmiedeeiserne Eingangstor in die mittelalterlich wirkende Säulenhalle mit Gewölbe im Erdgeschoss. Auch beeindruckend: der Hygieia-Brunnen im Rathaushof, der an die über 8.600 Opfer der Choleraepidemie von 1892 erinnern soll.

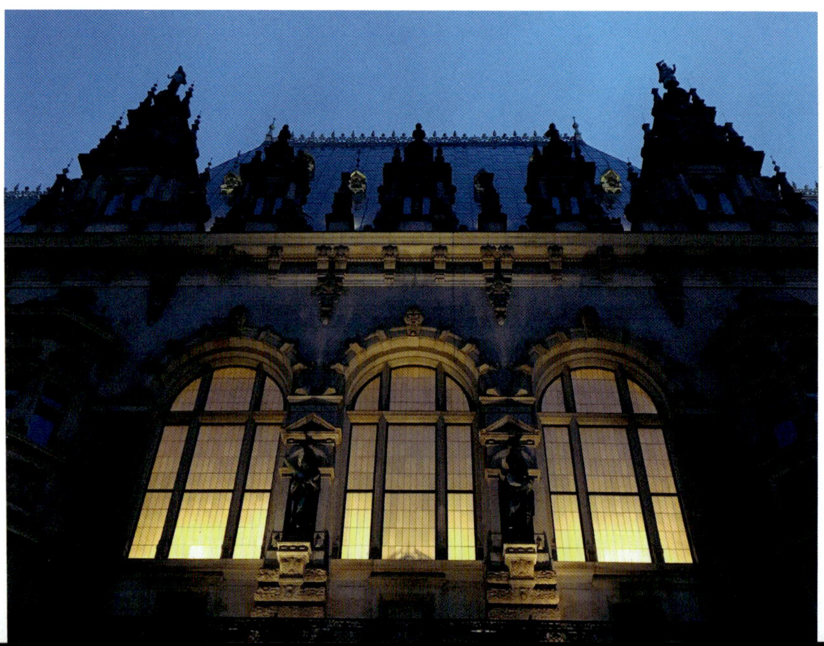

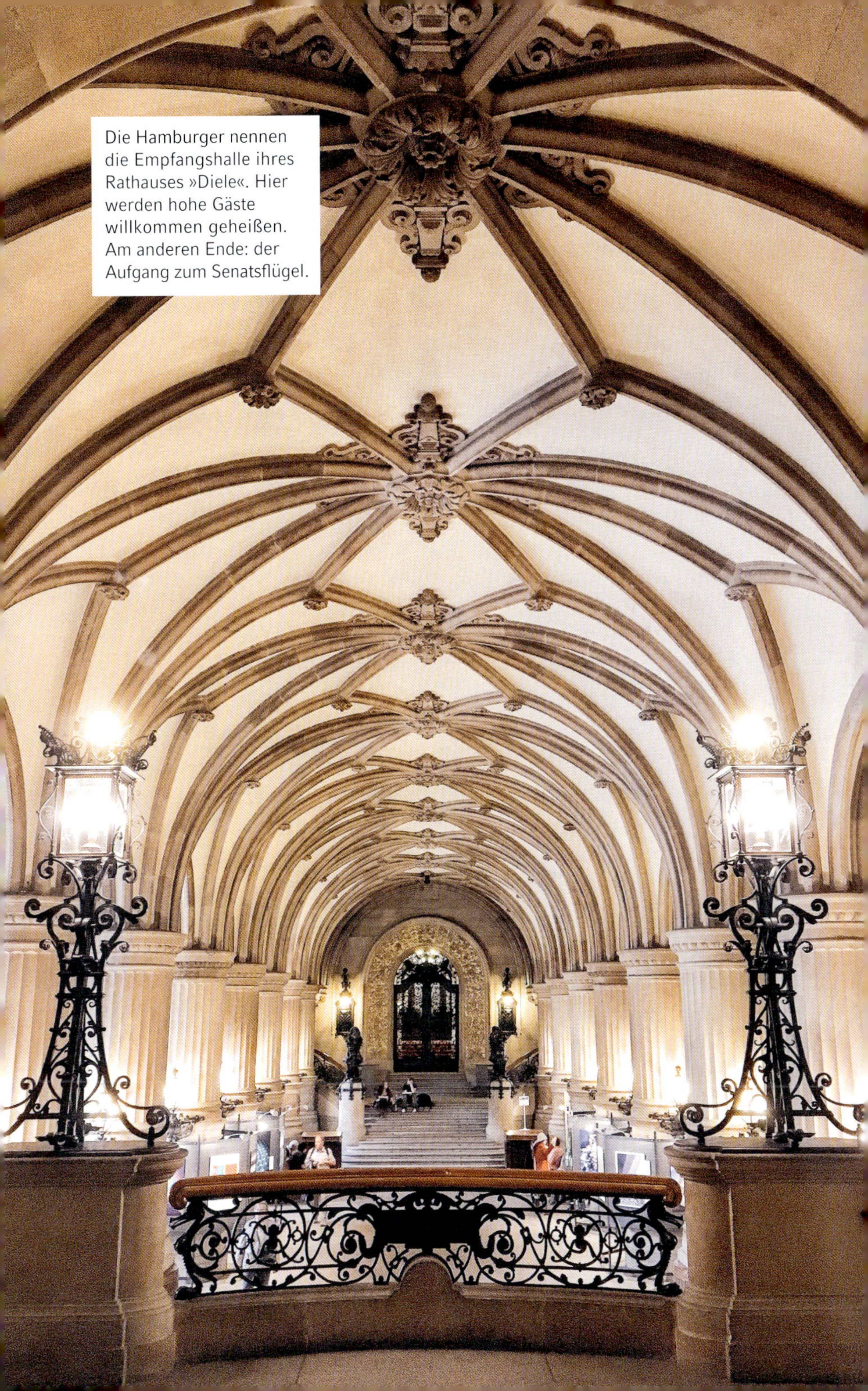

Die Hamburger nennen die Empfangshalle ihres Rathauses »Diele«. Hier werden hohe Gäste willkommen geheißen. Am anderen Ende: der Aufgang zum Senatsflügel.

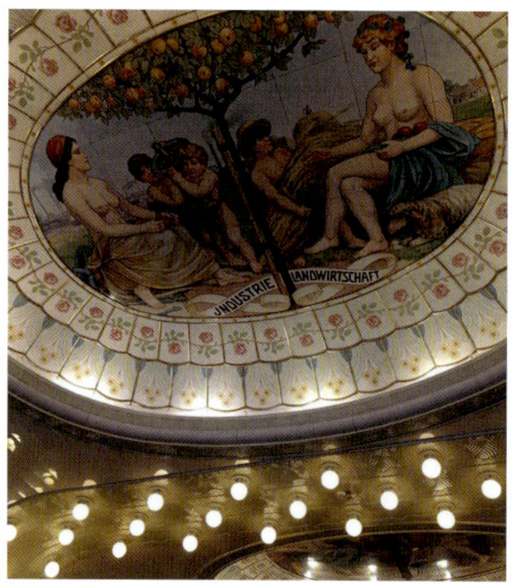

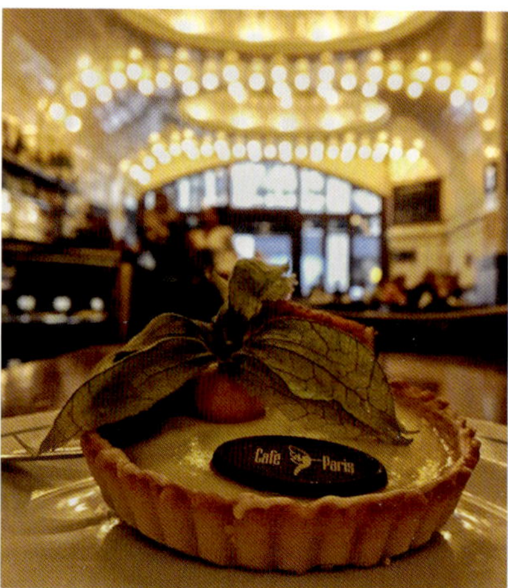

»Bienvenu à Paris!«, so wird man in diesem Hamburger Café begrüßt – mit echtem französischem Akzent, was fast so süß ist wie die Tartelettes, die hier serviert werden.

12 CAFÉ PARIS

Schöne Decken gibt es nicht nur im Rathaus. Auch im Café Paris, das sich direkt um die Ecke von der Regierungszentrale befindet, zieren prächtig bemalte Kacheln das Kuppelgewölbe, unter dem der Gast sitzt. Seit 1882 schon allegorisieren darauf vier halbnackte Frauen Schifffahrt und Handel, Industrie und Landwirtschaft. Früher blickten sie dabei jedoch Schlachtern über die Schulter, wie sie Rinderhälften bearbeiteten und Wurst herstellten. Erst seit wenigen Jahren kann man an diesem Ort in französischem Ambiente speisen. Und so darf sich das Café Paris durchaus auf die Fahnen schreiben, die Hanseaten dazu gebracht zu haben, die gediegene Stille hin und wieder auch mal gegen lärmende Geschäftigkeit, das Franzbrötchen gegen ein Croissant und das Labskaus gegen einen Teller Tartar einzutauschen. Meine besondere Empfehlung: das karamellisierte Limonentartelette mit Erdbeeren und Estragonrahmeis. Bon Appétit!

13 VERSMANNHAUS

Grüner wird's nicht. Zumindest nicht im Versmannhaus, einem weiteren Kontorhaus, das Sie schräg gegenüber des Rathausplatzes, am Beginn der Mönckebergstraße finden. Es ist wohl das einzige Haus in Hamburg, das über eine Straße gebaut wurde: Unter dem wuchtigen Torbogen mit den kunstvollen Sandstein-Kassetten, den Sie in der Mitte des Gebäudes sehen, befindet sich nämlich die kleine Knochenhauertwiete, eine winzige Gasse, in der früher die »Knochenhauer« (Schlachter) wohnten. Die beiden Figuren rechts und links des Durchgangs legen dann auch Zeugnis ab für diesen Berufsstand. Das 1912 fertiggestellte Gebäude ist nach dem Hamburger Bürgermeister, Johannes Versmann (1820–1899), benannt. Ein Gang ins Innere lohnt sich vor allem wegen des flaschengrünen Treppenhausovals. Da sich im Gebäude unter anderem Arztpraxen und Büros befinden, steht es nur unter der Woche offen.

Der Blick in die Tiefen des Versmannhauses fällt auf ein griechisches Fabelwesen: ein Oberkörper vom Pferd, die Vorderhufe einer Ente und der Schwanz vom Fisch ergeben ein sogenanntes »Hippokampos«.

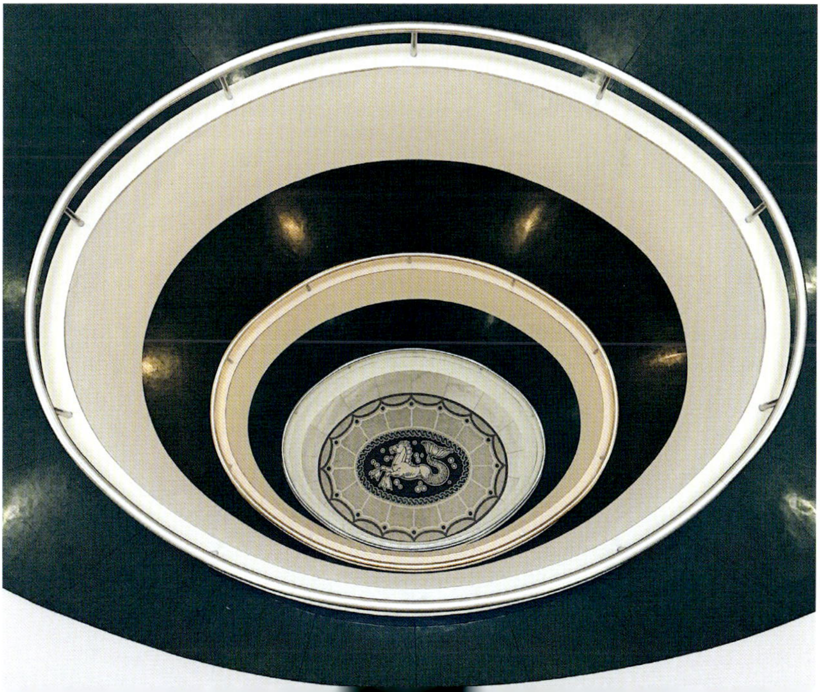

14 HAUPTKIRCHE ST. PETRI

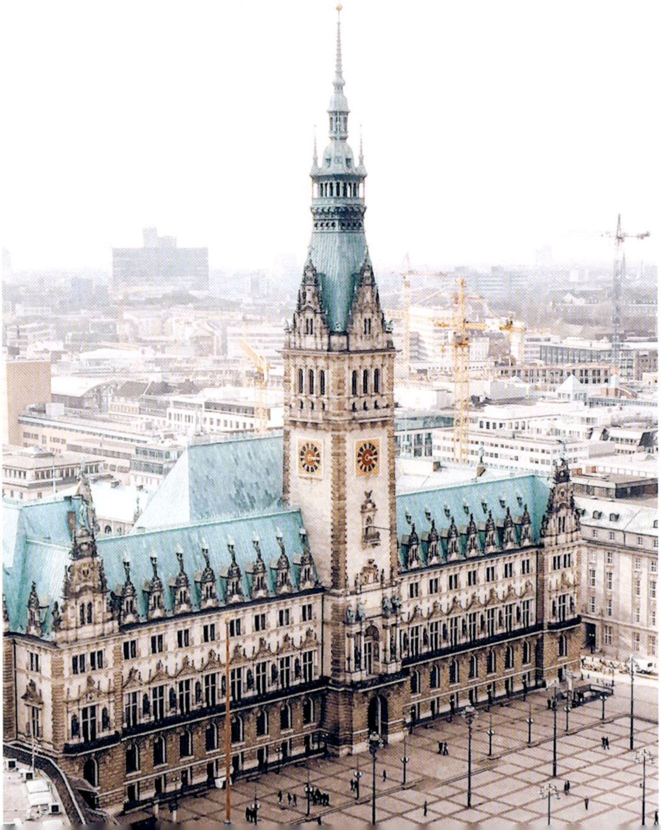

Die Petri-Kirche ragt an Hamburgs bekanntester Shoppingmeile, der Mönckebergstraße, empor. Viele Passanten hasten an ihr vorbei. Dabei verpasst man einiges – erst recht, wenn man auf der Suche nach Fotomotiven ist! Denn Hamburgs älteste Pfarrkirche besitzt einen Turm, auf dessen Spitze sich in 123 Metern Höhe eine Plattform befindet, die Ihnen den höchsten Ausblick über die Stadt bietet! Einziger Haken: Man muss die 544 Stufen zum Ausguck zu Fuß zurücklegen. Nervenkitzel verursacht der Aufstieg vor allem, weil die Treppe nach innen und zwischen den Stufen hindurch freie Sicht nach unten gewährt. Aber der Angstschweiß lohnt sich. Dieser Turm ist weit weniger besucht als der Michel. Dabei kann der Panoramablick mehr als mithalten! So wirkt das Rathaus von hier oben wie ein majestätisches Märchenschloss. Und je nach Witterung reicht der Blick bis zur Elbe, zur HafenCity und zur Elbphilharmonie. Himmlisch!

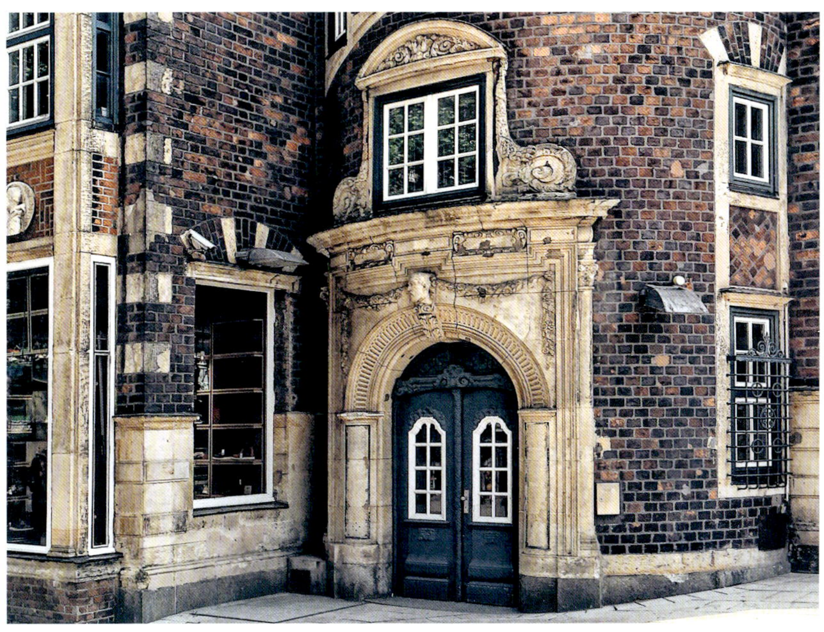

15 HULBE-HAUS

Hinter der St.-Petri-Kirche gelangen Sie an die Filiale von »Thomas-i-Punkt«, einem Modegeschäft, das sich im Hulbe-Haus, in einem der wohl schönsten Gebäude der Mönckebergstraße, befindet. Mit der goldenen Kogge auf dem Giebel und der mit Ornamenten verzierten Backsteinarchitektur fällt das Haus in der Einkaufsstraße sofort ins Auge. Georg Hulbe, der es 1911 bis 1912 errichten ließ, war einer der führenden Kunsthandwerker seiner Zeit und auf Buchbinderei und Lederarbeiten spezialisiert. Auch der Klinkerbau, den er im Stil eines niederländischen Bürgerhauses aus der Renaissance hatte erbauen lassen, wirkt wie ein überdimensionales Kunstwerk. Nicht ohne Grund! Mit ihm wollte Hulbe ein architektonisches Zeichen setzen und sich gegen die viel größeren Kontorhäuser, die sich auf der Mönckebergstraße aneinanderreihen wie Platzhirsche, abheben. Mission gelungen, würde ich sagen!

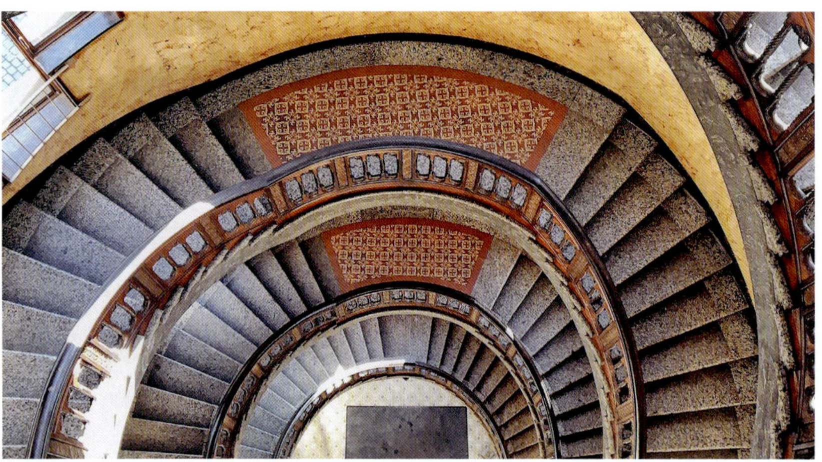

16 HAUS ALSTERTOR

Für mich sind Treppenhäuser eine faszinierende Angelegenheit, von der ich nie genug bekommen kann. Denn sie sind das reinste Augen-Yoga. Und deswegen muss ich Sie an dieser Stelle auf ein weiteres tolles Exemplar hinweisen, das mehr oder weniger auf dem Weg zum nächsten Stopp liegt: Laufen Sie über den an die Mönckebergstraße grenzenden Gerhard-Hauptmann-Platz. Am Ende begeben Sie sich auf die Alstertor-Straße, auf der Sie zu Ihrer Rechten das weiße Haus des Thalia-Theaters, eine der größten Bühnen Hamburgs, passieren. An der Kreuzung zur Ferdinandstraße steht das Haus Alstertor, ein mächtiges – Sie können es sich schon denken – Kontorhaus. Im Erdgeschoss befindet sich u. a. »Dr. Götze«, ein toller Buchladen, der auf Landkarten spezialisiert ist. Der Haupteingang rechts davon führt Sie in ein turmartiges, außergewöhnlich lichtes Treppenhaus mit allerfeinsten Drechsel- und Schnitzarbeiten. Eine echte Perle!

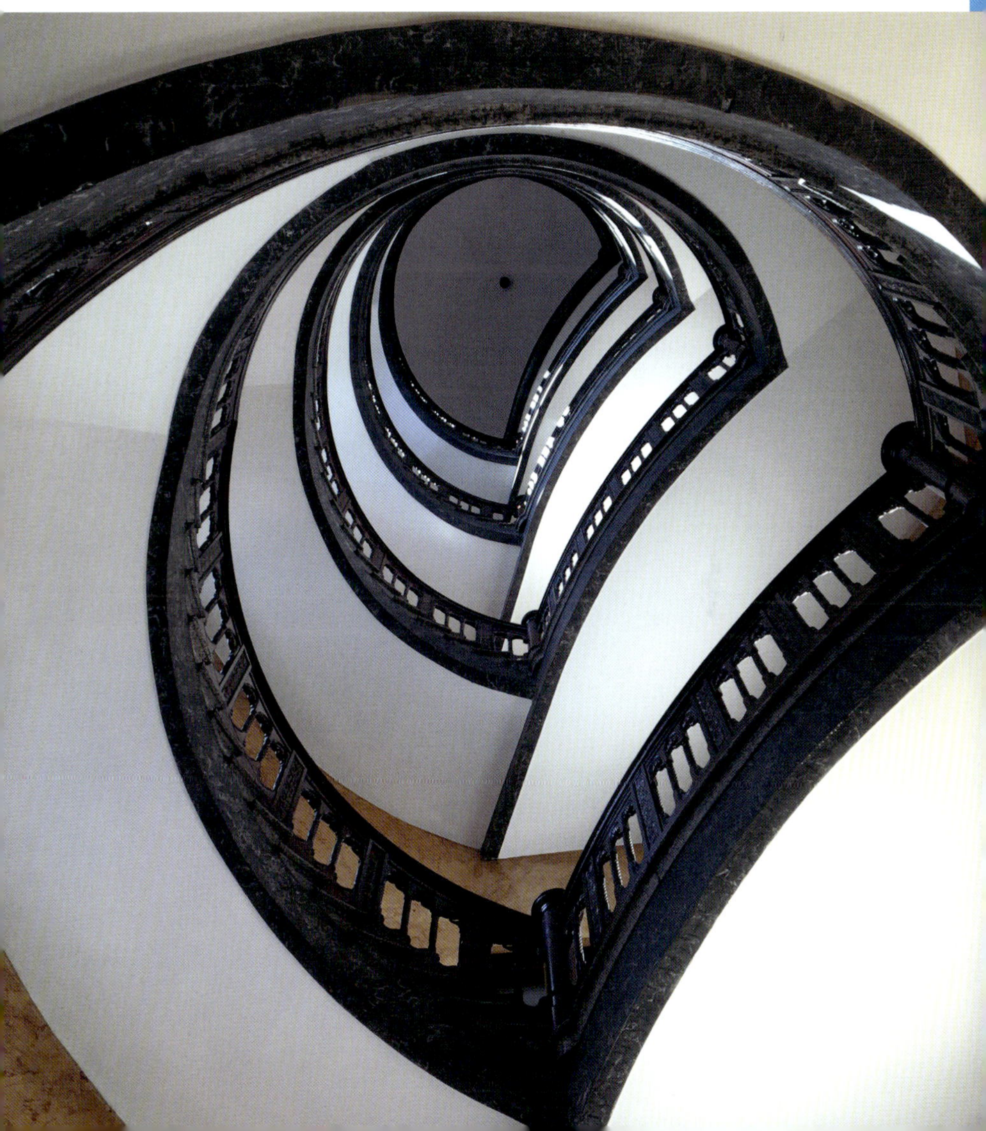

BACKSTEIN, KLINKER, ZIEGELSTEIN

Hamburg ist eine rote Stadt. Bauten aus Backstein dominieren vielerorts die Szenerie. Mir fällt kaum eine Metropole ein, die Ziegel und Klinker so effektvoll in Szene zu setzen weiß – und das seit Jahrhunderten. In einigen meiner Touren habe ich bereits ein paar Highlights aus dieser Kategorie wie etwa das Hulbe-Haus (siehe Seite 183) aus der letzten Tour oder das Chilehaus und den Sprinkenhof vorgestellt (siehe Seite 121 und Seite 123). Doch es gibt noch weitere, meist wenig bekannte Klinkerbauten, die einen Besuch wert sind. Zwar liegen sie weit verstreut über die Stadt, doch falls Sie gerade in der Gegend sind, sollten Sie einen kleinen Abstecher machen, um sie zu fotografieren.

1. STUBBENHUK 10
2. DAS PLANETARIUM
3. GORCH-FOCK-HALLE
4. ALTONAER KINDERKRANKENHAUS
5. HAYNSTRASSE NR. 2
6. DAS ALTE THEDEBAD

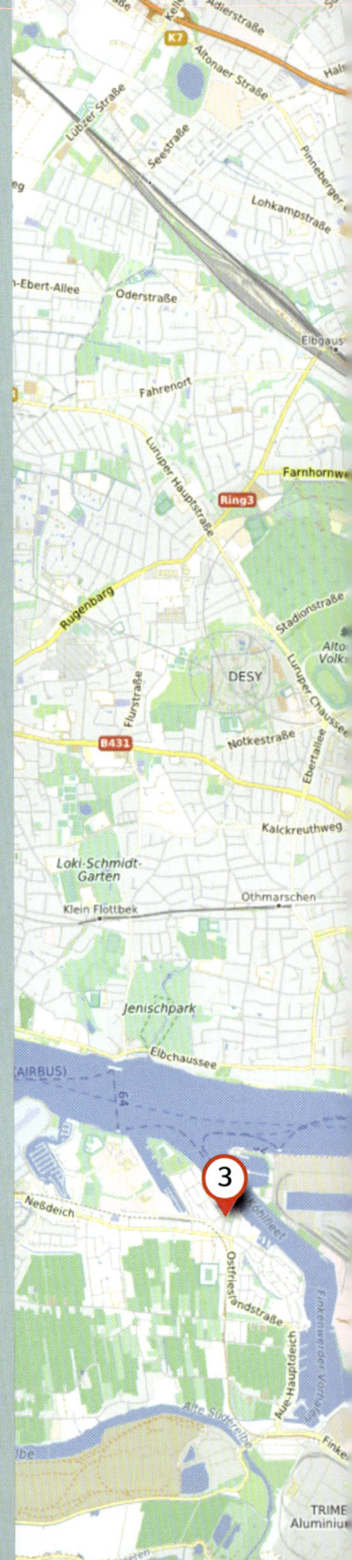

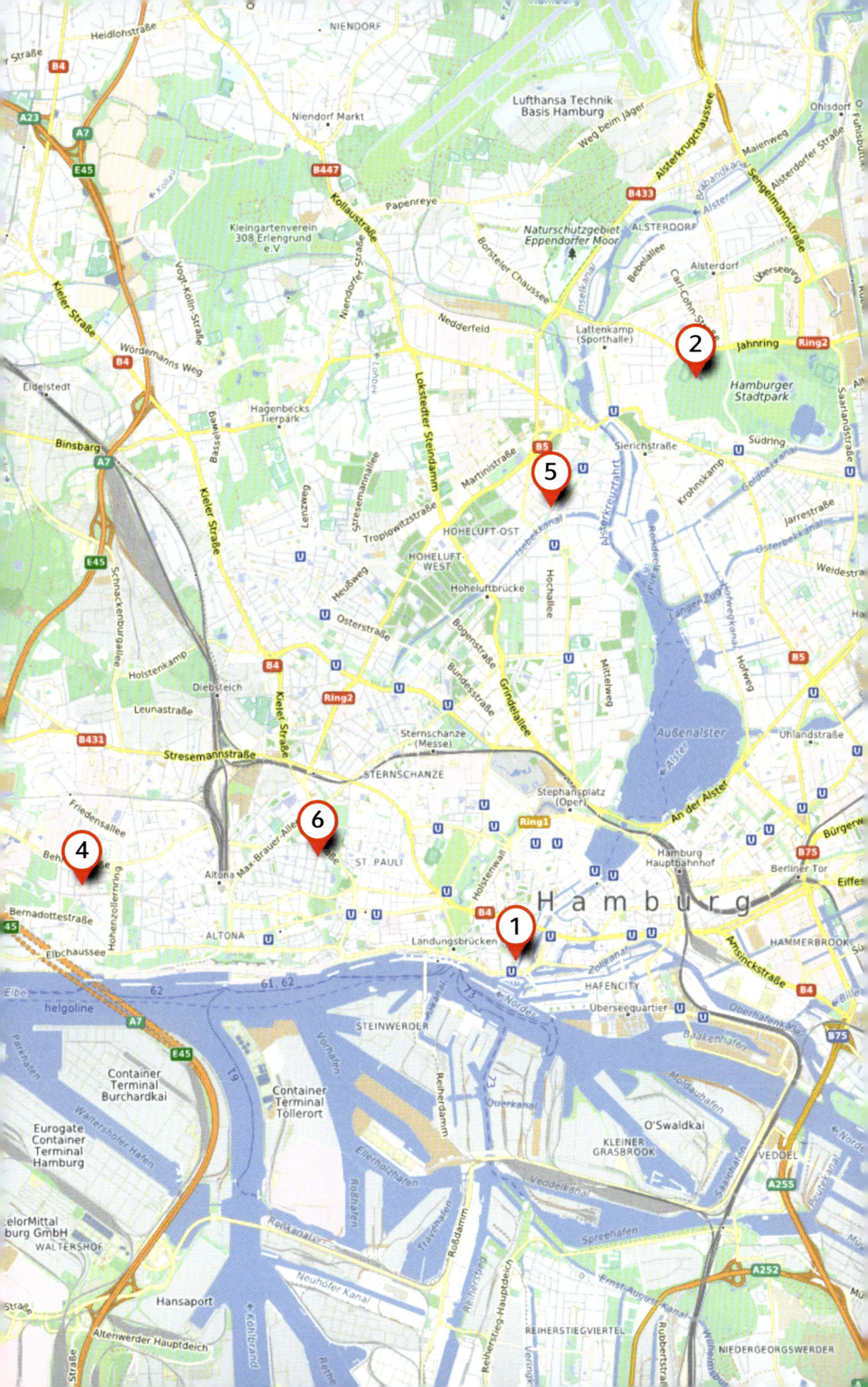

NIENDORF
Heidlohstraße
Niendorf Markt
Lufthansa Technik Basis Hamburg
Weg beim Jäger
Alsterkrugchaussee
Ohlsdorf
Maienweg
Sengelmannstraße
Alsterdorfer Straße
Kollaustraße
Papenreye
Kleingartenverein 308 Erlengrund e.V.
Naturschutzgebiet Eppendorfer Moor
ALSTERDORF
Alsterdorf
Borsteler Chaussee
Niendorfer Straße
Vogt-Kölln-Straße
Kieler Straße
Nedderfeld
Lattenkamp (Sporthalle)
Jahnring
Hamburger Stadtpark
Wördemanns Weg
Eidelstedt
Hagenbecks Tierpark
Lokstedter Steindamm
Sierichstraße
Südring
Binsbarg
Martinistraße
Krohnskamp
Jarrestraße
Troplowitzstraße
HOHELUFT-OST
HOHELUFT-WEST
Hoheluftbrücke
Hochallee
Isebekkanal
Heußweg
Osterstraße
Bogenstraße
Schnackenburgallee
Holstenkamp
Diebsteich
Leunastraße
Bundesstraße
Grindelallee
Mittelweg
Außenalster
Uhlandstraße
Stresemannstraße
Sternschanze (Messe)
STERNSCHANZE
Stephansplatz (Oper)
An der Alster
Friedensallee
Max-Brauer-Allee
ST. PAULI
Holstenwall
Hamburg Hauptbahnhof
Berliner Tor
Altona
Hamburg
Bernadottestraße
ALTONA
Landungsbrücken
HAMMERBROOK
Elbchaussee
HAFENCITY
Überseequartier
Amsinckstraße
Elbe
helgoline
STEINWERDER
Container Terminal Burchardkai
Container Terminal Tollerort
Eurogate Container Terminal Hamburg
O'Swaldkai
KLEINER GRASBROOK
VEDDEL
WALTERSHOF
Hansaport
REIHERSTIEGVIERTEL
NIEDERGEORGSWERDER
Altenwerder Hauptdeich
1
2
4
5
6

1 STUBBENHUK 10

Auf diesen putzigen Namen hört ein weiteres Kontorhaus in der Nähe des Baumwalls. Zwischen 1923 und 1925 erbaut, wird es auch »Getreideheberhaus« genannt (Bauherr war die Getreideheber GmbH). Verbaut worden ist hier roter und brauner Oldenburger Klinker – ja, und ich muss bei diesen Zeilen selbst etwas grinsen, aber ich finde es durchaus interessant, aus welchen Ecken die Backsteine offenbar kommen können. Auch das Treppenhaus ist sehenswert. Die Tür steht wochentags in der Regel offen!

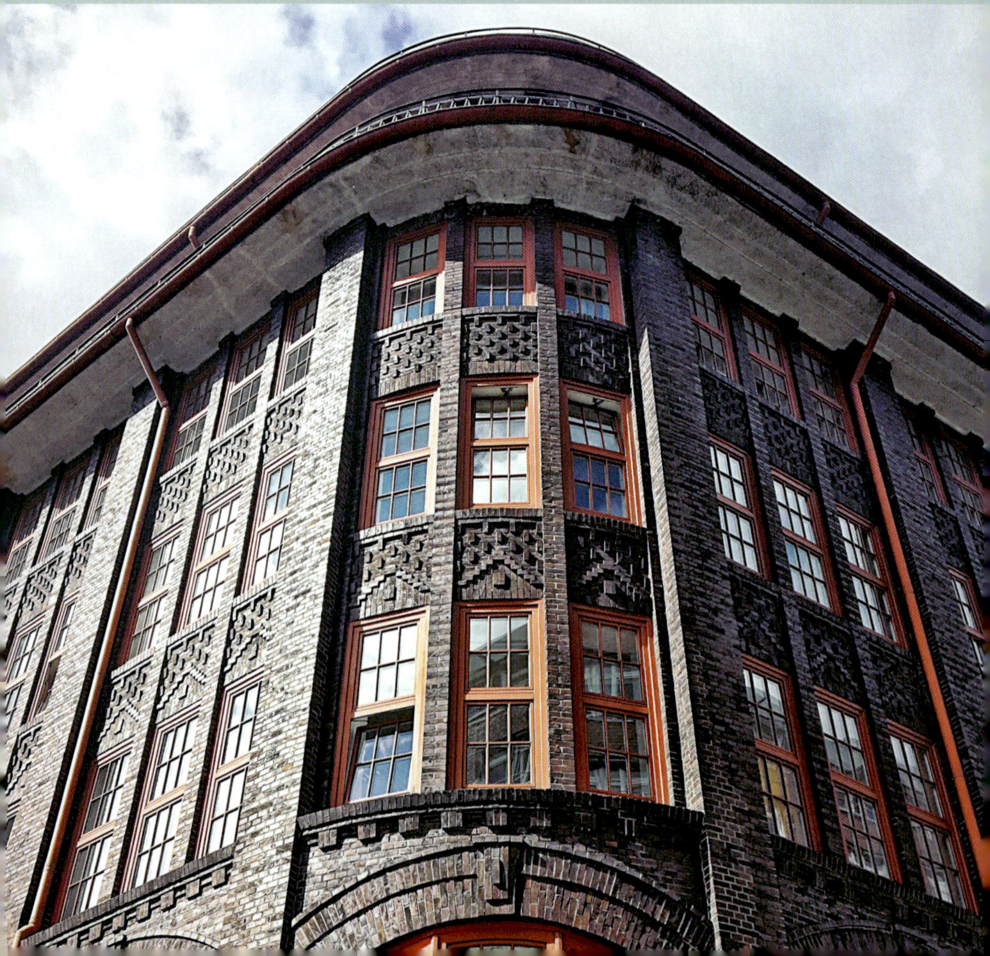

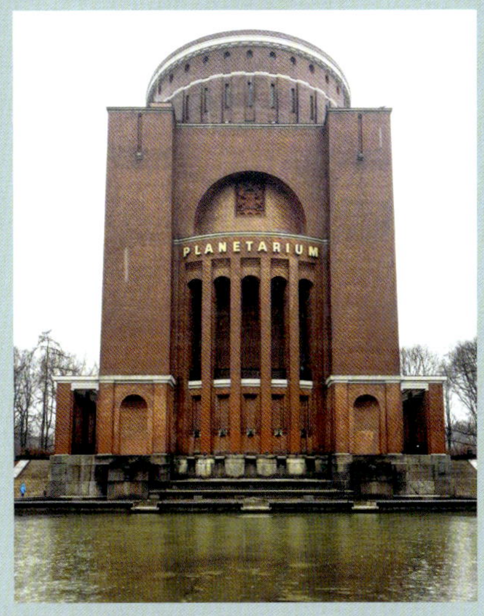

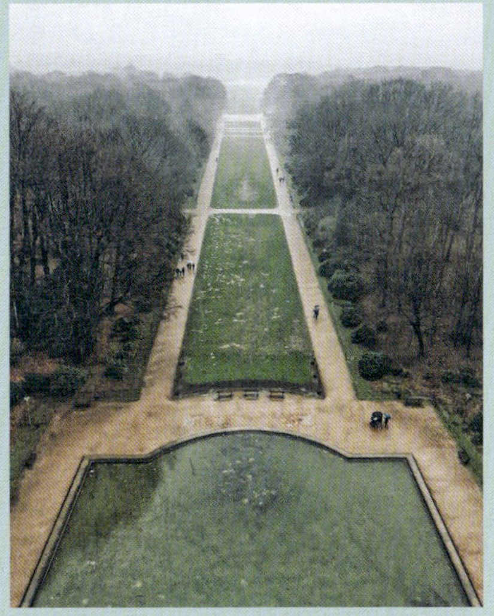

2 DAS PLANETARIUM

Manchmal, bei düsterem Wetter, macht mir das Planetarium im Hamburger Stadtpark (Karte) fast schon ein bisschen Angst. Das Gebäude wirkt dann wie ein düsterer, angelaufener Koloss aus einem Stummfilm der 1920er-Jahre. Scheint jedoch die Sonne, setzt sich golden der Schriftzug vom Backstein ab und der Koloss scheint zu blinzeln. Komm schon, ruft er, ich weiß, du willst wieder nach oben und dir die grandiose Aussicht anschauen! Einmal habe ich sogar im Regen oben gestanden und wie das Foto zeigt, wirkte der Stadtpark plötzlich wie eine Mischung aus Versailles und dampfendem Urwald.

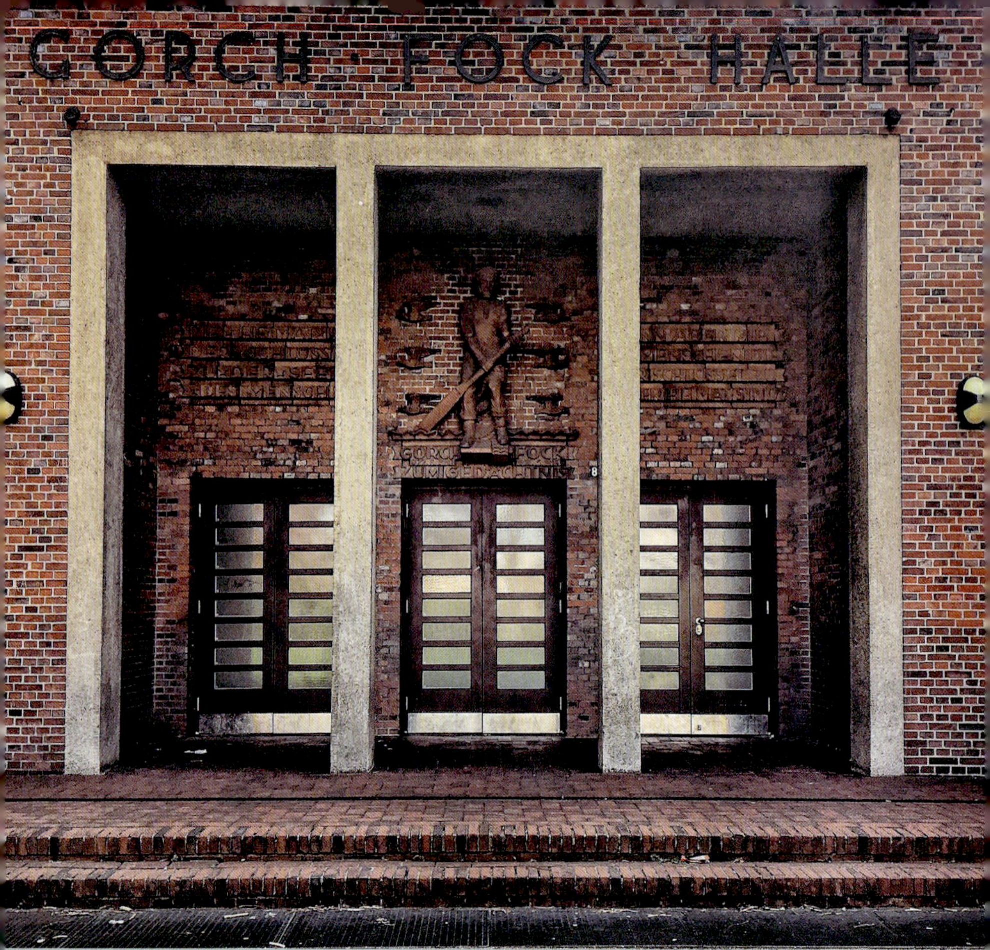

3 GORCH-FOCK-HALLE

Sie ist ein verstecktes Kleinod auf der anderen Seite der Elbe, in Finkenwerder: 1929 als Turnhalle von Fritz Schumacher, dem Vater des Hamburger Backsteins, entworfen, ist die Gorch-Fock-Halle dem Schriftsteller Johann Wilhelm Kinau gewidmet, Sohn eines Finkenwerder Fischers. Unter dem Pseudonym »Gorch Fock« schrieb Kinau etwa Romane wie »Seefahrt ist not!«, weshalb auch ein Segelschulschiff nach ihm benannt wurde. Der Schriftsteller starb 1916 im 1. Weltkrieg in einer Seeschlacht im dänischen Skagerrak-Meer.

4 ALTONAER KINDERKRANKENHAUS

Eines der hübschesten Hospitäler, das ich kenne: Das Altonaer Kinderkrankenhaus wurde 1912 gebaut und finanziert von Henry Donner, einem dieser unermesslich reichen Hamburger Kaufleute von damals (ja, es gab und gibt immer noch viele von ihnen in dieser Stadt). Davor befand sich das Kinderkrankenhaus in der Chemnitzstraße in Altona-Altstadt. Der wesentlich größere Nachfolgebau in der Bleickenstraße galt als sehr fortschrittlich: Hier gab es sogar eine eigene Milchstation für die Babys armer Familien und ein Heim für verwaiste Säuglinge.

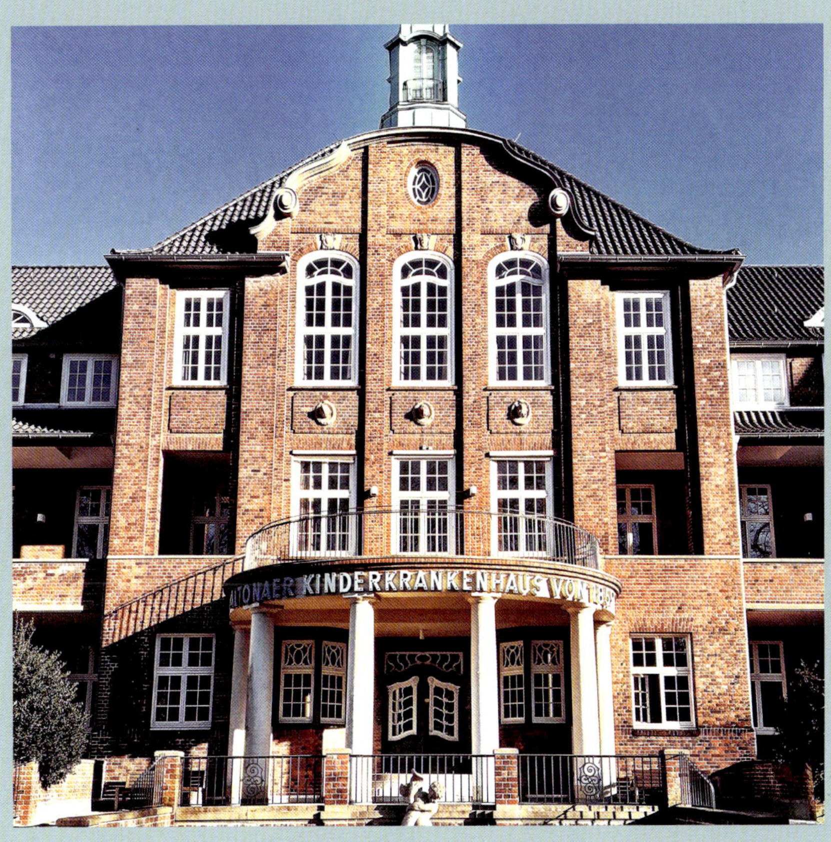

5 HAYNSTRASSE NR. 2

Ich nenne es gern das »Blaue Wunder von Eppendorf«. Man findet es in der Haynstraße und es ist einfach ein wunderschönes, fast orientalisch anmutendes Wohnhaus, eines der schönsten, das der Hamburger Backsteinexpressionismus hervorgebracht hat.

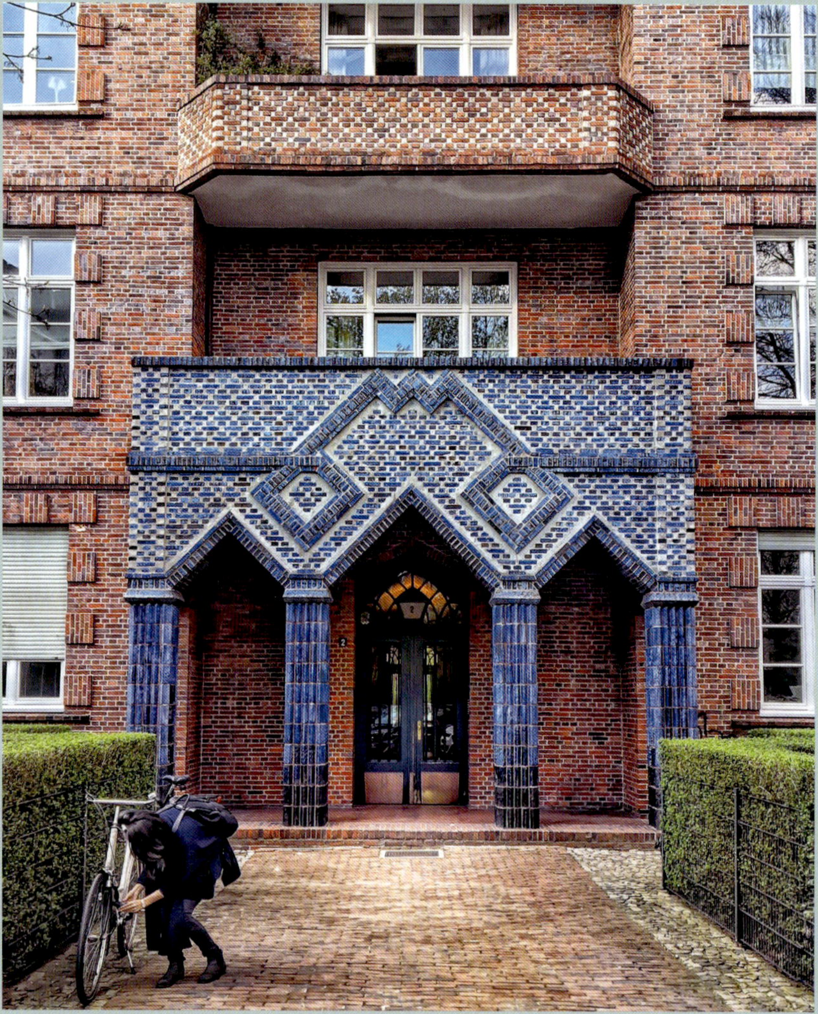

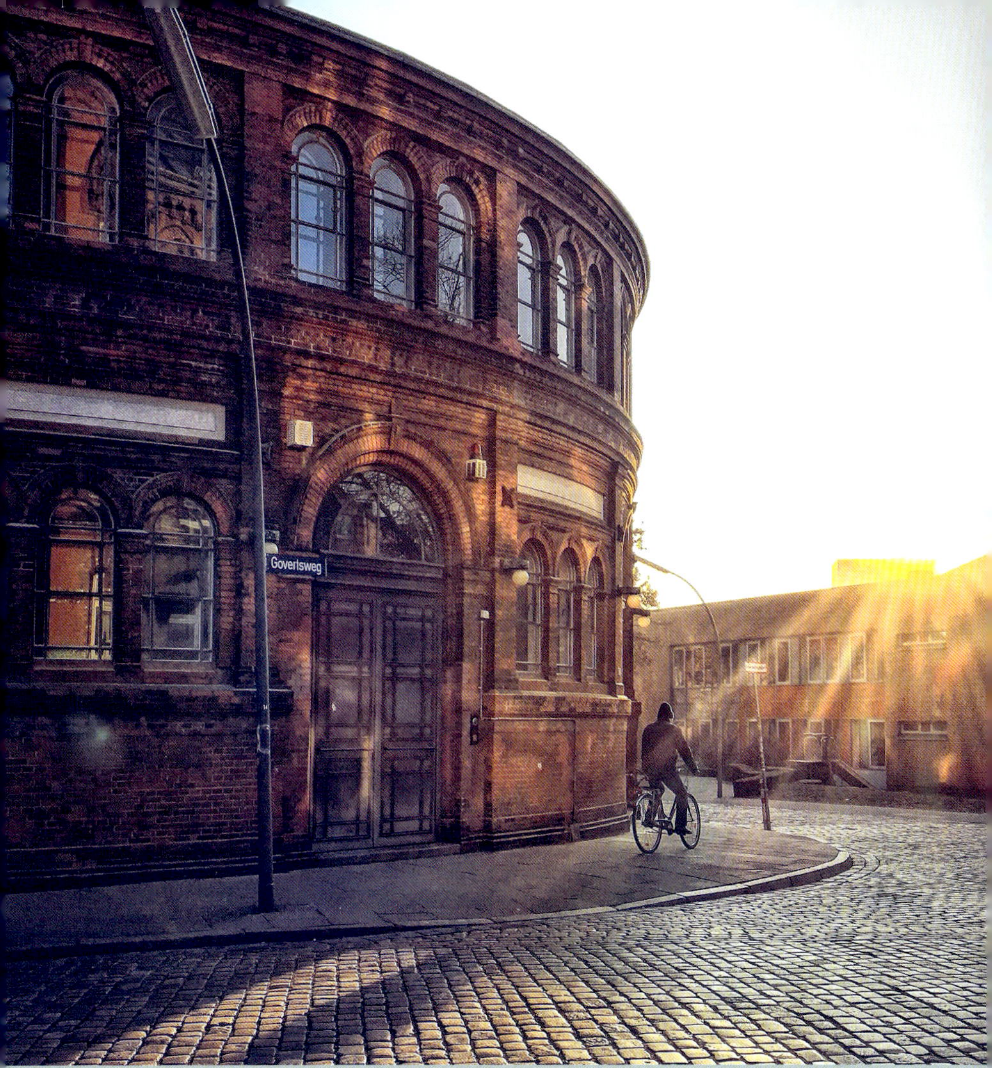

6 DAS ALTE THEDEBAD

Am nordlichen Ende der Thedestraße, Ecke Govertsweg, steht ein 1882 erbautes, denkmalsgeschütztes Ensemble, das alte Thedebad. Es ist ein weiteres wunderschönes Beispiel für Hamburger Backstein, das früher einmal eine Badeanstalt für bedürftige Arbeiterfamilien war. Heute dient es dem Künstler Bruno Bruni als Atelier sowie Agenturen als Büro. Runde Sache, würde ich sagen!

URBAN JUNGLE

TOUR 6

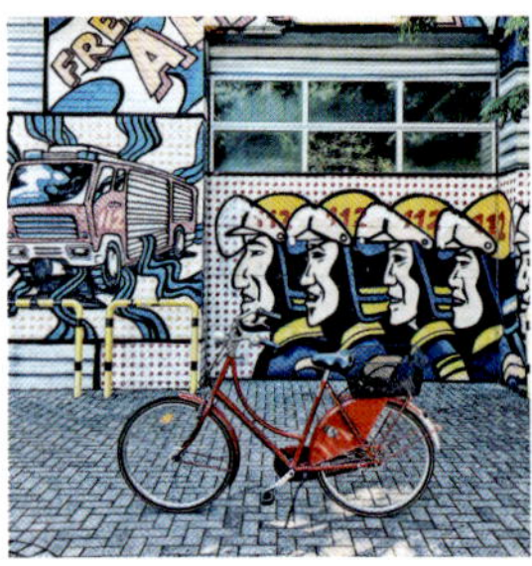
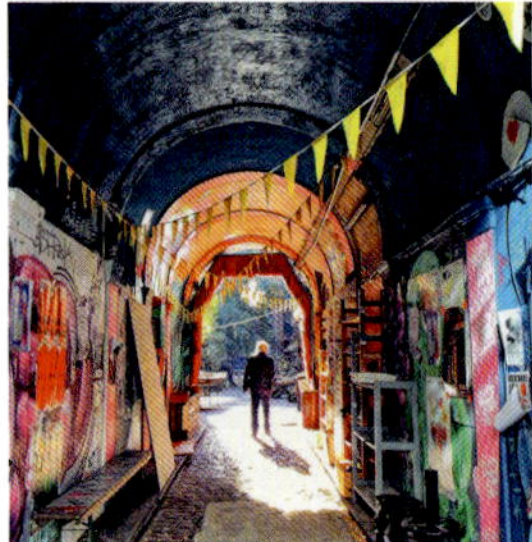
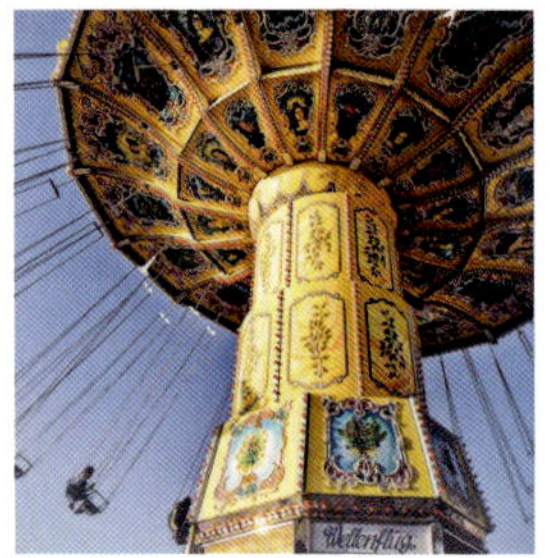

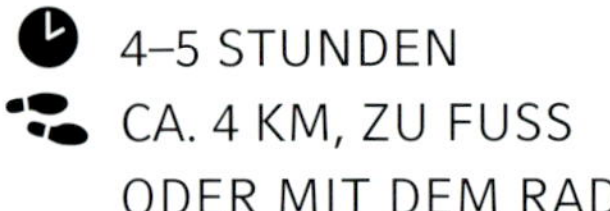

4–5 STUNDEN
CA. 4 KM, ZU FUSS ODER MIT DEM RAD

FOTOGRAFIE-GENRE:
Architektur, Street Art, Street Photography, Pflanzen & Natur, Makro

---

DER RICHTIGE ZEITPUNKT:
Planten un Blomen ist am schönsten im Frühjahr und im Herbst. Aber auch im Sommer kann sich die große Parkanlage in der Hamburger Innenstadt sehen lassen. Wer diese Tour im Winter machen möchte, kann sich zumindest in den Tropenhäusern austoben – und auch Gängeviertel und Sternschanze nebenan sind zur kalten Jahreszeit machbar. Denn dann kann man sich zwischendurch immer wieder in den vielen kleinen Cafés dieser beiden Stadtteile wunderbar aufwärmen.

Wild und alternativ: Die Bezeichnung »Safari« kann man auf dieser Tour wörtlich nehmen! Auch weil sie in Planten un Blomen ihren Auftakt findet, in Hamburgs grüner Lunge, in der die kulturelle Vielfalt ebenso blüht wie in den alternativen Szenedistrikten Sternschanze und Gängeviertel, die Sie im Anschluss besuchen werden. Tauchen Sie ab in den Dschungel der Großstadt! Das urbane Dickicht der Metropole hat einiges zu bieten: blühende Oasen, Straßenkunst, multikulturelle Enklaven – und immer wieder ragt die höchste aller Großstadtpflanzen aus der Kulisse empor: Hamburgs Fernsehturm. Den krönenden Abschluss findet die Tour mit einem weiteren Höhepunkt: auf der Aussichtsplattform des Hamburger Michels.

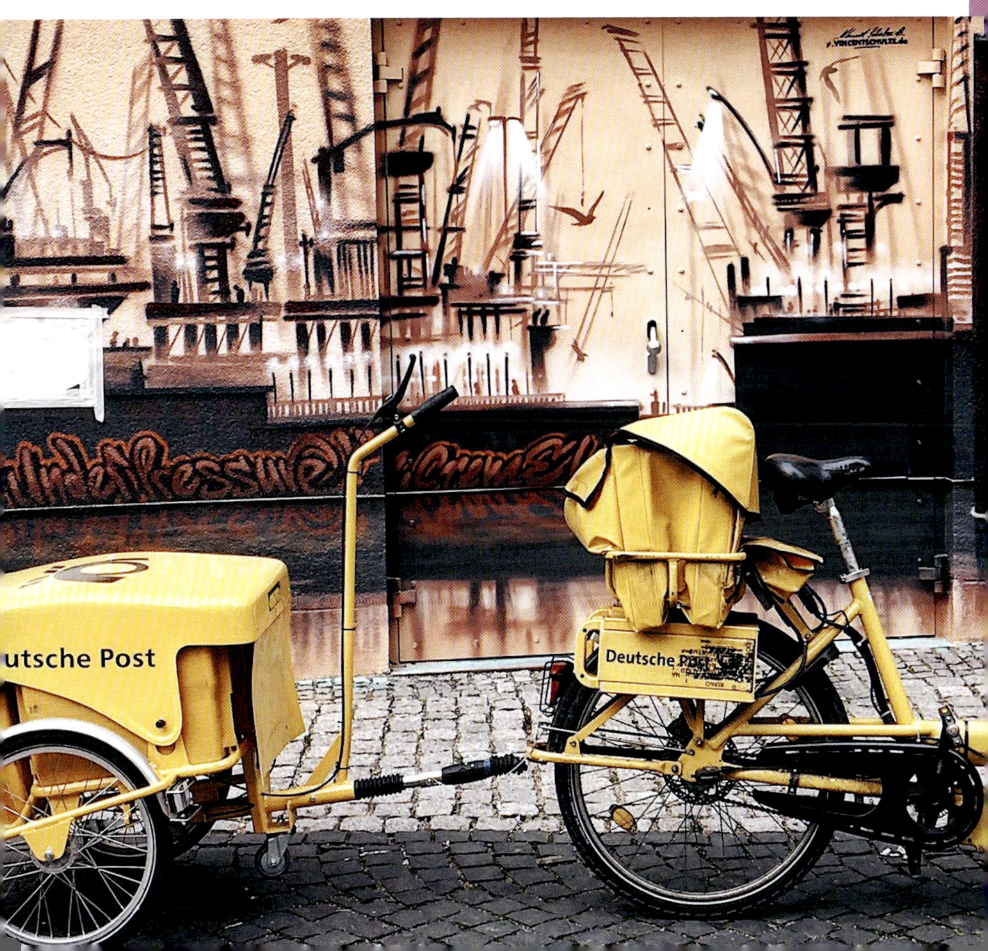

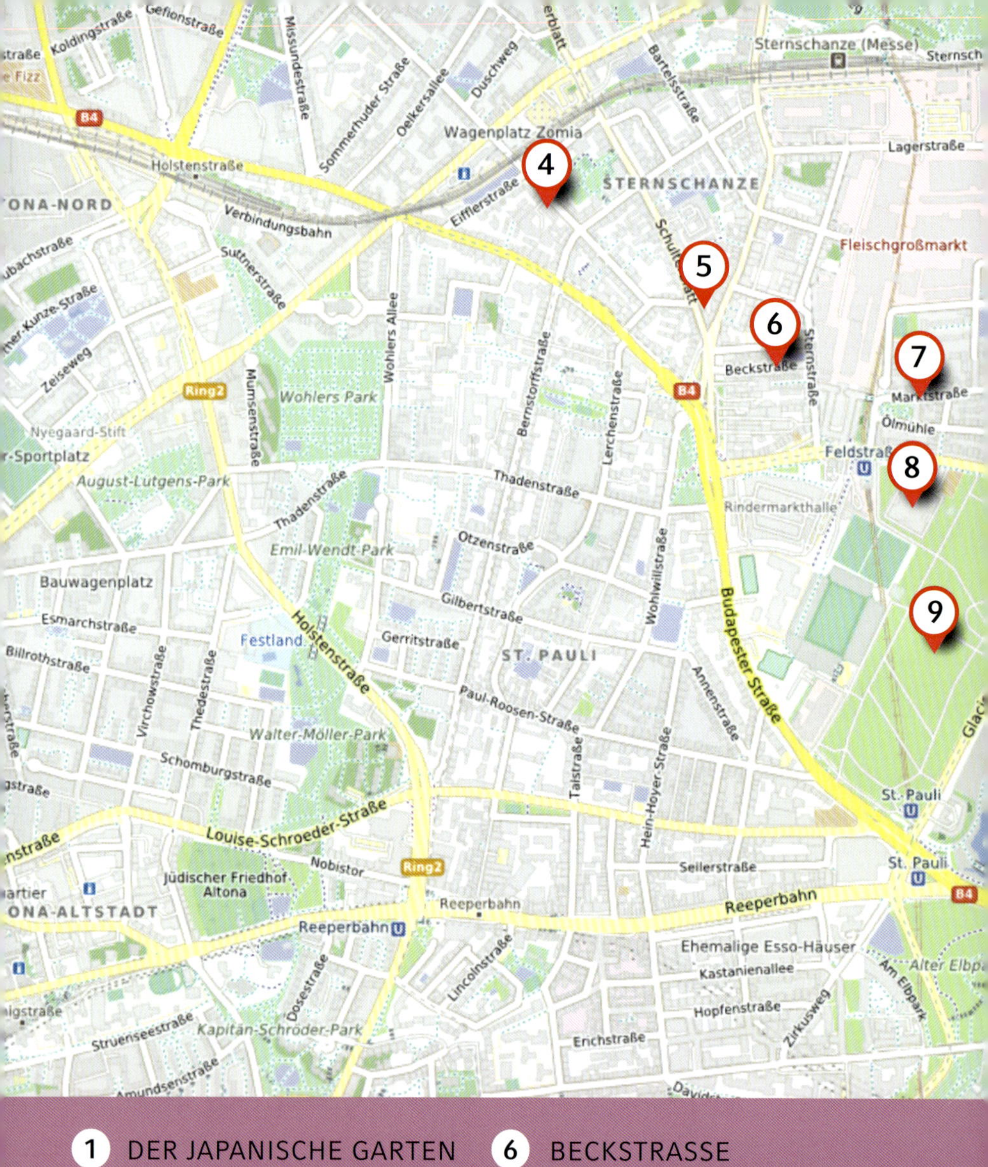

1 DER JAPANISCHE GARTEN

2 TROPENGEWÄCHSHÄUSER

3 STEPHANSPLATZ

4 DER SEEBÄR

5 HERR MAX

6 BECKSTRASSE

7 FELDSTRASSENBUNKER

8 MARKTSTRASSE

9 DOM

10 KAROLINENPASSAGE

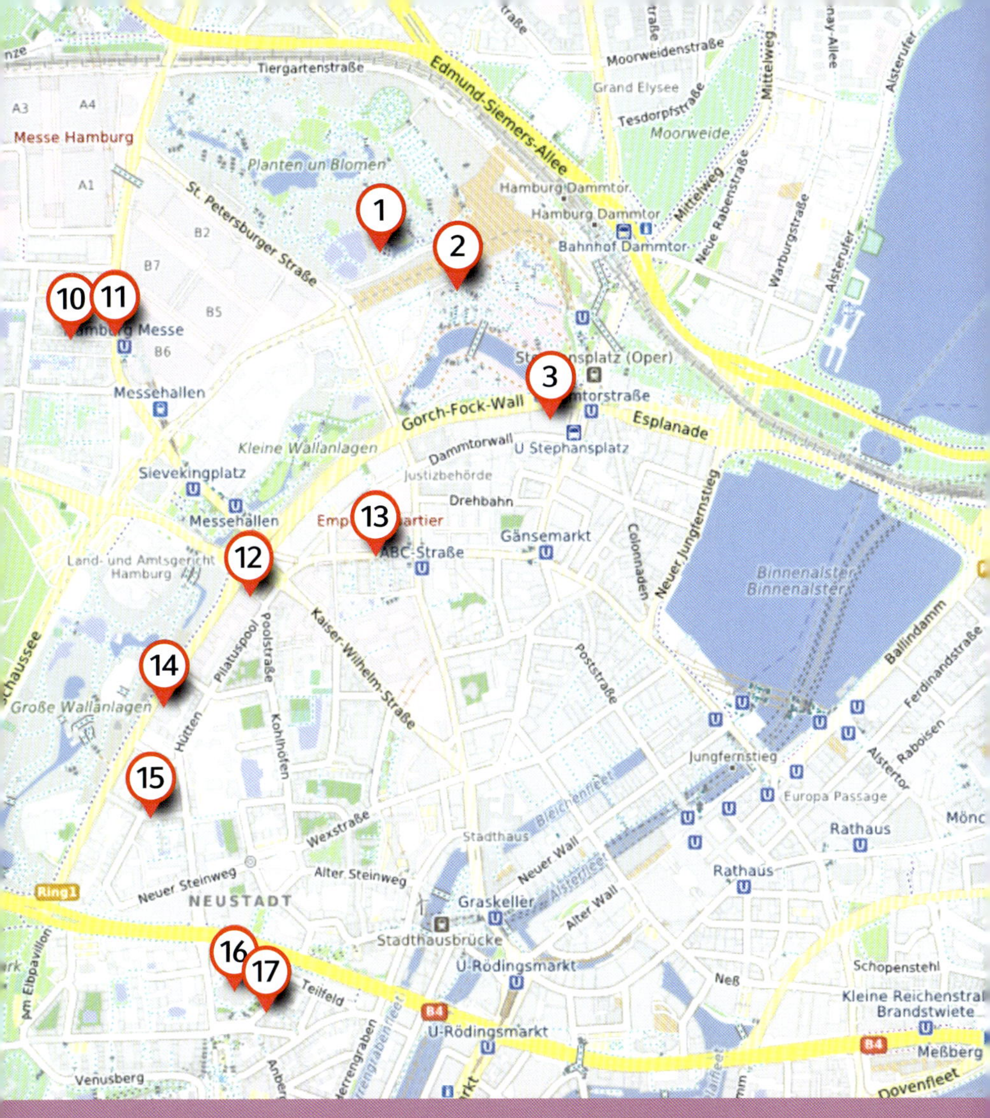

11 MESSEHALLEN

12 BRAHMSKONTOR

13 GÄNGEVIERTEL

14 GEWERBEHAUS

15 PETERSTRASSE

16 HAMBURGER MICHEL

17 KRAMERAMTSSTUBEN

1 DER JAPANISCHE GARTEN

Nirgendwo blüht es in der Elbmetropole prächtiger als in »Planten un Blomen«, der grünen Lunge Hamburgs. Der Name des rund 47 Hektar großen Park-Bogens westlich der Innenstadt stammt zwar aus dem Plattdeutschen und bedeutet »Pflanzen und Blumen«. Doch es geht hier internationaler zu, als der Name vermuten lässt. Neben den Mittelmeerterrassen befindet sich hier u.a. auch Europas größter japanischer Garten – unser erster Stopp. Die fernöstliche Ruheoase gehört für mich zu den schönsten Ecken des Parks, nicht zuletzt wegen des Teehauses, das auf Stelzen in einen verwunschenen Koi-See ragt. Im Sommer kann man hier an Teezeremonien teilnehmen. Besonders schön zu fotografieren ist dieser Ort jedoch im »Indian Summer«, wenn die Blätter an den Bäumen in allen Schattierungen zwischen gelb und rot zu leuchten beginnen. Mit etwas Geschick können Sie noch dazu Hamburgs Fernsehturm (»Telemichel«) als Spiegelung im Teich ablichten. Doch nicht nur der Fernsehturm ragt hier immer wieder im Hintergrund empor, auch das fast schon brutalistisch anmutende Plaza-Hotel, 1973 neben dem Kongress-Zentrum (CCH) errichtet, bietet auf Fotos einen schönen Kontrast zur Parkszenerie.

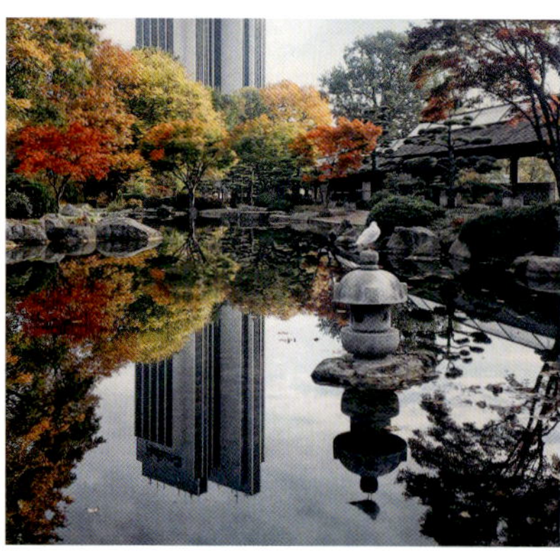

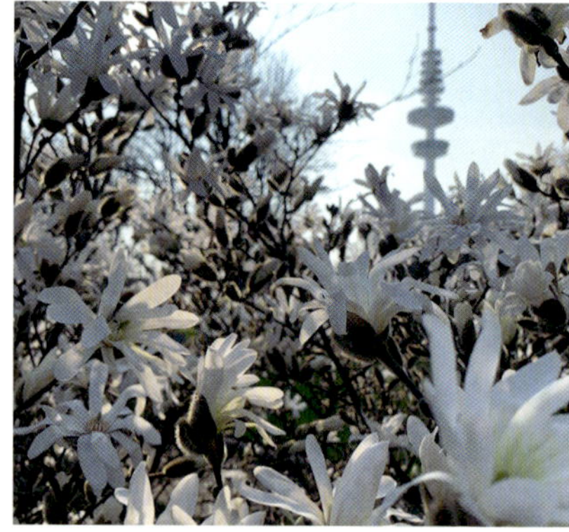

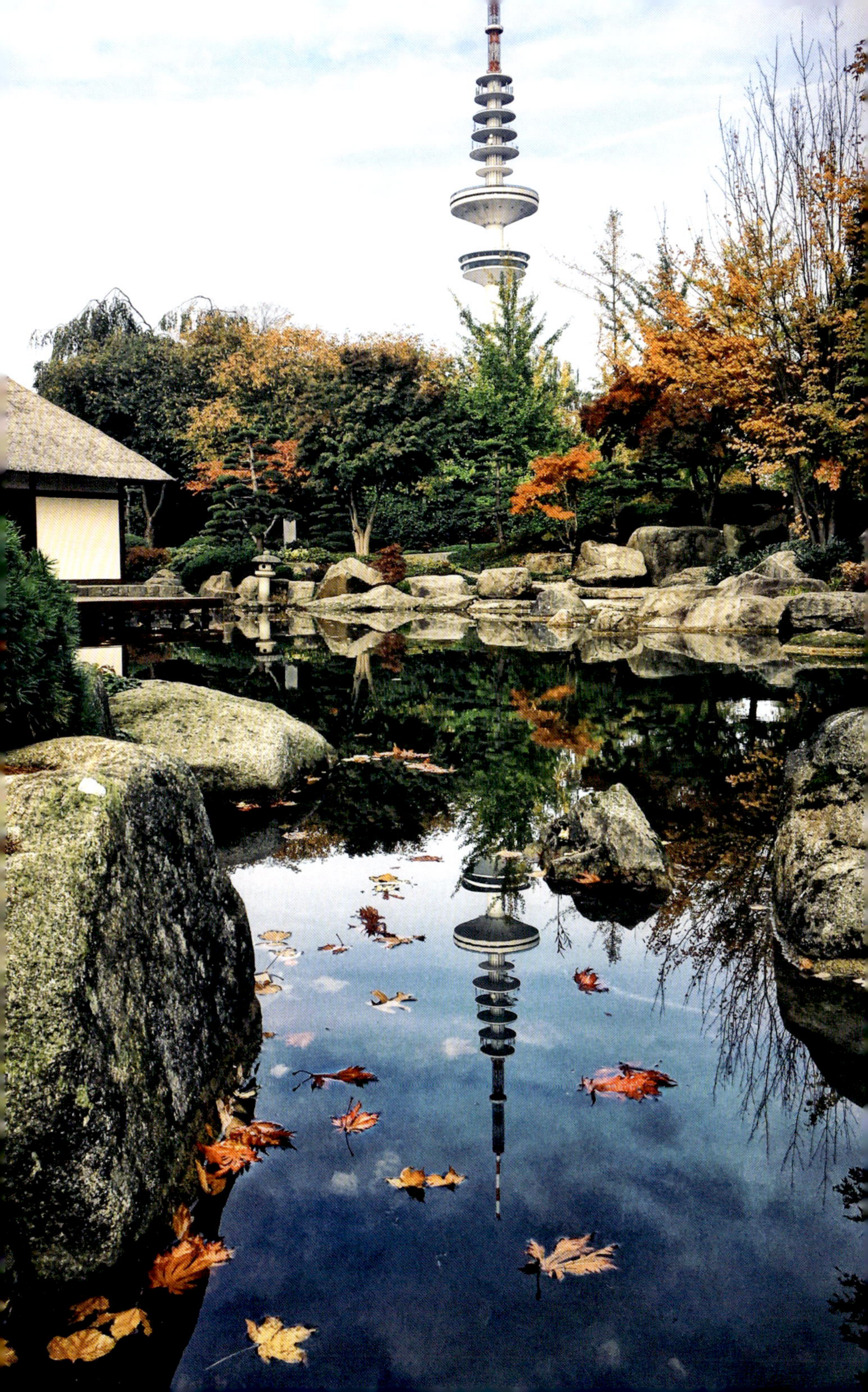

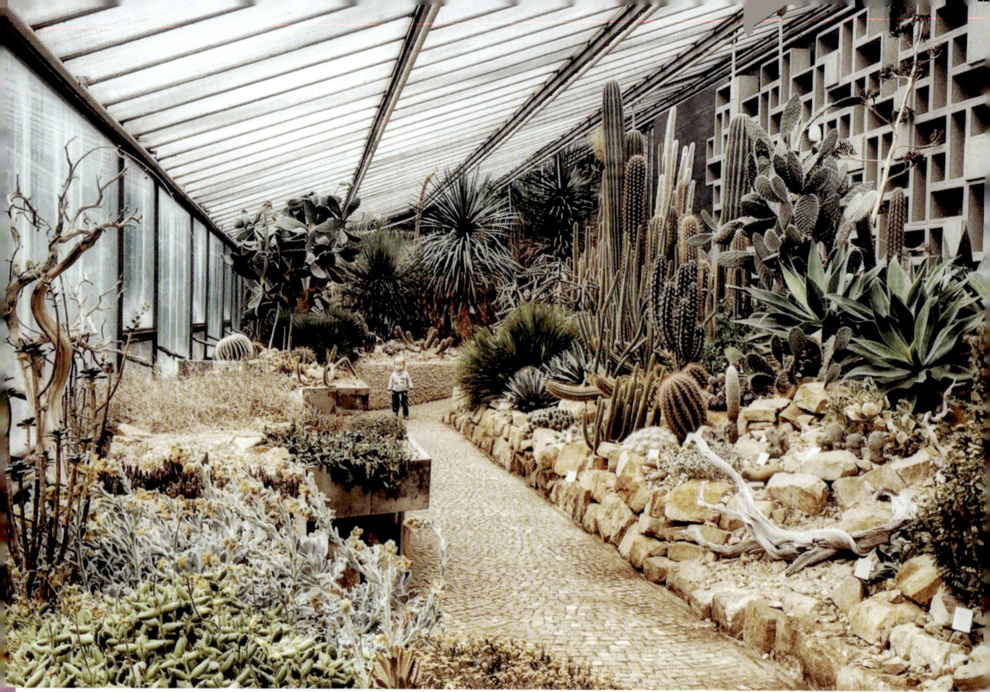

2 TROPENGEWÄCHSHÄUSER

Machen wir nun einen Abstecher in die wärmeren Klimazonen der Welt. Sie befinden sich in den Schaugewächshäusern des Alten Botanischen Gartens auf der anderen Seite der Marseiller Straße, die Sie am besten erreichen, wenn Sie dem überdachten Messeweg folgen. Der Eintritt ist frei! Im Innern der Glashäuser, die rechterhand auftauchen, können Sie durch Dschungel und Wüste wandeln und dabei Wundersames bestaunen: z. B. die Mickey-Mouse-Pflanze aus Kenia, deren Beeren an die Ohren der Walt-Disney-Ikone erinnern. Oder den Kängurubaum aus Australien. Mangroven und Palmen, Bambus und Bananen. Sukkulentenfans wie mir schlägt das Herz vor allem im letzten der fünf Glashäuser höher: Hier betritt man die Wüste, steht plötzlich inmitten von Kakteen aller Formen und Größen, Euphorbien, Bromelien, Agaven – lauter tolle Fotomotive im herrlichen Retro-Ambiente, das die Anfang der 1960er gebauten Glashäuser verströmen.

3 STEPHANSPLATZ

Eigentlich könnte man allein in den Gewächshäusern von Planten un Blomen schon den halben Tag verbringen. Doch verlassen wir den Park nun. Direkt nebenan liegt der Stephansplatz mit der altehrwürdigen Oberpostdirektion, unserem nächsten Ziel. Die Post ist inzwischen ausgezogen. Dafür hat hier ein mondänes Dermatologikum seinen Sitz – Hamburgs wohl bekannteste private Hautklinik. Wer einmal quer durch das Hauptgebäude läuft, vorbei an Apotheke und Café, steht in einem wunderschönen, mit Glas überdachten Innenhof, der umgeben ist von kunstvollen Backsteinmauern. Und noch ein Fototipp: Der rechte Eingang der Oberpostdirektion führt in ein Treppenhaus mit einer tollen Wendeltreppe aus Stein.

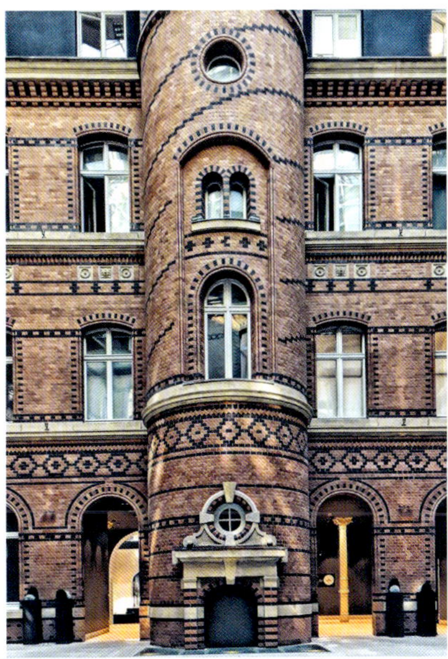

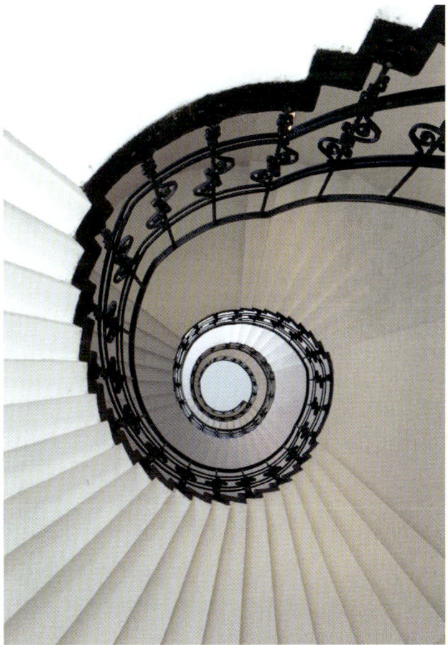

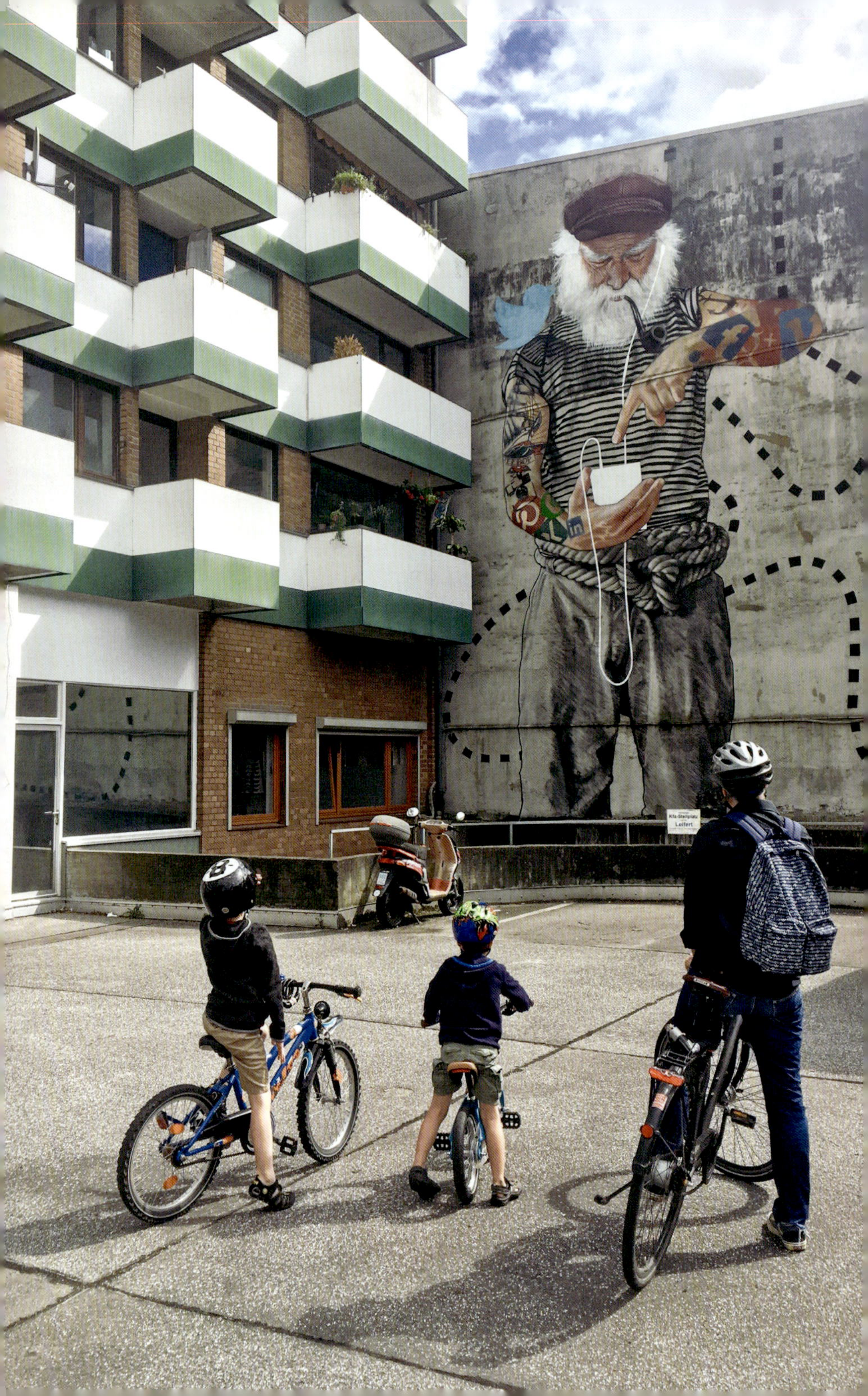
Kfz-Stellplatz
Leifert

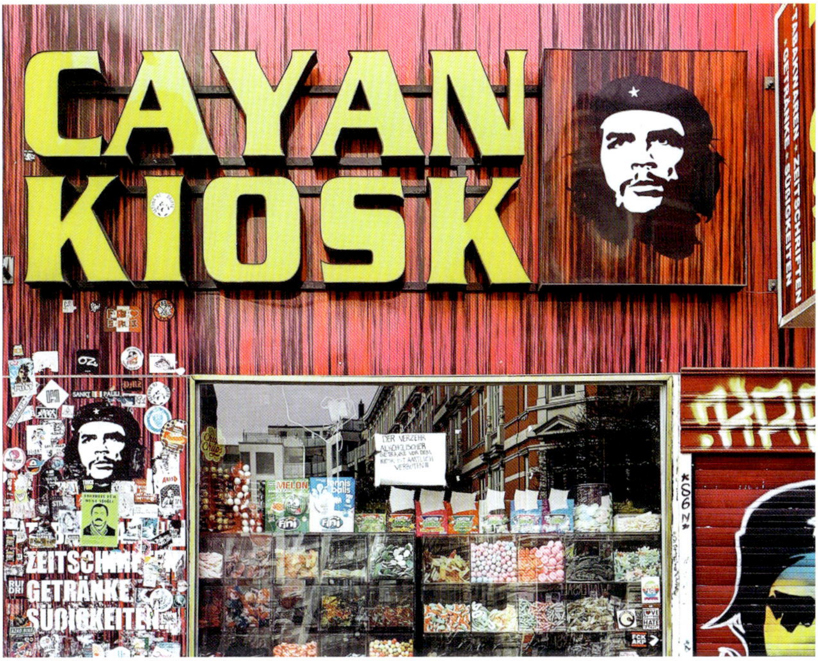

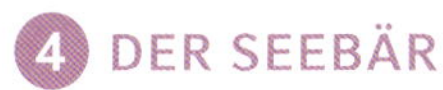

4 DER SEEBÄR

Weiter geht's über die Susannenstraße in Richtung Schulterblatt, einer Strecke, auf der Sie an schönen, kleinen, für die Sternschanze typischen Läden und Cafés vorbeikommen. Doch weshalb ist die Hauptschlagader des Viertels eigentlich nach einem Knochen benannt? Um 1770 soll ein Wirt hier das Schulterblatt eines Walfisches an seine Kneipe gehängt haben. Er betrieb so etwas wie ein Stammlokal für Walfänger, von denen damals viele in und um Hamburg lebten. Walfänger sieht man am Schulterblatt heute zwar nicht mehr. Einen echten Seebären gibt es dennoch. Wo? Gehen Sie die Juliusstraße hinauf und biegen Sie am Café »Unter den Linden« in die Lippmannstraße. Der Seebär versteckt sich im Hinterhof zwischen Hausnummer 57 und 69. Für mich gehört er zu den schönsten Graffitis der Stadt. Geschaffen haben ihn »Innerfields«, eine Berliner Künstlergruppe.

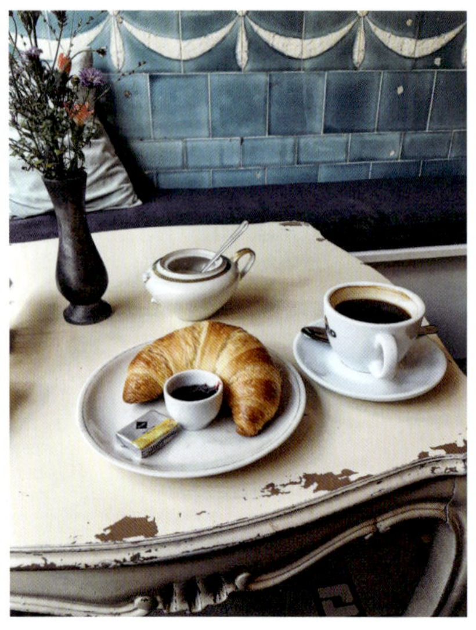

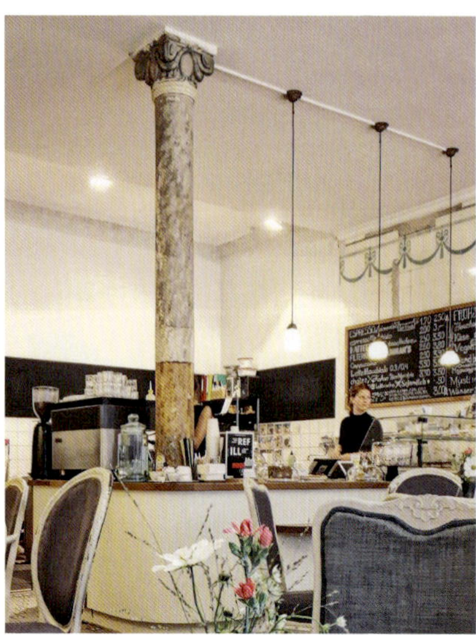

5 HERR MAX

Wenn man schon mal in der Sternschanze ist, darf ein Besuch in der besten Konditorei des Viertels natürlich nicht fehlen. »Herr Max« befindet sich in einem ehemaligen Milchgeschäft am Schulterblatt: Inmitten von fotogenen meerblauen Kacheln und gemütlichen Oma-Sesseln können Sie hier ebenso fotogene Cupcakes, Petit-Fours und Torten vom Feinsten probieren. Sollten Sie morgens hier vorbeikommen, können Sie auch hervorragend frühstücken. Wenn Sie Herrn Max wieder verlassen, achten Sie auf den Eingang rechts neben der Konditorei: Am Boden vor der Tür finden sich schöne Fliesen. Seitdem ich den Instagram-Account *@ihavethisthingwithfloors* kenne, weiß ich, dass es sich auch in Hamburg lohnt, den Blick beim Fotografieren nach unten zu richten.

6 BECKSTRASSE

Nun geht es zurück zum Schulterblatt, das Sie dieses Mal rechts hinauflaufen, bis Sie am Ende auf den Neuen Pferdemarkt treffen. Wechseln Sie auf die gegenüberliegende Straßenseite, wo seit 1825 eine der ältesten Apotheken Hamburgs steht. Rechts davon – genau zwischen den beiden Bars »Zoe I« und »Zoe II« – biegen Sie in die Beckstraße (nicht zu verwechseln mit der Augustenpassage unmittelbar daneben!). In den weiß-roten Häusern dieser Kopfsteinpflastergasse lebten zum Ende des 19. Jahrhunderts kinderreiche Arbeiterfamilien in winzigen Wohnungen. Die Väter verdienten ihr Geld als Handwerker oder auf den Schlachthöfen, die sich einst auf beiden Seiten des Neuen Kamps befanden. Ein goldener Schlüssel an Haus Nr. 9 am Ende der Straße verrät, dass hier einmal ein Schlosser gelebt hat. Wer ein Faible für symmetrische Verhältnisse auf Fotos hat, kann sich an dieser Gasse ausprobieren. Winzige Menschen am Ende der Straße können zusätzlich für einen Hingucker sorgen.

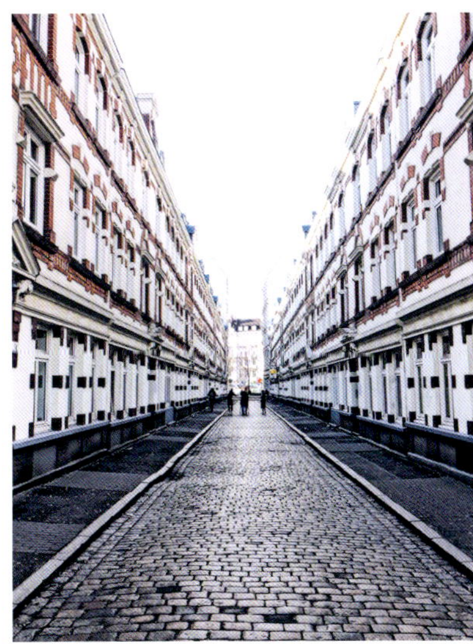

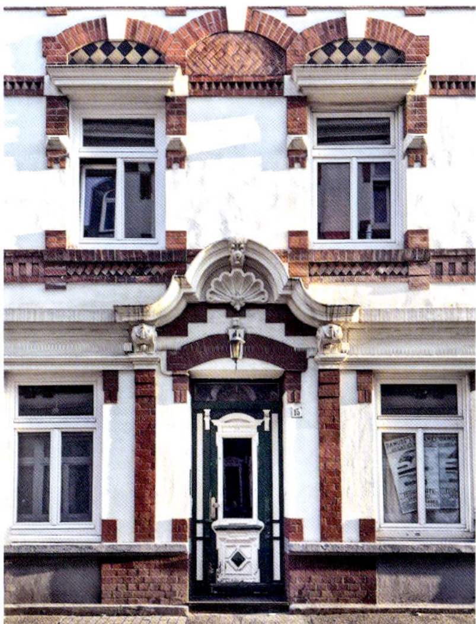

7 FELDSTRASSENBUNKER

Von der Beckstraße zum Feldstraßenbunker ist es nur ein Katzensprung. Biegen Sie nun rechts in die Sternstraße und laufen Sie Richtung Neuer Kamp (die Alte Rinderschlachthalle, in der sich u. a. der Konzertveranstalter Knust befindet, lassen Sie links liegen). Auf der anderen Seite des Neuen Kamps sehen Sie einen Bunker, der definitiv zu den brutaleren Seiten der Hamburger Architektur zählt. Doch im Innern des im 2. Weltkrieg errichteten Betonmonsters verbergen sich filigrane, fast zerbrechlich wirkende Wendeltreppen, die sich toll von oben oder unten fotografieren lassen. Meist steht eine Seitentür im Gebäude offen, sodass man mal kurz ins Treppenhaus hineinkommt. Dieses Gebäude beherbergt übrigens auch den Club »Übel & Gefährlich« und den Radiosender »Byte FM«. Demnächst will ein Investor den Bunker sogar von 40 auf 60 Meter aufstocken. Neben Sporthallen und Gästehäusern plant er auch einen Urwald auf dem Dach.

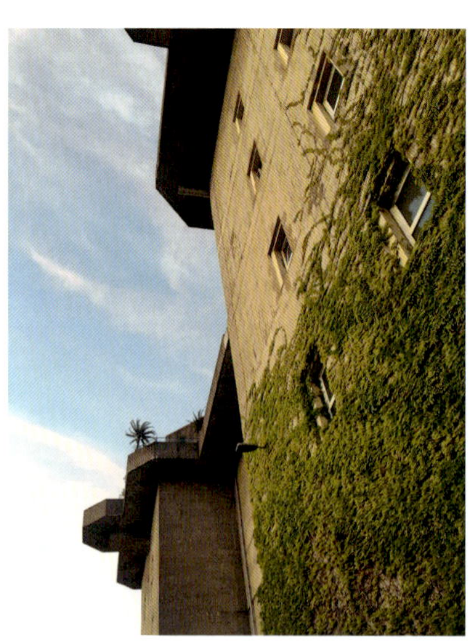

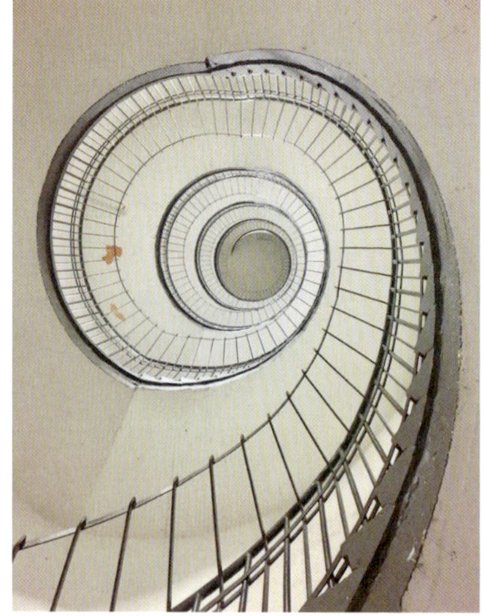

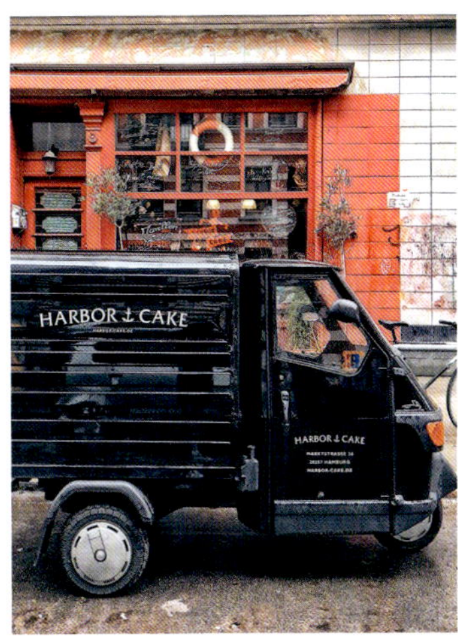

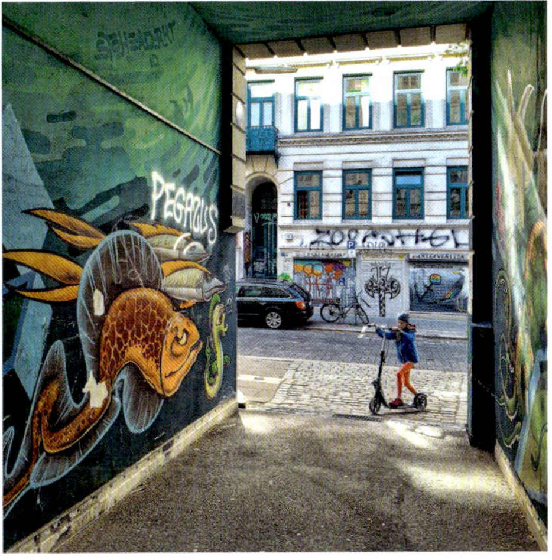

8 MARKTSTRASSE

Gegenüber vom Bunker finden Sie im sogenannten »Karolinenviertel« die Marktstraße. Sie bietet nicht nur interessante Fotospots, sondern ist auch ideal für alternatives Shopping: lokale Marken, Cafés und kleine Läden mit besonderem Charme wie etwa das »Harbour Cake«, in dem Südtiroler Küche mit Seemanns-Charme serviert wird. Auch der bekannte Herrenausstatter »Herr von Eden« befindet sich hier. Ein kleiner Blumenladen in der Glashüttenstraße (sie geht von der Marktstraße ab) hat es mir außerdem besonders angetan: Einzigartigkeit wuchert hier aus jedem Topf und jeder Vase. »Saxifraga«, wie der Laden heißt, ist ein duftendes Kabinett der Kreativität: die Wände olivgrün, bunte Kissen, dazu ein blühendes Farbenmeer. Absolute Hingucker: die Arrangements und Minigestecke. Vielleicht kommen Sie am Ende der Tour ja einfach noch mal zum Shoppen vorbei! Ebenfalls Kult: »Hot Dogs«. Der legendäre Vintage-Laden hat sich auf Schuhe und Sneakers aus den siebziger und achtziger Jahren spezialisiert. Ungetragen und originalverpackt haben sie oft einen hohen Sammlerwert.

9 DOM

Der Hamburger Dom findet drei Mal im Jahr rund vier Wochen für insgesamt neunzig Tage statt: Jeweils im November/Dezember, März/April und Juli/August öffnet Norddeutschlands größtes Volksfest seine Pforten auf dem Heiligengeistfeld in direkter Nachbarschaft zu Feldstraßenbunker (siehe Seite 206) und St. Pauli-Stadion. Kaum ist der Jahrmarkt vorbei, wird er auch schon wieder aufgebaut – zumindest kommt es mir manchmal so vor. Sollte der Dom auch im Gange sein, wenn Sie gerade diese Fotosafari machen, empfehle ich einen kurzen Abstecher dorthin – zumal das Heiligengeistfeld direkt nebenan liegt. Einen besonderen Reiz hat der Dom für mich dabei, noch bevor der Trubel am Nachmittag beginnt: dann, wenn niemand vor die Linse läuft, wenn Autoscooter, Wilde Maus und Riesenrad noch stillstehen und die Losbuden, Zuckerwattestände und Bierzelte wie schrill-bunte Häuser in einem verlassenen Dorf wirken … Ein fotogener Klassiker ist etwa das Kettenkarussell »Wellenflug« aus dem Jahr 1977. Mit seinen nostalgischen Motiven, den Blumen und Frauen in Reifrock erinnert es an längst vergangene Zeiten. Wer für 5 € mit dem Riesenrad fährt, kann das St. Pauli-Stadion, Bunker und Fernsehturm aus grandioser Vogelperspektive fotografieren.

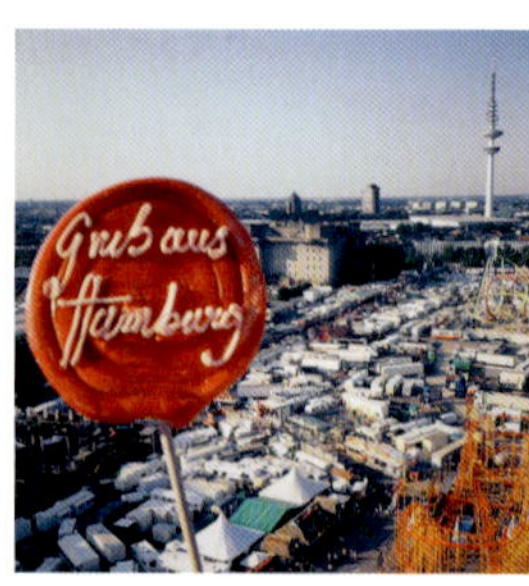

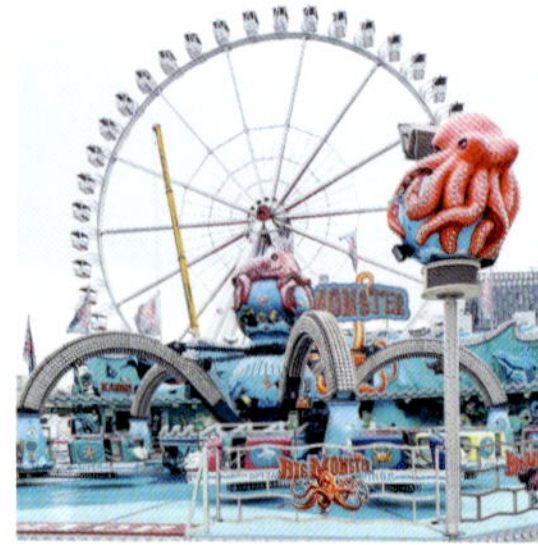

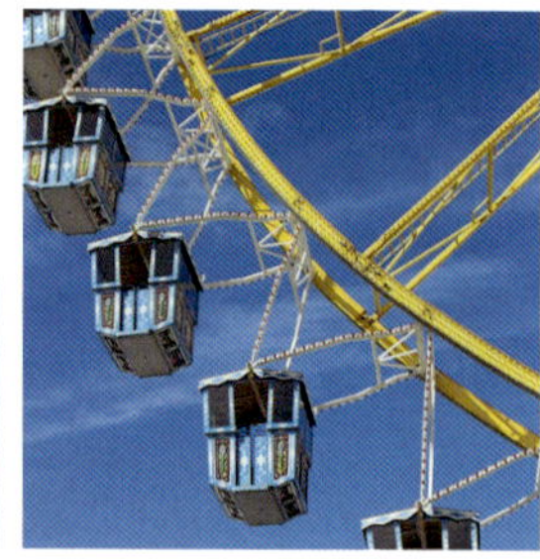

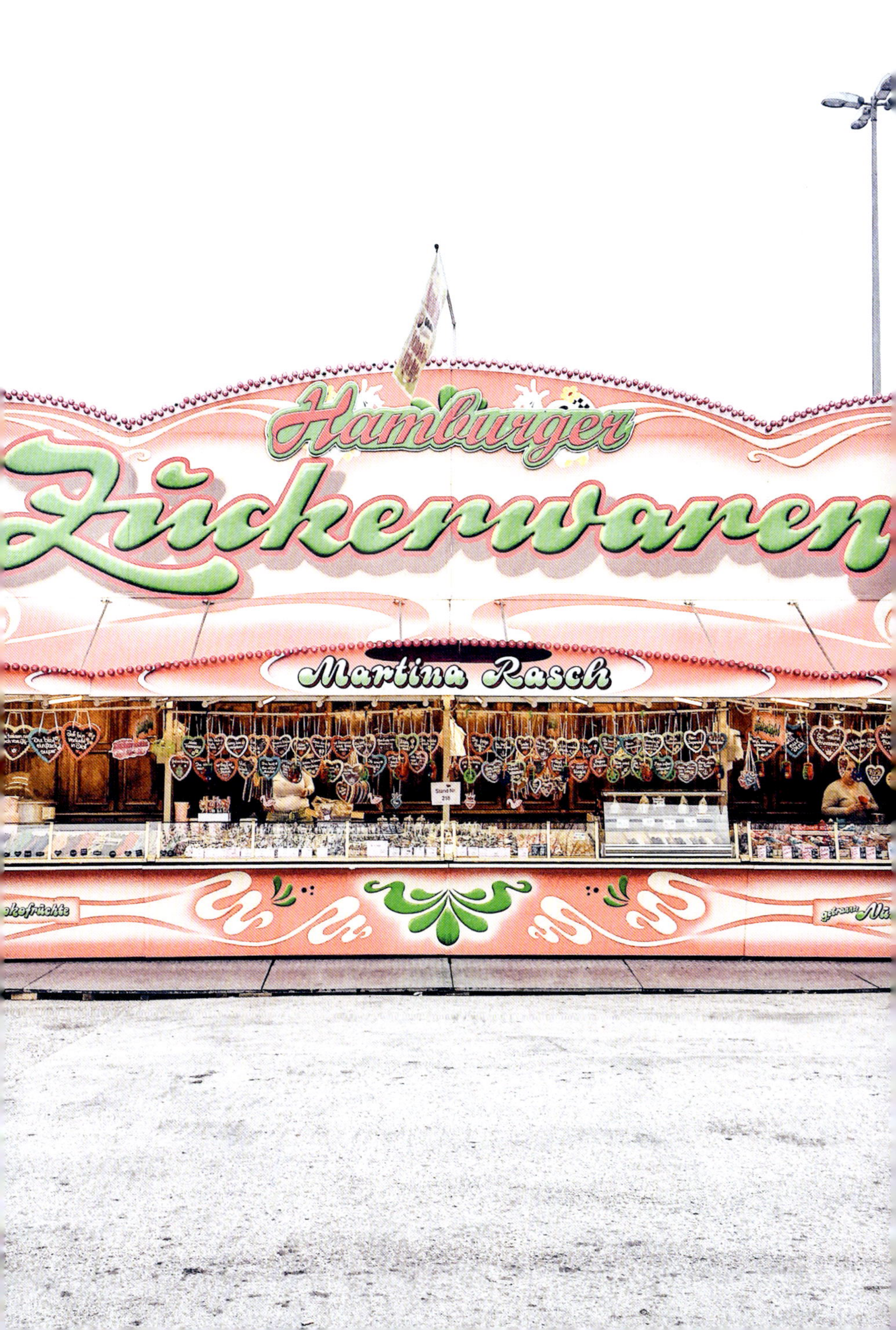
Hamburger
Zuckerwaren
Martina Rasch

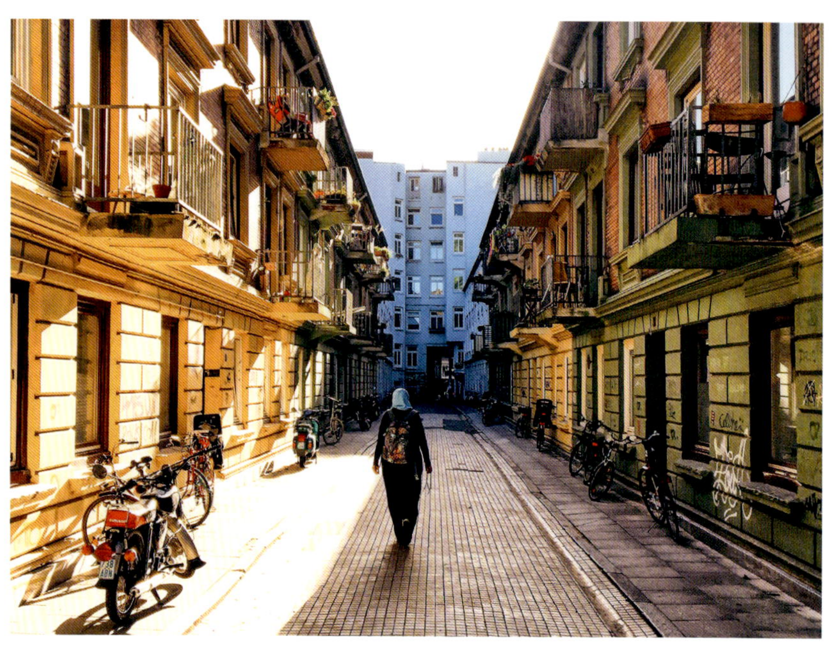

10 KAROLINENPASSAGE

Parallel zur Marktstraße verläuft eine weitere fotogene Passage. Ähnlich wie die Beckstraße vermittelt auch sie einen guten Eindruck davon, wie dieser Stadtteil einst aussah, als er noch ein »Armeleuteviertel« im Schatten der Schlachthöfe war, in dem man Tag und Nacht das Quieken der Schweine und Brüllen der Rinder hörte, wo es besonders an Sommertagen übel nach Schlachtabfällen gerochen haben muss und die Fabrikarbeiter, Handwerker, Schlachter und Fuhrleute wohnten. Sie finden die etwas versteckt liegende Karolinenpassage, wenn Sie von der Marktstraße in die Glashüttenstraße gehen und nach ein paar Metern rechts durch einen mit Graffiti bemalten Torbogen laufen. Um den hübschen Gang mit den zweigeschossigen Altbauten und kleinen Balkonen zu fotografieren, begeben Sie sich am besten an das andere Ende der Straße. Das schönste Licht hat man hier übrigens in den Nachmittagsstunden.

11 MESSEHALLEN

Vielleicht haben Sie es bereits bemerkt: Schon seit geraumer Weile bewegen wir uns im Dunstkreis der Messehallen, die zwischen Planten un Blomen und Sternschanze jedes Jahr mit über 40 Veranstaltungen um die 700.000 Besucher anlocken. Wenn Sie nun aus der Karolinenpassage treten, sehen Sie links von sich die mondänen Hallen, die zu dem 87.000 Quadratmeter großen Messegelände gehören. Zwischen ihnen ragt ein alter Bekannter in den Himmel: der Fernsehturm – so nah wie hier werden Sie ihn auf dieser Tour nicht mehr zu Gesicht bekommen. Setzen Sie das höchste Gebäude der Stadt also noch ein letztes Mal schön in Szene. Auf ihn hinauffahren kann man vorerst leider nicht. Für den seit einigen Jahren gesperrten »Telemichel«, wie die Hamburger ihn nennen, wird ein neuer Betreiber gesucht. Die Wiedereröffnung der Plattform ist immerhin für 2023 geplant.

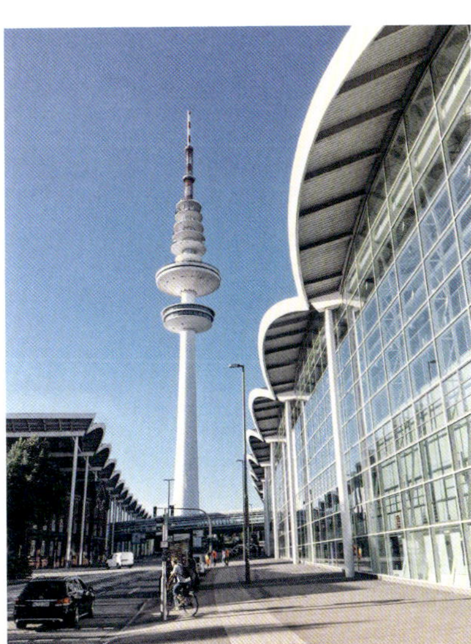

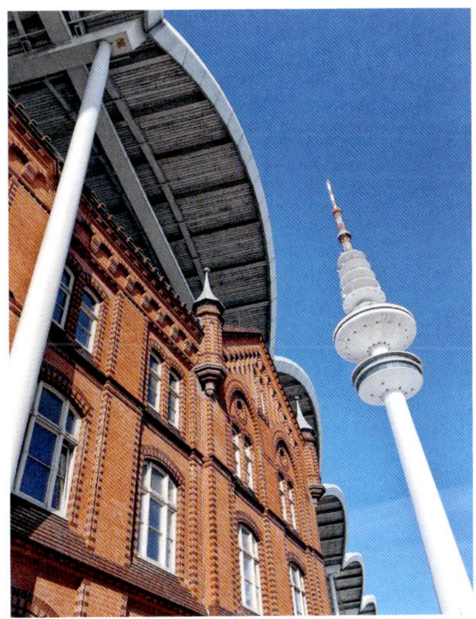

⑫ BRAHMSKONTOR

Der nächste Stopp liegt einen kleinen Fußmarsch entfernt: Hierfür folgen Sie der Karolinenstraße in Richtung Holstenglacis, vorbei am Landgericht. An der nächsten großen Kreuzung sehen Sie gegenüber der Laiesz-Halle einen expressionistischen Backsteinbau: das Brahmskontor (das zwar nach dem Komponisten benannt wurde, aber sonst nichts mit ihm zu tun hat). Art-déco-Leuchten, bunte Kacheln sowie ein tolles Treppenhaus machen das Innere des Gebäudes zu einem Beispiel herausragender Architektur der Weimarer Republik – und das, obwohl der Bauträger, der »Deutschnationale Handlungsgehilfen-Verband«, nicht nur die politischen, sondern ausgerechnet auch die kulturellen Ziele jener Ära bekämpfte. Nach dem Krieg nutzte die britische Besatzungsmacht das Gebäude. Später zog das Hamburger Polizeipräsidium ein. Heute verwaltet ver.di das Brahmskontor. Offen ist das Gebäude übrigens nur wochentags – geben Sie aber kurz dem Concierge im Foyer Bescheid, dass Sie sich umschauen und fotografieren möchten.

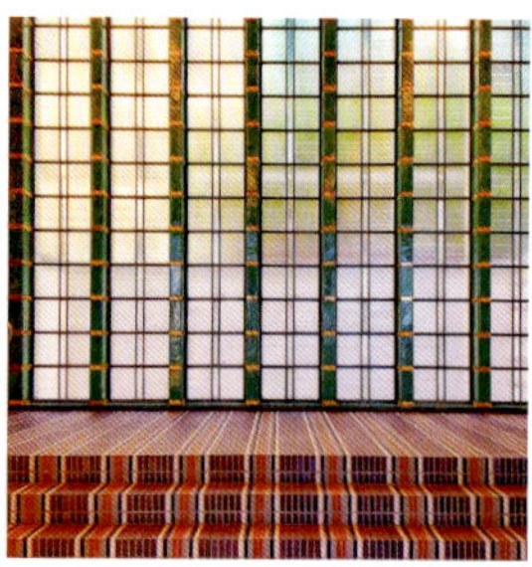

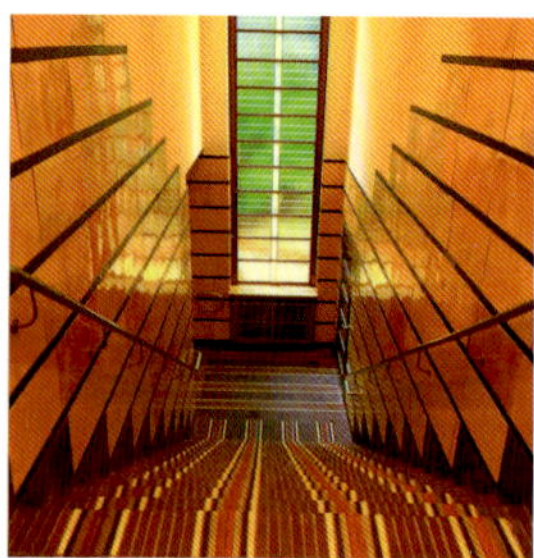

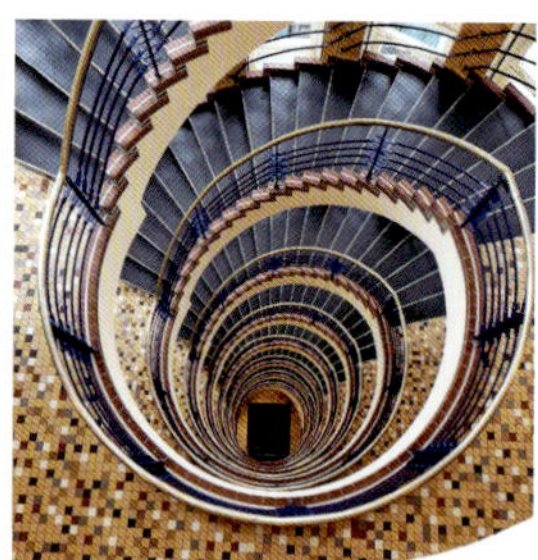

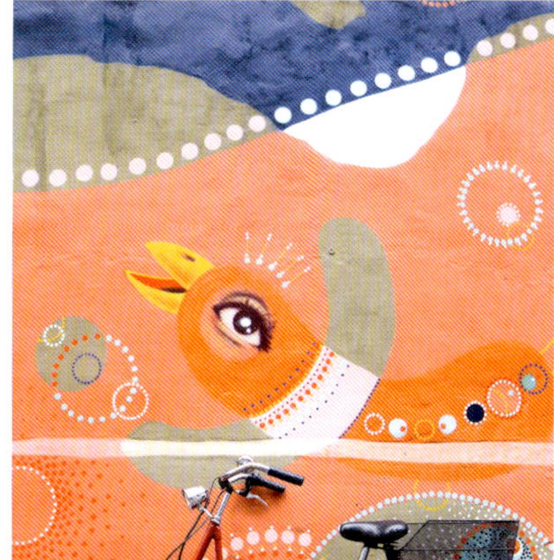

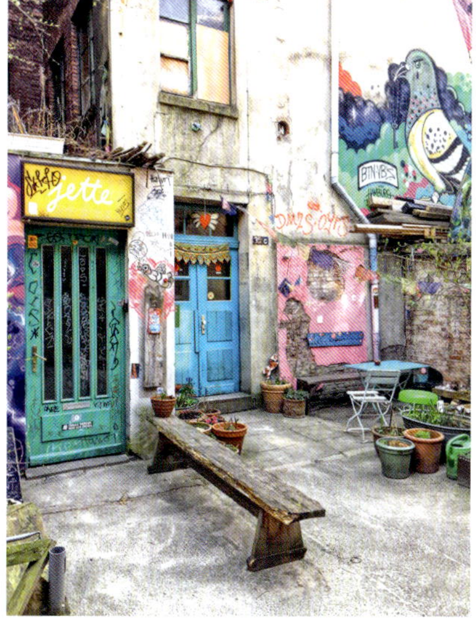

13 GÄNGEVIERTEL

Unweit des Brahmskontors beginnt östlich der Kaiser-Wilhelm-Straße das sogenannte »Gängeviertel«. Als Enklave für alternative Kunstprojekte ist die Gegend von der UNESCO zum Ort kultureller Vielfalt gekürt worden. Eine Genossenschaft saniert und verwaltet hier in unmittelbarer Nachbarschaft von Facebook Germany die alten Häuser um einen Innenhof, die sich als Relikte einer untergegangenen Epoche erhalten haben. Vor hundertfünfzig Jahren gehörte die Gegend noch zu Europas größtem Slum. Man hauste in unendlich vielen, weiterverzweigten Hinterhöfen, winzigen Wohnungen und Kellern ohne Trinkwasser und Kanalisation. Nach einer Choleraepidemie ließ der Senat Ende des 19. Jahrhunderts große Teile des Viertels abreißen (mehr ab Seite 124). Es sind heute vor allem die Graffiti-Werke an den Fassaden, die diese Gegend zur Pilgerstätte für Street-Fotografen gemacht haben. »Komm in die Gänge« nennt sich die Initiative, die sich heute für den Erhalt des Viertels einsetzt und veranlasste, dass das Areal von einem Investor zurückgekauft werden konnte.

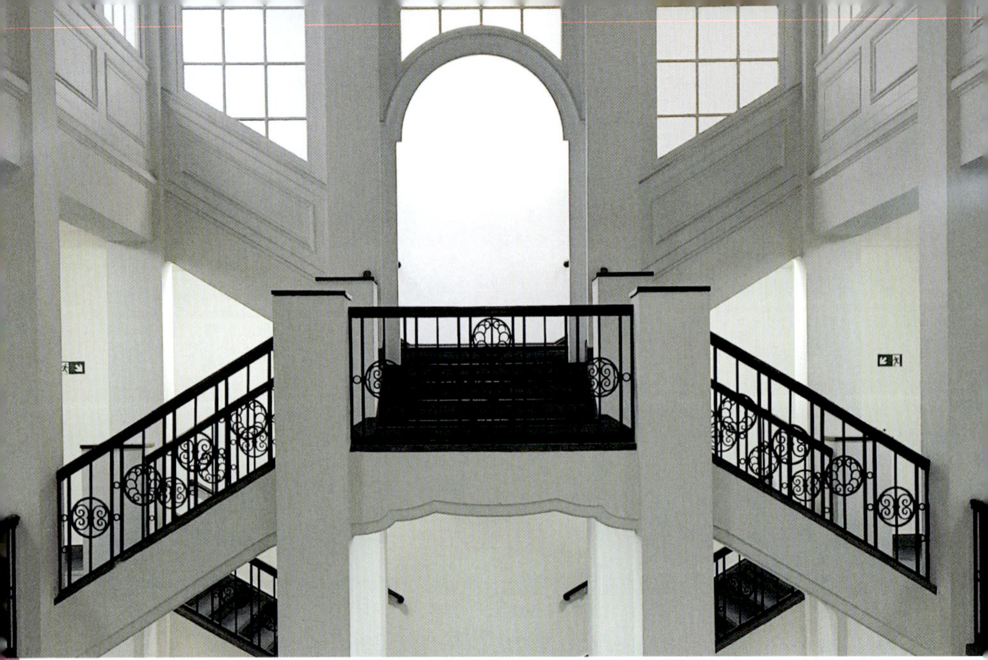

14 GEWERBEHAUS

Nach dem kleinen Abstecher ins Gängeviertel geht es nun zum Holstenwall, der zwischen Brahmskontor und Planten un Blomen westlich der Neustadt verläuft. Unter der Hausnummer 12 befindet sich seit 1915 der Sitz der Gewerbekammer, wie sich die Handwerkskammer einst nannte. Als Kulturdenkmal nimmt der nach Plänen von Hamburgs berühmtem Baudirektor Fritz Schuhmacher (1869–1947) errichtete Backsteinbau einen besonderen Stellenwert in der Hansestadt ein. Wie auch das Brahmskontor ist das Gewerbehaus ein frühes Beispiel für jenen Backsteinexpressionismus, der vor allem in den 1920er-Jahren parallel zum Bauhaus seine Blüten trieb. Wochentags geöffnet, sollten Sie auf jeden Fall einen Blick in den Innungsflügel werfen, einer siebengeschossigen Wartehalle mit offenen Galerien, doppelläufiger Treppe und schmiedeeisernem Geländer, in der sich früher Arbeitssuchende zu melden hatten. Auf den Galerien befinden sich die Büroräume der Handwerkskammer.

15 PETERSTRASSE

Hinter der Handwerkskammer gelangen Sie in die Neustadt: Hier in der Peterstraße steht ein pittoreskes Ensemble alter Hamburger Bürgerhäuser. Auch diese Gegend wurde Ende des 19. Jahrhunderts aufgrund der Choleraepidemie dem Erdboden gleichgemacht. Die Häuser, die man in dieser Straße sieht, sind nur Nachbauten. 1833 wurde hier Johannes Brahms in ärmlichen Verhältnissen geboren. Das Haus Nr. 39 widmet sich dem Leben des berühmten Komponisten. Besonderes Highlight: das alte Tafelklavier in einem der oberen Räume, an dem Brahms einst höchstpersönlich gesessen haben soll. Man mag es kaum glauben, aber Besuchern ist es tatsächlich gestattet, selbst darauf zu spielen. Wer Klavier spielen kann, darf sich im Notenkorb auf dem Tisch eine Brahms-Partitur zur Darbietung auswählen und in die Tasten hauen.

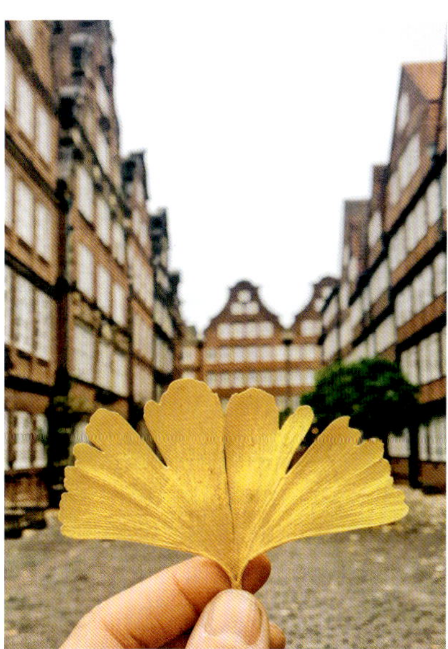

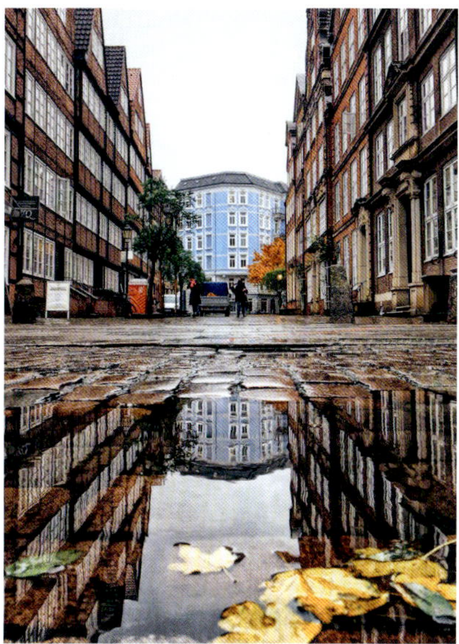

16 HAMBURGER MICHEL

Natürlich darf auf dieser Tour ein Besuch des Michels nicht fehlen, dessen 132 Meter hoher Turm neben dem »Telemichel« und der Elbphilharmonie als wichtigstes Wahrzeichen prominent aus der Stadtkulisse emporragt. Zur wechselvollen Geschichte der Kirche zählen drei fatale Zerstörungen, aus denen sie jedoch wie ein Phönix aus der Asche immer wieder auferstanden ist. Nach seiner Vollendung 1661 schlug 1750 der Blitz ein und die Kirche brannte nieder. 1906 wurde sie erneut von einem Feuer vernichtet und schließlich ein drittes Mal im 2. Weltkrieg schwer beschädigt. Die Erscheinung des Michels ist bis heute barock, aber dennoch zurückhaltend, typisch hamburgisch halt: viel Weiß, wenig Gold. Der beeindruckende Altarraum ist am schönsten, wenn die Sonne durch die großen, klaren Fenster fällt. Ebenfalls nicht entgehen lassen sollten Sie sich den Blick von der Aussichtsplattform im Turm, auf die Sie bequem mit dem Fahrstuhl hinaufbefördert werden.

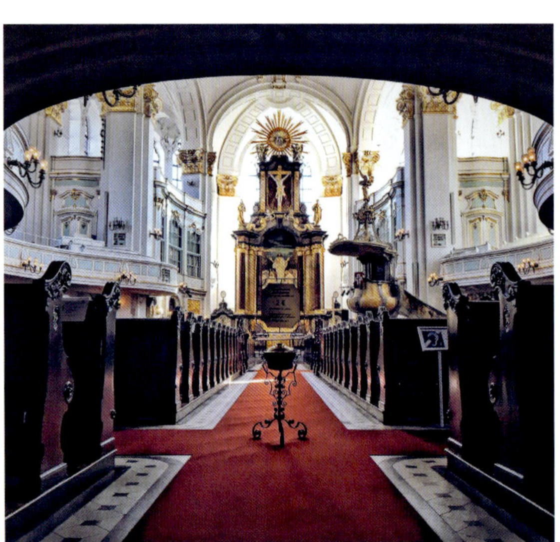

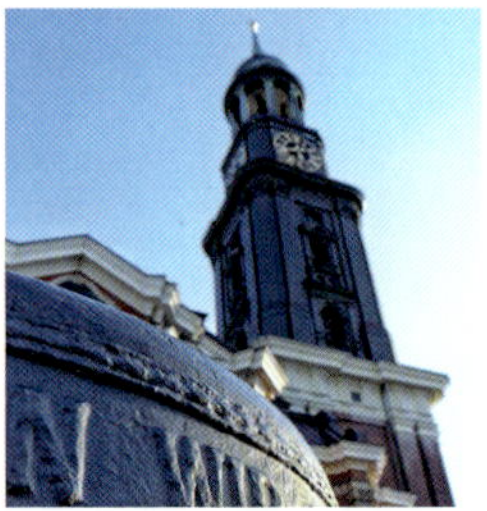

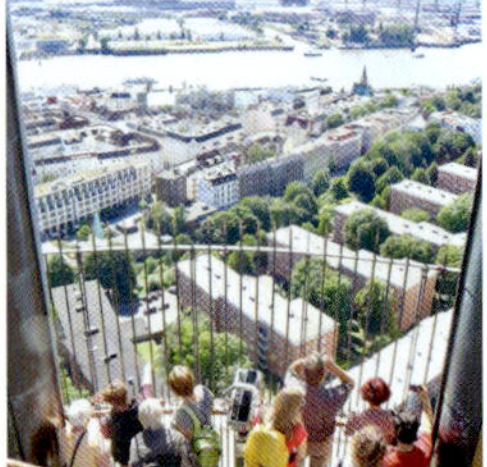

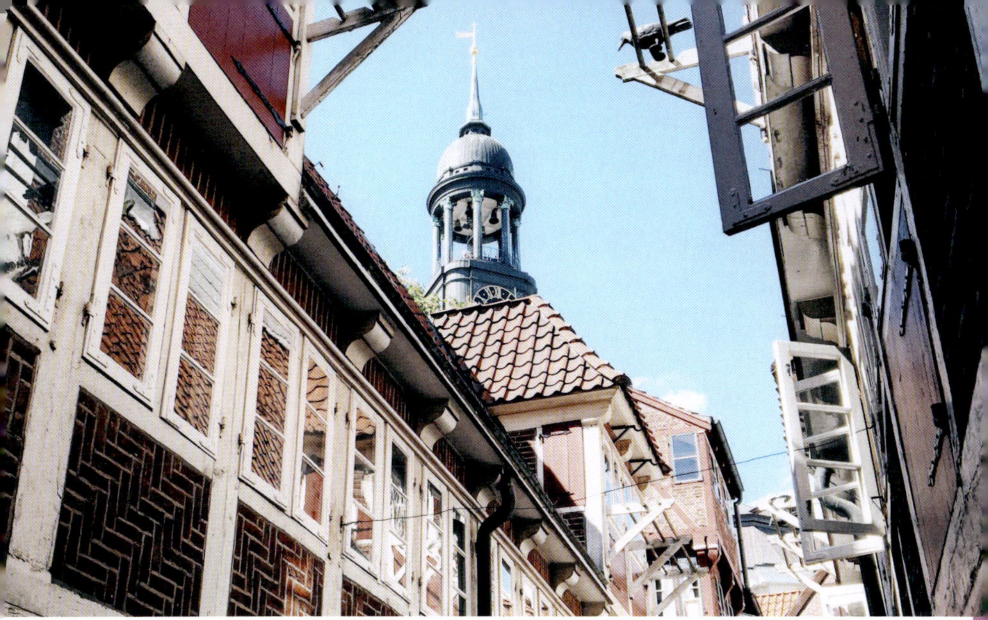

17 KRAMERAMTSSTUBEN

Am Krayenkamp unterhalb des Michels befindet sich unsere letzte Fotolocation: die sogenannten »Krameramtsstuben«, ehemals Wohnungen für die Witwen der kleinen Händler. Das Innungszeichen der Krämer, die Waage, findet man auf einem Stein im Mauerwerk der oberen Stockwerke. Heute ist die schlauchartige Gasse Hamburgs letzte geschlossene Hofbebauung des 17. Jahrhunderts und liegt, zugegeben, etwas versteckt hinter einem Tor gegenüber vom Pfarramt. Neben Läden und kleinen (eher touristischen) Restaurants können Sie hier auch eine original eingerichtete Witwenwohnung besuchen. Aus dem richtigen Winkel fotografiert, bekommt man neben den hübschen Häuschen auch den Turm des Michels mit aufs Bild. Im Sommer sitzen in der Gasse häufig Restaurant Gäste des Restaurants an Tischen vor den Häusern, sodass es schwierig werden könnte, ein menschenleeres Foto hinzubekommen. Der beste Zeitpunkt ist daher morgens oder abends.

KUNSTWERKE AUS DER SPRÜHDOSE

Die besten Kunstausstellungen Hamburgs findet man auf der Straße. Auf Fassaden und Mauern an Orten wie der Sternschanze, Altona, dem Gängeviertel, St. Pauli oder Ottensen. Kein Eintritt, keine Preisschilder, satte Farben, großartige Motive. Manche kommen und gehen, viele bleiben. Bereit für einen Galeriebesuch zu meinen aktuellen Lieblingswerken?

1. GROSSE WELLEN VON OTTENSEN
2. MAUER DER TOLERANZ UND MENSCHLICHKEIT
3. WALLS CAN DANCE
4. NEPALESISCHE STREET ART IM HANDWERKERHOF
5. DER ANGEL KLUB
6. SCHWARZ-ROT-WEISS

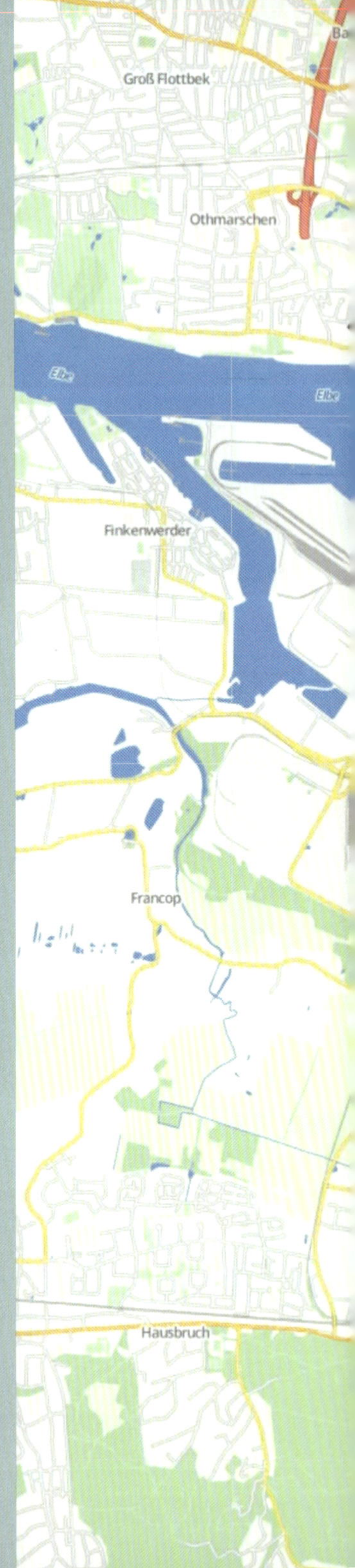

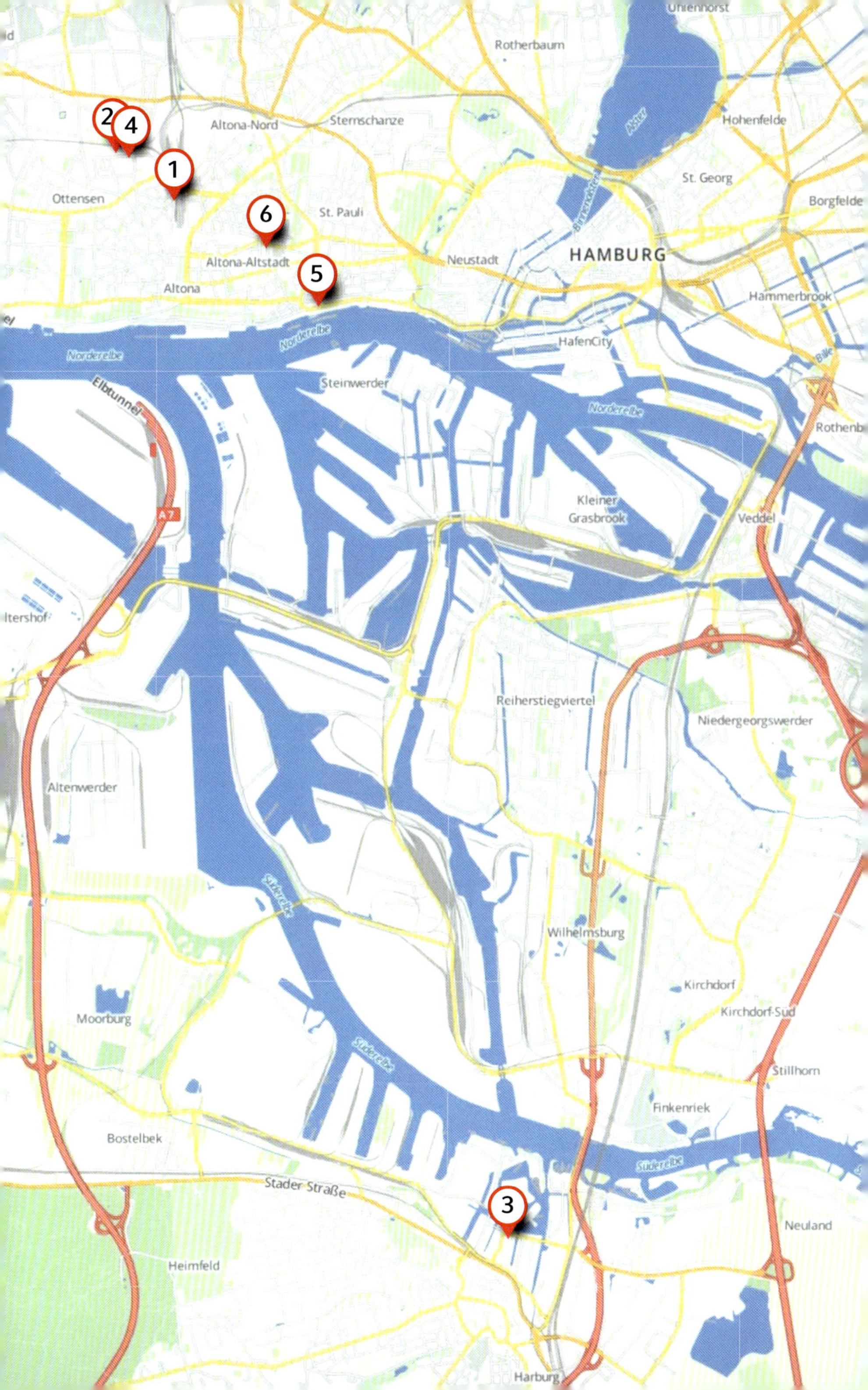
Uhlenhorst
Rotherbaum
Altona-Nord
Sternschanze
Alster
Hohenfelde
Ottensen
St. Georg
Borgfelde
St. Pauli
Altona-Altstadt
Neustadt
HAMBURG
Altona
Hammerbrook
Norderelbe
HafenCity
Elbtunnel
Steinwerder
Norderelbe
Rothenb
A 7
Kleiner
Grasbrook
Veddel
ltershof
Reiherstiegviertel
Niedergeorgswerder
Altenwerder
Süderelbe
Wilhelmsburg
Kirchdorf
Moorburg
Kirchdorf-Süd
Süderelbe
Stillhorn
Finkenriek
Bostelbek
Süderelbe
Stader Straße
Neuland
Heimfeld
Harburg
1
2
3
4
5
6

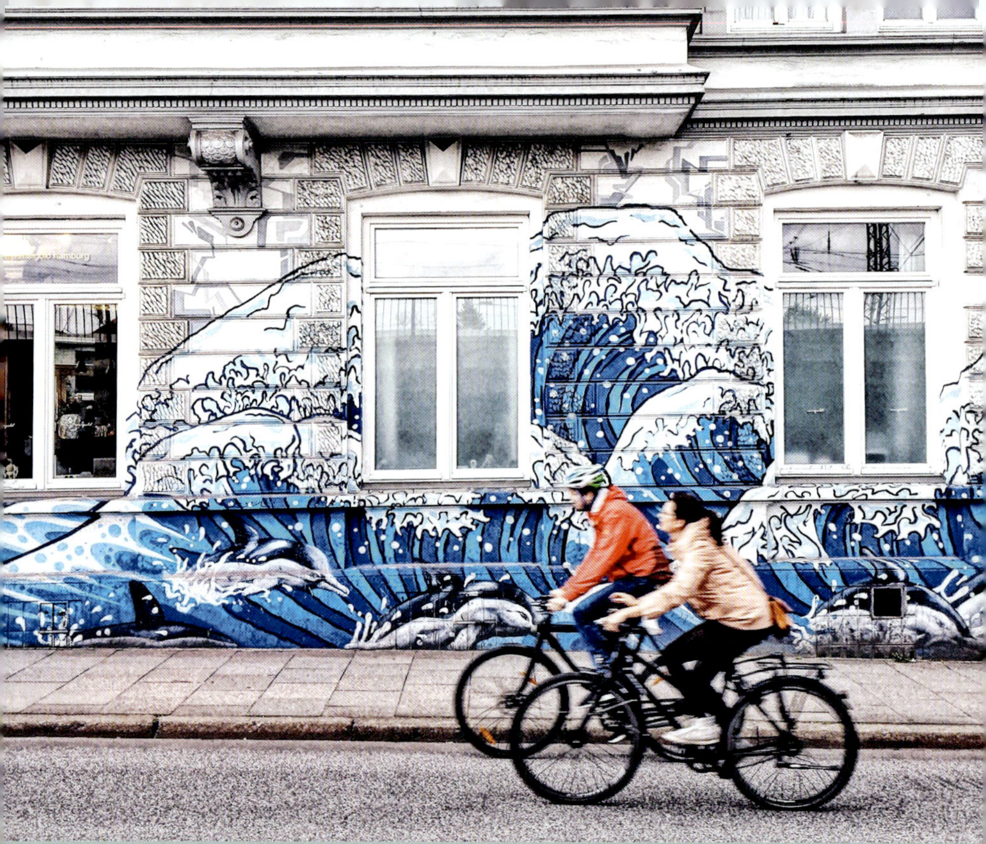

1 GROSSE WELLEN VON OTTENSEN

Diese durch den japanischen Künstler Hokusai (1760–1849) inspirierte Welle schwappt an einem Schönheitssalon an der Barnerstraße in Ottensen entlang. Dass sich sein Motiv der »Großen Welle von Kanagawa« mal als Graffiti-Kunst an einer Hamburger Hauswand wiederfinden würde, hätte dem Japaner sicher gefallen. Er galt als experimentierfreudiger Verwandlungskünstler und erfand mit seinen Gruselcomics übrigens auch das Genre des Mangas. Ich mag die blauen Farben dieses Street-Art-Werks. Blau war damals offenbar für eine längere Phase auch die Lieblingsfarbe Hokusais. Er hatte sie für seinen original Holzschnitt der Welle als synthetischen Farbstoff namens Berliner Blau extra aus Europa importieren lassen.

2 MAUER DER TOLERANZ UND MENSCHLICHKEIT

Diese teils gepixelt erscheinende Welt aus Drachen und anderen Phantasiewesen ist eine Kollaboration der beiden Künstler Dennis DTXR (»the weird«) und Smithe. Man findet sie auf einer Wand an der Rückseite des Thalia-Theaters in der Gaußstraße in Ottensen/Bahrenfeld. Dort ist sie im Juni 2017 während des ersten deutsch-mexikanischen Urban Art Festivals Cartel del Arte entstanden, bei dem verschiedene Künstler aus Mexiko und Deutschland aufeinandertrafen. Das Mauerbild soll als Symbol für Toleranz und Menschlichkeit stehen.

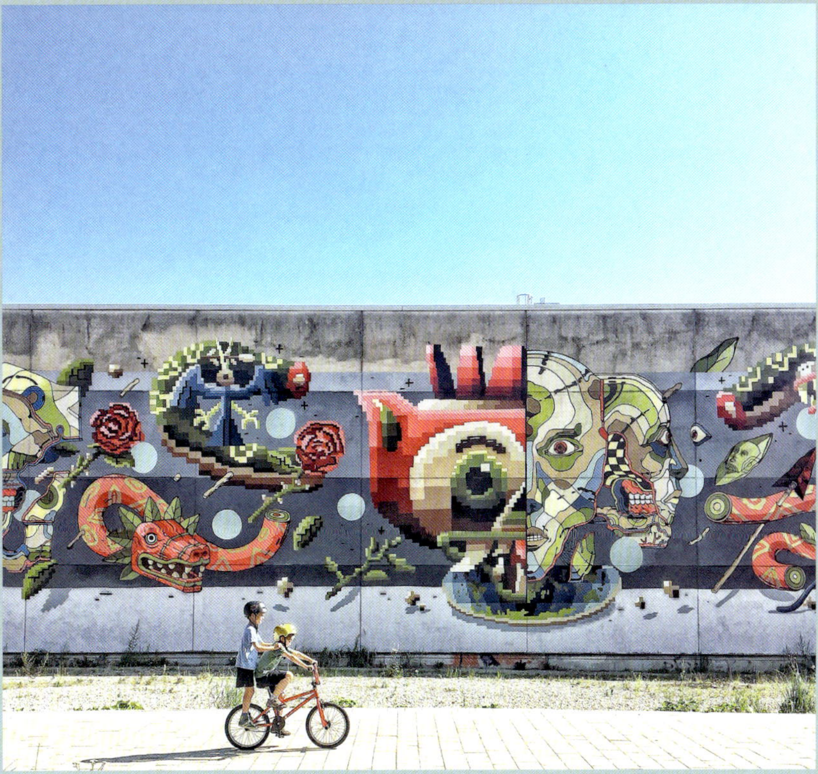

3 WALLS CAN DANCE

Im Harburger Binnenhafen befindet sich Hamburgs erste »gesprayte« Freiraumgalerie, die wächst und wächst. Seit 2017 kann man hier im Rahmen des Projektes »Walls can Dance« großformatige Streetart-Wände im Hafen, aber auch in Harburgs Innenstadt entdecken. Das hier gezeigte Mural ist dabei das Werk der Künstler DXTR/The Weird/Berlin und Rookie the Weird, die »Walls can Dance« über Crowdfunding finanziert haben.

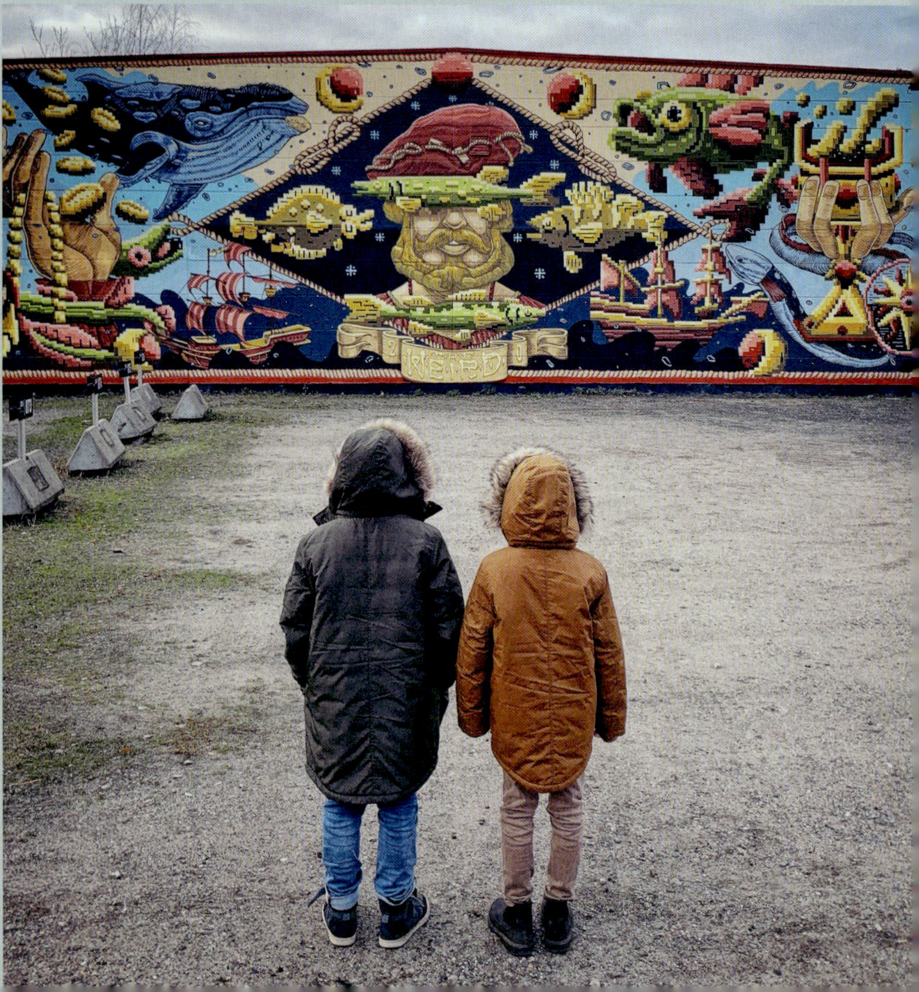

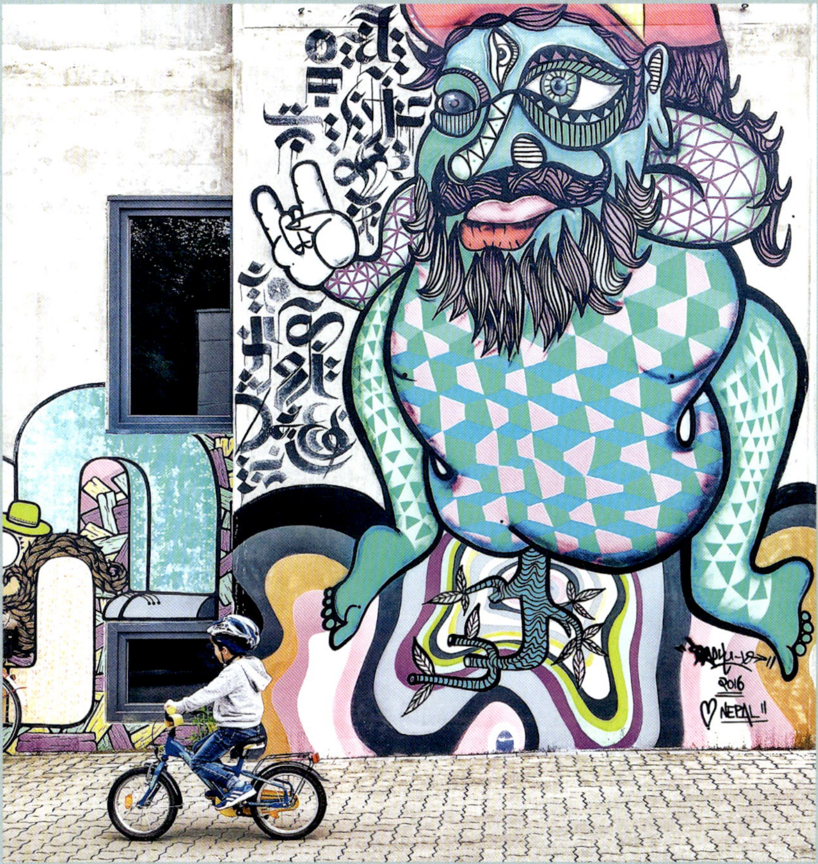

4 NEPALESISCHE STREET ART IM HANDWERKERHOF

Der Handwerkerhof Ottensen ist ein genossenschaftsähnliches Projekt mit einem Gebäude an der Ecke Bahrenfelder Straße/Gaußstraße, das von einem Kollektiv aus verschiedenen Handwerks- und Gewerbebetrieben genutzt wird. Eine der Außenwände ziert seit 2016 ein Wandgemälde zweier Künstler aus Nepal. Eine Gottheit? Ein Berggeist? Keine Ahnung. Aber eins steht fest: Es sieht verdammt gut aus und hebt auf der Stelle die Stimmung!

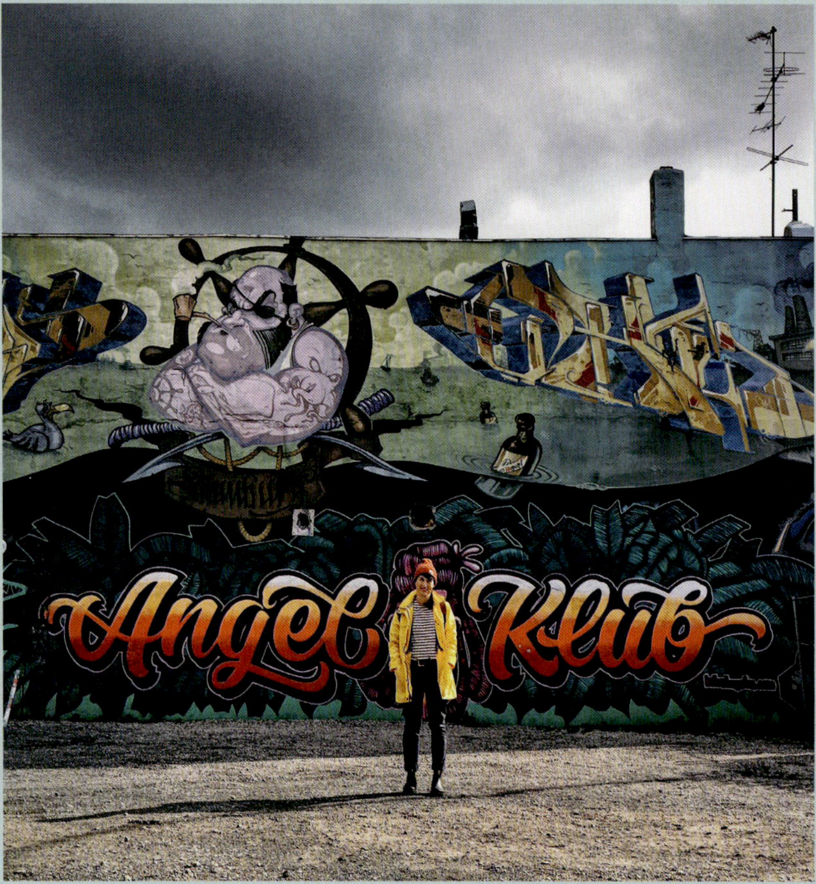

5 DER ANGEL KLUB

Der »Angel Klub« befindet sich in der Nähe des Fischmarkts und versteht sich als Projektionsfläche für Künstler aller Art. Hier finden Ausstellungen, Partys, DJ-Sets und coole Video-/Lichtinstallationen statt. Das an der Vorderfront auffällig blau gestrichene Haus, in dem sich der Club befindet, hat noch viel vom alten Kiezcharme behalten. Seitlich am Gebäude prangt dieses tolle Graffiti an der Wand. Ich habe es damals mit Selbstauslöser fotografiert und meinen Fahrradkorb als Stativ benutzt. Manchmal muss man sich eben mit einfachsten Mitteln zu helfen wissen.

6 SCHWARZ-ROT-WEISS

Dieses Kunstwerk versteckt sich an der Rückseite des Bistros »Krögers Kleine Schwester« in Altona-Altstadt. Es stammt vom Hamburger Stencil-Künstler Mittenimwald. Hübsche, subkulturelle Damen, Revoluzzer, Pop-Ikonen, Diktatoren thronen über Botschaften wie »I sold the kids« – oder die Frage »Is this Vandalism?« I don't think so!

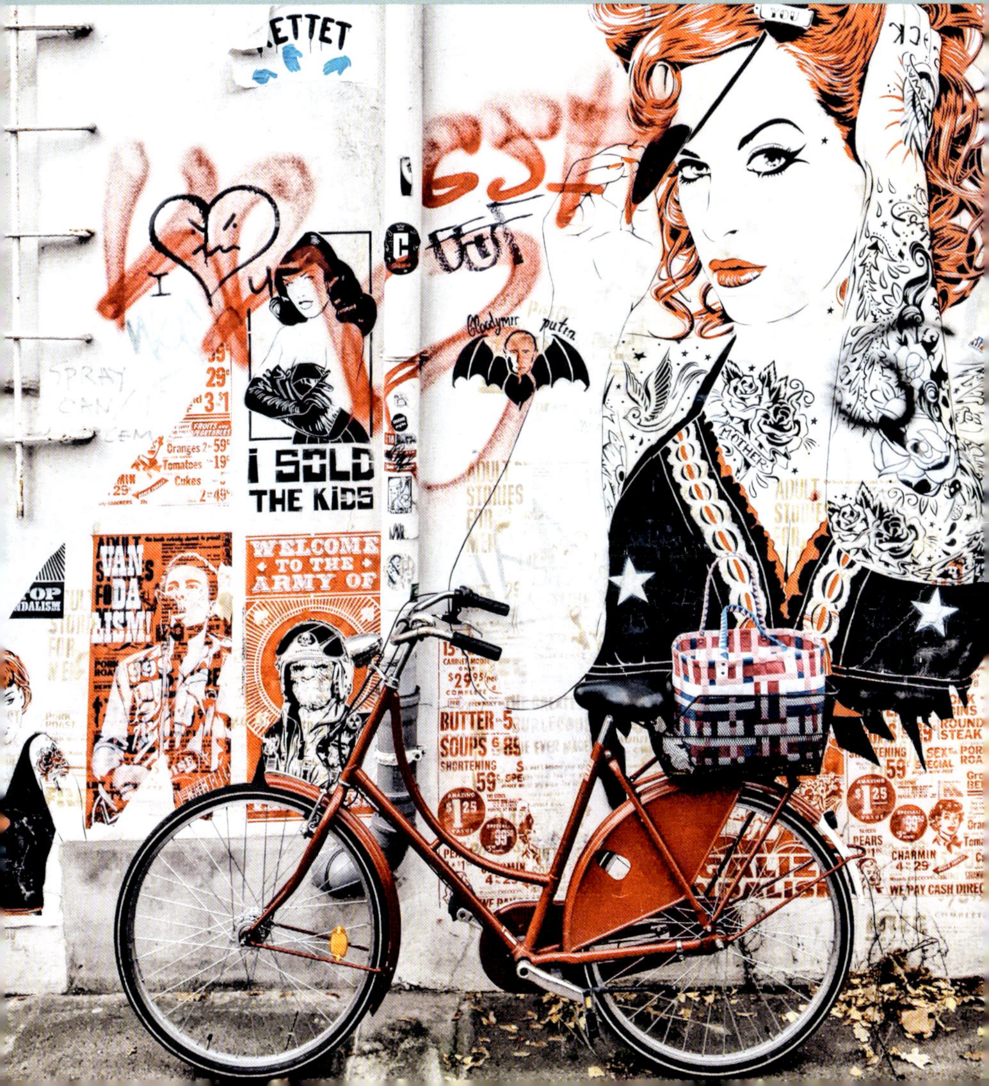

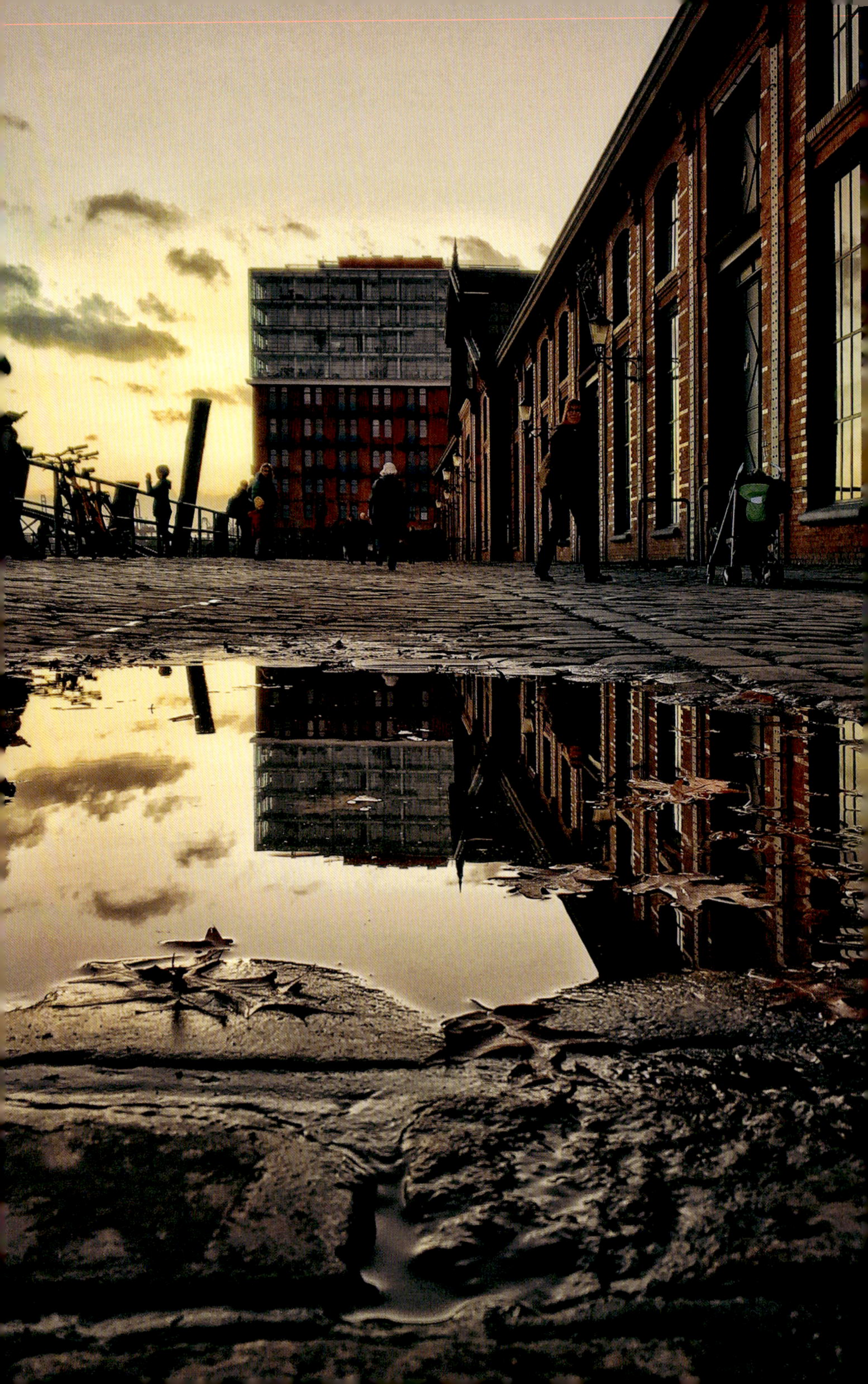

Wie Sie Ihre Smartphone-Fotos auf das nächste Level heben

Ich mache kein Geheimnis daraus: Rund 90 Prozent der Fotos in diesem Buch, auf meinem Instagram-Account und meinem Blog habe ich mit dem iPhone gemacht. Zwar besitze ich auch eine »große Kamera«, doch das Smartphone ist beim Fotografieren mein klarer Favorit, zumindest, wenn ich in der Stadt unterwegs bin und dabei ein spontanes Motiv festhalten möchte.

Natürlich stößt man mit dem Smartphone schneller an seine Grenzen, wenn es um individuelle Einstellungsmöglichkeiten geht. Doch die ausgefeilten Kameras, die in Geräten von Herstellern wie Apple, Google, Samsung und Huawei mitgeliefert werden, können heute in vielerlei Hinsicht mit manch einer Kompakt- oder Spiegelreflexkamera mithalten. So liefern die Modelle beispielsweise häufig selbst bei schlechten Lichtverhältnissen noch erstaunlich gute Ergebnisse. Im Falle von Huawei sind sogar Leica-Linsen verbaut und Bilder, die man damit produziert, könnten mit einer Größe von bis zu 40 Megapixeln theoretisch sogar auf einer Fototapete ausgedruckt werden.

»Die beste Kamera ist gerade die, die man dabei hat«, sagte schon Eliot Erwitt. Und in meinem Fall ist das meistens meine Handykamera, ohne die ich praktisch nie das Haus verlasse. Viele meiner Fotos wären vermutlich überhaupt nicht entstanden, hätte ich mein Telefon nicht immer und überall mit dabei. Noch dazu bin ich häufig mit dem Fahrrad unterwegs und hasse es, mehr als wirklich nötig mit mir herumzuschleppen.

MIT EINEM SMARTPHONE FOTOGRAFIERT MAN SCHNELL UND UNAUFFÄLLIG

Nur wenige Menschen fühlen sich vor Ort gestört, wenn man mal kurz für ein Foto das Smartphone herausholt. Mit großen Geräten verursacht man zuweilen ziemliche Unruhe und erregt gerade an öffentlichen Plätzen oder in Gebäuden gern mal Misstrauen, sobald man anfängt, noch dazu ein dickes Stativ und verschiedene Objektive auszupacken. Je größer die Kamera, desto furchteinflößender und verdächtiger der Fotograf! Und: Am besten auch beim Smartphone die Klick-Töne auf Stumm schalten, dann nervt man seine Mitmenschen am allerwenigsten.

Wenn man aus ungewöhnlicher Perspektive fotografieren möchte, muss man sich schon mal verrenken und in ungemütliche Positionen begeben. Doch das fällt mit einer kleinen, handlichen Smartphone-Kamera mit großem Display ungleich leichter als beispielsweise mit einer schweren Spiegelreflex. So lassen sich gerade mit dem Smartphone z. B. wunderbar Spiegelungen in Pfützen einfangen, wie das Foto zu Beginn dieses Kapitels zeigt.

SMARTPHONE-FOTOS MIT APPS DEN LETZTEN SCHLIFF GEBEN

Zum Bearbeiten meiner Fotos verwende ich meistens einen sogenannten »Make-up-Cocktail« aus drei Apps, die ich auf mein Smartphone heruntergeladen habe und mit denen ich meine Bilder manchmal noch vor Ort editiere: Sie heißen Snapseed, VSCO und Lightroom CC. Die Apps dienen mir hauptsächlich dazu, Fotos einen schöneren Look zu verpassen, d. h., ich verbessere Farbwerte, passe den Ausschnitt an, verleihe ihnen mehr Schärfe oder hebe Details hervor. Um zu verdeutlichen, wie viel man aus einem stinknormalen Smartphone-Foto machen kann, sehen Sie hier das »Vorher« und das »Nachher« einer Aufnahme vom Planetarium im Hamburger Stadtpark.

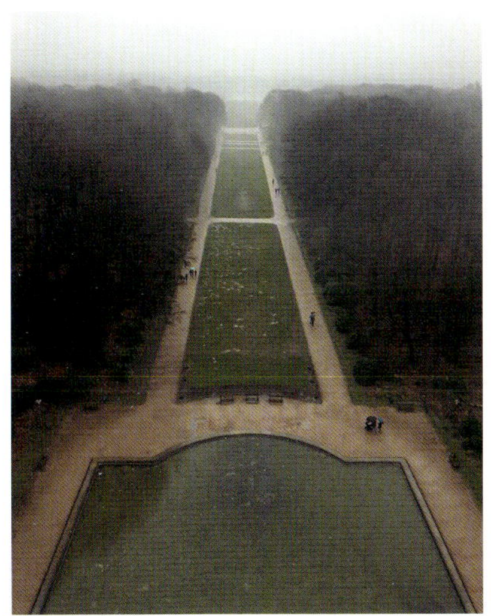

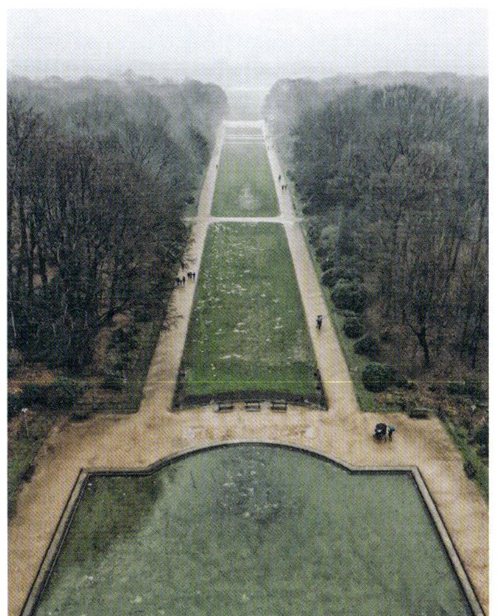

Mit Snapseed kann man Bilder zusätzlich begradigen, die Struktur hervorholen, sie aufhellen oder etwas Wärme herausnehmen bzw. hinzuzufügen – der Werkzeugkasten dieser genialen App bietet schier unbegrenzte Möglichkeiten. Ich bin kein Fan von vorgefertigten Filtern, wie sie beispielsweise Instagram in seinen Bearbeitungsmöglichkeiten anbietet, doch die App VSCO stellt eine Reihe schöner Presets zur Verfügung, auf die selbst professionelle Fotografen zurückgreifen. Inzwischen kostet mich das Bearbeiten meiner Fotos selten länger als zwei Minuten Zeit. Und weil ich dafür nur meine Apps benötige, kann ich dies immer tun, wenn ich irgendwo auf irgendetwas warten muss, beispielsweise auf einen Termin beim Arzt. Im Folgenden fasse ich noch mal zusammen, was ich an den erwähnten Apps jeweils am meisten schätze.

SNAPSEED

Snapseed ist fast immer die erste App, die ich zur Bearbeitung öffne: Mit ihr schaffe ich die Basis und wähle den richtigen Ausschnitt. Sie bietet zudem tolle Möglichkeiten, Linien und Architektur zu begradigen. Außerdem lassen sich mit ihr besonders gut Details herausarbeiten. Noch dazu kann man punktuell (d. h. nur in bestimmten Bereichen eines Fotos) Farbe, Wärme und Helligkeit verändern.

VSCO

VSCO hat einige ähnliche Funktionen wie Snapseed, doch sie sind weniger ausgefeilt. Dafür gibt es eine Menge brillanter Filter, die auch um einiges schöner und feiner sind als jene, die man vielleicht schon mal auf Instagram verwendet hat (wenn Sie in meiner Instagram-Galerie gaaanz weit zurückscrollen, sehen Sie auch bei mir Fotos mit Instagram-Filtern ...). Ich kenne sogar Profi-Fotografen, die von VSCO und deren Presets schwärmen, eine ganze Reihe sind kostenlos, andere kann man für wenig Geld kaufen. Zudem besteht die Möglichkeit, selbstgebaute Presets abzuspeichern, um Bildern einen einheitlichen Stil zu verleihen.

LIGHTROOM CC

Die App ist eine abgespeckte und vor allem kostenlose Variante von Adobes Desktop-Software Lightroom, die man bekanntlich teuer bezahlen bzw. in der Creative Cloud abonnieren muss. Mit der App kann man Bilder zum Beispiel retuschieren und reparieren, zudem einzelne Farben bearbeiten und »digitales Rauschen« reduzieren.

UNGEWÖHNLICHE PERSPEKTIVEN UND EINE KREATIVE MOTIVWAHL SIND FÜR GUTE FOTOS IMMER NOCH ENTSCHEIDEND

Hier nun noch kurz ein paar Empfehlungen, die sich übrigens nicht nur auf Smartphone-Kamera beziehen, sondern eine gewisse Allgemeingültigkeit in der Fotografie besitzen. Wer sie verinnerlicht, braucht nicht zwangsläufig eine »fette« Kameras, um schöne Fotos zu produzieren.

SCHÄRFENTIEFE

Relativ typisch für Smartphone-Kameras ist, dass fast alle Bereiche des Fotos automatisch im Schärfebereich liegen. Anders als bei Spiegelreflexkameras etwa, die mit einem System optischer Linsen arbeiten, ist die Steuerung der Schärfentiefe bei Smartphone-Kameras nur bedingt möglich – dennoch kein Ding der Unmöglichkeit, wie das untenstehende Foto der Elphi im Regen beweist: Wichtig ist lediglich, dass man im Display auf das Objekt, auf das sich die Kamera fokussieren soll, tippt (und notfalls durch ein Doppeltippen sperrt bzw. einfriert). Diesen Effekt kann man immerhin auch schon mit einem »älteren« iPhone erzielen.

Bei den neueren iPhones (ab iPhone 8) wird der Schärfentiefe-Effekt inzwischen sogar recht beeindruckend durch eine Dualkamera und eine Software im Porträtmodus imitiert, bei dem zwei Aufnahmen miteinander verschmolzen werden (auch neuere Samsung-Handys können das).

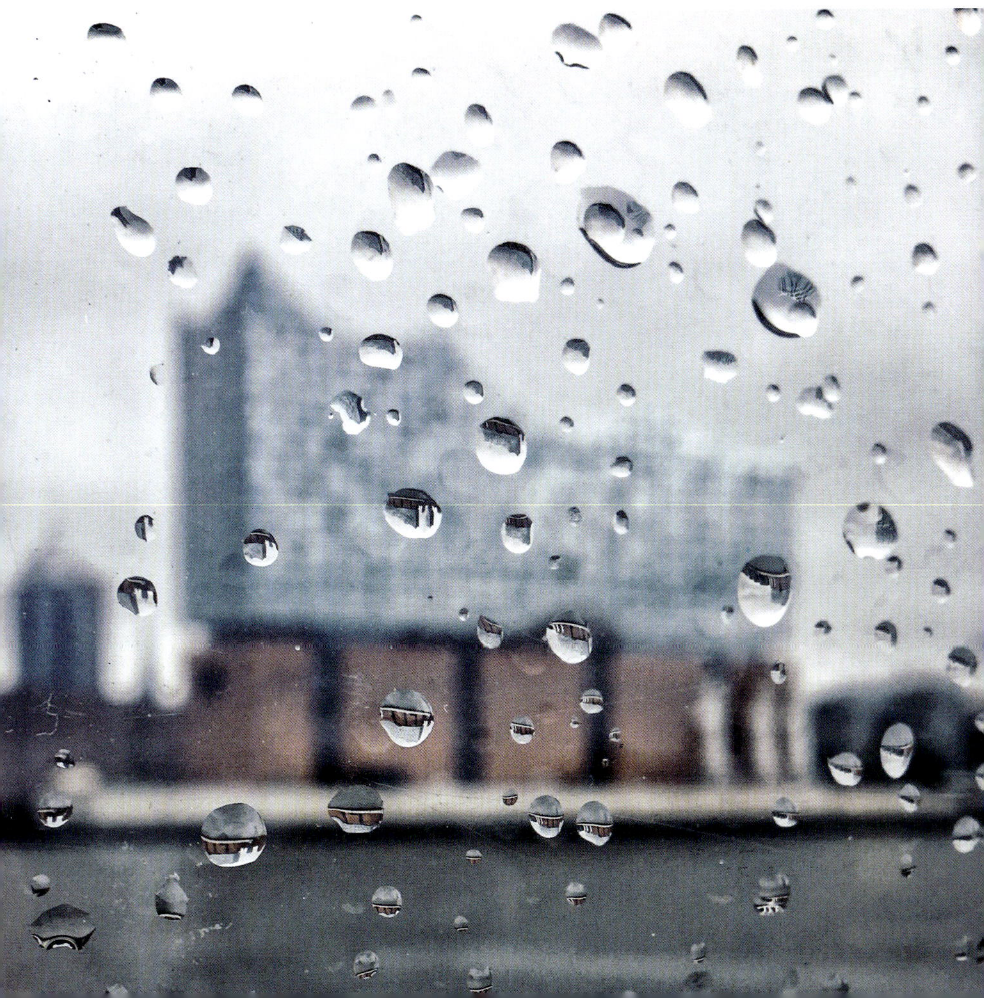

WENIG LICHT

Viele Smartphone-Kameras kommen inzwischen recht gut mit wenig Licht aus, solange es irgendwo wenigstens eine Lichtquelle gibt. Wichtig ist hier eine möglichst ruhige Hand. Dafür gibt es einen Trick: Arme anwinkeln und an den Körper drücken, das Smartphone mit beiden Händen halten – das stabilisiert. Natürlich kann man auch ein kleines Stativ verwenden und beim iPhone mit Hilfe des angeschlossenen Kopfhörers auslösen (um weitere Erschütterungen zu verhindern). Mit den oben erwähnten Apps kann man die Aufnahmen schließlich zusätzlich bearbeiten. Für das folgende Bild von den Alster-Colonnaden habe ich beispielsweise einen VSCO-Filter (C6) verwendet, um es weicher wirken zu lassen.

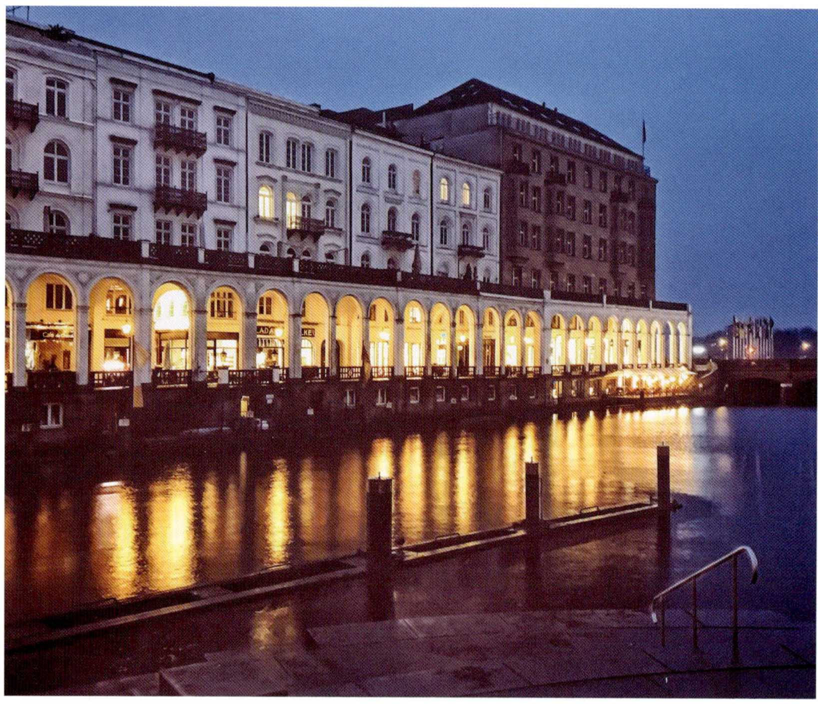

Manchmal versuche ich mit Kontrasten und Lichtverhältnissen zu spielen. Auch hier kann man den Effekt hinterher zusätzlich mit den oben erwähnten Apps herausarbeiten und verstärken.

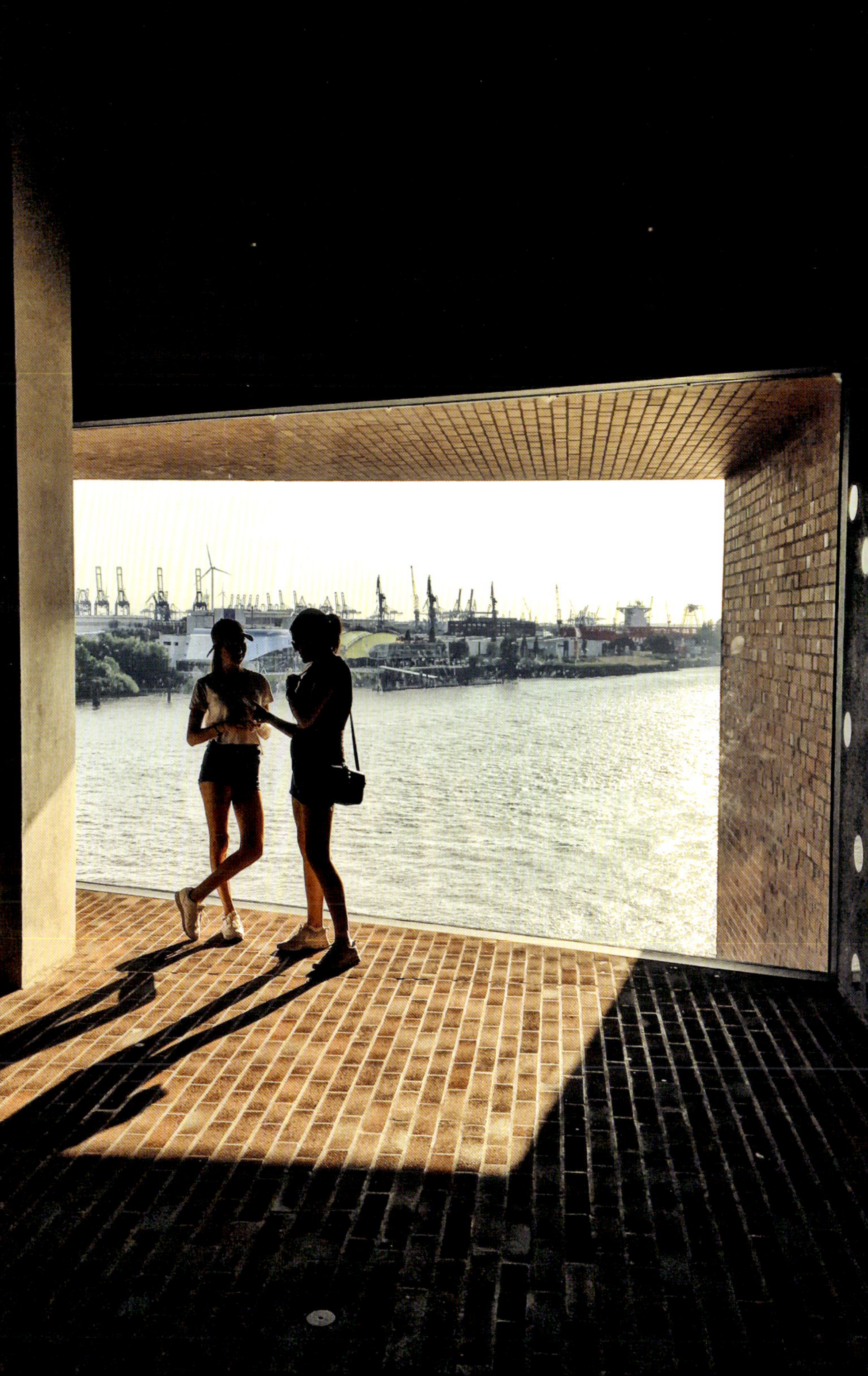

SYMMETRIE UND FLUCHTLINIEN

Vor allem auf Instagram machen sich symmetrische Fotos gut. Und auch wenn wir in der Schule alle die Regel vom Goldenen Schnitt gelernt haben, laut dem Fotos interessanter wirken, so schauen sich dennoch viele Menschen Fotos mit absolut zentral ausgerichteter Symmetrie gerne an. Nutzen Sie dafür am besten die Hilfslinien-Funktion in der Kamera-App.

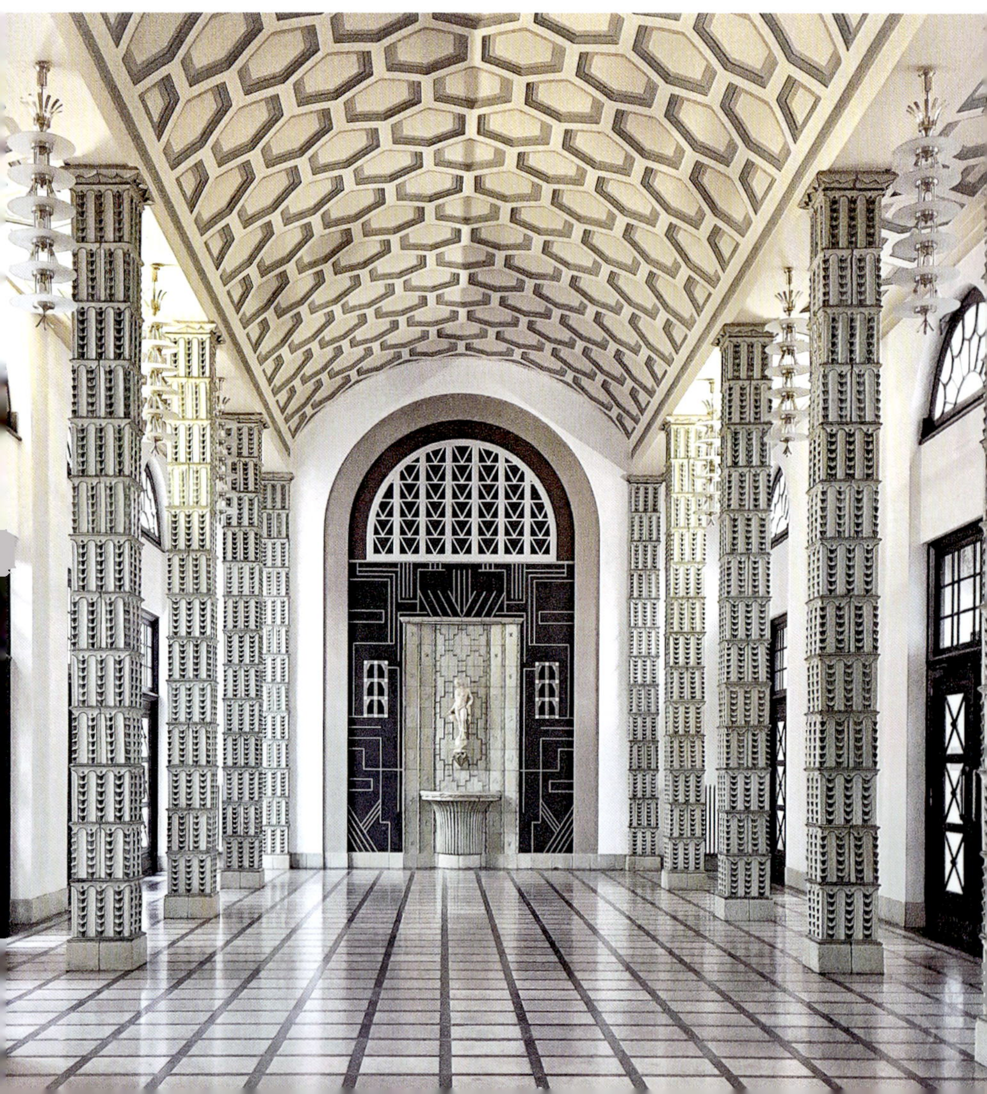

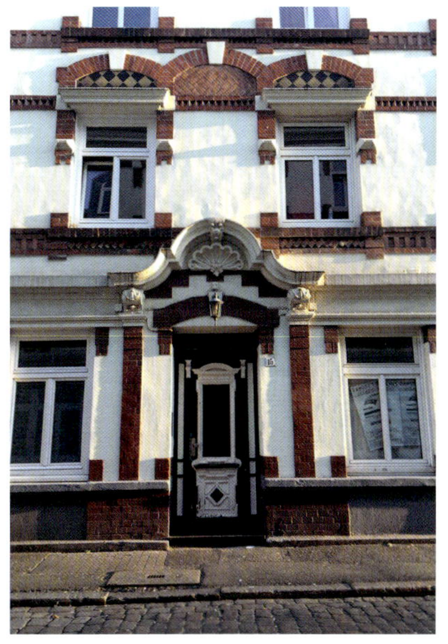

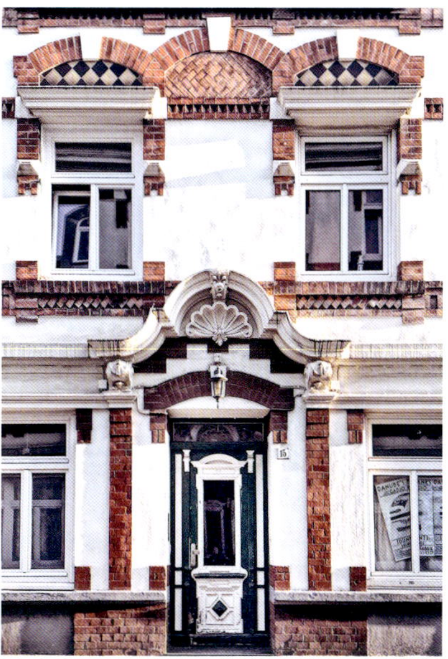

ARCHITEKTUR BEGRADIGEN

Ich liebe es, Häuserfassaden und Architektur zu fotografieren. Doch wer kennt es nicht: das Problem der stürzenden Linien. Mit Snapseed kann man die stürzenden Linien jedoch ganz einfach begradigen, sowohl horizontal als auch vertikal. Wenn man das Werkzeug einige Male ausprobiert hat, geht es einem locker von der Hand. Hier sehen Sie ein Beispiel aus der Beckstraße (Sternschanze), links vor, rechts nach der Bearbeitung.

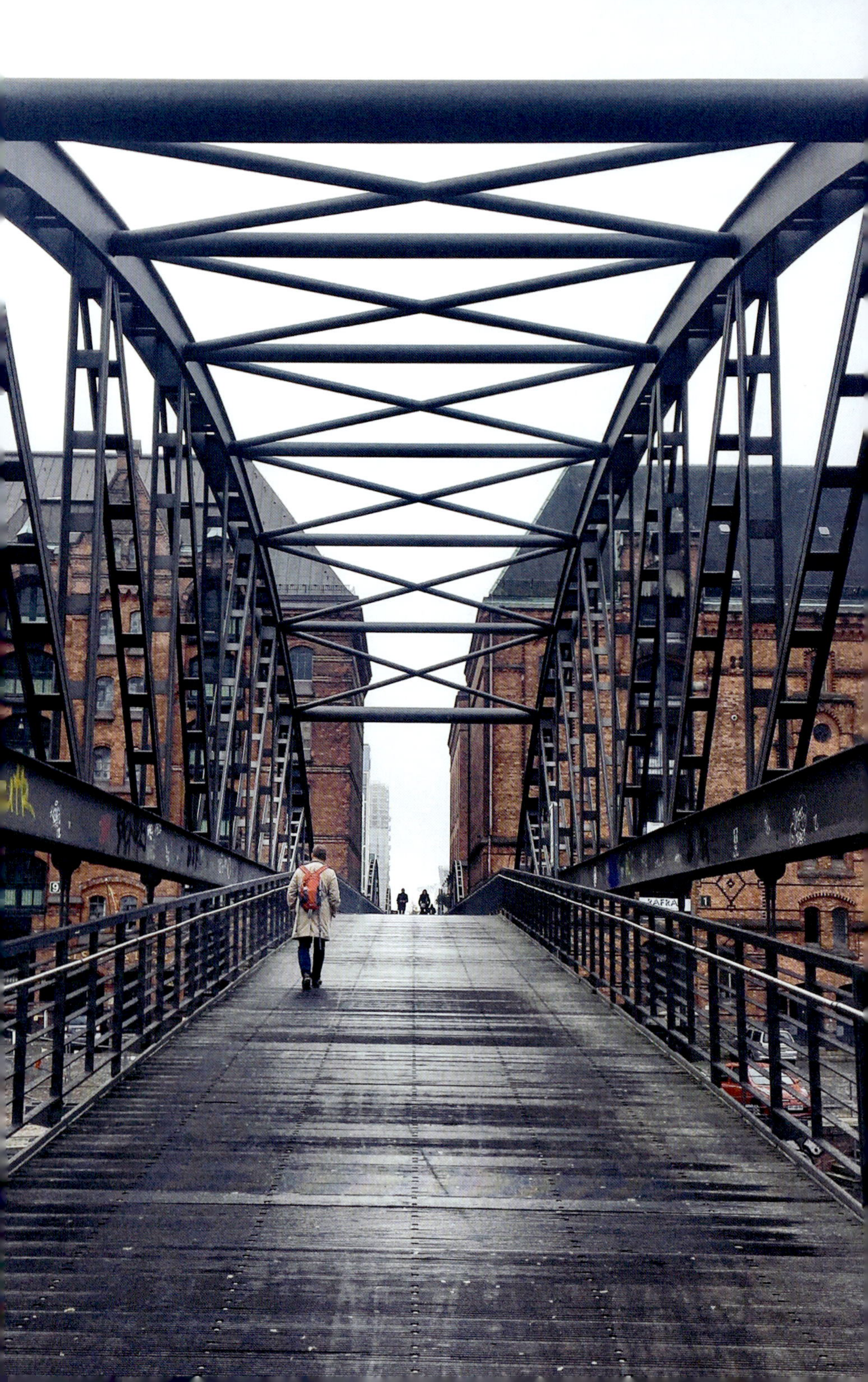

GRÖSSENVERHÄLTNISSE VERDEUTLICHEN

Wenn man Mauern, Architektur bzw. Häuserwände oder weite Landschaften zeigen will, entfaltet ein Foto manchmal eine beeindruckendere Wirkung, wenn man die Weite der Landschaft oder die Größe eines Graffiti durch einen Vergleich mit einem Menschen kontrastiert. So hat es schon Caspar David Friedrich mit seinem Wanderer über dem Nebelmeer gemacht! Auch mein rotes Fahrrad verwende ich häufig nicht nur, um für einen farblichen Kontrast zu sorgen. Manchmal soll es eben auch ein Größenverhältnis veranschaulichen.

VORDERGRUND MACHT BILD GESUND

Dies besagt schon eine uralte Fotografenregel. Wenn sich ein Objekt im Vordergrund befindet (das kann auch eine Hand sein, die etwas hält), zieht das die Blicke auf sich. Vor allem in der Bilderflut auf Instagram fallen Fotos, die diese Regel beherzigen, häufiger ins Auge und erregen größere Aufmerksamkeit.

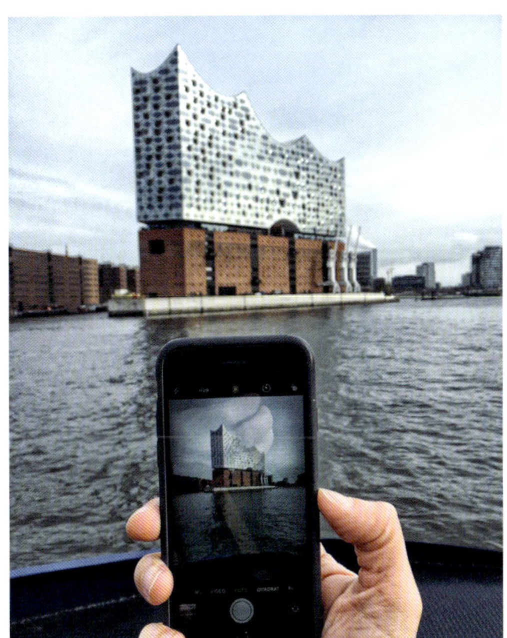

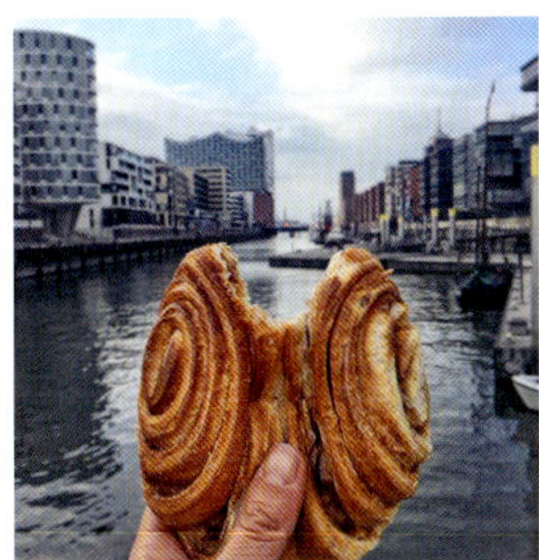

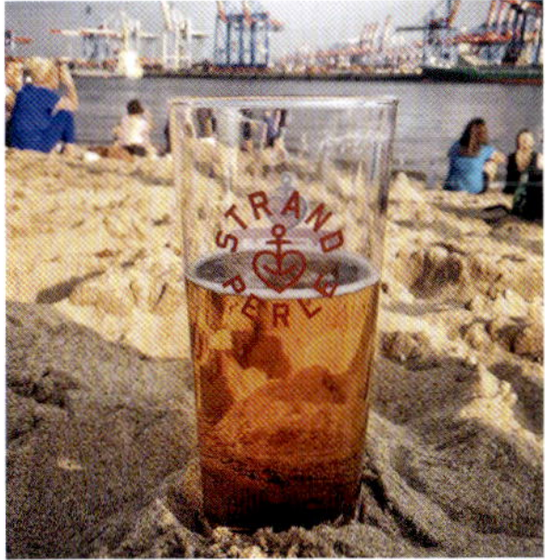

INDEX

C

G

H

I

J

K

L

M

N

O

P

T

U

V

W

Z

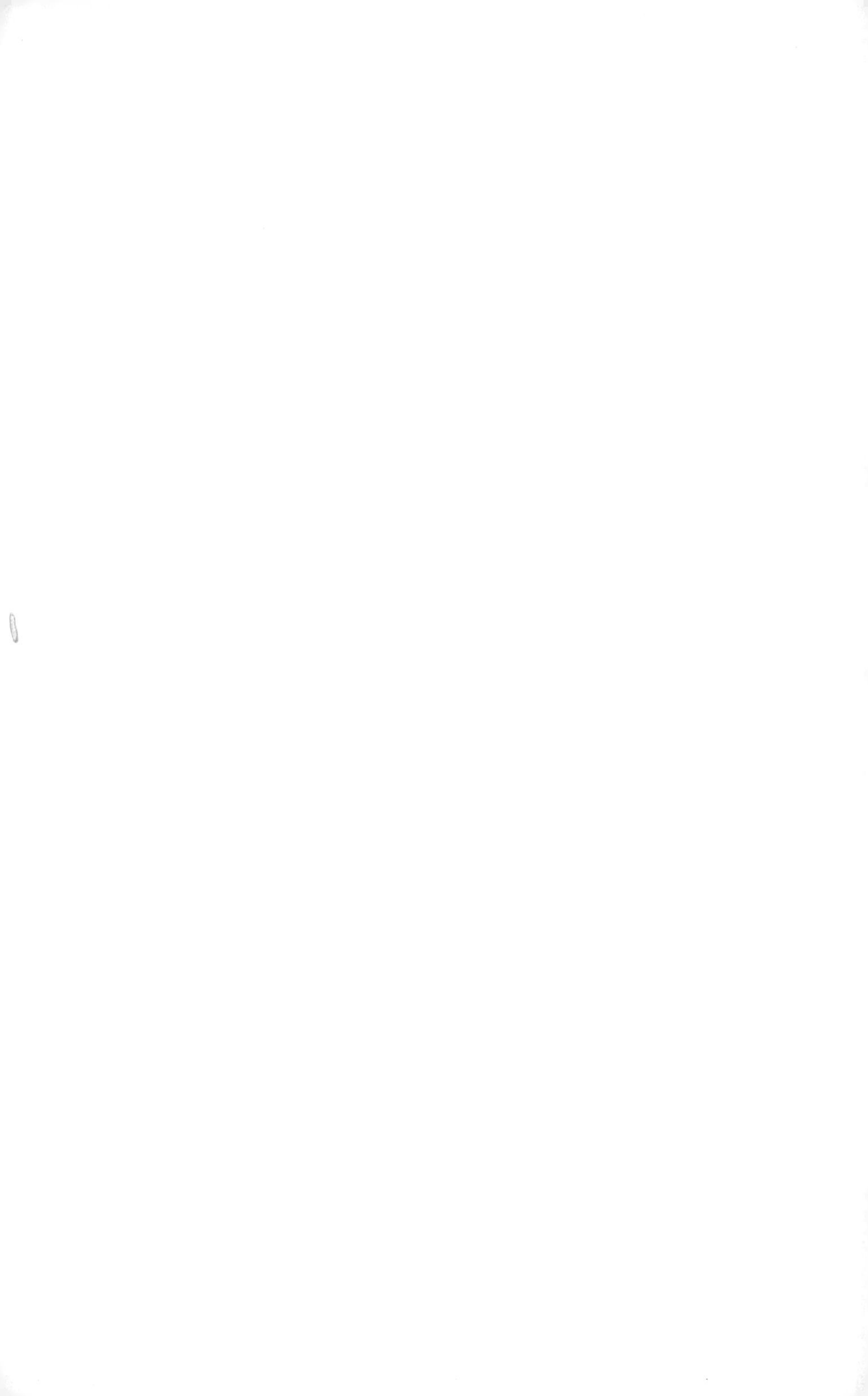

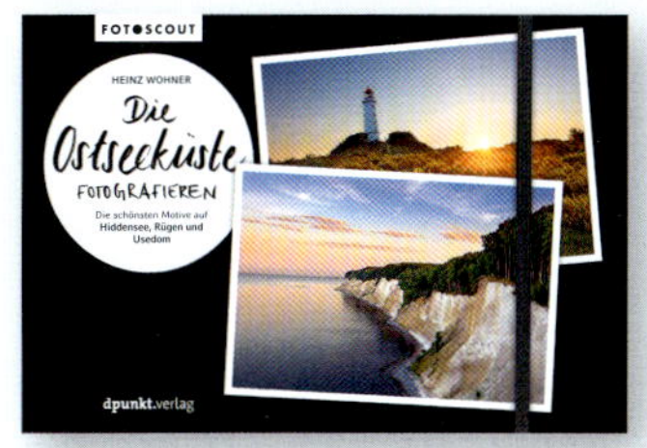

Heinz Wohner

Die Ostseeküste fotografieren

Die schönsten Motive auf Hiddensee, Rügen und Usedom

2021
264 Seiten, Broschur
€ 24,90 (D)

ISBN:
Print 978-3-86490-840-8
PDF 978-3-96910-314-2
ePub 978-3-96910-315-9
mobi 978-3-96910-316-6

Auf *dpunkt.de* auch als Bundle (Print & E-Book) erhältlich.

Dieser Fotoscout führt mit vielen Bildbeispielen nicht nur zu den bekannten Highlights, der Kreideküste Rügens mit ihren herrlichen Buchenwäldern, dem Hochland des Dornbuschs auf Hiddensee mit dem in einer üppig wuchernden Ginsterlandschaft thronenden Leuchtturm, oder den Stränden Usedoms mit ihren Seebrücken und Fischerbooten, sondern auch zu versteckten Kleinoden im Hinterland der Inseln, wie dem stillen Mümmelkensee und dem Lieper Winkel, den Feuersteinfeldern und der Teufelsschlucht, oder zu alten Bäumen und verträumten Alleen.

Zu jedem Foto-Spot gibt es genaue Ortsbeschreibungen mit Koordinatenangaben, Empfehlungen für die besten Aufnahmestandorte, Tages- und Jahreszeiten, um zur richtigen Zeit im besten Licht an der richtigen Stelle stehen zu können.

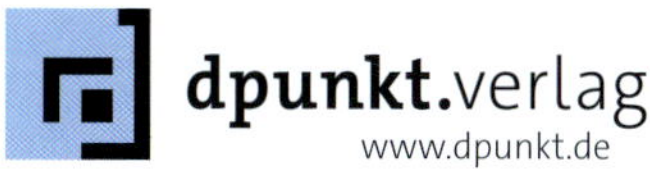